■ 政府会计制度培训用书

政府会计实务及案例解析

王晨明 周欣 ◎ 主编

案例解析 以丰富、翔实的案例对政府会计业务进行举例解析

2019版

ZHENG FU KUAI JI SHI WU JI AN LI JIE XI

立信会计出版社
LIXIN ACCOUNTING PUBLISHING HOUSE

图书在版编目（CIP）数据

政府会计实务及案例解析/王晨明，周欣主编．
—上海：立信会计出版社，2019.6
ISBN 978-7-5429-6178-5

Ⅰ．①政⋯　Ⅱ．①王⋯　②周⋯　Ⅲ．①预算会计—案例—中国　Ⅳ．①F812.3

中国版本图书馆 CIP 数据核字（2019）第 104877 号

责任编辑　　蔡伟莉

政府会计实务及案例解析

出版发行	立信会计出版社			
地　　址	上海市中山西路 2230 号	邮政编码	200235	
电　　话	（021）64411389	传　　真	（021）64411325	
网　　址	www.lixinaph.com	电子邮箱	lxaph@sh163.net	
网上书店	www.shlx.net	电　　话	（021）64411071	
经　　销	各地新华书店			

印　　刷	北京鑫海金澳胶印有限公司
开　　本	710 毫米×1000 毫米　1/16
印　　张	38
字　　数	682 千字
版　　次	2019 年 6 月第 1 版
印　　次	2019 年 6 月第 1 次
书　　号	ISBN 978-7-5429-6178-5 /F
定　　价	92.00 元

如有印订差错，请与本社联系调换

编委会名单

主　　任　　王晨明　周　欣

副 主 任　　曹卫平　任振和　姜　琳　詹　敏　孙筠婷

参编人员　　司惠菊　崔　悦　王佳文　王文萱　牛敏佳
（排列不分先后）谢仁强　何少平　黄晖雁　赵　栋　胡一民
　　　　　　席　楠　何少平　袁　琳

前言 PREFACE

2017年10月24日，财政部印发了《政府会计制度——行政事业单位会计科目和报表》（财会〔2017〕25号，以下简称《政府会计制度》），自2019年1月1日起施行，鼓励行政事业单位提前执行。2018年2月1日，为确保新旧制度顺利衔接、平稳过渡，促进新制度的有效贯彻实施，财政部制定了《〈政府会计制度——行政事业单位会计科目和报表〉与〈行政单位会计制度〉有关衔接问题的处理规定》和《〈政府会计制度——行政事业单位会计科目和报表〉与〈事业单位会计制度〉有关衔接问题的处理规定》（财会〔2018〕3号，以下简称《两个衔接》）。制定出台《政府会计制度》及《两个衔接》是财政部全面贯彻落实党的十八届三中全会精神和《改革方案》的重要成果，是服务全面深化财税体制改革的重要举措，对于提高政府会计信息质量、提升行政事业单位财务和预算管理水平、全面实施绩效管理、建立现代财政制度具有重要的政策支撑作用，在我国政府会计发展进程中具有划时代的重要意义。为此，我们组织编写了这本《最新行政事业单位政府会计实务》，供行政事业单位会计信息使用者学习和参考，满足行政事业单位会计信息使用者的实际操作需求。

本书共分九章，分别从行政单位和事业单位的角度对政府会计五要素进行了详细阐述，一是对新旧制度进行了详细对比；二是对财务会计与预算会计衔接进行了描述；三是以丰富、翔实的案例对各类经济业务进行平行记账举例。本书最后两章对政府报告和政府会计制度新旧衔接进行了详细阐述，一是对政府财务报告与决算报告进行了详细解读，并作了详细的财务报表和决算报表编制举例；二是以全过程的举例对政府会计制度新旧衔接作了详细阐述。本书既具有一定的理论深度，又具有较强的实用性和可操作性。

由于我们水平有限，加之编写时间仓促，书中难免有疏漏甚至错误之处，恳请专家、学者、广大读者批评指正。

编　者
2019年6月

目录 CONTENTS

第1章　总　　论　/ 001

　　第一节　政府会计准则体系介绍　/ 001

　　第二节　政府会计要素、会计等式与会计报表　/ 008

　　第三节　平行记账法　/ 016

第2章　资　产（一）　/ 018

　　第一节　资产概述　/ 018

　　第二节　现金类科目核算内容　/ 029

　　第三节　应收账款类　/ 047

　　第四节　存货类　/ 071

　　第五节　待摊费用类　/ 084

　　第六节　对外投资类　/ 088

第3章　资　产（二）　/ 102

　　第一节　对内投资类　/ 102

第二节　经管类　/ 142

第三节　其他类　/ 169

第 4 章 ● 负债业务　/ 174

第一节　负债概述　/ 174

第二节　借款类　/ 181

第三节　应付及预收款项类　/ 188

第四节　暂收款项类　/ 237

第五节　预提费用　/ 242

第六节　预计负债　/ 245

第七节　受托代理负债　/ 247

第 5 章 ● 收入/预算收入业务　/ 249

第一节　财务收入概述　/ 249

第二节　收入科目核算内容　/ 256

第三节　预算收入科目核算内容　/ 261

第四节　收入/预算收入平行记账　/ 265

第 6 章 ● 费用/预算支出业务　/ 303

第一节　费用/预算支出概述　/ 303

第二节　费用科目核算内容（财务会计）　/ 310

第三节　预算支出科目核算内容（预算会计）　/ 312

第四节　费用/预算支出平行记账　/ 315

第7章　净资产/预算结余业务　/ 367

第一节　净资产/预算结余概述　/ 367

第二节　净资产科目核算内容　/ 376

第三节　预算结余科目核算内容　/ 377

第四节　净资产平行记账　/ 382

第五节　预算结余平行记账　/ 401

第8章　政府财务报告和决算报告　/ 445

第一节　政府决算报告和财务报告简介　/ 445

第二节　报表格式　/ 447

第三节　报表编制方法与调整　/ 456

第四节　报表编制举例　/ 489

第9章　新旧会计制度的衔接　/ 519

第一节　新旧制度衔接的总体要求　/ 519

第二节　与行政单位会计制度的衔接规定　/ 523

第三节　与事业单位会计制度的衔接规定　/ 553

第一章 总论

党的十八届三中全会《国务院关于深化预算管理制度改革的决定》提出了"建立权责发生制的政府综合财务报告制度"的重要战略部署,新《预算法》也对各级政府财政部门按年度编制以权责发生制为基础的政府综合财务报告提出了明确要求。2014年12月,国务院批转了财政部制定的《权责发生制政府综合财务报告制度改革方案》(国发〔2014〕63号,以下称《改革方案》),确立了政府会计改革的指导思想、总体目标、基本原则、主要任务、具体内容、配套措施、实施步骤和组织保障。《改革方案》提出,权责发生制政府综合财务报告制度改革是基于政府会计规则的重大改革,其前提和基础就是要构建统一、科学、规范的政府会计准则体系,包括制定政府会计基本准则、具体准则及应用指南和健全完善政府会计制度。

第一节 政府会计准则体系介绍

一、主要内容

根据《改革方案》,我国的政府会计标准体系由政府会计基本准则、具体准则及其应用指南和政府会计制度组成。会计准则和会计制度相互补充,共同规范政府会计主体的会计核算,保证会计信息质量。按照《改革方案》确定的目标,我们应当在2020年之前建立起具有中国特色的政府会计标准体系。

(一)政府会计基本准则

2015年10月23日,财政部令第78号公布《政府会计准则——基本准则》(以下称《基本准则》),该准则自2017年1月1日起施行。《基本准则》作为政府会计的"概念框架",统驭政府会计具体准则和政府会计制度的制定,并为政府会计实务问题提供处理原则,为编制政府财务报告提供基础标准。基本准则主要对政府会计目标、会计主体、会计信息质量要求、会计核算基础,以及会计要素定义、确认和计量原则、列报要求等做出规定。《基本准则》共六章62条。六章内容分别为总则、政府会计信息质量要求、政府预算会计要素、政府财务会计要素、政府决算报告和财务报告以及附则。

(二)政府会计具体准则及应用指南

2016年7月以后,财政部根据《基本准则》陆续制定印发相关政府会计具体准则及应用指南。具体准则主要规定政府发生的经济业务或事项的会计处理原则,具体规定经济业务或事项引起的会计要素变动的确认、计量和报告。应用指南主要对具体准则的实际应用作出操作性规定。截至2018年5月31日,财政部已经发布了《政府会计准则第1号——存货》《政府会计准则第2号——投资》《政府会计准则第3号——固定资产》《政府会计准则第4号——无形资产》《政府会计准则第5号——公共基础设施》和《政府会计准则第6号——政府储备物资》6项具体准则以及《〈政府会计准则第3号——固定资产〉应用指南》。

(三)政府会计制度

2017年10月24日,财政部印发了《政府会计制度——行政事业单位会计科目和报表》(财会〔2017〕25号,以下简称《政府会计制度》),该制度自2019年1月1日起施行,鼓励行政事业单位提前执行。2018年2月1日,为了确保新旧制度顺利衔接、平稳过渡,促进新制度的有效贯彻实施,财政部制定了《〈政府会计制度——行政事业单位会计科目和报表〉与〈行政单位会计制度〉有关衔接问题的处理规定》和《〈政府会计制度——行政事业单位会计科目和报表〉与〈事业单位会计制度〉有关衔接问题的处理规定》(财会〔2018〕3号,以下简称《两个衔接》)。政府会计制度主要规定政府会计科目及其使用说明、会计报表格式及其编制说明等,便于会计人员进行日常核算。

第 1 章 总 论

1. 政府会计制度主要内容

《政府会计制度》由正文和附录组成。正文包括五部分内容：

第一部分为总说明，主要规范《政府会计制度》的制定依据、适用范围、会计核算模式和会计要素、会计科目设置要求、报表编制要求、会计信息化工作要求和施行日期等内容。

第二部分为会计科目名称和编号，主要列出了财务会计和预算会计两类科目表，共计 103 个一级会计科目。其中，财务会计下资产、负债、净资产、收入和费用五个要素共包含 77 个一级科目，预算会计下预算收入、预算支出和预算结余三个要素共包含 26 个一级科目。

第三部分为会计科目使用说明，主要对 103 个一级会计科目的核算内容、明细核算要求、主要账务处理等进行详细规定。本部分内容是《政府会计制度》的核心内容。

第四部分为报表格式，主要规定财务报表和预算会计报表的格式。其中，财务报表包括资产负债表、收入费用表、净资产变动表、现金流量表及报表附注，预算会计报表包括预算收入支出表、预算结转结余变动表和财政拨款预算收入支出表。

第五部分为报表编制说明，主要规定了第四部分列出的 7 张报表的编制说明，以及报表附注应披露的内容。

附录为主要业务和事项账务处理举例。本部分采用列表方式，以《政府会计制度》第三部分规定的会计科目使用说明为依据，按照会计科目顺序对单位通用业务或共性业务和事项的账务处理进行举例说明。

2. 政府会计制度的适用范围

（1）政府会计制度适用于各级各类行政单位和事业单位（以下统称单位），特别说明的除外。

（2）纳入企业财务管理体系执行企业会计准则或小企业会计准则的单位，不执行政府会计制度。

（3）政府会计制度尚未规范的有关行业事业单位的特殊经济业务或事项的会计处理，由财政部另行规定。

自 2019 年 1 月 1 日起执行政府会计制度的单位，不再执行《行政单位会计制度》《事业单位会计准则》《事业单位会计制度》《医院会计制度》《基层医疗卫生机构会计制度》《高等学校会计制度》《中小学校会计制度》《科学事业单位会计制度》《彩票机构会计制度》《地质勘查单位会计制度》《测绘事业单位会计制度》《国有林场与苗圃会计制度（暂行）》《国有建设单位会计制度》等制度。

二、意义及创新

（一）重要意义

制定出台《基本准则》是财政部积极贯彻落实党的十八届三中全会精神和《改革方案》的重要成果，是全面深化财税体制改革的重要举措，对于构建统一、科学、规范的政府会计准则体系具有重要的基础性作用，在我国政府会计改革进程中具有重要的里程碑意义。《基本准则》是政府会计领域一次重大的制度变革，实施《基本准则》在行政事业单位财务和会计管理方面意义重大，具体体现在：一是进一步规范单位会计行为，提高会计信息质量；二是有助于夯实财务管理基础，提升财务管理水平；三是能准确反映单位运行成本，科学评价单位绩效；四是全面反映单位预算执行信息和财务信息，提高财务透明度。政府会计具体准则及应用指南的陆续发布是财政部贯彻落实党中央、国务院关于建立权责发生制政府综合财务报告制度的决策部署的重要举措，标志着政府会计准则体系建设工作继《基本准则》出台后又迈出了坚实的一步，对于进一步规范政府会计主体的会计核算，提高会计信息质量，夯实国有资产管理基础，保障权责发生制政府综合财务报告制度改革顺利推进具有重要的意义。制定出台《政府会计制度》及《两个衔接》是财政部全面贯彻落实党的十八届三中全会精神和《改革方案》的重要成果，是服务全面深化财税体制改革的重要举措，对于提高政府会计信息质量、提升行政事业单位财务和预算管理水平、全面实施绩效管理、建立现代财政制度具有重要的政策支撑作用，在我国政府会计发展进程中具有划时代的重要意义。

（二）重大创新及带来的变化

1. 基本准则

《基本准则》是多年来我国政府会计理论研究和改革成果的重要体现，其重大制度理论创新主要有以下几点：

一是构建了政府预算会计和财务会计适度分离并相互衔接的政府会计核算体系。相对于实行多年的预算会计核算体系，《基本准则》强化了政府财务会计核算，即政府会计由预算会计和财务会计构成，前者一般实行收付实现制，后者实行权责发生制。通过预算会计核算形成决算报告，通过财务会计核算形成财务报告，全面、清晰反映政府预算执行信息和财务信息。

二是确立了"3＋5要素"的会计核算模式。《基本准则》规定预算收入、预算支出和预算结余3个预算会计要素和资产、负债、净资产、收入和费用

5 个财务会计要素。其中，首次提出收入、费用两个要素，有别于现行预算会计中的收入和支出要素，主要是为了准确反映政府会计主体的运行成本，科学评价政府资源管理能力和绩效。同时，《基本准则》按照政府会计改革最新理论成果对资产、负债要素进行了重新定义。

三是科学界定了会计要素的定义和确认标准。《基本准则》针对每个会计要素，规范了其定义和确认标准，为在政府会计具体准则和政府会计制度层面规范政府发生的经济业务或事项的会计处理提供了基本原则，保证了政府会计标准体系的内在一致性。特别是，《基本准则》在对政府资产和负债进行界定时，充分考虑了当前财政管理的需要，比如，在界定政府资产时，特别强调了"服务潜力"，除了自用的固定资产等以外，将公共基础设施、政府储备资产、文化文物资产、保障性住房和自然资源资产等纳入政府会计核算范围；对政府负债进行界定时，强调了"现时义务"，将政府因承担担保责任而产生的预计负债也纳入会计核算范围。

四是明确了资产和负债的计量属性及其应用原则。《基本准则》提出，资产的计量属性主要包括历史成本、重置成本、现值、公允价值和名义金额，负债的计量属性主要包括历史成本、现值和公允价值。同时，《基本准则》强调了历史成本计量原则，即政府会计主体对资产和负债进行计量时，一般应当采用历史成本。采用其他计量属性的，应当保证所确定的金额能够持续、可靠地计量。这样规定，既体现了资产负债计量的前瞻性，也充分考虑了政府会计实务的现状。

五是构建了政府财务报告体系。《基本准则》要求政府会计主体除按财政部要求编制决算报表外，至少还应编制资产负债表、收入费用表和现金流量表，并按规定编制合并财务报表。《基本准则》同时强调，政府财务报告包括政府综合财务报告和政府部门财务报告，这构建了满足现代财政制度需要的政府财务报告体系。

2. 政府会计制度

《政府会计制度》继承了我国多年来行政事业单位会计改革的有益经验，反映了当前政府会计改革发展的内在需要和发展方向，相对于现行制度有以下重大变化与创新：

（1）重构了政府会计核算模式。在系统总结分析传统单系统预算会计体系的利弊基础上，《政府会计制度》按照《改革方案》和《基本准则》的要求，构建了"财务会计和预算会计适度分离并相互衔接"的会计核算模式。所谓"适度分离"，是指适度分离政府预算会计和财务会计功能，决算报告和财务报告功能，全面反映政府会计主体的预算执行信息和财务信息。适度分离主要体现在以下几个方面：一是"双功能"，在同一会计核算系统中实现财务会计和预算会计双重功能，通过资产、负债、净资产、收入、费用五个要素进行财务会计核算，通过预算收入、预算支出和预算结余三个要素进行预算会计核算。二是"双基础"，财务会计采用权责发生制，预算会计采用收付实现制，国务院另有规定的，依照其规定。三是"双报告"，通过财务会计核算形成财务报告，通过预算会计核算形成决算报告。所谓"相互衔接"，是指在同一会计核算系统中政府预算会计要素和相关财务会计要素相互协调，决算报告和财务报告相互补充，共同反映政府会计主体的预算执行信息和财务信息。相互衔接主要体现在以下几个方面：一是对纳入部门预算管理的现金收支进行"平行记账"。对于纳入部门预算管理的现金收支业务，在进行财务会计核算的同时也应当进行预算会计核算。对于其他业务，仅需要进行财务会计核算。二是财务报表与预算会计报表之间存在钩稽关系。这是指通过编制"本期预算结余与本期盈余差异调节表"并在附注中进行披露，反映单位财务会计和预算会计因核算基础和核算范围不同所产生的本年盈余数（即本期收入与费用之间的差额）与本年预算结余数（本年预算收入与预算支出的差额）之间的差异，从而揭示财务会计和预算会计的内在联系。这种会计核算模式兼顾了现行部门决算报告制度的需要，又能满足部门编制权责发生制财务报告的要求，对于规范政府会计行为，夯实政府会计主体预算和财务管理基础，强化政府绩效管理具有深远的影响。

（2）统一了现行各项单位会计制度。《政府会计制度》有机整合了《行政单位会计制度》《事业单位会计制度》和医院、基层医疗卫生机构、高等学校、中小学校、科学事业单位、彩票机构、地勘单位、测绘单位、林业（苗圃）等行业事业单位会计制度的内容。在科目设置、科目和报表项目说明中，一般情况下，不再区分行政和事业单位，也不再区分行业事业单位；在核算内容方面，基本保留了现行各项制度中的通用业务和事项，同时根据改革需要增加各级各类行政事业单位的共性业务和事项；在会计政策方面，对同类业务尽可能作出同样的处理规定。会计制度的统一，大大提高了政府各部门、各单位会计信息的可比性，为合并单位、部门财务报表和逐级汇总编制部门决算奠定了坚实的制度基础。

（3）强化了财务会计功能。《政府会计制度》在财务会计核算中全面引入了权责发生制，在会计科目设置和账务处理说明中着力强化财务会计功能，比如，增加了收入和费用两个财务会计要素的核算内容，并原则上要求按照权责发生制进行核算；又如，增加了应收款项和应付款项的核算内容，对长期股权投资采用权益法核算，确认自行开发形成的无形资产的成本，要求对固定资产、公共基础设施、保障性住房和无形资产计提折旧或摊销，引入坏账准备等减值概念，确认预计负债、待摊费用和预提费用等。在政府会计核算中强化财务会计功能，对于科学编制权责发生制政府财务报告、准确反映单位财务状况和运行成本等情况具有重要的意义。

（4）扩大了政府资产负债核算范围。《政府会计制度》在现行制度基础上，扩大了资产负债的核算范围。除按照权责发生制核算原则增加有关往来账款的核算内容，在资产方面，增加了公共基础设施、政府储备物资、文物文化资产、保障性住房和受托代理资产的核算内容，以全面核算单位控制的各类资产；增加了"研发支出"科目，以准确反映单位自行开发无形资产的成本。在负债方面，增加了预计负债、受托代理负债等核算内容，以全面反映单位所承担的现时义务。此外，为了准确反映单位资产扣除负债之后的净资产状况，《政府会计制度》立足单位会计核算需要，借鉴国际公共部门会计准则相关规定，将净资产按照主要来源分类为累计盈余和专用基金，并根据净资产其他来源设置了权益法调整、无偿调拨净资产等会计科目。资产负债核算范围的扩大，有利于全面规范政府单位各项经济业务和事项的会计处理，准确反映政府"家底"信息，为相关决策提供更加有用的信息。

（5）改进了预算会计功能。根据《改革方案》要求，《政府会计制度》对预算会计科目及其核算内容进行了调整和优化，以进一步完善预算会计功能。在核算内容上，预算会计仅需核算预算收入、预算支出和预算结余。在核算基础上，预算会计除《预算法》要求的权责发生制事项外，均采用收付实现制核算，有利于避免现在制度下存在的虚列预算收支的问题。在核算范围上，为了体现新《预算法》的精神和部门综合预算的要求，《政府会计制度》将依法纳入部门预算管理的现金收支均纳入预算会计核算范围，如增设了债务预算收入、债务还本支出、投资支出等。调整完善后的预算会计，能够更好地贯彻落实《预算法》的相关规定，更加准确地反映部门和单位预算收支情况，更加满足部门、单位预算和决算管理的需要。

（6）整合了基建会计核算。按照现行制度的规定，单位对于基本建设投资的会计核算除遵循相关会计制度规定外，还应当按照国家有关基本建设会计核算的规定单独建账、单独核算，但同时应将基建账相关数据按期并入单位"大账"。《政府会计制度》依据《基本建设财务规则》和相关预算管理规定，在充分吸收《国有建设单位会计制度》合理内容的基础上对单位建设项目会计核算进行了规定。单位对基本建设投资按照《政府会计制度》的规定统一进行会计核算，不再单独建账，这大大简化了单位基本建设业务的会计核算，有利于提高单位会计信息的完整性。

（7）完善了报表体系和结构。《政府会计制度》将报表分为预算会计报表和财务报表两大类。预算会计报表由预算收入表、预算结转结余变动表和财政拨款预算收入支出表组成，是编制部门决算报表的基础。财务报表由会计报表和附注构成，会计报表由资产负债表、收入费用表、净资产变动表和现金流量表组成，其中，单位可自行选择编制现金流量表。此外，《政府会计制度》针对新的核算内容和要求对报表结构进行了调整和优化，对报表附注应当披露的内容进行了细化，对会计报表重要项目说明提供了可参考的披露格式，要求按经济分类披露费用信息，要求披露本年预算结余和本年盈余的差异调节过程等。调整完善后的报表体系，对于全面反映单位财务信息和预算执行信息，提高部门、单位会计信息的透明度和决策有用性具有重要的意义。

（8）增强了制度的可操作性。《政府会计制度》在附录中采用列表方式，以《政府会计制度》中规定的会计科目使用说明为依据，按照会计科目顺序对单位通用业务或共性业务和事项的账务处理进行了举例说明。在举例说明时，对同一项业务或事项，除在表格中列出财务会计分录外，还平行列出相对应的预算会计分录（如果有）。通过对经济业务和事项举例说明，充分反映《政府会计制度》所要求的财务会计和预算会计"平行记账"的核算要求，便于会计人员学习和理解政府会计八要素的记账规则，也有利于单位会计核算信息系统的开发或升级改造。

第二节 政府会计要素、会计等式与会计报表

一、政府会计要素

政府会计要素包括财务会计要素和预算会计要素。财务会计要素包括资产、负债、净资产、收入和费用。预算会计要素包括预算收入、预算支出和预算结余。

政府财务会计要素包括资产、负债、净资产、收入和费用。

政府预算会计要素包括预算收入、预算支出与预算结余。

二、政府会计科目及核算规则

政府会计科目分为财务会计和预算会计两类科目表，共计103个一级会计科目。其中，财务会计下资产、负债、净资产、收入和费用五个要素共包

含 77 个一级科目，预算会计下预算收入、预算支出和预算结余三个要素共包含 26 个一级科目。

（一）财务会计科目

政府会计制度中财务会计一级科目共计 77 个。按会计要素可分为五类：资产类会计科目、负债类会计科目、净资产类会计科目、收入类会计科目、费用类会计科目。

（1）资产类一级会计科目有 35 个，包括"库存现金""银行存款""零余额账户用款额度""其他货币资金""短期投资""财政应返还额度""应收票据""应收账款""预付账款""应收股利""应收利息""其他应收款""坏账准备""在途物品""库存物品""加工物品""待摊费用""长期股权投资""长期债券投资""固定资产""固定资产累计折旧""工程物资""在建工程""无形资产""无形资产累计摊销""研发支出""公共基础设施""公共基础设施累计折旧（摊销）""政府储备物资""文物文化资产""保障性住房""保障性住房累计折旧""受托代理资产""长期待摊费用""待处理财产损溢"科目。

（2）负债类一级会计科目有 16 个，包括"短期借款""应交增值税""其他应交税费""应缴财政款""应付职工薪酬""应付票据""应付账款""应付政府补贴款""应付利息""预收账款""其他应付款""预提费用""长期借款""长期应付款""预计负债""受托代理负债"科目。

（3）净资产类一级会计科目有 7 个，包括"累计盈余""专用基金""权益法调整""本期盈余""本年盈余分配""无偿调拨净资产""以前年度盈余调整"科目。

（4）收入类一级会计科目有 11 个，包括"财政拨款收入""事业收入""上级补助收入""附属单位上缴收入""经营收入""非同级财政拨款收入""投资收益""捐赠收入""利息收入""租金收入""其他收入"科目。

（5）费用类一级会计科目有 8 个，包括"业务活动费用""单位管理费用""经营费用""资产处置费用""上缴上级费用""对附属单位补助费用""所得税费用""其他费用"科目。

（二）预算会计科目

政府会计制度中预算会计一级科目共计 26 个。按会计要素可分为三类：预算收入类会计科目、预算支出类会计科目、预算结余类会计科目。

（1）预算收入类一级会计科目有 9 个，包括财"政拨款预算收入""事业预算收入""上级补助预算收入""附属单位上缴预算收入""经营预算收入""债务预算收入""非同级财政拨款预算收入""投资预算收益""其他预算收入"科目。

（2）预算支出类一级会计科目有8个，包括"行政支出""事业支出""经营支出""上缴上级支出""对附属单位补助支出""投资支出""债务还本支出""其他支出"科目。

（3）预算结余类一级会计科目有9个，包括"资金结存""财政拨款结转""财政拨款结余""非财政拨款结转""非财政拨款结余""专用结余""经营结余""其他结余""非财政拨款结余分配"科目。

政府会计科目名称和编号见表1-1。

表1-1　政府会计科目名称和编号

序号	科目编码	科目名称
一、财务会计科目		
（一）资产类		
1	1001	库存现金
2	1002	银行存款
3	1011	零余额账户用款额度
4	1021	其他货币资金
5	1101	短期投资
6	1201	财政应返还额度
7	1211	应收票据
8	1212	应收账款
9	1214	预付账款
10	1215	应收股利
11	1216	应收利息
12	1218	其他应收款
13	1219	坏账准备
14	1301	在途物品
15	1302	库存物品
16	1303	加工物品
17	1401	待摊费用

（续表）

序号	科目编码	科目名称
18	1501	长期股权投资
19	1502	长期债权投资
20	1601	固定资产
21	1602	固定资产累计折旧
22	1611	工程物资
23	1613	在建工程
24	1701	无形资产
25	1702	无形资产累计摊销
26	1703	研发支出
27	1801	公共基础设施
28	1802	公共基础设施累计折旧（摊销）
29	1811	政府储备物资
30	1821	文物文化资产
31	1831	保障性住房
32	1832	保障性住房累计折旧
33	1891	受托代理资产
34	1901	长期待摊费用
35	1902	待处理财产损溢
(二）负债类		
36	2001	短期借款
37	2101	应交增值税
38	2102	其他应交税费
39	2103	应缴财政款
40	2201	应付职工薪酬
41	2301	应付票据
42	2302	应付账款
43	2303	应付政府补贴款

（续表）

序号	科目编码	科目名称
44	2304	应付利息
45	2305	预收账款
46	2307	其他应付款
47	2401	预提费用
48	2501	长期借款
49	2502	长期应付款
50	2601	预计负债
51	2901	受托代理负债
（三）净资产类		
52	3001	累计盈余
53	3101	专用基金
54	3201	权益法调整
55	3301	本期盈余
56	3302	本年盈余分配
57	3401	无偿调拨净资产
58	3501	以前年度盈余调整
（四）收入类		
59	4001	财政拨款收入
60	4101	事业收入
61	4201	上级补助收入
62	4301	附属单位上缴收入
63	4401	经营收入
64	4601	非同级财政拨款收入
65	4602	投资收益
66	4603	捐赠收入
67	4604	利息收入
68	4605	租金收入

（续表）

序号	科目编码	科目名称
69	4609	其他收入
（五）费用类		
70	5001	业务活动费用
71	5101	单位管理费用
72	5201	经营费用
73	5301	资产处置费用
74	5401	上缴上级费用
75	5501	对附属单位补助费用
76	5801	所得税费用
77	5901	其他费用
二、预算会计科目		
（一）预算收入类		
1	6001	财政拨款预算收入
2	6101	事业预算收入
3	6201	上级补助预算收入
4	6301	附属单位上缴预算收入
5	6401	经营预算收入
6	6501	债务预算收入
7	6601	非同级财政拨款预算收入
8	6602	投资预算收益
9	6609	其他预算收入
（二）预算支出类		
10	7101	行政支出
11	7201	事业支出
12	7301	经营支出
13	7401	上缴上级支出

(续表)

序号	科目编码	科目名称
14	7501	对附属单位补助支出
15	7601	投资支出
16	7701	债务还本支出
17	7901	其他支出
（三）预算结余类		
18	8001	资金结存
19	8101	财政拨款结转
20	8102	财政拨款结余
21	8201	非财政拨款结转
22	8202	非财政拨款结余
23	8301	专用结余
24	8401	经营结余
25	8501	其他结余
26	8701	非财政拨款结余分配

（三）政府会计核算规则

（1）单位应当根据政府会计准则（包括基本准则和具体准则）规定的原则和政府会计制度的要求，对其发生的各项经济业务或事项进行会计核算。

（2）对基本建设投资应当按照政府会计制度规定统一进行会计核算，不再单独建账，但是应当按项目单独核算，并保证项目资料完整。

（3）执行政府会计制度的单位会计核算应当具备财务会计与预算会计双重功能，即实行平行记账法，实现财务会计与预算会计适度分离并相互衔接，全面、清晰反映单位财务信息和预算执行信息。单位财务会计核算实行权责发生制，单位预算会计核算实行收付实现制；国务院另有规定的，依照其规定。单位对于纳入部门预算管理的现金收支业务，在采用财务会计核算的同时应当进行预算会计核算；对于其他业务，仅需进行财务会计核算。

（四）政府会计核算信息质量要求

1. 客观性要求

政府会计主体应当以实际发生的经济业务或者事项为依据进行会计核算，

如实反映各项会计要素的情况和结果,应保证会计信息真实可靠。

政府会计主体应当按照经济业务或者事项的经济实质进行会计核算,不限于以经济业务和事项的法律形式为依据。

2. 相关性要求

政府会计主体应当将发生的各项经济业务或者事项统一纳入会计核算,确保会计信息能够全面反映政府会计主体预算执行情况和财务状况、运行情况、现金流量等。

政府会计主体提供的会计信息,应当与反映政府会计主体公共受托责任履行情况以及报告使用者决策或者监督、管理的需要相关,有助于报告使用者对政府会计主体过去、现在或者未来的情况作出评价或者预测。

3. 及时性要求

政府会计主体对已经发生的经济业务或者事项,应当及时进行会计核算,不得提前或者延后。

4. 可比性要求

政府会计主体提供的会计信息应当具有可比性。不同政府会计主体发生的相同或者相似的经济业务或者事项,应当采用一致的会计政策,确保政府会计信息口径一致,相互可比。

5. 一贯性要求

同一政府会计主体不同时期发生的相同或者相似的经济业务或者事项,应当采用一致的会计政策,不得随意变更。确需变更的,应当将变更的内容、理由及其影响在附注中予以说明。

6. 明晰性要求

政府会计主体提供的会计信息应当清晰明了,便于报告使用者理解和使用。

三、财务报表和预算会计报表

单位应当按照下列规定编制财务报表和预算会计报表:

(1)财务报表的编制主要以权责发生制为基础,以单位财务会计核算生成的数据为准;预算会计报表的编制主要以收付实现制为基础,以单位预算会计核算生成的数据为准。

(2)财务报表由会计报表及其附注构成。会计报表一般包括资产负债表、收入费用表和净资产变动表。单位可根据实际情况自行选择编制现金流量表。

(3)预算会计报表至少包括预算收入支出表、预算结转结余变动表和财政拨款预算收入支出表。

(4)单位应当至少按照年度编制财务报表和预算会计报表。

（5）单位应当根据《政府会计制度》规定编制真实、完整的财务报表和预算会计报表，不得违反该制度的规定随意改变财务报表和预算会计报表的编制基础、编制依据、编制原则和方法，不得随意改变《政府会计制度》规定的财务报表和预算会计报表有关数据的会计口径。

（6）财务报表和预算会计报表应当根据登记完整、核对无误的账簿记录和其他有关资料编制，做到数字真实、计算准确、内容完整、编报及时。

（7）财务报表和预算会计报表应当由单位负责人和主管会计工作的负责人、会计机构负责人（会计主管人员）签名并盖章。

第三节 平行记账法

政府会计制度明确了行政事业单位会计核算应当具备财务会计与预算会计双重功能，实现财务会计与预算会计适度分离并相互衔接。平行记账法是财务会计与预算会计适度分离并相互衔接核算模式的最重要的表现形式。

一、平行记账的基本原理

政府会计制度规定，单位对于纳入部门预算管理的现金收支业务，在采用财务会计核算的同时应当进行预算会计核算；对于其他业务，仅需进行财务会计核算。

二、平行记账的特点

（1）平行记账在同一会计信息系统中进行，即平行记账是为了满足单位在一个会计信息系统中同时进行财务会计和预算会计核算的需要。

（2）平行记账针对的是纳入部门预算管理的现金收支业务。这就明确了预算会计核算的经济业务范围。根据这一规定，实务中经济业务事项是否需要在预算会计中核算可以按照以下两点判断：一是该业务是否是现金收支业务；二是该业务是否是纳入部门预算管理。只有同时满足以上两点的，在采用财务会计核算的同时才需要进行预算会计核算。

（3）不需要平行记账的其他业务只需要进行财务会计核算。实务工作中，典型的不纳入预算管理的现金收支业务包括：应当上缴国库或财政专户的款项、应当转拨其他单位的款项、受托代理的款项、暂收款业务等，这些款项收到或支付时仅作财务会计核算，不需要进行预算会计核算。

财务会计与预算会计平行记账，如图1-1所示。

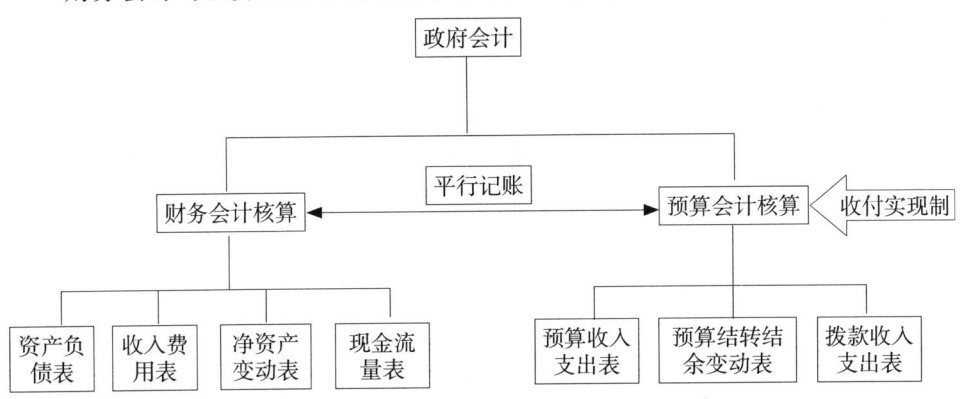

图1-1 平行记账图示

三、平行记账法举例

这里以收到财政拨款以及购进固定资产为例介绍平行记账法，如图1-2所示。

财务会计	预算会计
1. 财政直接支付方式下，收到"财政直接支付入账通知书"及相关原始凭证时： 借：库存物品/固定资产/业务活动费用/单位管理费用/应付职工薪酬等 ××× 　　贷：财政拨款收入 ××× 2. 购入不需要安装的固定资产时： 借：固定资产 ××× 　　贷：财政拨款收入/零余额用款额度/应付账款/银行存款等 ××× 3. 按月计提折旧时： 借：业务活动费用/单位管理费用/经营费用等 ××× 　　贷：固定资产累计折旧 ×××	1. 财政直接支付方式下，收到"财政直接支付入账通知书"及相关原始凭证时： 借：行政支出/事业支出 ××× 　　贷：财政拨款预算收入 ××× 2. 购入不需要安装的固定资产时： 借：行政支出/事业支出/经营支出等 ××× 　　贷：财政拨款预算收入/资金结存 ××× 3. 按月计提折旧时： 预算会计不作账务处理

图1-2 收到财政拨款及购进固定资产的平行记账

第2章

资产（一）

第一节 资产概述

一、资产总体介绍

（一）资产的定义

资产是指政府会计主体过去的经济业务或事项形成的，由政府会计主体控制的，预期能够产生服务潜力或者带来经济利益流入的经济资源。其中，服务潜力是指政府会计主体利用资产提供公共产品和服务以履行政府职能的潜在能力。经济利益流入表现为现金及现金等价物的流入，或者现金及现金等价物流出的减少。

（二）资产会计科目

政府会计制度中资产类科目有35个，其中，行政单位和事业单位共同使用的科目有27个，事业单位单独使用的科目有8个。单独使用科目为"短期投资""应收票据""应收账款""应收股利""应收利息""坏账准备""长期股权投资"和"长期债券投资"，如表2-1所示。

表2-1 资产类会计科目使用范围表

科目编码	科目名称	行政单位	事业单位	科目使用范围
1001	库存现金	√	√	行政单位、事业单位
1002	银行存款	√	√	行政单位、事业单位

第2章 资产(一)

(续表)

科目编码	科目名称	行政单位	事业单位	科目使用范围
1011	零余额账户用款额度	√	√	行政单位、事业单位
1021	其他货币资金	√	√	行政单位、事业单位
1101	短期投资		√	事业单位
1201	财政应返还额度	√	√	行政单位、事业单位
1211	应收票据		√	事业单位
1212	应收账款		√	事业单位
1214	预付账款	√	√	行政单位、事业单位
1215	应收股利		√	事业单位
1216	应收利息		√	事业单位
1218	其他应收款	√	√	行政单位、事业单位
1219	坏账准备		√	事业单位
1301	在途物品	√	√	行政单位、事业单位
1302	库存物品	√	√	行政单位、事业单位
1303	加工物品	√	√	行政单位、事业单位
1401	待摊费用	√	√	行政单位、事业单位
1501	长期股权投资		√	事业单位
1502	长期债权投资		√	事业单位
1601	固定资产	√	√	行政单位、事业单位
1602	固定资产累计折旧	√	√	行政单位、事业单位
1611	工程物资	√	√	行政单位、事业单位
1613	在建工程	√	√	行政单位、事业单位
1701	无形资产	√	√	行政单位、事业单位
1702	无形资产累计摊销	√	√	行政单位、事业单位
1703	研发支出	√	√	行政单位、事业单位
1801	公共基础设施	√	√	行政单位、事业单位
1802	公共基础设施累计折旧(摊销)	√	√	行政单位、事业单位

（续表）

科目编码	科目名称	行政单位	事业单位	科目使用范围
1811	政府储备物资	√	√	行政单位、事业单位
1821	文物文化资产	√	√	行政单位、事业单位
1831	保障性住房	√	√	行政单位、事业单位
1832	保障性住房累计折旧	√	√	行政单位、事业单位
1891	受托代理资产	√	√	行政单位、事业单位
1901	长期待摊费用	√	√	行政单位、事业单位
1902	待处理财产损溢	√	√	行政单位、事业单位

（三）资产分类与计量

1. 资产的分类

资产按照流动性分为流动资产和非流动资产。

流动资产是指预计在1年内（含1年）耗用或者可以变现的资产，包括货币资金、短期投资、应收及预付款项、存货等。其中货币资金包括库存现金、银行存款、其他货币资金、零余额账户用款额度；应收及预付款项包括财政应返还额度、应收票据、应收账款、其他应收款等应收款项和预付账款。

非流动资产是指流动资产以外的资产，包括固定资产、在建工程、无形资产、长期投资、公共基础设施、政府储备资产、文物文化资产、保障性住房和自然资源资产等。

2. 资产的确认和计量

（1）资产的确认

将一项资源确认为资产，需要符合资产的定义，还应同时满足以下两个条件：

①与该经济资源相关的服务潜力很可能实现或者经济利益很可能流入政府会计主体。

从资产的定义来看，能够产生服务潜力或者带来经济利益是资产的一个本质特征，但在现实生活中，由于经济环境瞬息万变，与资源有关的服务潜力能否实现或经济利益是否流入单位或者能够流入多少实际上带有很大的不确定性。因此，资产的确认还应与对服务潜力实现或经济利益流入的不确定性的判断结合起来。如果根据编制财务报表时所取得的证据，与资源有关的服务潜力很可能实现或者经济利益很可能流入单位，那么就应当将其作为资产予以确认；反之，则不能确认为资产。

②该经济资源的成本或者价值能够可靠地计量。

只有当相关资源的成本或者价值能够可靠地计量时，资产才能予以确认。在实务中，政府会计主体取得的许多资产都是发生了实际成本的，例如，行政事业单位购买的存货，或者购置的厂房及设备等。这些资产，只要实际发生的购买成本能够可靠地计量，就视为符合了资产确认的可计量条件。

（2）资产的计量

资产的计量属性主要包括历史成本、重置成本、现值、公允价值和名义金额。

在历史成本计量属性下，资产按照取得时支付的现金金额或者支付对价的公允价值计量。

在重置成本计量属性下，资产按照现在购买相同或者相似资产所需支付的现金金额计量。

在现值计量属性下，资产按照预计从其持续使用和最终处置中所产生的未来净现值流入量的折现金额计量。

在公允价值计量属性下，资产按照市场参与者在计量日发生的有序交易中，出售资产所能收到的价格计量。

无法采用上述计量属性的，采用名义金额（即人民币1元）计量。

二、政府财务会计资产类科目与原制度对比

政府财务会计资产类科目与原行政事业单位支出类会计科目对比，分行政单位、事业单位两种情况，对比如下。

1. 行政单位

政府会计制度下行政单位使用的政府财务会计资产类科目共有27个，与原行政单位会计制度资产类科目相比较，部分会计科目进行了拆分或合并，同时新增了两个科目，资产的总体核算内容与原制度相比基本没有发生大的变化，如表2-2所示。

表2-2 财务会计资产类科目与原行政单位会计制度资产类科目对比表

原行政单位会计制度		政府会计制度财务会计		新旧对比
科目编码	科目名称	科目编码	科目名称	
1001	库存现金	1001	库存现金	无变化

（续表）

原行政单位会计制度		政府会计制度财务会计		新旧对比
科目编码	科目名称	科目编码	科目名称	
1002	银行存款	1002	银行存款	新制度将原制度"银行存款"会计科目拆分为"银行存款""其他货币资金"两个会计科目。原制度"银行存款"会计科目中核算属于新制度规定受托代理资产，在"受托代理资产"会计科目核算。
		1021	其他货币资金	
1011	零余额账户用款额度	1011	零余额账户用款额度	无变化
1021	财政应返还额度	1201	财政应返还额度	无变化
1213	预付账款	1214	预付账款	新制度"预付账款"会计科目核算内容包含了原制度"在建工程"会计科目中的"预付备料款""预付工程款""其他预付款"等明细科目。
1511	在建工程			
1215	其他应收款	1218	其他应收款	新制度"其他应收款"会计科目核算内容不含单位采购材料等物资时货款已付或已开出商业汇票但尚未验收的在途物品的采购成本。
		1301	在途物品	新增科目。"在途物品"会计科目核算单位采购材料等物资时货款已付或已开出商业汇票但尚未验收的在途物品的成本。
1301	存货	1302	库存物品	新制度将原制度"存货"会计科目拆分为"库存物品""加工物品""政府储备物资"三个会计科目进行核算。
		1303	加工物品	
		1811	政府储备物资	
1501	固定资产	1601	固定资产	新制度将原制度"固定资产"会计科目拆分为"固定资产""公共基础设施""政府储备物资""文物文化资产""保障性住房"五个会计科目。
		1801	公共基础设施	
		1811	政府储备物资	
		1821	文物文化资产	
		1831	保障性住房	

第 2 章 资　产（一）

（续表）

原行政单位会计制度		政府会计制度财务会计		新旧对比
科目编码	科目名称	科目编码	科目名称	
1502	累计折旧	1602	固定资产累计折旧	新制度将原制度"累计折旧"会计科目拆分为"固定资产累计折旧""公共基础设施累计折旧（摊销）""保障性住房累计折旧"三个会计科目。
		1802	公共基础设施累计折旧（摊销）	
		1832	保障性住房累计折旧	
1511	在建工程	1611	工程物资	新科目将原"在建工程"科目核算的内容剔除"预付备料款""预付工程款""其他预付款"等内容后分别拆分为"工程物资""在建工程"两个会计科目进行核算。
		1613	在建工程	
1601	无形资产	1701	无形资产	无变化
1602	累计摊销	1702	无形资产累计摊销	无变化
		1703	研发支出	新增科目
1802	公共基础设施	1801	公共基础设施	无变化
1801	政府储备物资	1811	政府储备物资	无变化
1901	受托代理资产	1891	受托代理资产	无变化
		1901	长期待摊费用	新增科目
1701	待处理财产损溢	1902	待处理财产损溢	无变化

2. 事业单位

政府会计制度下事业单位使用的政府财务会计资产类科目共有 35 个，与原事业单位会计制度资产类科目相比较，部分科目进行了拆分、合并，同时新增了资产类科目。其中拆分 7 个，新增 6 个，内容合并 1 个。新增资产科目为"坏账准备""应收股利""应收利息""研发支出""受托代理资产""长期待摊费用"，如表 2-3 所示。

表 2-3　财务会计资产类科目与原事业单位会计制度资产类科目对比表

原事业单位会计制度		政府会计制度财务会计		新旧对比
科目编码	科目名称	科目编码	科目名称	
1001	库存现金	1001	库存现金	无变化

（续表）

原事业单位会计制度		政府会计制度财务会计		新旧对比
科目编码	科目名称	科目编码	科目名称	
1002	银行存款	1002	银行存款	新制度将原制度"银行存款"会计科目拆分为"银行存款""其他货币资金"两个会计科目。原制度"银行存款"会计科目中核算属于新制度规定受托代理资产，在"受托代理资产"会计科目核算
		1021	其他货币资金	
1011	零余额账户用款额度	1011	零余额账户用款额度	无变化
1201	财政应返还额度	1201	财政应返还额度	无变化
1101	短期投资	1101	短期投资	无变化
1211	应收票据	1211	应收票据	无变化
1212	应收账款	1212	应收账款	无变化
1213	预付账款	1214	预付账款	新制度"预付账款"会计科目核算内容包含了原制度"在建工程"会计科目中的"预付备料款""预付工程款""其他预付款"等明细科目。
1511	在建工程			
		1215	应收股利	新增科目
		1216	应收利息	新增科目
1215	其他应收款	1218	其他应收款	新制度"其他应收款"会计科目核算内容不含单位采购材料等物资时货款已付或已开出商业汇票但尚未验收的在途物品的采购成本。
		1301	在途物品	新增科目。"在途物品"会计科目核算单位采购材料等物资时货款已付或已开出商业汇票但尚未验收的在途物品的成本。

（续表）

原事业单位会计制度		政府会计制度财务会计		新旧对比
科目编码	科目名称	科目编码	科目名称	
1301	存货	1302	库存物品	新制度将原制度"存货"会计科目拆分成了"库存物品""加工物品"两个会计科目。同时将单位在原制度"存货会计"科目拆分为"工程物资""政府储备物资""受托代理物资"三个会计科目。
		1303	加工物品	
		1611	工程物资	
		1811	政府储备物资	
		1891	受托代理资产	
1401	长期投资	1501	长期股权投资	新制度将原制度"长期投资"会计科目拆分成为"长期股权投资""长期债券投资"两个会计科目。
		1502	长期债券投资	
1501	固定资产	1601	固定资产	新制度将原制度"固定资产"会计科目拆分为"固定资产""公共基础设施""政府储备物资""文物文化资产""保障性住房"五个会计科目。
		1801	公共基础设施	
		1811	政府储备物资	
		1821	文物文化资产	
		1831	保障性住房	
1502	累计折旧	1602	固定资产累计折旧	新制度将原制度"累计折旧"会计科目拆分为"固定资产累计折旧""公共基础设施累计折旧（摊销）""保障性住房累计折旧"三个会计科目。
		1802	公共基础设施累计折旧（摊销）	
		1832	保障性住房累计折旧	
1511	在建工程	1611	工程物资	新制度将原制度"在建工程"会计科目核算的内容剔除"预付备料款""预付工程款""其他预付款"后分别拆分为"工程物资""在建工程"两个会计科目。
		1613	在建工程	
1601	无形资产	1701	无形资产	无变化

（续表）

原事业单位会计制度		政府会计制度财务会计		新旧对比
科目编码	科目名称	科目编码	科目名称	
1602	累计摊销	1702	无形资产累计摊销	无变化。
		1703	研发支出	新增科目
		1891	受托代理资产	新增科目
		1901	长期待摊费用	新增科目
1701	待处置资产损溢	1902	待处理财产损溢	无变化

三、资产类科目与预算会计科目衔接

（一）行政单位科目衔接

对于纳入行政单位部门预算管理的资金的流入、流出、调整和滚存等情况的经济业务事项，发生预付账款及其他应收款实际报销业务，取得、建造、摊销等各类资产时，发生调拨、转赠、处置资产时，财务会计在做资产核算业务时，预算会计也要做与之相应的平行账务处理。衔接关系如表2-4所示。

表2-4　资产类科目与预算类科目衔接关系表（行政单位）

政府会计制度财务会计		政府会计制度预算会计		衔接关系
科目编码	科目名称	科目编码	科目名称	
1001	库存现金	8001	资金结存	行政单位发生了资金的流入、流出、调整、滚存等与资金类科目相关的经济业务时，财务会计中发生了现金收付业务等，财务会计与预算会计应按照"平行记账"规则分别进行账务处理。
1002	银行存款			
1021	其他货币资金			
1011	零余额账户用款额度			
1201	财政应返还额度			
1214	预付账款	7101	行政支出	行政单位发生预付账款及其他应收款实际报销时，在取得、建造、摊销等各类资产时，财务会计与预算会计应按照"平行记账"规则分别进行账务处理。
1218	其他应收款			
1301	在途物品			

第 2 章 资 产（一）

（续表）

政府会计制度财务会计		政府会计制度预算会计		衔接关系
科目编码	科目名称	科目编码	科目名称	
1302	库存物品	7101	行政支出	行政单位发生预付账款及其他应收款实际报销时，在取得、建造、摊销等各类资产时，财务会计与预算会计应按照"平行记账"规则分别进行账务处理。
1303	加工物品——委托加工物品			
1601	固定资产			
1611	工程物资			
1613	在建工程			
1701	无形资产			
1801	公共基础设施			
1821	文物文化资产			
1831	保障性住房			
1901	长期待摊费用			
1801	公共基础设施	7901	其他支出	行政单位在发生调拨、转赠、处置资产时，财务会计与预算会计应按照"平行记账"规则分别进行账务处理。
1821	文物文化资产			
1831	保障性住房			
1891	受托代理资产			
1902	待处理财产损溢			

（二）事业单位科目衔接

对于纳入事业单位部门预算管理的资金的流入、流出、调整和滚存等情况的经济业务或事项，发生了现金收付业务，收回不需上缴财政的应收账款、以前年度预付账款的退回，收到其他应收款项及发生逾期无法收回的其他应收款项，发生预付账款及其他应收款实际报销、应收票据贴现时，在取得、建造、摊销等各类资产时，发生调拨、转赠、处置资产，以货币资金对外投资发生现金流出，取得的投资支付价款中包含已宣告但尚未发放的现金股利或利润，取得的投资支付价款中包含已到付息期但尚未领取的利息时，在专业业务活动及其辅助活动之外开展非独立核算的自行研究与开发阶段产生各项现金流出，预算会计也要做与之相应的平行账务处理。衔接关系如表2-5所示：

表2-5　资产类科目与预算类科目衔接关系表（事业单位）

政府会计制度财务会计		政府会计制度预算会计		衔接关系
科目编码	科目名称	科目编码	科目名称	
1001	库存现金	8001	资金结存	事业单位发生了资金的流入、流出、调整、滚存等与资金类科目相关的经济业务，财务会计中发生了现金收付业务，收回不需上缴财政的应收账款、以前年度预付账款的退回，收到其他应收款项及发生逾期无法收回的其他应收款项时，财务会计与预算会计应按照"平行记账"规则分别进行账务处理。
1002	银行存款			
1021	其他货币资金			
1011	零余额账户用款额度			
1201	财政应返还额度			
1212	应收账款			
1214	预付账款			
1218	其他应收款			
1214	预付账款	7201	事业支出	事业单位发生预付账款及其他应收款实际报销、应收票据贴现时，在取得、建造、摊销等各类资产时，财务会计与预算会计应按照"平行记账"规则分别进行账务处理。
1218	其他应收款			
1211	应收票据			
1301	在途物品			
1302	库存物品			
1303	加工物品			
1601	固定资产			
1611	工程物资			
1613	在建工程			
1701	无形资产			
1703	研发支出			
1801	公共基础设施	7201	事业支出	事业单位发生预付账款及其他应收款实际报销、应收票据贴现时，在取得、建造、摊销等各类资产时，财务会计与预算会计应按照"平行记账"规则分别进行账务处理。
1821	文物文化资产			
1831	保障性住房			

第 2 章 资 产（一）

（续表）

政府会计制度财务会计		政府会计制度预算会计		衔接关系
科目编码	科目名称	科目编码	科目名称	
1901	长期待摊费用	7901	其他支出	事业单位在发生调拨、转赠、处置资产时，财务会计与预算会计应按照"平行记账"规则分别进行账务处理。
1801	公共基础设施			
1821	文物文化资产			
1831	保障性住房			
1891	受托代理资产			
1902	待处理财产损溢			
1101	短期投资	7601	投资支出	事业单位以货币资金对外投资发生现金流出，取得的投资支付价款中包含已宣告但尚未发放的现金股利或利润，取得的投资支付价款中包含已到付息期但尚未领取的利息时，财务会计与预算会计应按照"平行记账"规则分别进行账务处理。
1215	应收股利			
1216	应收利息			
1501	长期股权投资			
1502	长期债权投资			
1703	研发支出	7301	经营支出	事业单位在专业业务活动及其辅助活动之外开展非独立核算的自行研究与开发阶段产生的各项现金流出，财务会计与预算会计应按照"平行记账"规则分别进行账务处理。

第二节 现金类科目核算内容

一、库存现金

（一）"库存现金"科目核算的内容

库存现金是指行政事业单位存放在其财务部门的可以随时支取的现金，

主要用于行政事业单位的日常零星开支。

为核算库存现金，行政事业单位应设置"库存现金"科目。本科目期末借方余额反映行政事业单位实际持有的库存现金。单位有外币现金的，应当分别按人民币、外币种类设置"库存现金日记账"进行明细核算。同时，本科目应当设置"受托代理资产"明细科目，核算单位受托代理、代管的现金。

（二）"库存现金"科目平行记账账务处理

1. 现金的提现和存现

具体账务处理如表 2-6 所示。

表 2-6　库存现金平行记账账务处理之一

情形	财务会计		预算会计	
	行政单位	事业单位	行政单位	事业单位
提现	借：库存现金 　贷：银行存款		—	
存现	借：银行存款等 　贷：库存现金		—	

2. 因内部职工出差借出或报销现金

具体账务处理如表 2-7 所示。

表 2-7　库存现金平行记账账务处理之二

情形	财务会计		预算会计	
	行政单位	事业单位	行政单位	事业单位
职工出差等借出现金	借：其他应收款 　贷：库存现金		—	
	行政单位	事业单位	行政单位	事业单位
出差人员报销差旅费	借：业务活动费用［实际报销金额］ 　　库存现金［实际报销金额小于借款金额的差额］ 　贷：其他应收款 或： 借：业务活动费用［实际报销金额］ 　贷：其他应收款 　　库存现金［实际报销金额大于借款金额的差额］	借：业务活动费用/单位管理费用［实际报销金额］ 　　库存现金［实际报销金额小于借款金额的差额］ 　贷：其他应收款 或： 借：业务活动费用［实际报销金额］ 　贷：其他应收款 　　库存现金［实际报销金额大于借款金额的差额］	借：行政支出［实际报销金额］ 　贷：资金结存——货币资金	借：事业支出［实际报销金额］ 　贷：资金结存——货币资金

3. 因开展业务等事项收到或者支付现金以及对外捐赠现金

具体账务处理如表2-8所示。

表2-8　库存现金平行记账账务处理之三

情形	财务会计		预算会计	
	行政单位	事业单位	行政单位	事业单位
因开展业务等其他事项收到现金	—	借：库存现金 　　贷：事业收入/应收账款等	—	借：资金结存——货币资金 　　贷：事业预算收入等
因购买服务、商品或其他事项支出现金	借：业务活动费用/其他费用/应付账款等 　　贷：库存现金	借：业务活动费用/单位管理费用/其他费用/应付账款等 　　贷：库存现金	借：行政支出/其他支出等 　　贷：资金结存——货币资金	借：事业支出/其他支出等 　　贷：资金结存——货币资金
对外捐赠现金资产	借：其他费用 　　贷：库存现金		借：其他支出 　　贷：资金结存——货币资金	

4. 受托代理、代管现金

具体账务处理如表2-9所示。

表2-9　库存现金平行记账账务处理之四

情形	财务会计		预算会计	
	行政单位	事业单位	行政单位	事业单位
收到现金	借：库存现金——受托代理资产 　　贷：受托代理负债		—	
支付现金	借：受托代理负债 　　贷：库存现金——受托代理资产		—	

5. 现金溢余

具体账务处理如表2-10所示。

表 2-10　库存现金平行记账账务处理之五

情形	财务会计		预算会计	
	行政单位	事业单位	行政单位	事业单位
按照溢余金额转入待处理财产损溢	借：库存现金 　　贷：待处理财产损溢		借：资金结存——货币资金 　　贷：其他预算收入	
属于应支付给有关人员或单位的部分	借：待处理财产损溢 　　贷：其他应付款 借：其他应付款 　　贷：库存现金		借：其他预算收入 　　贷：资金结存——货币资金	
属于无法查明原因的部分，报经批准后	借：待处理财产损溢 　　贷：其他收入		—	

6. 现金短缺

具体账务处理如表 2-11 所示。

表 2-11　库存现金平行记账账务处理之六

情形	财务会计		预算会计	
	行政单位	事业单位	行政单位	事业单位
按照短缺金额转入待处理财产损溢	借：待处理财产损溢 　　贷：库存现金		借：其他支出 　　贷：资金结存——货币资金	
属于应由责任人赔偿的部分	借：其他应收款 　　贷：待处理财产损溢 借：库存现金 　　贷：其他应收款		借：资金结存——货币资金 　　贷：其他支出	
属于无法查明原因的部分，报经批准后	借：资产处置费用 　　贷：待处理财产损溢		—	

（三）行政单位平行记账业务举例

【例 2-1】　某行政单位 3 月 1 日从银行基本户提取现金 6 000 元。3 月 6 日，存入自有账户 2 300 元。平行记账账务处理如下：

（1）财务会计账务处理如下：

① 3 月 1 日提取现金：

借：库存现金　　　　　　　　　　　　　　　　　　　　　　6 000
　　贷：银行存款　　　　　　　　　　　　　　　　　　　　6 000

第 2 章 资 产（一）

② 3 月 6 日存入现金：

借：银行存款　　　　　　　　　　　　　　　　　　　2 300
　　贷：库存现金　　　　　　　　　　　　　　　　　　2 300

（2）预算会计不涉及账务处理。

【例 2-2】　某行政单位职工王某出差借用现金 500 元。平行记账账务处理如下：

（1）财务会计账务处理如下：

借：其他应收款——王某　　　　　　　　　　　　　　500
　　贷：库存现金　　　　　　　　　　　　　　　　　　500

（2）预算会计不涉及账务处理。

【例 2-3】　上例中的职工王某出差回来报销差旅费，实际支出 450 元，退回现金 50 元。平行记账账务处理如下：

（1）财务会计账务处理如下：

借：业务活动费用　　　　　　　　　　　　　　　　　450
　　库存现金　　　　　　　　　　　　　　　　　　　 50
　　贷：其他应收款——王某　　　　　　　　　　　　　500

（2）预算会计账务处理如下：

借：行政支出　　　　　　　　　　　　　　　　　　　450
　　贷：资金结存——货币资金　　　　　　　　　　　　450

【例 2-4】　某事业单位收到职工交来的转赠地震灾区的捐款 30 000 元（现金）。平行记账账务处理如下：

（1）财务会计账务处理如下：

借：库存现金——受托代理资产　　　　　　　　　　　30 000
　　贷：受托代理负债　　　　　　　　　　　　　　　　30 000

（2）预算会计不涉及账务处理。

【例 2-5】　某行政单位年末盘点现金，发现短缺 100 元。平行记账账务处理如下：

（1）财务会计账务处理如下：

借：待处理财产损溢　　　　　　　　　　　　　　　　100
　　贷：库存现金　　　　　　　　　　　　　　　　　　100

（2）预算会计账务处理如下：

借：其他支出　　　　　　　　　　　　　　　　　　　100
　　贷：资金结存——货币资金　　　　　　　　　　　　100

【例 2-6】　接上例，如经查明，现金短缺是由出纳人员工作失误造成的，由其赔偿，则：

（1）财务会计账务处理如下：

借：其他应收款　　　　　　　　　　　　　　　100
　　　贷：待处理财产损溢　　　　　　　　　　　　100
借：库存现金　　　　　　　　　　　　　　　　100
　　　贷：其他应收款　　　　　　　　　　　　　　100

（2）预算会计账务处理如下：

借：资金结存——货币资金　　　　　　　　　　100
　　　贷：其他支出　　　　　　　　　　　　　　　100

（四）事业单位平行记账业务举例

【例 2-7】 某事业单位 3 月份提供技术服务取得收入 1 000 元，增值税税率 6%，计 56.6 元。在本月因开展爱心捐赠活动，单位捐赠现金 500 元。购买办公用品花费 400 元。平行记账账务处理如下：

（1）财务会计账务处理如下：

①提供技术服务取得收入：

借：库存现金　　　　　　　　　　　　　　　1 000.0
　　　贷：事业收入　　　　　　　　　　　　　　　943.4
　　　　　应交增值税——销项税额　　　　　　　　56.6

②捐赠现金：

借：其他费用　　　　　　　　　　　　　　　　500
　　　贷：库存现金　　　　　　　　　　　　　　　500

③购买办公用品：

借：单位管理费用　　　　　　　　　　　　　　400
　　　贷：库存现金　　　　　　　　　　　　　　　400

（2）预算会计账务处理如下：

①提供技术服务取得收入：

借：资金结存——库存现金　　　　　　　　　1 000
　　　贷：事业预算收入　　　　　　　　　　　　1 000

②捐赠现金：

借：其他支出　　　　　　　　　　　　　　　　500
　　　贷：资金结存——货币资金　　　　　　　　　500

③购买办公用品：

借：事业支出　　　　　　　　　　　　　　　　400
　　　贷：资金结存——货币资金　　　　　　　　　400

【例 2-8】 某事业单位将职工为地震灾区的捐款 30 000 元汇往灾区。

平行记账账务处理如下:
（1）财务会计账务处理如下:

借：受托代理负债　　　　　　　　　　　　　　　　　　30 000
　　贷：库存现金——受托代理资产　　　　　　　　　　　　30 000

（2）预算会计不涉及账务处理。

【例2-9】　某事业单位某月末盘点现金，发现现金溢余200元。平行记账账务处理如下:

（1）财务会计账务处理如下:

借：库存现金　　　　　　　　　　　　　　　　　　　　　200
　　贷：待处理财产损溢　　　　　　　　　　　　　　　　　200

（2）预算会计账务处理如下:

借：资金结存——货币资金　　　　　　　　　　　　　　　200
　　贷：其他预算收入　　　　　　　　　　　　　　　　　　200

【例2-10】　上例中，现金溢出款经查明属于职工王某的报销尾款，并支付给本人，则：

（1）财务会计账务处理如下:

①将损溢调整为应付款:

借：待处理财产损溢　　　　　　　　　　　　　　　　　　200
　　贷：其他应付款　　　　　　　　　　　　　　　　　　　200

②支付个人报销尾款:

借：其他应付款　　　　　　　　　　　　　　　　　　　　200
　　贷：库存现金　　　　　　　　　　　　　　　　　　　　200

（2）预算会计账务处理如下:

借：其他预算收入　　　　　　　　　　　　　　　　　　　200
　　贷：资金结存——货币资金　　　　　　　　　　　　　　200

二、银行存款

（一）"银行存款"科目核算的内容

银行存款是行政事业单位存入银行或者其他金融机构的各种存款。

为核算存入银行或其他金融机构的各种存款，行政事业单位应设置"银行存款"科目。本科目期末借方余额反映单位实际存放在银行或其他金融机构的款项。同时，本科目应当设置"受托代理资产"明细科目，核算单位受托代理、代管的银行存款。

(二)"银行存款"科目平行记账账务处理

1. 将款项存入银行或其他金融机构

具体账务处理如表2-12所示。

表2-12　银行存款平行记账账务处理之一

情形	财务会计		预算会计	
	行政单位	事业单位	行政单位	事业单位
存入银行	借：银行存款 　　贷：库存现金/其他收入等	借：银行存款 　　贷：库存现金/事业收入/其他收入等	借：资金结存——货币资金 　　贷：其他预算收入等	借：资金结存——货币资金 　　贷：事业预算收入/其他预算收入等

2. 提现

具体账务处理如表2-13所示。

表2-13　银行存款平行记账账务处理之二

情形	财务会计		预算会计	
	行政单位	事业单位	行政单位	事业单位
提现	借：库存现金 　　贷：银行存款		—	

3. 支付款项

具体账务处理如表2-14所示。

表2-14　银行存款平行记账账务处理之三

情形	财务会计		预算会计	
	行政单位	事业单位	行政单位	事业单位
	借：业务活动费用/其他费用等 　　贷：银行存款	借：业务活动费用/单位管理费用/其他费用等 　　贷：银行存款	借：行政支出/其他支出等 　　贷：资金结存——货币资金	借：事业支出/其他支出等 　　贷：资金结存——货币资金

4. 银行存款账户收到及支付款项

具体账务处理如表2-15所示。

表 2-15　银行存款平行记账账务处理之四

情形	财务会计		预算会计	
	行政单位	事业单位	行政单位	事业单位
收到银行存款利息	借：银行存款 　贷：利息收入		借：资金结存——货币资金 　贷：其他预算收入	
支付银行手续费等	借：业务活动费用等 　贷：银行存款	借：业务活动费用/单位管理费用等 　贷：银行存款	借：行政支出等 　贷：资金结存——货币资金	借：事业支出等 　贷：资金结存——货币资金

5. 受托代理、代管银行存款

具体账务处理如表 2-16 所示。

表 2-16　银行存款平行记账账务处理之五

情形	财务会计		预算会计	
	行政单位	事业单位	行政单位	事业单位
收到	借：银行存款——受托代理资产 　贷：受托代理负债		—	
支付	借：受托代理负债 　贷：银行存款——受托代理资产		—	

6. 外币业务

具体账务处理如表 2-17 所示。

表 2-17　银行存款平行记账账务处理之六

情形	财务会计		预算会计	
	行政单位	事业单位	行政单位	事业单位
a. 以外币购买物资、劳务等	借：在途物品/库存物品等 　贷：银行存款[外币账户]/应付账款等[外币账户]		借：行政支出等 　贷：资金结存——货币资金	借：事业支出等 　贷：资金结存——货币资金
b. 以外币收取相关款项等	借：银行存款[外币账户]/应收账款等[外币账户] 　贷：其他收入等	借：银行存款[外币账户]/应收账款等[外币账户] 　贷：事业收入等	借：资金结存——货币资金 　贷：其他预算收入等	借：资金结存——货币资金 　贷：事业预算收入等

（续表）

情形	财务会计		预算会计	
	行政单位	事业单位	行政单位	事业单位
c. 期末，根据各外币账户按照期末的即期汇率调整后的人民币余额与原账面人民币余额的差额，作为汇兑损益	借：业务活动费用等［汇兑损失］ 　贷：银行存款/应收账款/应付账款等	借：业务活动费用/单位管理费用等［汇兑损失］ 　贷：银行存款/应收账款/应付账款等	借：资金结存——货币资金 　贷：行政支出等［汇兑收益］ 借：行政支出等［汇兑损失］ 　贷：资金结存——货币资金	借：资金结存——货币资金 　贷：事业支出等［汇兑收益］ 借：事业支出等［汇兑损失］ 　贷：资金结存——货币资金

（三）行政单位平行记账业务举例

【例2-11】　某行政单位开出转账支票支付购买办公用品款5 000元。平行记账账务处理如下：

（1）财务会计账务处理如下：

借：业务活动费用　　　　　　　　　　　　　　　5 000
　贷：银行存款　　　　　　　　　　　　　　　　　5 000

（2）预算会计账务处理如下：

借：行政支出　　　　　　　　　　　　　　　　　5 000
　贷：资金结存——货币资金　　　　　　　　　　　5 000

【例2-12】　某行政单位201×年4月3日收到基本户银行一季度结息的单据156元，并于4月15日支付账户管理费300元。平行记账账务处理如下：

（1）财务会计账务处理如下：

①201×年4月3日收到利息：

借：银行存款　　　　　　　　　　　　　　　　　156
　贷：利息收入　　　　　　　　　　　　　　　　　156

②201×年4月15日支付账户管理费：

借：业务活动费用　　　　　　　　　　　　　　　300
　贷：银行存款　　　　　　　　　　　　　　　　　300

（2）预算会计账务处理如下：

①201×年4月3日收到利息：

借：资金结存——货币资金　　　　　　　　　　　　　　156
　　　贷：其他预算收入　　　　　　　　　　　　　　　　156
② 201×年4月15日支付账户管理费：
　借：行政支出　　　　　　　　　　　　　　　　　　　300
　　　贷：资金结存——货币资金　　　　　　　　　　　　300

【例2-13】　某行政单位银行存款基本户收到A单位转赠贫地灾区的捐款50 000元。平行记账账务处理如下：

（1）财务会计账务处理如下：
　借：银行存款——受托代理资产　　　　　　　　　　50 000
　　　贷：受托代理负债　　　　　　　　　　　　　　　50 000

（2）预算会计不涉及账务处理。

【例2-14】　上例中的行政单位将A单位转赠贫困地区的捐款50 000元通过银行汇往贫困地区。平行记账账务处理如下：

（1）财务会计账务处理如下：
　借：受托代理负债　　　　　　　　　　　　　　　　50 000
　　　贷：银行存款——受托代理资产　　　　　　　　　50 000

（2）预算会计不涉及账务处理。

（四）事业单位平行记账业务举例

【例2-15】　某事业单位3月份因提供技术服务，银行账户收到30 000元。平行记账账务处理如下：

（1）财务会计账务处理如下：
　借：银行存款　　　　　　　　　　　　　　　　　　30 000
　　　贷：事业收入　　　　　　　　　　　　　　　　　30 000

（2）预算会计账务处理如下：
　借：资金结存——货币资金　　　　　　　　　　　　30 000
　　　贷：事业预算收入　　　　　　　　　　　　　　　30 000

【例2-16】　某事业单位购买实验用原材料，银行基本户支付50 000美元。当日美元对人民币的汇率为：1美元＝6.398 08元人民币。平行记账账务处理如下：

（1）财务会计账务处理如下：
　借：库存物品　　　　　　　　　　　　　　　　　　319 904
　　　贷：银行存款［外币账户］　　　　　　　　　　　319 904

(2) 预算会计账务处理如下:

借:事业支出 319 904
　　贷:资金结存——货币资金 319 904

【例 2-17】 月末,上例中的事业单位的"银行存款——美元户"账面余额为 20 000 美元,合人民币 130 566.20 元。月末美元对人民币的汇率为:1 美元 = 6.513 81 元人民币。平行记账账务处理如下:

汇兑损益 = 20 000 × 6.51381 − 130 566.20 = −290(元)

(1) 财务会计账务处理如下:

借:业务活动费用 290
　　贷:银行存款 290

(2) 预算会计账务处理如下:

借:事业支出 290
　　贷:资金结存——货币资金 290

三、零余额账户用款额度

(一)"零余额账户用款额度"科目核算的内容

零余额账户用款额度核算实行国库集中支付的单位根据财政部门批复的用款计划收到和支用的零余额账户用款额度,具有与银行存款相同的支付结算功能。零余额账户用款额度由财政部门按政府收支分类科目中的类、款、项,分基本支出和项目支出分别下达,类、款、项及基本支出和项目支出之间的用款额度不得调剂使用。

零余额账户用款额度在年度内可累加使用。该账户的代理银行在用款额度累计余额内,根据行政事业单位支付指令,办理资金支付业务,并在规定时间内与国库单一账户清算。

为了核算实行国库集中支付的行政事业单位根据财政部门批复的用款计划收到和支用的零余额账户用款额度情况,各单位应设置"零余额账户用款额度"科目。本科目期末借方余额反映单位尚未支用的零余额账户用款额度。年末注销单位零余额账户用款额度后,本科目应无余额。

(二)"零余额账户用款额度"科目平行记账账务处理

1. 收到额度(此类业务的会计处理为行政与事业单位共用)

具体账务处理如表 2-18 所示。

第 2 章 资 产（一）

表 2-18　零余额账户用款额度平行记账账处理之一

情形	财务会计	预算会计
收到《授权支付到账通知书》	借：零余额账户用款额度 　　贷：财政拨款收入	借：资金结存——零余额账户用款额 　　贷：财政拨款预算收入

2. 按规定支出额度

具体账务处理如表 2-19 所示。

表 2-19　零余额账户用款额度平行记账账处理之二

情形	财务会计		预算会计	
	行政单位	事业单位	行政单位	事业单位
支付日常活动费用	借：业务活动费用 　　贷：零余额账户用款额度	借：业务活动费用/单位管理费等 　　贷：零余额账户用款额度	借：行政支出 　　贷：资金结存——零余额账户用款额度	借：事业支出 　　贷：资金结存——零余额账户用款额度
购买库存物品或购建固定资产等	借：库存物品/固定资产/在建工程等 　　贷：零余额账户用款额度	借：库存物品/固定资产/在建工程等 　　贷：零余额账户用款额度	借：行政支出等 　　贷：资金结存——零余额账户用款额度	借：事业支出等 　　贷：资金结存——零余额账户用款额度

3. 提现

具体账务处理如表 2-20 所示。

表 2-20　零余额账户用款额度平行记账账处理之三

情形	财务会计		预算会计	
	行政单位	事业单位	行政单位	事业单位
从零余额账户提取现金	借：库存现金 　　贷：零余额账户用款额度		借：资金结存——货币资金 　　贷：资金结存——零余额账户用款额度	
将现金退回单位零余额账户	借：零余额账户用款额度 　　贷：库存现金		借：资金结存——零余额账户用款额 　　贷：资金结存——货币资金	

4. 因购货退回等发生国库授权支付额度退回

具体账务处理如表 2-21 所示。

表 2-21　零余额账户用款额度平行记账账处理之四

情形	财务会计		预算会计	
	行政单位	事业单位	行政单位	事业单位
本年度授权支付的款项	借：零余额账户用款额度 贷：库存物品等		借：资金结存——零余额账户用款额度 贷：行政支出等	借：资金结存——零余额账户用款额度 贷：事业支出等
以前年度授权支付的款项	借：零余额账户用款额度 贷：库存物品/以前年度盈余调整等		借：资金结存——零余额账户用款额 贷：财政拨款结转——年初余额调整 　　财政拨款结余——年初余额调整	

5. 年末注销额度

具体账务处理如表 2-22 所示。

表 2-22　零余额账户用款额度平行记账账处理之五

情形	财务会计		预算会计	
	行政单位	事业单位	行政单位	事业单位
根据代理银行提供的对账单注销财政授权支付额度	借：财政应返还额度——财政授权支付 贷：零余额账户用款额度		借：资金结存——财政应返还额度 贷：资金结存——零余额账户用款额度	
本年度财政授权根据代理银行提供的对账单注销财政授权支付额度	借：财政应返还额度——财政授权支付 贷：财政拨款收入		借：资金结存——财政应返还额度 贷：财政拨款预算收入	

6. 下年初恢复额度

具体账务处理如表 2-23 所示。

表 2-23　零余额账户用款额度平行记账账处理之六

情形	财务会计		预算会计	
	行政单位	事业单位	行政单位	事业单位
根据代理银行提供的额度恢复到账通知书恢复财政授权支付额度	借：零余额账户用款额度 贷：财政应返还额度——财政授权支付		借：资金结存——零余额账户用款额 贷：资金结存——财政应返还额度	
收到财政部门批复的上年年末未下达零余额账户用款额度	借：零余额账户用款额度 贷：财政应返还额度——财政授权支付		借：资金结存——零余额账户用款额 贷：资金结存——财政应返还额度	

第 2 章 资 产（一）

（三）行政单位平行记账业务举例

1. 财政授权支付额度的下达

【例 2-18】 某行政单位收到《财政授权支付额度到账通知书》，列明本月直接支付额度为 1 500 000 元。平行记账账务处理如下：

（1）财务会计账务处理如下：

借：零余额账户用款额度　　　　　　　　　　　　　　　1 500 000
　　贷：财政拨款收入　　　　　　　　　　　　　　　　　　1 500 000

（2）预算会计账务处理如下：

借：资金结存——零余额账户用款额度　　　　　　　　　1 500 000
　　贷：财政拨款预算收入　　　　　　　　　　　　　　　　1 500 000

2. 按规定支出额度及提现

【例 2-19】 某行政单位从零余额账户中取款购买打印机一台，价款为 13 000 元，打印机直接交付使用。平行记账账务处理如下：

（1）财务会计账务处理如下：

借：固定资产　　　　　　　　　　　　　　　　　　　　　13 000
　　贷：零余额账户用款额度　　　　　　　　　　　　　　　　13 000

（2）预算会计账务处理如下：

借：行政支出　　　　　　　　　　　　　　　　　　　　　13 000
　　贷：资金结存——零余额账户用款额度　　　　　　　　　　13 000

【例 2-20】 某行政单位从零余额账户提取现金 1 200 元，并支付管理部门保洁费用，价款 1 500 元，采用转账汇款方式。平行记账账务处理如下：

（1）财务会计账务处理如下：

① 提现：

借：库存现金　　　　　　　　　　　　　　　　　　　　　1 200
　　贷：零余额账户用款额度　　　　　　　　　　　　　　　　1 200

②支付：

借：业务活动费用　　　　　　　　　　　　　　　　　　　1 500
　　贷：零余额用款额度　　　　　　　　　　　　　　　　　　1 500

（2）预算会计账务处理如下：

① 提现：

借：资金结存——货币资金　　　　　　　　　　　　　　　1 200
　　贷：资金结存——零余额账户用款额度　　　　　　　　　　1 200

②支付：

借：行政支出　　　　　　　　　　　　　　　　　　　　　1 500
　　贷：资金结存——零余额账户用款额度　　　　　　　　　　1 500

【例2-21】 某行政单位购买的实验用原材料因质量问题退回,购买价格为2 400元,已经退回到零余额账户。原支付时属于本年的授权支付额度。平行记账账务处理如下:

(1) 财务会计账务处理如下:

借:零余额账户用款额度　　　　　　　　　　　　　　　　2 400
　　贷:库存物品　　　　　　　　　　　　　　　　　　　　　2 400

(2) 预算会计账务处理如下:

借:资金结存——零余额用款额度　　　　　　　　　　　　2 400
　　贷:行政支出　　　　　　　　　　　　　　　　　　　　　2 400

(四) 事业单位平行记账业务举例

【例2-22】 某事业单位201×年12月31日注销财政授权支付额度18 000元。未下达的用款额度为20 000元。平行记账账务处理如下:

(1) 财务会计账务处理如下:

①注销财政授权支付额度:

借:财政应返还额度——财政授权支付　　　　　　　　　18 000
　　贷:零余额账户用款额度　　　　　　　　　　　　　　　18 000

②未下达的用款额度:

借:财政应返还额度——财政授权支付　　　　　　　　　20 000
　　贷:财政拨款收入　　　　　　　　　　　　　　　　　　20 000

(2) 预算会计账务处理如下:

①注销财政授权支付额度:

借:资金结存——财政应返还额度　　　　　　　　　　　18 000
　　贷:资金结存——零余额账户用款额度　　　　　　　　18 000

②未下达的用款额度:

借:资金结存——财政应返还额度　　　　　　　　　　　20 000
　　贷:财政拨款预算收入　　　　　　　　　　　　　　　　20 000

【例2-23】 根据上例,201×年1月1日恢复财政授权支付额度18 000元。恢复未下达用款额度20 000元。平行记账账务处理如下:

(1) 财务会计账务处理如下:

①恢复财政授权支付额度:

借:零余额账户用款额度　　　　　　　　　　　　　　　　1 8000
　　贷:财政应返还额度——财政授权支付　　　　　　　　18 000

②恢复未下达用款额度:

第 2 章 资 产 (一)

借：零余额账户用款额度　　　　　　　　　　　　　20 000
　　贷：财政应返还额度——财政授权支付　　　　　　　　20 000
（2）预算会计账务处理如下：
①恢复财政授权支付额度：
借：资金结存——零余额账户用款额度　　　　　　　18 000
　　贷：资金结存——财政应返还额度　　　　　　　　　18 000
②恢复未下达用款额度：
借：资金结存——零余额账户用款额度　　　　　　　20 000
　　贷：资金结存——财政应返还额度　　　　　　　　　20 000

四、其他货币资金

（一）"其他货币资金"科目核算的内容

其他货币资金是核算单位的外埠存款、银行本票存款、银行汇票存款、信用卡存款等各种其他货币资金。其中：

外埠存款是指单位到外地进行临时或零星采购时，汇往采购地银行开立采购专户的款项。单位汇出款项时，须填写汇款委托书；汇入银行对于汇入的采购款项，按汇款单位开设采购专户。采购专户存款只付不收，款项付完后结束账户。

银行本票存款是指单位为取得银行本票，按规定存入银行的款项。单位向银行提交"银行本票申请书"并将款项交存银行，取得银行本票。

银行汇票存款是指单位为取得银行汇票，按规定存入银行的款项。单位向银行提交"银行汇票委托书"并将款项交存银行，取得银行汇票。

信用卡存款是指单位为取得信用卡而存入银行信用卡专户的款项。单位申领信用卡，应按规定填制申请表，并按银行要求缴存备用金。银行开立信用卡存款账户，单位取得信用卡。

为了核算单位的外埠存款、银行本票存款、银行汇票存款、信用卡存款等各种其他货币资金，单位应设置"其他货币资金"科目。本科目期末借方余额，反映单位实际持有的其他货币资金。同时，本科目应当设置"外埠存款""银行本票存款""银行汇票存款""信用卡存款"等明细科目，进行明细核算。

单位应当加强对其他货币资金的管理，及时办理结算，对于逾期尚未办理结算的银行汇票、银行本票等，应当按照规定及时转回，并按照规定进行相应账务处理。

(二)"其他货币资金"科目平行记账账务处理

1. 形成其他货币资金

具体账务处理如表 2-24 所示。

表 2-24　其他货币资金平行记账账务处理之一

情形	财务会计		预算会计	
	行政单位	事业单位	行政单位	事业单位
取得银行本票、银行汇票、信用卡时	借：其他货币资金——银行本票存款 　　　　　　　　——银行汇票存款 　　　　　　　　——信用卡存款 贷：银行存款		—	

2. 发生支付

具体账务处理如表 2-25 所示。

表 2-25　其他货币资金平行记账账务处理之二

情形	财务会计		预算会计	
	行政单位	事业单位	行政单位	事业单位
用银行本票、银行汇票、信用卡时	借：在途物品/库存物品等 贷：其他货币资金——银行本票存款 　　　　　　　　——银行汇票存款 　　　　　　　　——信用卡存款		借：行政支出等[实际支付金额] 　贷：资金结存——货币资金	借：事业支出等[实际支付金额] 　贷：资金结存——货币资金

3. 余款退回时

具体账务处理如表 2-26 所示。

表 2-26　其他货币资金平行记账账务处理之三

情形	财务会计		预算会计	
	行政单位	事业单位	行政单位	事业单位
银行本票、银行汇票、信用卡的余款退回时	借：银行存款 贷：其他货币资金——银行本票存款 　　　　　　　　——银行汇票存款 　　　　　　　　——信用卡存款		—	

第2章 资产(一)

(三)行政单位平行记账业务举例

【例 2-24】 某行政单位信用卡在使用过程中,由于业务需要,需向其账户续存资金 100 000 元。平行记账账务处理如下:

(1)财务会计账务处理如下:

借:其他货币资金——信用卡存款　　　　　　　　100 000
　　贷:银行存款　　　　　　　　　　　　　　　　　　100 000

(2)预算会计不涉及账务处理。

(四)事业单位平行记账业务举例

【例 2-25】 某事业单位使用银行本票购买一批库存物品,款项共计 50 000 元。平行记账账务处理如下:

(1)财务会计账务处理如下:

借:库存物品　　　　　　　　　　　　　　　　　　50 000
　　贷:其他货币资金——银行本票存款　　　　　　50 000

(2)预算会计账务处理如下:

借:事业支出　　　　　　　　　　　　　　　　　　50 000
　　贷:资金结存——货币资金　　　　　　　　　　　50 000

【例 2-26】 接[例 2-25],购买的库存物品因销售折扣,退回 2 500 元。平行记账账务处理如下:

(1)财务会计账务处理如下:

借:银行存款　　　　　　　　　　　　　　　　　　100 000
　　贷:其他货币资金——银行本票存款　　　　　　100 000

(2)预算会计不涉及账务处理。

第三节　应收账款类

一、财政应返还额度

(一)"财政应返还额度"科目核算的内容

财政应返还额度核算实行国库集中支付的单位应收财政返还的资金额度。实行国库集中支付的行政事业单位,在年度支出预算被批准后,其年度的财政直接支付和财政授权支付的预算指标被确定下来。预算年度内单位对这些财政资金预算指标的使用，全部实行用款计划管理，分财政直接支付和财政授权支付两种方式实现支付。在财政直接支付方式下，财政应返还额度（年末未使用资金额度）是指当年财政直接支付预算指标数与财政直接支付实际支出数的差额。在财政授权支付方式下，财政应返还额度（年末尚未使用资金额度）包括未下达授权支付额度和未使用授权支付额度两个部分：未下达授权支付额度是当年财政授权支付预算指标数与零余额账户用款额度下达数的差额；未使用授权支付额度是当年零余额账户用款额度下达数与零余额账户用款额度支用数的差额。年度终了时，对于上述的国库集中支付尚未使用资金额度和尚未下达授权支付额度，各单位应先返还财政部门，下年度初再由财政部门予以恢复或下达。

为了核算实行国库集中支付的单位应收财政返还的资金额度，单位应设置"财政应返还额度"科目。本科目期末借方余额，反映单位应收财政返还的资金额度。同时，本科目应当设置"财政直接支付""财政授权支付"两个明细科目进行明细核算。

（二）"财政应返还额度"科目平行记账账务处理

1. 财政直接支付方式下，确认财政应返还额度

具体账务处理如表 2-27 所示。

表 2-27　财政应返还额度平行记账账务处理之一

情形	财务会计		预算会计	
	行政单位	事业单位	行政单位	事业单位
年末本年度预算指标数与当年实际支付数的差额	借：财政应返还额度——财政直接支付 　贷：财政拨款收入		借：资金结存——财政应返还额度 　贷：财政拨款预算收入	
	行政单位	事业单位	行政单位	事业单位
下年度使用以前年度财政直接支付额度支付款项时	借：业务活动费用/库存物品等 　贷：财政应返还额度——财政直接支付	借：业务活动费用/单位管理费用/库存物品等 　贷：财政应返还额度——财政直接支付	借：行政支出等 　贷：资金结存——财政应返还额度	借：事业支出等 　贷：资金结存——财政应返还额度

2. 财政授权支付方式下，确认财政应返还额度

具体账务处理如表2-28所示。

表 2-28 财政应返还额度平行记账账务处理之二

情形	财务会计		预算会计	
	行政单位	事业单位	行政单位	事业单位
年末本年度预算指标数大于额度下达数的，根据未下达的用款额度	借：财政应返还额度——财政授权支付 　贷：财政拨款收入		借：资金结存——财政应返还额度 　贷：财政拨款预算收入	
年末根据代理银行提供的对账单作注销额度处理	借：财政应返还额度——财政授权支付 　贷：零余额账户用款额度		借：资金结存——财政应返还额度 　贷：资金结存——零余额账户用款额度	
下年初额度恢复和下年初收到财政部门批复的上年年末未下达零余额账户用款额	借：零余额账户用款额度 　贷：财政应返还额度——财政授权支付		借：资金结存——零余额账户用款额度 　贷：资金结存——财政应返还额度	

（三）行政单位平行记账业务举例

【例 2-27】 某行政单位是实行国库集中支付的单位，年度终了时通过对账确认本年度财政直接支付预算指标数为 1 000 000 元，当年财政直接支付实际支出数为 950 000 元。本年度财政直接支付预算指标数与当年财政直接支付实际支出数的差额为 50 000 元。平行记账账务处理如下：

（1）财务会计账务处理如下：

借：财政应返还额度——财政直接支付　　　　　　50 000
　　贷：财政拨款收入　　　　　　　　　　　　　　　50 000

（2）预算会计账务处理如下：

借：资金结存——财政应返还额度　　　　　　　　50 000
　　贷：财政拨款预算收入　　　　　　　　　　　　　50 000

【例 2-28】 上例中的单位下年度初收到代理银行转来的"财政直接支付入账通知书"，使用上年尚未使用的财政直接支付额度 50 000 元购买办公用品。平行记账账务处理如下：

（1）财务会计账务处理如下：

借：业务活动费用　　　　　　　　　　　　　　　　　　　　50 000
　　贷：财政应返还额度——财政直接支付　　　　　　　　　　50 000
（2）预算会计账务处理如下：
借：行政支出　　　　　　　　　　　　　　　　　　　　　　50 000
　　贷：资金结存——财政应返还额度　　　　　　　　　　　　50 000

（四）事业单位平行记账业务举例

【例 2-29】 年末，某事业单位收到代理银行转来的"财政授权支付注销额度到账通知单"，列示应注销的额度为 100 000 元。平行记账账务处理如下：
（1）财务会计账务处理如下：
借：财政应返还额度——财政授权支付　　　　　　　　　　100 000
　　贷：零余额账户用款额度　　　　　　　　　　　　　　　100 000
（2）预算会计账务处理如下：
借：资金结存——财政应返还额度　　　　　　　　　　　　100 000
　　贷：资金结存——零余额账户用款额度　　　　　　　　　100 000

【例 2-30】 上例中的单位下年度初收到代理银行转来的 100 000 元 "财政授权支付额度恢复到账通知单"。平行记账账务处理如下：
（1）财务会计账务处理如下：
借：零余额账户用款额度　　　　　　　　　　　　　　　　100 000
　　贷：财政应返还额度——财政授权支付　　　　　　　　　100 000
（2）预算会计账务处理如下：
借：资金结存——零余额账户用款额度　　　　　　　　　　100 000
　　贷：资金结存——财政应返还额度　　　　　　　　　　　100 000

二、应收票据

（一）"应收票据"科目核算的内容

应收票据核算事业单位因开展经营活动销售产品、提供有偿服务等而收到的商业汇票。商业汇票是由出票人签发的、指定付款人在一定日期支付一定金额给收款人或持票人的票据，通常涉及出票人、付款人和收款人三方。

商业汇票按其承兑人不同，分为商业承兑汇票和银行承兑汇票两种。商业承兑汇票是由付款人承兑的汇票，它可以由收款人签发，也可以由付款人签发，但必须由付款人承兑。商业承兑汇票到期时，如付款人账户不足支付，银行则将商业承兑汇票退给收款人，由购销双方自行解决，银行不负责任。银行承兑汇票是由收款人或承兑申请人签发，并由承兑申请人向银行申请，银行审查同意承兑的票据。银行承兑汇票到期时,如购货单位未能将应收票据交存银行,则银行向收款人或贴现银行无条件支付票款。

应收票据按是否计息,分为带息票据和不带息票据。带息票据是指注明利率及付息日期的票据,带息票据可在票据到期时一次付息;不带息票据是指到期只按面额支付,无需支付利息的票据。无论票据是否带息,应收票据都应于收到或开出并承兑时,以其票面金额入账。

为核算事业单位因开展经营活动销售产品、提供有偿服务等而收到的商业汇票,事业单位应设置"应收票据"科目。本科目期末借方余额,反映事业单位持有的商业汇票票面金额。同时,本科目应当按照开出、承兑商业汇票的单位等进行明细核算。

事业单位应当设置"应收票据备查簿",逐笔登记每一应收票据的种类、号数、出票日期、到期日、票面金额、交易合同号和付款人、承兑人、背书人姓名或单位名称、背书转让日、贴现日期、贴现率和贴现净额、收款日期、收回金额和退票情况等。应收票据到期结清票款或退票后,应当在备查簿内逐笔注销。

(二)"应收票据"科目平行记账账务处理

"应收票据"科目仅适用于事业单位,行政单位不涉及此业务。

1. 收到商业汇票

具体账务处理如表 2-29 所示。

表 2-29 应收票据平行记账账务处理之一

情形	财务会计	预算会计
	事业单位	事业单位
销售产品、提供服务等收到商业汇票	借:应收票据 　　贷:经营收入等	—

2. 商业汇票向银行贴现

具体账务处理如表 2-30 所示。

表 2-30 应收票据平行记账账务处理之二

情形	财务会计	预算会计
	事业单位	事业单位
持未到期的商业汇票向银行贴现	借:银行存款[贴现净额] 　　经营费用等[贴现利息] 　　贷:应收票据[不附追索权] 　　　短期借款[附追索权]	借:资金结存——货币资金 　　贷:经营预算收入等[贴现净额]

（续表）

情形	财务会计	预算会计
	事业单位	事业单位
附追索权的商业汇票到期未发生追索事项	借：短期借款 　　贷：应收票据	—

3. 商业汇票背书转让

具体账务处理如表2-31所示。

表2-31　应收票据平行记账账务处理之三

情形	财务会计	预算会计
	事业单位	事业单位
将持有的商业汇票背书转让以取得所需物资	借：库存物品等 　　贷：应收票据 　　　　银行存款［差额］	借：经营支出等［支付的金额］ 　　贷：资金结存——货币资金

4. 商业汇票到期

具体账务处理如表2-32所示。

表2-32　应收票据平行记账账务处理之四

情形	财务会计	预算会计
	事业单位	事业单位
商业汇票到期，收回应收票据	借：银行存款 　　贷：应收票据	借：资金结存——货币资金 　　贷：经营预算收入等
商业汇票到期，付款人无力支付票款时	借：应收账款 　　贷：应收票据	—

（三）事业单位平行记账业务举例

【例2-31】　某事业单位销售A产品一批给甲公司，货已发出，价款为20 000元，增值税款为3 400元。按合同约定2个月后付款，甲公司交给该事业单位一张两个月到期的商业承兑汇票，面值为23 400元。平行记账账务处理如下：

（1）财务会计账务处理如下：

借：应收票据　　　　　　　　　　　　　　　　　　　　　23 400
　　贷：经营收入　　　　　　　　　　　　　　　　　　　20 000
　　　　应交增值税——销项税额　　　　　　　　　　　　 3 400

（2）预算会计不涉及账务处理。

【例 2-32】　某事业单位持有 1 个月之前收到的甲公司一张 2 个月到期的商业承兑无息汇票（无追索权）到银行贴现。该汇票票面金额为 5 000 元，银行贴现率为 12%。平行记账账务处理如下：

（1）财务会计账务处理如下：

贴现息 = 5 000×12%×1/12 = 50（元）

扣除贴现息后的净额 = 5 000 − 50 = 4 950（元）

借：银行存款　　　　　　　　　　　　　　　　　　　　 4 950
　　经营费用　　　　　　　　　　　　　　　　　　　　　　 50
　　贷：应收票据　　　　　　　　　　　　　　　　　　　 5 000

（2）预算会计账务处理如下：

借：资金结存——货币资金　　　　　　　　　　　　　　 4 950
　　贷：经营预算收入　　　　　　　　　　　　　　　　　 4 950

【例 2-33】　某事业单位将持有的账面价值为 46 800 元的商业承兑汇票背书转让以取得 50 000 元，增值税额为 8 500 元的库存物品一批，差价款以银行存款支付。平行记账账务处理如下：

（1）财务会计账务处理如下：

借：库存物品　　　　　　　　　　　　　　　　　　　　50 000
　　应交增值税——进项税额　　　　　　　　　　　　　 8 500
　　贷：应收票据　　　　　　　　　　　　　　　　　　　46 800
　　　　银行存款　　　　　　　　　　　　　　　　　　　11 700

（2）预算会计账务处理如下：

借：经营支出　　　　　　　　　　　　　　　　　　　　11 700
　　贷：资金结存——货币资金　　　　　　　　　　　　　11 700

【例 2-34】　在［例 2-33］中，该事业单位持有的商业承兑汇票到期，甲公司因资金困难无法按时支付票款，该事业单位遂收到银行退回的商业承兑汇票，与甲公司协商后同意其延期支付货款。平行记账账务处理如下：

（1）财务会计账务处理如下：

借：应收账款　　　　　　　　　　　　　　　　　　　　23 400
　　贷：应收票据　　　　　　　　　　　　　　　　　　　23 400

（2）预算会计不涉及账务处理。

三、应收账款

(一)"应收账款"科目核算的内容

应收账款核算事业单位提供服务、销售产品等应收取的款项,以及单位因出租资产、出售物资等应收取的款项。

为核算事业单位提供服务、销售产品等应收取的款项,以及单位因出租资产、出售物资等应收取的款项,单位应设置"应收账款"科目。本科目期末借方余额,反映单位尚未收回的应收账款。同时,本科目应当按照债务单位(或个人)进行明细核算。

(二)"应收账款"科目平行记账账务处理

"应收账款"科目仅适用于事业单位,行政单位不涉及此业务。

1. 发生应收账款时

具体账务处理如表 2-33 所示。

表 2-33 应收账款平行记账账务处理之一

情形	财务会计	预算会计
	事业单位	事业单位
应收账款收回后不需上缴财政	借:应收账款 贷:事业收入/经营收入/其他收入等	—
应收账款收回后需上缴财政	借:应收账款 贷:应缴财政款	—

2. 收回应收账款时

具体账务处理如表 2-34 所示。

表 2-34 应收账款平行记账账务处理之二

情形	财务会计	预算会计
	事业单位	事业单位
应收账款收回后不需上缴财政	借:银行存款等 贷:应收账款	借:资金结存——货币资金等 贷:事业预算收入/经营预算收入/其他预算收入等
应收账款收回后需上缴财政	借:银行存款等 贷:应收账款	—

第 2 章 资　产（一）

3. 逾期无法收回的应收账款

具体账务处理如表 2-35 所示。

表 2-35　应收账款平行记账账务处理之三

情形	财务会计	预算会计
	事业单位	事业单位
报批后予以核销	借：坏账准备 / 应缴财政款 　贷：应收账款	—
事业单位已核销不需上缴财政的应收账款在以后期间收回	借：应收账款 　贷：坏账准备 借：银行存款 　贷：应收账款	借：资金结存——货币资金 　贷：非财政拨款结余等
单位已核销需上缴财政的应收账款在以后期间收回	借：银行存款等 　贷：应缴财政款	—

（三）事业单位平行记账业务举例

【例2-35】　某事业单位2月1日向甲公司销售商品获得收入50 000元，增值税税额为8 500元。按照合同规定，为了鼓励甲公司早日付款，该单位提供的现金折扣条件为"2/10，1/20，N/30"（计算现金折扣时不考虑增值税税额）。2月16日，甲公司支付了这笔款项。平行记账账务处理如下：

（1）财务会计账务处理如下：

① 2月1日销售商品确认收入时：

借：应收账款——甲公司　　　　　　　　　　　58 500
　贷：经营收入　　　　　　　　　　　　　　　50 000
　　　应交增值税——销项税额　　　　　　　　 8 500

② 2月16日收到款项时：

现金折扣 = 58 500×1% = 585（元）

借：银行存款　　　　　　　　　　　　　　　　57 915
　　经营支出　　　　　　　　　　　　　　　　 585
　贷：应收账款——甲公司　　　　　　　　　　58 500

（2）预算会计账务处理如下：

借：资金结存——货币资金　　　　　　　　　　57 915
　贷：经营预算收入　　　　　　　　　　　　　57 915

【例2-36】 某单位2月份出售物资获得收入30 000元,款项暂未收到。按照规定,该项收入在收到后应全部上缴财政。平行记账账务处理如下:

(1)财务会计账务处理如下:

借:应收账款　　　　　　　　　　　　　　　　30 000
　　贷:应缴财政款　　　　　　　　　　　　　　30 000

收到款项后:
借:银行存款　　　　　　　　　　　　　　　　30 000
　　贷:应收账款　　　　　　　　　　　　　　　30 000

(2)预算会计不涉及账务处理。

【例2-37】 接上例,如果该项收入在收到时不需要上缴财政。在收到款项时,平行记账账务处理如下:

(1)财务会计账务处理如下:

借:银行存款　　　　　　　　　　　　　　　　30 000
　　贷:应收账款　　　　　　　　　　　　　　　30 000

(2)预算会计账务处理如下:

借:资金结存——货币资金　　　　　　　　　　30 000
　　贷:经营预算收入　　　　　　　　　　　　　30 000

【例2-38】 某单位对应收账款的账龄进行分析,发现超过规定年限尚未收回的应收账款余额为27 000元。经调查,B公司因破产所欠房租款14 600元已经无法收回。将无法收回的应收账款余额上报财政部门审批,予以核销。该房租属于需上缴财政的收入。平行记账账务处理如下:

(1)财务会计账务处理如下:

借:应缴财政款　　　　　　　　　　　　　　　14 600
　　贷:应收账款——B公司　　　　　　　　　　14 600

(2)预算会计不涉及账务处理。

【例2-39】 接上例,如果该应收款项在某年度收回5 000元。平行记账账务处理如下:

(1)财务会计账务处理如下:

借:银行存款　　　　　　　　　　　　　　　　5 000
　　贷:应缴财政款　　　　　　　　　　　　　　5 000

(2)预算会计不涉及账务处理。

【例2-40】 事业单位对应收账款的账龄进行分析,发现超过规定年限尚未收回的应收账款余额为27 000元。经调查,B公司因拖欠货款5 000元已经无法收回,将无法收回的应收账款余额上报财政部门审批,予以核销。

第 2 章 资 产（一）

该货款属于不需上缴财政的收入。平行记账账务处理如下：

财务会计账务处理如下：

借：坏账准备　　　　　　　　　　　　　　　　　5 000
　　贷：应收账款——B 公司　　　　　　　　　　　　　5 000

【例 2-41】　接上例，如果该应收款项在某年度收回 5 000 元。平行记账账务处理如下：

（1）财务会计账务处理如下：

借：应收账款　　　　　　　　　　　　　　　　　5 000
　　贷：坏账准备　　　　　　　　　　　　　　　　　5 000
借：银行存款　　　　　　　　　　　　　　　　　5 000
　　贷：应收账款　　　　　　　　　　　　　　　　　5 000

（2）预算会计账务处理如下：

借：资金结存——货币资金　　　　　　　　　　　5 000
　　贷：非财政拨款结余　　　　　　　　　　　　　　5 000

四、预付账款

（一）"预付账款"科目核算的内容

预付账款核算单位按照购货、服务合同或协议规定预付给供应单位（或个人）的款项，以及按照合同规定向承包工程的施工企业预付的备料款和工程款，包括单位依据合同规定支付的定金，但不包括单位支付的可以收回的订金。

为核算单位按照购货、服务合同或协议规定预付给供应单位（或个人）的款项，以及按照合同规定向承包工程的施工企业预付的备料款和工程款，单位应设置"预付账款"科目。本科目期末借方余额，反映单位实际预付但尚未结算的款项。同时，本科目应当按照供应单位（或个人）及具体项目进行明细核算；对于基本建设项目发生的预付账款，还应当在本科目所属基建项目明细科目下设置"预付备料款""预付工程款""其他预付款"等明细科目，进行明细核算。

（二）"预付账款"科目平行记账账务处理

1. 发生预付账款时

具体账务处理如表 2-36 所示。

表 2-36 预付账款平行记账账务处理之一

情形	财务会计		预算会计	
	行政单位	事业单位	行政单位	事业单位
发生预付账款时	借：预付账款 　　贷：财政拨款收入/零余额账户用款额度/银行存款等		借：行政支出等 　　贷：财政拨款预算收入/资金结存	借：事业支出等 　　贷：财政拨款预算收入/资金结存

2. 收到所购物资或劳务，以及根据工程进度结算工程价款等

具体账务处理如表 2-37 所示。

表 2-37 预付账款平行记账账务处理之二

情形	财务会计		预算会计	
	行政单位	事业单位	行政单位	事业单位
收到所购物资或劳务，以及根据工程进度结算工程价款时	借：业务活动费用/库存物品/固定资产/在建工程等 　　贷：预付账款 　　　　零余额账户用款额度/财政拨款收入/银行存款等［补付款项］	借：业务活动费用/单位管理费用/库存物品/固定资产/在建工程等 　　贷：预付账款 　　　　零余额账户用款额度/财政拨款收入/银行存款等［补付款项］	借：行政支出等［补付款项］ 　　贷：财政拨款预算收入/资金结存	借：事业支出等［补付款项］ 　　贷：财政拨款预算收入/资金结存

3. 预付账款退回时

具体账务处理如表 2-38 所示。

表 2-38 预付账款平行记账账务处理之三

情形	财务会计		预算会计	
	行政单位	事业单位	行政单位	事业单位
当年预付账款退回	借：财政拨款收入/零余额账户用款额度/银行存款等 　　贷：预付账款		借：财政拨款预算收入/资金结存 　　贷：行政支出等	借：财政拨款预算收入/资金结存 　　贷：事业支出等
以前年度预付账款退回	借：财政应返还额度/零余额账户用款额度/银行存款等 　　贷：预付账款		借：资金结存 　　贷：财政拨款结余——年初余额调整 　　　　财政拨款结转——年初余额调整	

第 2 章 资 产（一）

4. 逾期无法收回的预付账款

具体账务处理如表 2-39 所示。

表 2-39 预付账款平行记账账务处理之四

情形	财务会计		预算会计	
	行政单位	事业单位	行政单位	事业单位
逾期无法收回的预付账款	借：其他应收款 贷：预付账款		—	

（三）行政单位平行记账业务举例

【例 2-42】 某行政单位与某会展中心签订合同，为拟举办的大型会议预定场地。根据合同规定，场地租金共计 50 000 元，预定时交纳定金 10 000 元，其余部分在会议结束后支付。单位通过零余额账户予以支付定金。平行记账账务处理如下：

（1）财务会计账务处理如下：

借：预付账款——会展中心　　　　　　　　　　10 000
　　贷：零余额账户用款额度　　　　　　　　　　10 000

（2）预算会计账务处理如下：

借：行政支出　　　　　　　　　　　　　　　　10 000
　　贷：资金结存　　　　　　　　　　　　　　　10 000

【例 2-43】 上例中，会议结束后，单位通过零余额账户予以支付差额款 40 000 元。平行记账账务处理如下：

（1）财务会计账务处理如下：

借：业务活动费用　　　　　　　　　　　　　　50 000
　　贷：预付账款——会展中心　　　　　　　　　10 000
　　　　零余额账户用款额度　　　　　　　　　　40 000

（2）预算会计账务处理如下：

借：行政支出　　　　　　　　　　　　　　　　40 000
　　贷：资金结存——零余额账户用款额度　　　　40 000

（四）事业单位平行记账业务举例

【例 2-44】 某事业单位的一项基本建设项目进入第一次工程结算阶段，按照工程进度应结算的金额为 1 000 000 元，建设初期已预付部分工程款 300 000 元，补付的价款通过银行存款支付。平行记账账务处理如下：

（1）财务会计账务处理如下：

借：在建工程　　　　　　　　　　　　　　　　1 000 000

　　贷：预付账款——预付工程款　　　　　　　　　　300 000

　　　　银行存款　　　　　　　　　　　　　　　　　700 000

（2）预算会计账务处理如下：

借：事业支出　　　　　　　　　　　　　　　　　700 000

　　贷：资金结存——货币资金　　　　　　　　　　　700 000

【例 2-45】　某事业单位去年向 A 公司预付的工程款 10 000 元，因合同内容变更，于今年退回。去年用零余额用款额度支付。平行记账账务处理如下：

（1）财务会计账务处理如下：

借：财政应返还额度　　　　　　　　　　　　　　10 000

　　贷：预付账款　　　　　　　　　　　　　　　　　10 000

（2）预算会计账务处理如下：

借：资金结存——财政应返还额度　　　　　　　　10 000

　　贷：财政拨款结转——年初余额调整　　　　　　　10 000

【例 2-46】　某事业单位 1 月份向 B 公司预付设备款 8 000 元，因项目内容变更，需要更换设备，因此预付账款于 8 月份退回。用零余额用款额度支付。平行记账账务处理如下：

（1）财务会计账务处理如下：

借：零余额账户用款额度　　　　　　　　　　　　8 000

　　贷：预付账款　　　　　　　　　　　　　　　　　8 000

（2）预算会计账务处理如下：

借：资金结存——零余额账户用款额度　　　　　　8 000

　　贷：事业支出　　　　　　　　　　　　　　　　　8 000

【例 2-47】　某事业单位经核查确认，四年之前向 A 公司预付的采购技术设备款 100 000 元因其被撤销已无望再收到所购物资，也确实无法收回预付账款。平行记账账务处理如下：

（1）财务会计账务处理如下：

借：其他应收款　　　　　　　　　　　　　　　　100 000

　　贷：预付账款——A 公司　　　　　　　　　　　　100 000

（2）预算会计不涉及账务处理。

第 2 章 资 产（一）

五、应收股利

（一）"应收股利"科目核算的内容

应收股利核算事业单位持有长期股权投资应当收取的现金股利或应当分得的利润。

为核算事业单位持有长期股权投资应当收取的现金股利或应当分得的利润，事业单位应设置"应收股利"科目。本科目期末借方余额，反映事业单位应当收取但尚未收到的现金股利或利润。同时，本科目应当按照被投资单位等进行明细核算。

（二）"应收股利"科目平行记账账务处理

"应收股利"科目仅适用于事业单位，行政单位不涉及此业务。

1. 取得长期股权投资所支付价款中包含的已宣告但尚未发放的股利或利润时

具体账务处理如表 2-40 所示。

表 2-40　应收股利平行记账账务处理之一

情形	财务会计	预算会计
	事业单位	事业单位
取得长期股权投资	借：长期股权投资 　　应收股利［取得投资支付价款中包含的已宣告但尚未发放的现金股利或利润］ 　贷：银行存款［取得投资支付的全部价款］	借：投资支出［取得投资支付的全部价款］ 　贷：资金结存——货币资金
收到取得长期股权投资所支付价款中包含的已宣告但尚未发放的股利或利润时	借：银行存款 　贷：应收股利	借：资金结存——货币资金 　贷：投资支出等

2. 持有投资期间

具体账务处理如表 2-41 所示。

表 2-41　应收股利平行记账账务处理之二

情形	财务会计 事业单位	预算会计 事业单位
被投资单位宣告发放现金股利或利润	借：应收股利 　贷：投资收益/长期股权投资	—
收到现金股利或利润时	借：银行存款 　贷：应收股利	借：资金结存——货币资金 　贷：投资预算收益

（三）事业单位平行记账业务举例

【例 2-48】 某事业单位 201× 年 1 月购买甲企业 10% 股权，2 100 000 元，支付的价款中所包含的已宣告但尚未发放的现金股利 100 000 元，6 月 1 日收到现金股利 100 000 元，平行记账账务处理如下：

（1）财务会计账务处理如下：

① 1 月购买股权时：

借：长期股权投资　　　　　　　　　　　　　　　2 000 000
　　应收股利　　　　　　　　　　　　　　　　　　100 000
　　贷：银行存款　　　　　　　　　　　　　　　2 100 000

② 6 月 1 日收到现金股利时：

借：银行存款　　　　　　　　　　　　　　　　　　100 000
　　贷：应收股利　　　　　　　　　　　　　　　　100 000

（2）预算会计账务处理如下：

① 1 月购买股权时：

借：投资支出　　　　　　　　　　　　　　　　　2 100 000
　　贷：资金结存——货币资金　　　　　　　　　2 100 000

② 6 月 1 日收到现金股利时：

借：资金结存——货币资金　　　　　　　　　　　100 000
　　贷：投资支出　　　　　　　　　　　　　　　　100 000

【例 2-49】 某事业单位采用成本法核算其对于甲公司的长期股权投资，持股比例为 80%。20×7 年 6 月，甲公司经股东大会批准，宣告发放现金股利 100 000 元。平行记账账务处理如下：

（1）财务会计账务处理如下：

①宣告发放现金股利时：

借：应收股利——甲公司　　　　　　　　　　　　80 000
　　贷：投资收益　　　　　　　　　　　　　　　　80 000

②实际收到上述现金股利时：
借：银行存款   80 000
　　贷：应收股利——甲公司   80 000
（2）预算会计账务处理如下：
①宣告发放现金股利时：
不作账务处理。
②实际收到上述现金股利时：
借：资金结存——货币资金   80 000
　　贷：投资预算收益   80 000

六、应收利息

（一）"应收利息"科目核算的内容

应收利息核算事业单位长期债券投资应当收取的利息，但不包括事业单位购入的到期一次还本付息的长期债券投资持有期间的利息。

为核算事业单位长期债券投资应当收取的利息，事业单位应当设置"应收利息"科目。本科目期末借方余额，反映事业单位应收未收的长期债券投资利息。同时，本科目应当按照被投资单位等进行明细核算。

事业单位购入的到期一次还本付息的长期债券投资持有期间的利息，应当通过"长期债券投资——应计利息"科目核算，不通过本科目核算。

（二）"应收利息"科目平行记账账务处理

"应收利息"科目仅适用于事业单位，行政单位不涉及此业务。

1. 取得长期股权投资所支付价款中包含的已宣告但尚未发放的股利或利润时

具体账务处理如表 2-42 所示。

表 2-42　应收利息平行记账账务处理之一

情形	财务会计	预算会计
	事业单位	事业单位
取得长期债券投资	借：长期债券投资 　　应收利息［取得投资支付价款中包含的已到付息期但尚未领取的利息］ 　　贷：银行存款［取得投资支付的全部价款］	借：投资支出［取得投资支付的全部价款］ 　　贷：资金结存——货币资金

(续表)

情形	财务会计 事业单位	预算会计 事业单位
收到取得投资所支付价款中包含的已到付息期但尚未领取的利息时	借：银行存款 　　贷：应收利息	借：资金结存——货币资金 　　贷：投资支出等

2. 持有投资期间

具体账务处理如表 2-43 所示。

表 2-43　应收利息平行记账账务处理之二

情形	财务会计 事业单位	预算会计 事业单位
按期计提利息	借：应收利息［分期付息、到期还本债券计提的利息］ 　　贷：投资收益	—
实际收到利息	借：银行存款 　　贷：应收利息	借：资金结存——货币资金 　　贷：投资预算收益

（三）事业单位平行记账业务举例

【例 2-50】　某事业单位以银行存款购入为期 5 年的国库券，实际支付价款 1 000 000 元，其中包含已到付息期但尚未领取的利息 20 000 元。平行记账账务处理如下：

（1）财务会计账务处理如下：

①购入国库券时：

借：长期债券投资——国库券　　　　　　　　　　980 000
　　应收利息——国库券　　　　　　　　　　　　 20 000
　　贷：银行存款　　　　　　　　　　　　　　　1 000 000

②实际收到上述利息时：

借：银行存款　　　　　　　　　　　　　　　　　20 000
　　贷：应收利息——国库券　　　　　　　　　　 20 000

（2）预算会计账务处理如下：

①购入国库券时：

借：投资支出　　　　　　　　　　　　　　　　1 000 000
　　贷：资金结存——货币资金　　　　　　　　　1 000 000

② 实际收到上述利息时：

借：资金结存——货币资金　　　　　　　　　　　　20 000
　　贷：投资支出　　　　　　　　　　　　　　　　　　20 000

【例2-51】　某事业单位购买五年期国债500 000元，票面利率为4%，每年计息，到期还本付息，平行记账账务处理如下：

（1）财务会计账务处理如下：

①每年年末计息：

借：应收利息　　　　　　　　　　　　　　　　　　20 000
　　贷：投资收益　　　　　　　　　　　　　　　　　　20 000

②5年到期收到利息时：

借：银行存款　　　　　　　　　　　　　　　　　　100 000
　　贷：应收利息　　　　　　　　　　　　　　　　　　100 000

（2）预算会计账务处理如下：

①每年年末计息：

不作账务处理。

②5年到期收到利息时：

借：资金结存——货币资金　　　　　　　　　　　　100 000
　　贷：投资预算收益　　　　　　　　　　　　　　　　100 000

七、其他应收款

（一）"其他应收款"科目核算的内容

其他应收款核算单位除财政应返还额度、应收票据、应收账款、预付账款、应收股利、应收利息以外的其他各项应收及暂付款项，如职工预借的差旅费、已经偿还银行尚未报销的本单位公务卡欠款、拨付给内部有关部门的备用金、应向职工收取的各种垫付款项、支付的可以收回的订金或押金、应收的上级补助和附属单位上缴款项等。

为核算其他各项应收及预付款项，单位应设置"其他应收款"科目。本科目期末借方余额，反映单位尚未收回的其他应收款。同时，本科目应当按照其他应收款的类别以及债务单位（或个人）进行明细核算。

（二）"其他应收款"科目平行记账账务处理

1. 发生暂付款项（包括偿还未报销的公务卡款项）

具体账务处理如表2-44所示。

表 2-44　其他应收款平行记账账务处理之一

情形	财务会计		预算会计	
	行政单位	事业单位	行政单位	事业单位
暂付款项时	借：其他应收款 　贷：银行存款/库存现金/零余额账户用款额度等		—	
报销时	借：业务活动费用等 〔实际报销金额〕 　贷：其他应收款	借：业务活动费/单位管理费用等 〔实际报销金额〕 　贷：其他应收款	借：行政支出等〔实际报销金额〕 　贷：资金结存	借：事业支出等〔实际报销金额〕 　贷：资金结存
收回暂付款项时	借：库存现金/银行存款等 　贷：其他应收款		—	

2. 发生其他各种应收款项

具体账务处理如表 2-45 所示。

表 2-45　其他应收款平行记账账务处理之二

情形	财务会计		预算会计	
	行政单位	事业单位	行政单位	事业单位
确认其他应收款时	借：其他应收款 　贷：其他收入等	借：其他应收款 　贷：上级补助收入/附属单位上缴收入/其他收入等	—	
收到其他应收款项时	借：银行存款/库存现金等 　贷：其他应收款		借：资金结存——货币资金 　贷：其他预算收入等	借：资金结存——货币资金 　贷：上级补助预算收入/附属单位上缴预算收入/其他预算收入等

第 2 章 资 产（一）

3. 拨付给内部有关部门的备用金

具体账务处理如表 2-46 所示。

表 2-46　其他应收款平行记账账务处理之三

情形	财务会计		预算会计	
	行政单位	事业单位	行政单位	事业单位
财务部门核定并发放备用金时	借：其他应收款 　贷：库存现金		—	
根据报销数用现金补足备用金定额时	借：业务活动费用等 　贷：库存现金	借：业务活动费/单位管理费用等 　贷：库存现金	借：行政支出等 　贷：资金结存——货币资金	借：事业支出等 　贷：资金结存——货币资金

4. 逾期无法收回的其他应收款

具体账务处理如表 2-47 所示。

表 2-47　其他应收款平行记账账务处理之四

情形	财务会计		预算会计	
	行政单位	事业单位	行政单位	事业单位
经批准核销时	借：资产处置费用 　贷：其他应收款	借：坏账准备 　贷：其他应收款	—	
已核销的其他应收款在以后期间收回	借：银行存款等 　贷：其他收入	借：其他应收款 　贷：坏账准备 借：银行存款等 　贷：其他应收款	借：资金结存——货币资金 　贷：其他预算收入	

（三）行政单位平行记账业务举例

【例 2-52】　某行政单位职工刘某因公务外出预借差旅费 3 000 元，通过零余额账户予以支付。平行记账账务处理如下：

（1）财务会计账务处理如下：

借：其他应收款——刘某　　　　　　　　　　　　　　　　3 000
　　贷：零余额账户用款额度　　　　　　　　　　　　　　　　3 000
（2）预算会计不涉及账务处理。

【例2-53】 上例中，刘某出差回来报销差旅费，根据审核后的差旅费票据，报销金额为3 500元，报销差额500元以现金补付。平行记账账务处理如下：

（1）财务会计账务处理如下：
借：业务活动费用　　　　　　　　　　　　　　　　　　　3 500
　　贷：其他应收款——刘某　　　　　　　　　　　　　　　3 000
　　　　库存现金　　　　　　　　　　　　　　　　　　　　　500
（2）预算会计账务处理如下：
借：行政支出　　　　　　　　　　　　　　　　　　　　　3 500
　　贷：资金结存——零余额账户用款额度　　　　　　　　　3 500

【例2-54】 某行政单位年初经核查确认3年前以非财政拨款收入为职工张某代垫的房租5 000元因其下落不明确实无法收回，这笔款项按规定报经批准后予以核销。平行记账账务处理如下：

（1）财务会计账务处理如下：
借：资产处置费用　　　　　　　　　　　　　　　　　　　5 000
　　贷：其他应收款——张某　　　　　　　　　　　　　　　5 000
假如张某年末回来归还上述款项：
借：银行存款　　　　　　　　　　　　　　　　　　　　　5 000
　　贷：其他收入　　　　　　　　　　　　　　　　　　　　5 000
（2）预算会计账务处理如下：
经批准核销时，预算会计不涉及账务处理。
假如张某年末回来归还上述款项：
借：资金结存——货币资金　　　　　　　　　　　　　　　5 000
　　贷：其他预算收入　　　　　　　　　　　　　　　　　　5 000

（四）事业单位平行记账业务举例

【例2-55】 某事业单位内部实行备用金制度，其财务部门以库存现金发放备用金30 000元。月末根据报销情况，用现金10 000元补足备用金定额30 000元。平行记账账务处理如下：

（1）财务会计账务处理如下：
①以库存现金发放备用金时：
借：其他应收款——备用金　　　　　　　　　　　　　　　30 000
　　贷：库存现金　　　　　　　　　　　　　　　　　　　　30 000

②用现金补足备用金时：
借：单位管理费用　　　　　　　　　　　　　　　10 000
　　贷：库存现金　　　　　　　　　　　　　　　　　　10 000
（2）预算会计账务处理如下：
①以库存现金发放备用金时：
不涉及账务处理。
②用现金补足备用金时：
借：事业支出　　　　　　　　　　　　　　　　　10 000
　　贷：资金结存——货币资金　　　　　　　　　　　　10 000

【例 2-56】　某事业单位经核查发现 3 年前为职工张某垫付的水电费 30 000 元，因其离开本单位不知去向确实无法收回，这笔款项按规定报经批准后予以核销，已知单位在此之间已将该笔款项全额计提减值准备。平行记账账务处理如下：
（1）财务会计账务处理如下：
借：坏账准备　　　　　　　　　　　　　　　　　30 000
　　贷：其他应收款——张某　　　　　　　　　　　　30 000
假如张某年末回来归还上述款项：
借：其他应收款——张某　　　　　　　　　　　　30 000
　　贷：坏账准备　　　　　　　　　　　　　　　　　30 000
借：银行存款　　　　　　　　　　　　　　　　　30 000
　　贷：其他应收款——张某　　　　　　　　　　　　30 000
（2）预算会计账务处理如下：
经批准核销时，预算会计不涉及账务处理。
假如张某年末回来归还上述款项：
借：资金结存——货币资金　　　　　　　　　　　30 000
　　贷：其他预算收入　　　　　　　　　　　　　　　30 000

八、坏账准备

（一）"坏账准备"科目核算的内容

坏账准备核算事业单位对收回后不需上缴财政的应收账款和其他应收款提取的坏账准备。

为核算事业单位对收回后不需上缴财政的应收账款和其他应收款提取的坏账准备，事业单位应设置"坏账准备"科目。本科目期末贷方余额，反映事业单位提取的坏账准备金额。同时，本科目应当分别对应收账款和其他应收款进行明细核算。

事业单位应当于每年年末,对收回后不需上缴财政的应收账款和其他应收款进行全面检查,分析其可收回性,对预计可能产生的坏账损失计提坏账准备、确认坏账损失。

事业单位可以采用应收款项余额百分比法、账龄分析法、个别认定法等方法计提坏账准备。坏账准备计提方法一经确定,不得随意变更。如需变更,应当按照规定报经批准,并在财务报表附注中予以说明。

当期应补提或冲减的坏账准备金额的计算公式如下:

$$\text{当期应补提或冲减的坏账准备} = \text{按照期末应收账款和其他应收款计算应计提的坏账准备金额} - \text{本科目期末贷方余额}\left(\text{或} + \text{本科目期末借方余额}\right)$$

(二)"坏账准备"科目平行记账账务处理

"坏账准备"科目仅适用于事业单位,行政单位不涉及此业务。

1. 年末全面分析不需上缴财政的应收账款和其他应收款

具体账务处理如表 2-48 所示。

表 2-48　坏账准备平行记账账务处理之一

情形	财务会计	预算会计
	事业单位	事业单位
计提坏账准备,确认坏账损失	借:其他费用 　贷:坏账准备	—
冲减坏账准备	借:坏账准备 　贷:其他费用	—

2. 逾期无法收回的应收账款和其他应收款

具体账务处理如表 2-49 所示。

表 2-49　坏账准备平行记账账务处理之二

情形	财务会计	预算会计
	事业单位	事业单位
报批后予以核销	借:坏账准备 　贷:应收账款/其他应收款	—
已核销不需上缴财政的应收款项在以后期间收回	借:应收账款/其他应收款 　贷:坏账准备 借:银行存款 　贷:应收账款/其他应收款	借:资金结存——货币资金等 　贷:非财政拨款结余等

（三）事业单位平行记账业务举例

【例 2-57】 某事业单位按照应收款项余额百分比法计提坏账准备，坏账提取比例为应收款项的 10%。该单位年初应收款项余额为 200 000 元，已计提坏账准备 20 000 元，当年新增应收账款 50 000 元，收回应收账款 100 000 元，新增其他应收款 80 000 元，无其他影响应收款项变动的事项。平行记账账务处理如下：

（1）财务会计账务处理如下：

当年末应补提的坏账准备 =（200 000 + 50 000 − 100 000 + 80 000）× 10% − 20 000 = 3 000（元）

借：其他费用　　　　　　　　　　　　　　　3 000
　　贷：坏账准备　　　　　　　　　　　　　　　3 000

（2）预算会计不涉及账务处理。

【例 2-58】 某事业单位年末发现坏账准备账面有 50 000 元，其中一笔有 5 000 元，经核实无收回的可能，报经批准后核销了 5 000 元。而在去年核销的坏账准备 3 000 元，当年又收回了 500 元。平行记账账务处理如下：

（1）财务会计账务处理如下：

借：坏账准备　　　　　　　　　　　　　　　5 000
　　贷：其他应收款　　　　　　　　　　　　　　5 000
借：其他应收款　　　　　　　　　　　　　　　500
　　贷：坏账准备　　　　　　　　　　　　　　　500
借：银行存款　　　　　　　　　　　　　　　　500
　　贷：其他应收款　　　　　　　　　　　　　　500

（2）预算会计账务处理如下：

借：资金结存——货币资金　　　　　　　　　500
　　贷：非财政拨款结余　　　　　　　　　　　　500

第四节　存　货　类

存货核算单位在开展业务活动及其他活动中为耗用或出售而储存的资产，如材料、产品、包装物和低值易耗品等，以及未达到固定资产标准的用具、装具、动植物等。

新制度取消了"存货"会计科目的设置，新设置"在途物品""库存物品""加工物品""工程物资""政府储备物资""受托代理资产"五个会计科目，用于对单位在开展业务活动及其他活动中为耗用或出售而储存的各种资产进行分类核算。本章将对"在途物品""库存物品""加工物品"进行详细介绍，单位在原账的"存货"会计科目中核算的属于新制度规定的"工程物资""政府储备物资""受托代理资产"。"工程物资""政府储备物资""受托代理资产"的内容，将在本书第三章进行介绍。

一、在途物品

（一）"在途物品"科目核算的内容

在途物品核算单位采购材料等物资时货款已付或已开出商业汇票但尚未验收入库的在途物品的采购成本。

为核算单位采购材料等物资时货款已付或已开出商业汇票但尚未验收入库的在途物品的采购成本，单位应设置"在途物品"科目。本科目期末借方余额，反映单位在途物品的采购成本。同时，本科目可按照供应单位和物品种类进行明细核算。

（二）"在途物品"科目行记账账务处理

1. 购入材料等物资，结算凭证收到货未到，款已付或已开出商业汇票

具体账务处理如表2-50所示。

表2-50　在途物品平行记账账务处理之一

情形	财务会计		预算会计	
	行政单位	事业单位	行政单位	事业单位
购入材料等物资，结算凭证收到货未到，款已付或已开出商业汇票	借：在途物品 　贷：财政拨款收入/零余额账户用款额度/银行存款/应付票据等		借：行政支出 　贷：财政拨款预算收入/资金结存	借：事业支出/经营支出等 　贷：财政拨款预算收入/资金结存

2. 所购材料等物资到达验收入库

具体账务处理如表2-51所示。

表 2-51 在途物品平行记账账务处理之二

情形	财务会计		预算会计	
	行政单位	事业单位	行政单位	事业单位
所购材料等物资到达验收入库	借：库存物品 　贷：在途物品		—	

（三）行政单位平行记账业务举例

【例 2-59】 某行政单位采购一批专用物资，价款为 100 000 元，发生增值税 17 000 元，款项全部使用零余额账户进行支付，该商品尚未验收入库。不考虑其他税费因素的影响，平行记账账务处理如下：

（1）财务会计账务处理如下：

借：在途物品——专用物资　　　　　　　　　　　100 000
　　应交增值税——进项税额　　　　　　　　　　 17 000
　　贷：零余额账户用款额度　　　　　　　　　　　　　117 000

（2）预算会计账务处理如下：

借：行政支出　　　　　　　　　　　　　　　　　117 000
　　贷：资金结存——零余额账户用款额度　　　　　　　117 000

【例 2-60】 上例中，该批物资已全部验收入库。平行记账账务处理如下：

（1）财务会计账务处理如下：

借：库存物品——专用物资　　　　　　　　　　　100 000
　　贷：在途物品——专用物资　　　　　　　　　　　　100 000

（2）预算会计不涉及账务处理。

（四）事业单位平行记账业务举例

【例 2-61】 某事业单位为增值税一般纳税人，其非独立核算部门为专门活动采购一批专用物资，价款为 100 000 元，发生增值税 17 000 元，款项全部使用零余额账户进行支付，该商品尚未验收入库。不考虑其他税费因素的影响，平行记账账务处理如下：

（1）财务会计账务处理如下：

借：在途物品——专用物资　　　　　　　　　　　100 000
　　应交增值税——进项税额　　　　　　　　　　 17 000
　　贷：零余额账户用款额度　　　　　　　　　　　　　117 000

（2）预算会计账务处理如下：

借：事业支出 117 000
　　贷：资金结存——零余额账户用款额度 117 000

【例2-62】 上例中，该批物资已全部验收入库。平行记账账务处理如下：

（1）财务会计账务处理如下：

借：库存物品——专用物资 100 000
　　贷：在途物品——专用物资 100 000

（2）预算会计不涉及账务处理。

二、库存物品

（一）"库存物品"科目核算的内容

库存物品核算单位在开展业务活动及其他活动中为耗用或出售而储存的各种材料、产品、包装物、低值易耗品，以及达不到固定资产标准的用具、装具、动植物等的成本，已完成的测绘、地质勘查、设计成果等的成本，也通过本科目核算。库存物品可具体分为以下几类：

（1）原材料是指使用以后即消耗或逐渐消耗不能复原的各种物资，如燃料、实验室材料、改装使用的原件、零配件等。

（2）低值易耗品是指不能满足固定资产条件的各种科重复使用的劳动资料，如某些仪器仪表、工具、量具、器皿、一般用具和劳保用品等。

（3）办公用品是指单位在办公活动中使用的各种物料，如纸张、笔墨等。

（4）产成品类是指单位生产完工并已验收入库的产成品。

为核算单位在开展业务活动及其他活动中为耗用或出售而储存的各种资产，单位应设置"库存物品"科目。本科目期末借方余额，反映单位库存物品的实际成本。

单位随买随用的零星办公用品，可以在购进时直接列作费用，不通过本科目核算。

单位控制的政府储备物资，应当通过"政府储备物资"科目核算，不通过本科目核算。

单位受托存储保管的物资和受托转赠的物资，应当通过"受托代理资产"科目核算，不通过本科目核算。

单位为在建工程购买和使用的材料物资，应当通过"工程物资"科目核算，不通过本科目核算。

本科目期末借方余额，反映单位库存物品的实际成本。同时，本科目应当按照库存物品的种类、规格、保管地点等进行明细核算。单位储存的低值易耗品、包装物较多的，可以在本科目(低值易耗品、包装物)下按照"在库""在

第 2 章 资 产 （一）

用"和"摊销"等进行明细核算。

（二）"库存物品"科目平行记账账务处理

1. 取得库存物品时

具体账务处理如表 2-52 所示。

表 2-52　库存物品平行记账账务处理之一

情形	财务会计		预算会计	
	行政单位	事业单位	行政单位	事业单位
外购的库存物品验收入库	借：库存物品 　　贷：财政拨款收入/财政应返还额度/零余额账户用款额度/银行存款/应付账款等		借：行政支出 　　贷：财政拨款预算收入/资金结存	借：事业支出/经营支出等 　　贷：财政拨款预算收入/资金结存
自制的库存物品加工完成、验收入库	借：库存物品——相关明细科目 　　贷：加工物品——自制物品		—	
委托外单位加工收回的库存物品	借：库存物品——相关明细科目 　　贷：加工物品——委托加工物品		—	
置换换入的库存物品	借：库存物品［换出资产评估价值＋其他相关支出］ 　　　固定资产累计折旧/无形资产累计摊销 　　　资产处置费用［借差］ 　　贷：库存物品/固定资产/无形资产等［账面余额］ 　　　银行存款等［其他相关支出］ 　　　其他收入［贷差］		借：其他支出［实际支付的其他相关支出］ 　　贷：资金结存	
涉及补价的： ①支付补价的	借：库存物品［换出资产评估价值＋其他相关支出＋补价］ 　　　固定资产累计折旧/无形资产累计摊销 　　　资产处置费用［借差］ 　　贷：库存物品/固定资产/无形资产等［账面余额］ 　　　银行存款等［其他相关支出＋补价］ 　　　其他收入［贷差］		借：其他支出［实际支付的补价和其他相关支出］ 　　贷：资金结存	

（续表）

情形	财务会计		预算会计	
	行政单位	事业单位	行政单位	事业单位
②收到补价的	借：库存物品［换出资产评估价值＋其他相关支出－补价］ 　　　银行存款等［补价］ 　　　固定资产累计折旧／无形资产累计摊销 　　　资产处置费用［借差］ 　　贷：库存物品／固定资产／无形资产等［账面余额］ 　　　银行存款等［其他相关支出］ 　　　应缴财政款［补价－其他相关支出］ 　　　其他收入［贷差］		借：其他支出［其他相关支出大于收到的补价的差额］ 　　贷：资金结存	
接受捐赠的库存物品	借：库存物品［按照确定的成本］ 　　贷：银行存款等［相关税费］ 　　　捐赠收入		借：其他支出［实际支付的相关税费］ 　　贷：资金结存	
无偿调入的库存物品	借：库存物品［按照确定的成本］ 　　贷：银行存款等［相关税费］ 　　　无偿调拨净资产		借：其他支出［实际支付的相关税费］ 　　贷：资金结存	
按照名义金额入账的接收捐赠、无偿调入的库存物品及发生的相关税费、运输费等	借：库存物品［名义金额］ 　　贷：捐赠收入［接受捐赠］ 　　　无偿调拨净资产［无偿调入］		—	
	借：其他费用 　　贷：银行存款等		借：其他支出 　　贷：资金结存	

2. 发出库存物品

具体账务处理如表 2-53 所示。

表 2-53　库存物品平行记账账务处理之二

情形	财务会计		预算会计	
	行政单位	事业单位	行政单位	事业单位
开展业务活动、按照规定自主出售或加工物品等领用、发出库存物品时	借：业务活动费用／加工物品等 　　贷：库存物品［按照领用、发出成本］	借：业务活动费用／单位管理费用／经营费用／加工物品等 　　贷：库存物品［按照领用、发出成本］	—	

第 2 章 资 产（一）

（续表）

情形	财务会计		预算会计	
	行政单位	事业单位	行政单位	事业单位
经批准对外捐赠的库存物品发出时	借：资产处置费用 　　贷：库存物品［账面余额］ 　　　　银行存款［归属于捐出方的相关费用］		借：其他支出［实际支付的相关费用］ 　　贷：资金结存	
经批准无偿调出的库存物品发出时	借：无偿调拨净资产 　　贷：库存物品［账面余额］ 借：资产处置费用 　　贷：银行存款等［归属于调出方的相关费用］		借：其他支出［实际支付的相关费用］ 　　贷：资金结存	
经批准对外出售［自主出售除外］的库存物品发出时	借：资产处置费用 　　贷：库存物品［账面余额］ 借：银行存款等［收到的价款］ 　　贷：银行存款等［发生的相关税费］ 　　　　应缴财政款		—	
经批准置换换出库存物品	参照置换换入"库存物品"的处理			

3. 库存物品定期盘点及毁损、报废

具体账务处理如表 2-54 所示。

表 2-54　库存物品平行记账账务处理之三

情形	财务会计		预算会计	
	行政单位	事业单位	行政单位	事业单位
盘盈的库存物品	借：库存物品 　　贷：待处理财产损溢		—	
盘亏或者毁损、报废的库存物品转入待处理资产	借：待处理财产损溢 　　贷：库存物品［账面余额］		—	
增值税一般纳税人购进的非自用材料发生盘亏或者毁损、报废的	借：待处理财产损溢 　　贷：应交增值税——应交税金（进项税额转出）			

（三）行政单位平行记账业务举例

【例 2-63】　某行政单位为小规模纳税人，购买专业实验用 A 材料 2 000 千克，每千克 500 元，增值税税额为 170 000 元，材料款项实行财政直接支付。平行记账账务处理如下：

（1）财务会计账务处理如下：

借：库存物品——A材料 1 170 000
　　贷：财政拨款收入 1 170 000
（2）预算会计账务处理如下：
借：行政支出 1 170 000
　　贷：财政拨款预算收入 1 170 000

【例2-64】 某行政单位委托外单位加工专用B材料5 000元，专用材料加工完成，验收合格并入库。平行记账账务处理如下：
（1）财务会计账务处理如下：
借：库存物品——B材料 5 000
　　贷：加工物品——委托加工物品 5 000
（2）预算会计不涉及账务处理。

【例2-65】 某行政单位接收甲公司捐赠的装具一批，价值50 000元，运输过程中发生相关费用400元，以现金支付。平行记账账务处理如下：
（1）财务会计账务处理如下：
借：库存物品——装具 50 400
　　贷：存库现金 400
　　　　捐赠收入 50 000
（2）预算会计账务处理如下：
借：其他支出 400
　　贷：资金结存——货币资金 400

【例2-66】 某行政单位接收兄弟单位无偿调入一批材料验收入库，双方确定的成本是31 000元，发生运输费1 000元，用基本户资金支付。平行记账账务处理如下：
（1）财务会计账务处理如下：
借：库存物品——材料 31 000
　　贷：银行存款 1 000
　　　　无偿调拨净资产 30 000
（2）预算会计账务处理如下：
借：其他支出 1 000
　　贷：资金结存——货币资金 1 000

（四）事业单位平行记账业务举例

【例2-67】 某事业单位与兄弟单位置换一批专用材料，用本单位的A材料换入兄弟单位的B材料。换入的B材料价值为4 000元，换出的A材料账面余额5 000元，评估价值为3 000元，支付补价1 000元，发生运输费用

500元，用基本户资金支付。平行记账账务处理如下：

（1）财务会计账务处理如下：

借：库存物品——B材料	4 500
资产处置费用	2 000
贷：库存物品——A材料	5 000
银行存款	1500

（2）预算会计账务处理如下：

借：其他支出	1 500
贷：资金结存——货币资金	1 500

【例2-68】 某事业单位领用专业活动用甲材料500千克，每千克980元；领用管理活动用丙材料500千克，每千克480元。平行记账账务处理如下：

（1）财务会计账务处理如下：

借：业务活动费用	490 000
单位管理费用	240 000
贷：库存物品——甲材料	490 000
——丙材料	240 000

（2）预算会计不涉及账务处理。

【例2-69】 某事业单位的一批库存物品经批准后对外出售，取得价款300 000元，出售过程中发生相关费用10 000元，用基本户资金支付。已知出售前该批库存物品的账面余额为280 000元。平行记账账务处理如下：

（1）财务会计账务处理如下：

借：资产处置费用	280 000
贷：库存物品	280 000
借：银行存款	300 000
贷：银行存款	10 000
应缴财政款	290 000

（2）预算会计不涉及账务处理。

【例2-70】 某事业单位的一批库存物品经批准后对外捐赠，捐赠过程中发生相关费用10 000元，用基本户资金支付。已知该批库存物品的账面余额为280 000元。平行记账账务处理如下：

（1）财务会计账务处理如下：

借：资产处置费用	290 000
贷：库存物品	280 000
银行存款	10 000

(2) 预算会计账务处理如下：

借：其他支出　　　　　　　　　　　　　　　　　　10 000
　　贷：资金结存——货币资金　　　　　　　　　　　　10 000

【例2-71】　某事业单位为增值税一般纳税人，准备将之前购入的甲非自用材料无偿调给兄弟单位。该材料账面余额为50 000元，购入时增值税专用发票上注明的增值税税额为8 500元。调出过程中用支付相关费用10 000元，用基本户资金支付。平行记账账务处理如下：

(1) 财务会计账务处理如下：

借：无偿调拨净资产　　　　　　　　　　　　　　　58 500
　　贷：库存物品——甲材料　　　　　　　　　　　　50 000
　　　　应交增值税——应交税金（进项税额转出）　　8 500

借：资产处置费用　　　　　　　　　　　　　　　　10 000
　　贷：银行存款　　　　　　　　　　　　　　　　　10 000

(2) 预算会计账务处理如下：

借：其他支出　　　　　　　　　　　　　　　　　　10 000
　　贷：资金结存——货币资金　　　　　　　　　　　　10 000

【例2-72】　某事业单位为增值税小规模纳税人，在年终盘点库存材料时，发现事业用甲材料溢余20千克，该类材料的市场价格为每千克1 000元，尚未入账。平行记账账务处理如下：

(1) 财务会计账务处理如下：

借：库存物品——甲材料　　　　　　　　　　　　　20 000
　　贷：待处理财产损溢　　　　　　　　　　　　　　　20 000

(2) 预算会计不涉及账务处理。

【例2-73】　某事业单位为增值税一般纳税人，在年终盘点库存材料时，发现A非自用材料发生毁损。该材料的账面余额为5 000元，增值税进项税额为850元。平行记账账务处理如下：

(1) 财务会计账务处理如下：

借：待处理财产损溢　　　　　　　　　　　　　　　5 850
　　贷：库存物品——A材料　　　　　　　　　　　　　5 000
　　　　应交增值税——应交税金（进项税额转出）　　850

(2) 预算会计不涉及账务处理。

【例2-74】　某事业单位自行加工专用材料，领用B材料5 000元，以现金支付人工费1 500元，专用材料加工完成，验收合格并入库。平行记账账务处理如下：

(1) 财务会计账务处理如下：

①支付料工费时:

借：加工物品——自制物品——专用材料　　　　　　6 500
　　贷：库存物品——B 材料　　　　　　　　　　　　5 000
　　　　库存现金　　　　　　　　　　　　　　　　　1 500

②加工完成验收入库时:

借：库存物品——自制物品——专用材料　　　　　　6 500
　　贷：加工物品——自制物品——专用材料　　　　　6 500

（2）预算会计账务处理如下：

①支付料工费时:

借：事业支出　　　　　　　　　　　　　　　　　　1 500
　　贷：资金结存——货币资金　　　　　　　　　　　1 500

②加工完成验收入库时:

不涉及账务处理。

三、加工物品

（一）"加工物品"科目核算的内容

加工物品核算单位自制或委托外单位加工的各种物品的实际成本，包括未完成的测绘、地质勘查、设计成果的实际成本，也通过本科目核算。

为核算单位自制或委托外单位加工的各种物品的实际成本，单位应设置"加工物品"科目。本科目期末借方余额，反映单位自制或委托外单位加工但尚未完工的各种物品的实际成本。同时，本科目应当设置"自制物品""委托加工物品"两个一级明细科目，并按照物品类别、品种、项目等设置明细账，进行明细核算。

本科目"自制物品"一级明细科目下应当设置"直接材料""直接人工""其他直接费用"等二级明细科目归集自制物品发生的直接材料、直接人工（专门从事物品制造人员的人工费）等直接费用；对于自制物品发生的间接费用，应当在本科目"自制物品"一级明细科目下单独设置"间接费用"二级明细科目予以归集，期末，再按照一定的分配标准和方法，分配计入有关物品的成本。

（二）"加工物品"科目平行记账账务处理

1. 自制物品

具体账务处理如表 2-55 所示。

表 2-55 加工物品平行记账账务处理之一

情形	财务会计		预算会计	
	行政单位	事业单位	行政单位	事业单位
为自制物品领用材料时	借：加工物品——自制物品（直接材料） 贷：库存物品（相关明细科目）		—	—
专门从事物资制造的人员发生的直接人工费用	借：加工物品——自制物品（直接人工） 贷：应付职工薪酬		—	—
为自制物品发生其他直接费用和间接费用	借：加工物品——自制物品（其他直接费用、间接费用） 贷：财政拨款收入/零余额账户用款额度/银行存款等		借：行政支出［实际支付金额］ 贷：财政拨款预算收入/资金结存	借：事业支出/经营支出等［实际支付金额］ 贷：财政拨款预算收入/资金结存
自制加工完成、验收入库	借：库存物品（相关明细科目） 贷：加工物品——自制物品（直接材料、直接人工、其他直接费用、间接费用）		—	—

2. 委托加工物品

具体账务处理如表 2-56 所示。

表 2-56 加工物品平行记账账务处理之二

情形	财务会计		预算会计	
	行政单位	事业单位	行政单位	事业单位
发给外单位加工的材料	借：加工物品——委托加工物品 贷：库存物品（相关明细科目）		—	—
支付加工费用	借：加工物品——委托加工物品 贷：财政拨款收入/零余额账户用款额度/银行存款等		借：行政支出 贷：财政拨款预算收入/资金结存	借：事业支出/经营支出等 贷：财政拨款预算收入/资金结存
委托加工完成的物品验收入库	借：库存物品（相关明细科目） 贷：加工物品——委托加工物品		—	—

第 2 章 资 产（一）

（三）行政单位平行记账业务举例

【例 2-75】 某行政单位委托加工专用材料，共使用原材料甲 5 000 元，应支付委托加工费用 15 000 元。委托加工完成后验收入库。平行记账账务处理如下：

（1）财务会计账务处理如下：

①发出委托加工商品：

借：加工物品——委托加工物品　　　　　　　　　　5 000
　　贷：库存物品——甲材料　　　　　　　　　　　　　　5 000

②支付委托加工费：

借：加工物品——委托加工物品　　　　　　　　　　15 000
　　贷：银行存款　　　　　　　　　　　　　　　　　　15 000

③委托加工完成后验收入库：

借：库存物品　　　　　　　　　　　　　　　　　　20 000
　　贷：加工物品——委托加工物品　　　　　　　　　　20 000

（2）预算会计账务处理如下：

借：行政支出　　　　　　　　　　　　　　　　　　15 000
　　贷：资金结存——货币资金　　　　　　　　　　　　15 000

（四）事业单位平行记账业务举例

【例 2-76】 某事业单位自行加工专用材料，共领用原材料甲 5 000 元，应支付生产工人工资 10 000 元，以银行存款支付其他直接费用 4 000 元，专用于生产该材料的设备在此期间累计发生折旧 1 000 元。加工完成后验收入库。平行记账账务处理如下：

（1）财务会计账务处理如下：

①领用材料进行加工：

借：加工物品——自制物品——直接材料　　　　　　5 000
　　　　　　　　　　　　——直接人工　　　　　　　10 000
　　　　　　　　　　　　——其他直接费用　　　　　4 000
　　　　　　　　　　　　——间接费用　　　　　　　1 000
　　贷：库存物品——甲材料　　　　　　　　　　　　　5 000
　　　　应付职工薪酬　　　　　　　　　　　　　　　10 000
　　　　银行存款　　　　　　　　　　　　　　　　　4 000
　　　　固定资产累计折旧　　　　　　　　　　　　　1 000

②该专用材料制造完成并验收入库时：
借：库存物品——自制物品　　　　　　　　　　　　20 000
　　贷：加工物品——自制物品　　　　　　　　　　20 000
（2）预算会计账务处理如下：
借：事业支出　　　　　　　　　　　　　　　　　　4 000
　　贷：资金结存——货币资金　　　　　　　　　　4 000

第五节　待摊费用类

一、待摊费用

（一）"待摊费用"科目核算的内容

待摊费用核算单位已经支付，但应当在本期和以后各期分别负担的分摊期在 1 年以内（含 1 年）的各项费用，如预付航空保险费、预付租金等，但不包括摊销期限在 1 年以上的租入固定资产改良支出和其他费用等。

待摊费用应当在其受益期限内分期平均摊销，如预付航空保险费应在保险期的有效期内，预付租金应在租赁期内分期平均摊销，计入当期费用。

为核算单位已经支付，但应当在本期和以后各期分别负担的分摊期在 1 年以内（含 1 年）的各项费用，单位应设置"待摊费用"科目。本科目期末借方余额，反映单位各种已支付但尚未摊销的分摊期在 1 年以内（含 1 年）的费用。同时，本科目应当按照待摊费用种类进行明细核算。

（二）"待摊费用"科目平行记账账务处理

1. 发生待摊费用时

具体账务处理如表 2-57 所示。

表 2-57　待摊费用平行记账账务处理之一

情形	财务会计		预算会计	
	行政单位	事业单位	行政单位	事业单位
发生待摊费用时	借：待摊费用 　　贷：财政拨款收入/零余额账户用款额度/银行存款等		借：行政支出 　　贷：财政拨款预算收入/资金结存	借：事业支出等 　　贷：财政拨款预算收入/资金结存

2. 按照受益期限分期平均摊销时

具体账务处理如表 2-58 所示。

表 2-58 待摊费用平行记账账务处理之二

情形	财务会计		预算会计	
	行政单位	事业单位	行政单位	事业单位
按照受益期限分期平均摊销时	借：业务活动费用 贷：待摊费用 [每期摊销金额]	借：业务活动费用/单位管理费用/经营费用等 贷：待摊费用[每期摊销金额]	—	

3. 将摊余金额一次全部转入当期费用时

具体账务处理如表 2-59 所示。

表 2-59 待摊费用平行记账账务处理之三

情形	财务会计		预算会计	
	行政单位	事业单位	行政单位	事业单位
将摊余金额一次全部转入当期费用时	借：业务活动费用 贷：待摊费用 [全部未摊销金额]	借：业务活动费用/单位管理费用/经营费用等 贷：待摊费用 [全部未摊销金额]	—	

（三）行政单位平行记账业务举例

【例 2-77】 某行政单位使用零余额账户预付 1 年的办公用房租金为 1 200 000 元。平行记账账务处理如下：

（1）财务会计账务处理如下：

借：待摊费用——办公用房租金　　　　　　1 200 000
　　贷：零余额账户用款额度　　　　　　　　　　　1 200 000

（2）预算会计账务处理如下：

借：行政支出　　　　　　　　　　　　　　1 200 000
　　贷：资金结存——零余额账户用款额度　　　　　1 200 000

（四）事业单位平行记账业务举例

【例 2-78】 某事业单位在第 1 个月摊销所租租赁预付的办公用房租金

为 100 000 元（租金共计 1 年 1 200 000 元）。平行记账账务处理如下：

（1）财务会计账务处理如下：

借：单位管理费用　　　　　　　　　　　　　　　　100 000
　　贷：待摊费用——办公用房租金　　　　　　　　　　　100 000

（2）预算会计不涉及账务处理。

【例 2-79】　接上例，该事业单位在第 7 个月的时候决定将剩余的租金一次性全部转入当期费用。平行记账账务处理如下：

（1）财务会计账务处理如下：

借：单位管理费用　　　　　　　　　　　　　　　　600 000
　　贷：待摊费用——办公用房租金　　　　　　　　　　　600 000

（2）预算会计不涉及账务处理。

二、长期待摊费用

（一）"长期待摊费用"科目核算的内容

长期待摊费用核算单位已经支出，但应由本期和以后各期负担的分摊期限在 1 年以上（不含 1 年）的各项费用，如以经营租赁方式租入的固定资产发生的改良支出等。

本科目期末借方余额，反映单位尚未摊销完毕的长期待摊费用。同时，本科目应当按照费用项目进行明细核算。

（二）"长期待摊费用"科目平行记账账务处理

具体账务处理如表 2-60 所示。

表 2-60　长期待摊费用平行记账账务处理之一

情形	财务会计		预算会计	
	行政单位	事业单位	行政单位	事业单位
发生长期待摊费用	借：长期待摊费用 　　贷：财政拨款收入/零余额账户用款额度/银行存款等		借：行政支出 　　贷：财政拨款预算收入/资金结存	借：事业支出等 　　贷：财政拨款预算收入/资金结存
按期摊销或一次转销长期待摊费用剩余账面余额	借：业务活动费用 　　贷：长期待摊费用	借：业务活动费用/单位管理费用/经营费用等 　　贷：长期待摊费用	—	

第 2 章 资 产（一）

（三）行政单位平行记账业务举例

【例 2-80】 某行政单位以经营租赁的方式租入甲设备一套，以出包方式发生改良支出 60 000 元，租赁期为 2 年，以基本户资金支付，采用租赁期每年摊销的方式。平行记账账务处理如下：

（1）财务会计账务处理如下：

①租入甲设备时：

借：长期待摊费用　　　　　　　　　　　　60 000
　　贷：银行存款　　　　　　　　　　　　　　60 000

②每年摊销时：

借：业务活动费用　　　　　　　　　　　　30 000
　　贷：长期待摊费用　　　　　　　　　　　　30 000

（2）预算会计账务处理如下：

①租入甲设备时：

借：行政支出　　　　　　　　　　　　　　60 000
　　贷：资金结存——货币资金　　　　　　　　60 000

②每年摊销时：

不涉及账务处理。

（四）事业单位平行记账业务举例

【例 2-81】 某事业单位以经营租赁的方式租入甲设备一套，以出包方式发生改良支出 200 000 元，租赁期为 5 年，以基本户资金支付。平行记账账务处理如下：

（1）财务会计账务处理如下：

①发生长期待摊费用：

借：长期待摊费用　　　　　　　　　　　　200 000
　　贷：银行存款　　　　　　　　　　　　　　200 000

②按期摊销长期待摊费用剩余账面余额：

借：单位管理费用　　　　　　　　　　　　40 000
　　贷：长期待摊费用　　　　　　　　　　　　40 000

（2）预算会计账务处理如下：

①发生长期待摊费用：

借：事业支出　　　　　　　　　　　　　　200 000
　　贷：资金结存——货币资金　　　　　　　　200 000

②按期摊销长期待摊费用剩余账面余额。
不涉及账务处理。

第六节 对外投资类

一、短期投资

(一)"短期投资"科目核算的内容

短期投资核算事业单位按照规定取得的,持有时间不超过1年(含1年)的投资。事业单位为了使多余的货币资金获得比银行存款利息更高的收益,往往选择购买有公开市场的可随时抛售的有价证券。而持有时间不超过1年的其他投资一般是指以货币资金、材料、固定资产等向其他单位的投资,这种投资可以在1年内收回。在事业单位,短期投资主要是国债投资,一般按照国债投资的种类进行明细核算。

短期投资相对于长期债券投资和长期股权投资,具有以下三个特征:

(1)投资目的明确,是事业单位为了提高暂时闲置资金的使用效率而进行的对外投资,也包括以赚取差价为目的的投资;

(2)投资时间短,事业单位为了能够实现及时变现的目的,通常投资于二级市场上公开交易的股票、债券、基金等,这些资产在市场上极易变现。

(3)事业单位对短期投资的核算,应严格遵守国家法律、行政法规以及财政部门、主管部门关于对外投资的有关规定。

为核算事业单位按照规定取得的,持有时间不超过1年(含1年)的投资,事业单位应设置"短期投资"科目。本科目期末借方余额,反映事业单位持有短期投资的成本。同时,本科目应当按照投资的种类等进行明细核算。

(二)"短期投资"科目平行记账账务处理

"短期投资"科目仅适用于事业单位,行政单位不涉及此业务。

1. 取得短期投资时

具体账务处理如表2-61所示。

第 2 章 资 产（一）

表 2-61 短期投资平行记账账务处理之一

情形	财务会计	预算会计
	事业单位	事业单位
取得短期投资支付投资成本时	借：短期投资 　　贷：银行存款等	借：投资支出 　　贷：资金结存——货币资金
收到购买时已到付息期但尚未领取的利息时	借：银行存款 　　贷：短期投资	借：资金结存——货币资金 　　贷：投资支出

2. 收到短期投资持有期间收到利息时

具体账务处理如表 2-62 所示。

表 2-62 短期投资平行记账账务处理之二

情形	财务会计	预算会计
	事业单位	事业单位
短期投资持有期间收到利息	借：银行存款 　　贷：投资收益	借：资金结存——货币资金 　　贷：投资预算收益

3. 出售短期投资或到期收回短期投资（国债）本息

具体账务处理如表 2-63 所示。

表 2-63 短期投资平行记账账务处理之三

情形	财务会计	预算会计
	事业单位	事业单位
出售短期投资或到期收回短期投资（国债）本息	借：银行存款［实际收到的金额］ 　　投资收益［借差］ 　　贷：短期投资［账面余额］ 　　　　投资收益［贷差］	借：资金结存——货币资金［实收款］ 　　投资预算收益［实收款小于投资成本的差额］ 　　贷：投资支出［出售或收回当年投资的］ 　　　　其他结余［出售或收回以前年度投资的］ 　　　　投资预算收益［实收款大于投资成本的差额］

（三）事业单位平行记账业务举例

【例 2-82】 某事业单位于 2 月 1 日以银行存款购买 50 000 元的有价

债券（其中包括已到付息期但尚未领取的利息 5 000 元），准备 10 个月之内出售。平行记账账务处理如下：

（1）财务会计账务处理如下：

① 2 月 1 日购买债券时：

借：短期投资　　　　　　　　　　　　　　　　　　　　　50 000

　　贷：银行存款　　　　　　　　　　　　　　　　　　　　50 000

② 3 月 1 日收到利息存入银行：

借：银行存款　　　　　　　　　　　　　　　　　　　　　 5 000

　　贷：短期投资　　　　　　　　　　　　　　　　　　　　 5 000

（2）预算会计账务处理如下：

① 2 月 1 日购买债券时：

借：投资支出　　　　　　　　　　　　　　　　　　　　　50 000

　　贷：资金结存——货币资金　　　　　　　　　　　　　　50 000

② 3 月 1 日收到利息存入银行：

借：资金结存——货币资金　　　　　　　　　　　　　　　 5 000

　　贷：投资支出　　　　　　　　　　　　　　　　　　　　 5 000

【例 2-83】　接上例，该单位 9 月 30 日收到三季度利息 2 000 元。平行记账账务处理如下：

（1）财务会计账务处理如下：

借：银行存款　　　　　　　　　　　　　　　　　　　　　 2 000

　　贷：投资收益　　　　　　　　　　　　　　　　　　　　 2 000

（2）预算会计账务处理如下：

借：资金结存——货币资金　　　　　　　　　　　　　　　 2 000

　　贷：投资预算收益　　　　　　　　　　　　　　　　　　 2 000

【例 2-84】　上例中，该事业单位于 10 月 2 日出售该债券，收到 50 500 元。平行记账账务处理如下：

（1）财务会计账务处理如下：

借：银行存款　　　　　　　　　　　　　　　　　　　　　50 500

　　贷：短期投资　　　　　　　　　　　　　　　　　　　　45 000

　　　　投资收益　　　　　　　　　　　　　　　　　　　　 5 500

（2）预算会计账务处理如下：

借：资金结存——货币资金　　　　　　　　　　　　　　　50 500

　　贷：投资支出　　　　　　　　　　　　　　　　　　　　45 000

　　　　投资预算收益　　　　　　　　　　　　　　　　　　 5 500

第 2 章 资 产（一）

二、长期股权投资

（一）"长期股权投资"科目核算的内容

长期股权投资核算事业单位按照规定取得的，持有时间超过 1 年（不含 1 年）的股权性质的投资。事业单位进行长期股权投资的主要目的是获取较长时间的、较高的投资收益。

为核算事业单位按照规定取得的，持有时间超过 1 年（不含 1 年）的股权性质的投资，事业单位应设置"长期股权投资"科目。本科目期末借方余额，反映事业单位持有的长期股权投资的价值。同时，本科目应当按照被投资单位和长期股权投资取得方式等进行明细核算。

长期股权投资采用权益法核算的，还应当分"成本""损益调整""其他权益变动"设置明细科目，进行明细核算。

（二）"长期股权投资"科目平行记账账务处理

"长期股权投资"科目仅适用于事业单位，行政单位不涉及此业务。

1. 取得长期股权投资

具体账务处理如表 2-64 所示。

表 2-64　长期股权投资平行记账账务处理之一

情形	财务会计 事业单位	预算会计 事业单位
以现金取得的长期股权投资	借：长期股权投资——成本/长期股权投资 　　应收股利［实际支付价款中包含的已宣告但尚未发放的股利或利润］ 贷：银行存款等［实际支付的价款］	借：投资支出［实际支付的价款］ 贷：资金结存——货币资金
收到取得投资时实际支付价款中所包含的已宣告但尚未发放的股利或利润时	借：银行存款 贷：应收股利	借：资金结存——货币资金 贷：投资支出等
以现金以外的其他资产置换取得长期股权投资	参照"库存物品"科目中置换取得库存物品的账务处理	—

(续表)

情形	财务会计	预算会计
	事业单位	事业单位
以未入账的无形资产取得的长期股权投资	借：长期股权投资 　贷：银行存款/其他应交税费 　　　其他收入	借：其他支出［支付的相关税费］ 　贷：资金结存
接受捐赠的长期股权投资	借：长期股权投资——成本/长期股权投资 　贷：银行存款等［相关税费］ 　　　捐赠收入	借：其他支出［支付的相关税费］ 　贷：资金结存
无偿调入的长期股权投资	借：长期股权投资 　贷：无偿调拨净资产 　　　银行存款等［相关税费］	借：其他支出［支付的相关税费］ 　贷：资金结存

2. 持有长期股权投资期间

（1）成本法下。

具体账务处理如表 2-65 所示。

表 2-65　长期股权投资平行记账账务处理之二

情形	财务会计	预算会计
	事业单位	事业单位
被投资单位宣告发放现金股利或利润时	借：应收股利 　贷：投资收益	—
收到被投资单位发放的现金股利时	借：银行存款 　贷：应收股利	借：资金结存——货币资金 　贷：投资预算收益

（2）权益法下。

具体账务处理如表 2-66 所示。

表 2-66　长期股权投资平行记账账务处理之三

情形	财务会计	预算会计
	事业单位	事业单位
被投资单位实现净利润的，按照其份额	借：长期股权投资——损益调整 　贷：投资收益	—
被投资单位发生净亏损的，按照其份额	借：投资收益 　贷：长期股权投资——损益调整	—

（续表）

情形	财务会计 事业单位	预算会计 事业单位
被投资单位发生净亏损，但以后年度又实现净利润的，按规定恢复确认投资收益的	借：长期股权投资——损益调整 　　贷：投资收益	—
被投资单位宣告发放现金股利或利润的，按照其份额	借：应收股利 　　贷：长期股权投资——损益调整	—
被投资单位除净损益和利润分配以外的所有者权益变动时，按照其份额	借：长期股权投资——其他权益变动 　　贷：权益法调整 或： 借：权益法调整 　　贷：长期股权投资——其他权益变动	—
权益法下收到被投资单位发放的现金股利	借：银行存款 　　贷：应收股利	借：资金结存——货币资金 　　贷：投资预算收益

3. 追加投资成本法改为权益法

具体账务处理如表 2-67 所示。

表 2-67　长期股权投资平行记账账务处理之四

情形	财务会计 事业单位	预算会计 事业单位
追加投资成本法改为权益法	借：长期股权投资——成本 　　贷：长期股权投资［成本法下账面余额］ 　　　　银行存款等［追加投资］	借：投资支出［实际支付的金额］ 　　贷：资金结存——货币资金

4. 权益法改为成本法

具体账务处理如表 2-68 所示。

表 2-68　长期股权投资平行记账账务处理之五

情形	财务会计	预算会计
	事业单位	事业单位
权益法改为成本法	借：长期股权投资 　　贷：长期股权投资——成本 　　　　　　　　　　——损益调整 　　　　　　　　　　——其他权益变动	—

5．出售（转让）长期股权投资

（1）处置以现金取得的长期股权投资。

具体账务处理如表 2-69 所示。

表 2-69　长期股权投资平行记账账务处理之六

情形	财务会计	预算会计
	事业单位	事业单位
处置以现金取得的长期股权投资	借：银行存款［实际取得价款］ 　　投资收益［借差］ 　　贷：长期股权投资［账面余额］ 　　　　应收股利［尚未领取的现金股利或利润］ 　　　　银行存款等［支付的相关税费］ 　　　　投资收益［贷差］	借：资金结存——货币资金 　　［取得价款扣减支付的相关税费后的金额］ 　　贷：投资支出／其他结余 　　　　［投资款］ 　　　　投资预算收益

（2）处置以现金以外的其他资产取得的长期股权投资。

具体账务处理如表 2-70 所示。

表 2-70　长期股权投资平行记账账务处理之七

情形	财务会计	预算会计
	事业单位	事业单位
处置净收入上缴财政的	借：资产处置费用 　　贷：长期股权投资 借：银行存款［实际取得价款］ 　　贷：应收股利［尚未领取的现金股利或利润］ 　　　　银行存款等［支付的相关税费］ 　　　　应缴财政款	借：资金结存——货币资金 　　贷：投资预算收益［获得的现金股利或利润］

(续表)

情形	财务会计	预算会计
	事业单位	事业单位
按照规定投资收益纳入单位预算管理的	借：资产处置费用 　　贷：长期股权投资 借：银行存款［实际取得价款］ 　　贷：应收股利［尚未领取的现金股利或利润］ 　　　　银行存款等［支付的相关税费］ 　　　　投资收益［取得价款扣减投资账面余额、应收股利和相关税费后的差额］ 　　　　应缴财政款［贷差］	借：资金结存——货币资金［取得价款扣减投资账面余额和相关税费后的差额］ 　　贷：投资预算收益

6．权益法改为成本法

具体账务处理如表 2-71 所示。

表 2-71　长期股权投资平行记账账务处理之八

情形	财务会计	预算会计
	事业单位	事业单位
按照规定核销时	借：资产处置费用 　　贷：长期股权投资［账面余额］	—
置换转出时	参照"库存物品"科目中置换取得库存物品的账务处理	

7．权益法下，处置时结转原直接计入净资产的相关金额

具体账务处理如表 2-72 所示。

表 2-72　长期股权投资平行记账账务处理之九

情形	财务会计	预算会计
	事业单位	事业单位
权益法下，处置时结转原直接计入净资产的相关金额	借：权益法调整 　　贷：投资收益 或作相反分录	—

（三）事业单位平行记账业务举例

【例 2-85】　某事业单位以银行存款 10 000 000 元在公开市场买入甲公司 5% 的股份（含已宣告但尚未发放的现金股利 100 000 元），在购买过

程中支付手续费 25 000 元。平行记账账务处理如下:

(1) 财务会计账务处理如下:

①买入甲公司股份时:

借: 长期股权投资——成本——甲公司　　　9 925 000
　　应收股利　　　　　　　　　　　　　　　100 000
　　贷: 银行存款　　　　　　　　　　　　　10 025 000

②实际收到现金股利时:

借: 银行存款　　　　　　　　　　　　　　　100 000
　　贷: 应收股利　　　　　　　　　　　　　　100 000

(2) 预算会计账务处理如下:

①买入甲公司股份时:

借: 投资支出　　　　　　　　　　　　　　10 025 000
　　贷: 资金结存——货币资金　　　　　　　10 025 000

②实际收到现金股利时:

借: 资金结存——货币资金　　　　　　　　　100 000
　　贷: 投资支出　　　　　　　　　　　　　　100 000

【例 2-86】 某事业单位 20×6 年购入一台机器设备,原始价值为 1 000 000 元,预计使用年限为 10 年。20×7 年该设备已经计提折旧 100 000 元,该单位将该设备用于对甲公司的长期股权投资,持股比例为 10%,双方协商作价 700 000 元。平行记账账务处理如下:

(1) 财务会计账务处理如下:

借: 长期股权投资——成本——甲公司　　　　700 000
　　固定资产累计折旧　　　　　　　　　　　100 000
　　资产处置费用　　　　　　　　　　　　　200 000
　　贷: 固定资产　　　　　　　　　　　　　1 000 000

(2) 预算会计不涉及账务处理。

【例 2-87】 某事业单位以接受捐赠的一套价值 1 000 万元的进口设备用于对甲公司的长期股权投资,持股比例为 5%,发生相关税费 10 万元,平行记账账务处理如下:

(1) 财务会计账务处理如下:

借: 长期股权投资——成本　　　　　　　　10 100 000
　　贷: 银行存款　　　　　　　　　　　　　　100 000
　　　　捐赠收入　　　　　　　　　　　　　10 000 000

(2) 预算会计账务处理如下:

第 2 章 资　产（一）

借：其他支出： 100 000
　　贷：资金结存——货币资金 100 000

【例 2-88】 某事业单位收到投资下属企业发放的现金股利 100 000 元，采用成本法核算，平行记账账务处理如下：

（1）财务会计账务处理如下：
①企业宣告发放现金股利时：
借：应收股利 100 000
　　贷：投资收益 100 000
②收到现金股利时：
借：银行存款 100 000
　　贷：应收股利 100 000

（2）预算会计账务处理如下：
①企业宣告发放现金股利时：
不涉及账务处理。
②收到现金股利时：
借：资金结存——货币资金 100 000
　　贷：投资预算收益 100 000

【例 2-89】 某事业单位投资的下属企业 2017 年的净利润为 100 000 元，投资比例为 30%，采用权益法核算，平行记账账务处理如下：

（1）财务会计账务处理如下：
①被投资企业实现利润时：
借：长期股权投资——损益调整 300 000
　　贷：投资收益 300 000
②如果投资的该下属企业宣告发放现金股利 500 000 元，则：
借：应收股利 150 000
　　贷：长期股权投资——损益调整 150 000

（2）预算会计不涉及账务处理。

【例 2-90】 某事业单位 2015 年投资下属企业 100 000 元，占该企业股权 10%，采用成本法核算，2017 年，该单位追加投资 100 000 元，于是占该企业股权 20%，改用权益法核算，平行记账账务处理如下：

（1）财务会计账务处理如下：
追加投资成本法改为权益法：
借：长期股权投资——成本 200 000
　　贷：长期股权投资 100 000
　　　　银行存款 100 000

（2）预算会计账务处理如下：

借：投资支出　　　　　　　　　　　　　　　　　　100 000
　　贷：资金结存——货币资金　　　　　　　　　　　　　100 000

【例2-91】 某事业单位将3年前以不动产投资入股所持有的乙单位1%的股权转让，该股权投资的账面余额为205 000元，实际转让时收到价款为220 000元，支付手续费10 000元。平行记账账务处理如下：

（1）财务会计账务处理如下：

①处置资产：

借：资产处置费用　　　　　　　　　　　　　　　　205 000
　　贷：长期股权投资——乙单位　　　　　　　　　　　205 000

②处置净收入上缴财政：

借：银行存款　　　　　　　　　　　　　　　　　　220 000
　　贷：银行存款　　　　　　　　　　　　　　　　　　10 000
　　　　投资收益　　　　　　　　　　　　　　　　　　5 000
　　　　应缴财政款　　　　　　　　　　　　　　　　205 000

（2）预算会计账务处理如下：

借：资金结存——货币资金　　　　　　　　　　　　5 000
　　贷：投资预算收益　　　　　　　　　　　　　　　　5 000

【例2-92】 某事业单位持有A公司3%的股权，此长期股权投资的账面余额为200 000元，因A公司经营不善实行破产清算准备予以核销。报经批准予以核销后，平行记账账务处理如下：

（1）财务会计账务处理如下：

借：资产处置费用　　　　　　　　　　　　　　　　200 000
　　贷：长期股权投资——A公司　　　　　　　　　　　200 000

（2）预算会计不涉及账务处理。

三、长期债券投资

（一）"长期债券投资"科目核算的内容

长期债券筹资核算事业单位按照规定取得的，持有时间超过1年（不含1年）的债券投资。

为核算事业单位按照规定取得的，持有时间超过1年（不含1年）的债券投资，事业单位应设置"长期债券投资"科目。本科目期末借方余额，反映事业单位持有的长期债券投资的价值。同时，本科目应当设置"成本""应计利息"明细科目，并按照债券投资的种类进行明细核算。

第2章 资 产（一）

（二）"长期债券投资"科目平行记账账务处理

"长期债券投资"科目仅适用于事业单位，行政单位不涉及此业务。

1. 取得长期债券投资时

具体账务处理如表 2-73 所示。

表 2-73　长期债券投资平行记账账务处理之一

情形	财务会计	预算会计
	事业单位	事业单位
取得长期债券投资时	借：长期债券投资——成本 　　应收利息［实际支付价款中包含的已到付息期但尚未领取的利息］ 　　贷：银行存款等［实际支付价款］	借：投资支出［实际支付价款］ 　　贷：资金结存——货币资金
收到取得投资所支付价款中包含的已到付息期但尚未领取的利息时	借：银行存款 　　贷：应收利息	借：资金结存——货币资金 　　贷：投资支出等

2. 持有长期债券投资期间

具体账务处理如表 2-74 所示。

表 2-74　长期债券投资平行记账账务处理之二

情形	财务会计	预算会计
	事业单位	事业单位
按期以票面金额与票面利率计算确认利息收入时	借：应收利息［分期付息、到期还本］ 　　长期债券投资——应计利息［到期一次还本付息］ 　　贷：投资收益	—
实际收到分期支付的利息时	借：银行存款 　　贷：应收利息	借：资金结存——货币资金 　　贷：投资预算收益

3. 到期收回长期债券投资本息

具体账务处理如表 2-75 所示。

表 2-75 长期债券投资平行记账账务处理之三

情形	财务会计	预算会计
	事业单位	事业单位
到期收回长期债券投资本息	借：银行存款等 　贷：长期债券投资［账面余额］ 　　　应收利息 　　　投资收益	借：资金结存——货币资金 　贷：投资支出/其他结余［投资成本］ 　　　投资预算收益

4. 对外出售长期债券投资

具体账务处理如表 2-76 所示。

表 2-76 长期债券投资平行记账账务处理之四

情形	财务会计	预算会计
	事业单位	事业单位
对外出售长期债券投资	借：银行存款等［实际收到的款项］ 　　投资收益［借差］ 　贷：长期债券投资［账面余额］ 　　　应收利息 　　　投资收益［贷差］	借：资金结存——货币资金 　贷：投资支出/其他结余［投资成本］ 　　　投资预算收益

（三）事业单位平行记账业务举例

【例 2-93】 某事业单位购入 3 年期的国库券，实际支付价款 505 000 元（包含已到付息期但尚未领取的利息 5 000 元），款项以银行存款支付。平行记账账务处理如下：

（1）财务会计账务处理如下：

①购入国库券时：

借：长期债券投资——成本——国库券　　　　500 000
　　应收利息　　　　　　　　　　　　　　　　5 000
　　贷：银行存款　　　　　　　　　　　　　　　　505 000

②实际收到上述已到付息期但尚未领取的利息时：

借：银行存款　　　　　　　　　　　　　　　5 000
　　贷：应收利息　　　　　　　　　　　　　　　5 000

（2）预算会计账务处理如下：

①购入国库券时：

借：投资支出　　　　　　　　　　　　　　　505 000
　　贷：资金结存——货币资金　　　　　　　　　505 000

②实际收到上述已到付息期但尚未领取的利息时：

借：资金结存——货币资金 5 000
　　贷：投资支出 5 000

【例 2-94】 某事业单位购入 3 年期分期计息、到期一次还本付息的国库券，实际成本为 200 000 元，持有该国库券满一年后计提利息 10 000 元，平行记账账务处理如下：

（1）财务会计账务处理如下：

借：长期债券投资——应计利息——国库券 10 000
　　贷：投资收益 10 000

（2）预算会计不涉及账务处理。

【例 2-95】 接上例，若该国库券为分期付息、到期一次还本的债券，则平行记账账务处理如下：

（1）财务会计账务处理如下：

借：应收利息 10 000
　　贷：投资收益 10 000

（2）预算会计不涉及账务处理。

【例 2-96】 上例中，该单位实际收到分期支付的利息时，平行记账账务处理如下：

（1）财务会计账务处理如下：

借：银行存款 10 000
　　贷：应收利息 10 000

（2）预算会计账务处理如下：

借：资金结存——货币资金 10 000
　　贷：投资预算收益 10 000

【例 2-97】 某事业单位因资金周转困难，将持有的未到期的国库券转让，该国库券的账面余额为 21 000 元（其中投资成本为 20 000 元，应计利息为 1 000 元），转让价款 19 000 元，款项已存入银行。平行记账账务处理如下：

（1）财务会计账务处理如下：

借：银行存款 19 000
　　投资收益 2 000
　　贷：长期债券投资——成本——国库券 20 000
　　　　　　　　——应计利息——国库券 1 000

（2）预算会计账务处理如下：

借：资金结存——货币资金 19 000
　　投资预算收益 2 000
　　贷：投资支出 21 000

第 3 章

资 产（二）

第一节 对内投资类

一、固定资产

（一）"固定资产"科目核算的内容

"固定资产"科目核算单位固定资产的原值。

"固定资产"科目应当按照固定资产类别和项目进行明细核算。

固定资产一般分为六类：房屋及构筑物；专用设备；通用设备；文物和陈列品；图书、档案；家具、用具、装具及动植物。

固定资产核算时，应当考虑以下情况：

（1）购入需要安装的固定资产，应当先通过"在建工程"科目核算，安装完毕交付使用时再转入本科目核算。

（2）以借入、经营租赁租入方式取得的固定资产，不通过本科目核算，应当设置备查簿进行登记。

（3）采用融资租入方式取得的固定资产，通过本科目核算，并在本科目下设置"融资租入固定资产"明细科目。

（4）经批准在境外购买具有所有权的土地，作为固定资产，通过本科目核算；单位应当在本科目下设置"境外土地"明细科目，进行相应明细核算。

"固定资产"科目期末借方余额，反映单位固定资产的原值。

第3章 资产（二）

（二）"固定资产"科目平行记账账务处理

1. 固定资产取得

1）外购的固定资产。

具体账务处理如表3-1所示。

表3-1　固定资产平行记账账务处理之一

情形	财务会计		预算会计	
	行政单位	事业单位	行政单位	事业单位
不需安装的	借：固定资产 　　贷：财政拨款收入/零余额账户用款额度/应付账款/银行存款等		借：行政支出 　　贷：财政拨款预算收入/资金结存	借：事业支出/经营支出等 　　贷：财政拨款预算收入/资金结存
需要安装的固定资产先通过"在建工程"科目核算	借：在建工程 　　贷：财政拨款收入/零余额账户用款额度/应付账款/银行存款等		借：行政支出 　　贷：财政拨款预算收入/资金结存	借：事业支出/经营支出等 　　贷：财政拨款预算收入/资金结存
安装完工交付使用时	借：固定资产 　　贷：在建工程		—	
购入固定资产扣留质量保证金的	借：固定资产[不需安装]/在建工程[需要安装] 　　贷：财政拨款收入/零余额账户用款额度/应付账款/银行存款等 　　　　其他应付款[扣留期在1年以内（含1年）] 　　　　长期应付款[扣留期超过1年]		借：行政支出 　　贷：财政拨款预算收入/资金结存	借：事业支出/经营支出等[购买固定资产实际支付的金额] 　　贷：财政拨款预算收入/资金结存
质保期满支付质量保证金时	借：其他应付款/长期应付款 　　贷：财政拨款收入/零余额账户用款额度/银行存款等		借：行政支出 　　贷：财政拨款预算收入/资金结存	借：事业支出/经营支出等 　　贷：财政拨款预算收入/资金结存

2）自行建造的固定资产，工程完工交付使用时

具体账务处理如表3-2所示。

表 3-2　固定资产平行记账账务处理之二

情形	财务会计		预算会计	
	行政单位	预算单位	行政单位	预算单位
工程完工交付使用	借：固定资产 　　贷：在建工程		—	

3）融资租入（或跨年度分期付款购入）的固定资产

具体账务处理如表 3-3 所示。

表 3-3　固定资产平行记账账务处理之三

情形	财务会计		预算会计	
	行政单位	事业单位	行政单位	事业单位
融资租入（或跨年度分期付款购入）的固定资产	借：固定资产［不需安装］/在建工程［需安装］ 　　贷：长期应付款［协议或合同确定的租赁价款］ 　　　　财政拨款收入/零余额账户用款额度/银行存款等［实际支付的相关税费、运输费等］		借：行政支出［实际支付的相关税费、运输费等］ 　　贷：财政拨款预算收入/资金结存	借：事业支出/经营支出等［实际支付的相关税费、运输费等］ 　　贷：财政拨款预算收入/资金结存
定期支付租金（或分期付款）时	借：长期应付款 　　贷：财政拨款收入/零余额账户用款额度/银行存款等		借：行政支出 　　贷：财政拨款预算收入/资金结存	借：事业支出/经营支出等 　　贷：财政拨款预算收入/资金结存

4）接受捐赠的固定资产

具体账务处理如表 3-4 所示。

表 3-4　固定资产平行记账账务处理之四

情形	财务会计		预算会计	
	行政单位	事业单位	行政单位	事业单位
接受捐赠的固定资产	借：固定资产［不需安装］/在建工程［需安装］ 　　贷：银行存款/零余额账户用款额度等［发生的相关税费、运输费等］ 　　　　捐赠收入［差额］		借：其他支出［支付的相关税费、运输费等］ 　　贷：资金结存	

（续表）

情形	财务会计		预算会计	
	行政单位	事业单位	行政单位	事业单位
接受捐赠的固定资产按照名义金额入账的	借：固定资产［名义金额］ 　贷：捐赠收入 借：其他费用 　贷：银行存款/零余额账户用款额度等［发生的相关税费、运输费等］		借：其他支出［支付的相关税费、运输费等］ 　贷：资金结存	

5）无偿调入的固定资产。

具体账务处理如表3-5所示。

表3-5　固定资产平行记账账务处理之五

情形	财务会计		预算会计	
	行政单位	事业单位	行政单位	事业单位
无偿调入固定资产	借：固定资产［不需安装］/在建工程［需安装］ 　贷：银行存款/零余额账户用款额度［发生的相关税费、运输费等］ 　　无偿调拨净资产［差额］		借：其他支出［支付的相关税费、运输费等］ 　贷：资金结存	

6）置换取得的固定资产。

参照"库存物品"科目中置换取得库存物品的账务处理。

2. 与固定资产有关的后续支出

具体账务处理如表3-6所示。

表3-6　固定资产平行记账账务处理之六

情形	财务会计		预算会计	
	行政单位	事业单位	行政单位	事业单位
符合固定资产确认条件的（增加固定资产使用效能或延长其使用年限而发生的改建、扩建等后续支出）	借：在建工程［固定资产账面价值］ 　　固定资产累计折旧 　贷：固定资产［账面余额］		—	
	借：在建工程 　贷：财政拨款收入/零余额账户用款额度/应付账款/银行存款等		借：行政支出 　贷：财政拨款预算收入/资金结存	借：事业支出/经营支出等 　贷：财政拨款预算收入/资金结存

（续表）

情形	财务会计		预算会计	
	行政单位	事业单位	行政单位	事业单位
不符合固定资产确认条件的	借：业务活动费用 　　贷：财政拨款收入/零余额账户用款额度/银行存款等	借：业务活动费用/单位管理费用/经营费用等 　　贷：财政拨款收入/零余额账户用款额度/银行存款等	借：行政支出 　　贷：财政拨款预算收入/资金结存	借：事业支出/经营支出等 　　贷：财政拨款预算收入/资金结存

3. 固定资产处置

具体账务处理如表3-7所示。

表3-7　固定资产平行记账账务处理之七

情形	财务会计		预算会计	
	行政单位	事业单位	行政单位	事业单位
出售、转让固定资产	借：资产处置费用 　　固定资产累计折旧 　　贷：固定资产[账面余额] 借：银行存款[处置固定资产收到的价款] 　　贷：应缴财政款 　　　　银行存款等[发生的相关费用]		—	
对外捐赠固定资产	借：资产处置费用 　　固定资产累计折旧 　　贷：固定资产[账面余额] 　　　　银行存款等[归属于捐出方的相关费用]		按照对外捐赠过程中发生的归属于捐出方的相关费用 借：其他支出 　　贷：资金结存	
无偿调出固定资产	借：无偿调拨净资产 　　固定资产累计折旧 　　贷：固定资产[账面余额] 借：资产处置费用 　　贷：银行存款等[归属于调出方的相关费用]		— 借：其他支出 　　贷：资金结存	
置换换出固定资产	参照"库存物品"科目中置换取得库存物品的规定进行账务处理			

第3章 资　产（二）

4. 固定资产定期盘点清查

具体账务处理如表3-8所示。

表3-8　固定资产平行记账账务处理之八

情形	财务会计		预算会计	
	行政单位	事业单位	行政单位	事业单位
盘盈的固定资产	借：固定资产 　贷：待处理财产损溢		—	
盘亏、毁损或报废的固定资产	借：待处理财产损溢［账面价值］ 　　固定资产累计折旧 　贷：固定资产［账面余额］		—	

（三）行政单位平行记账核算举例

1. 固定资产取得

【例3-1】　某行政单位用零余额用款额度购买电脑5台，共计24 000元。平行记账账务处理如下：

（1）财务会计账务处理如下：

借：固定资产　　　　　　　　　　　　　　　　　　24 000
　贷：零余额账户用款额度　　　　　　　　　　　　24 000

（2）预算会计账务处理如下：

借：行政支出　　　　　　　　　　　　　　　　　　24 000
　贷：资金结存——零余额账户用款额度　　　　　　24 000

【例3-2】　某行政单位3月1日用财政拨款购买需要安装的专用设备一台，价款为400 000元。3月31日安装完毕并验收合格。购入时，扣留质量保证金20 000元，约定质保期1年后支付。款项均通过财政直接支付方式支付。平行记账账务处理如下：

（1）财务会计账务处理如下：

①3月1日购买设备时：

借：在建工程　　　　　　　　　　　　　　　　　　400 000
　贷：财政拨款收入　　　　　　　　　　　　　　　380 000
　　　其他应付款　　　　　　　　　　　　　　　　 20 000

②3月31日安装完毕时：

借：固定资产　　　　　　　　　　　　　　　　　　400 000
　贷：在建工程　　　　　　　　　　　　　　　　　400 000

③1年后支付质量保证金时：

借：其他应付款　　　　　　　　　　　　　　　　20 000
　　贷：财政拨款收入　　　　　　　　　　　　　　　　20 000

（2）预算会计账务处理如下：

①3月1日购买设备时：

借：行政支出　　　　　　　　　　　　　　　　　380 000
　　贷：财政拨款预算收入　　　　　　　　　　　　　　380 000

②3月31日安装完毕时：

不涉及账务处理。

③1年后支付质量保证金时：

借：行政支出　　　　　　　　　　　　　　　　　 20 000
　　贷：财政拨款预算收入　　　　　　　　　　　　　　 20 000

【例3-3】　某行政单位融资租入一台进口实验设备，合同约定租赁期为5年，价款为2 000 000元，支付相关税费和运输费100 000元，用零余额用款额度支付，该设备不需要安装即可使用，平行记账账务处理如下：

（1）财务会计账务处理如下：

借：固定资产　　　　　　　　　　　　　　　　2 100 000
　　贷：长期应付款　　　　　　　　　　　　　　　2 000 000
　　　　零余额账户用款额度　　　　　　　　　　　　100 000

（2）预算会计账务处理如下：

借：行政支出　　　　　　　　　　　　　　　　　100 000
　　贷：资金结存——零余额账户用款额度　　　　　　100 000

【例3-4】　接上例，如果每年支付租金时，用零余额用款额度支付：

（1）财务会计账务处理如下：

借：长期应付款　　　　　　　　　　　　　　　　400 000
　　贷：零余额账户用款额度　　　　　　　　　　　　400 000

（2）预算会计账务处理如下：

借：行政支出　　　　　　　　　　　　　　　　　400 000
　　贷：资金结存——零余额账户用款额度　　　　　　400 000

【例3-5】　某社会团体向某行政单位捐赠一台设备，价值为50 000元，发生运输等相关费用10 000元，以银行存款的方式支付，平行记账账务处理如下：

（1）财务会计账务处理如下：

借：固定资产——不需安装　　　　　　　　　　　 60 000
　　贷：捐赠收入　　　　　　　　　　　　　　　　　 50 000
　　　　银行存款　　　　　　　　　　　　　　　　　 10 000

（2）预算会计账务处理如下：

借：其他支出 10 000
　　贷：资金结存——货币资金 10 000

【例3-6】 某行政单位向另外一家单位无偿调入一台设备，价值100 000元，发生运输等相关费用20 000元，以银行存款的方式支付，平行记账账务处理如下：

（1）财务会计账务处理如下：

借：固定资产——不需安装 120 000
　　贷：无偿调拨净资产 100 000
　　　　银行存款 20 000

（2）预算会计账务处理如下：

借：其他支出 20 000
　　贷：资金结存 20 000

2. 与固定资产有关的后续支出

【例3-7】 某行政单位将一处办公楼进行了改扩建，发生相关支出500 000元，以银行存款的方式支付，平行记账账务处理如下：

（1）财务会计账务处理如下：

借：在建工程 500 000
　　贷：银行存款 500 000

（2）预算会计账务处理如下：

借：行政支出 500 000
　　贷：资金结存——货币资金 500 000

【例3-8】 某行政单位将办公室的灯带进行了更换，发生了材料及人工费3 000元，用银行存款方式支付，平行记账账务处理如下：

（1）财务会计账务处理如下：

借：业务活动费用 3 000
　　贷：银行存款 3 000

（2）预算会计账务处理如下：

借：行政支出 3 000
　　贷：资金结存——货币资金 3 000

3. 固定资产处置

【例3-9】 某行政单位转让办公室的一台设备，该设备账面余额为500 000元，累计折旧300 000元，处置固定资产收到价款50 000元，平行记账账务处理如下：

（1）财务会计账务处理如下：

借：资产处置费用 200 000
　　固定资产累计折旧 300 000
　　贷：固定资产 500 000

借：银行存款 50 000
　　贷：应缴财政款 50 000

（2）预算会计不涉及账务处理。

【例3-10】 某行政单位将办公室的一台设备无偿捐赠给某单位使用，该设备账面余额为500 000元，累计折旧300 000元，发生相关的运输费用10 000元，用银行存款支付，平行记账账务处理如下：

（1）财务会计账务处理如下：

借：资产处置费用 200 000
　　固定资产累计折旧 300 000
　　贷：固定资产 500 000
借：资产处置费用 10 000
　　贷：银行存款 10 000

（2）预算会计账务处理如下：

借：其他支出 10 000
　　贷：资金结存——货币资金 10 000

【例3-11】 某行政单位将办公室的一台设备无偿调拨给下属单位使用，该设备账面余额为500 000元，累计折旧300 000元，发生相关的运输费用10 000元，用银行存款支付，平行记账账务处理如下：

（1）财务会计账务处理如下：

借：无偿调拨资产 200 000
　　固定资产累计折旧 300 000
　　贷：固定资产 500 000
借：资产处置费用 10 000
　　贷：银行存款 10 000

（2）预算会计账务处理如下：

借：其他支出 10 000
　　贷：资金结存——货币资金 10 000

4. 固定资产定期盘点清查

【例3-12】 某行政单位在年末盘点固定资产时，发现办公室的一台设备已经毁损，无法再继续使用，该设备账面余额为500 000元，累计折旧300 000元，平行记账账务处理如下：

（1）财务会计账务处理如下：

借：待处理财产损溢 200 000
　　固定资产累计折旧 300 000
　　贷：固定资产 500 000

（2）预算会计不涉及账务处理。

（四）事业单位平行记账核算举例

1. 固定资产取得

【例 3-13】 某事业单位用零余额用款额度购买不需要安装的打印机 5 台，共计 38 000 元。平行记账账务处理如下：

（1）财务会计账务处理如下：

借：固定资产　　　　　　　　　　　　　　　　38 000
　　贷：零余额账户用款额度　　　　　　　　　　38 000

（2）预算会计账务处理如下：

借：事业支出　　　　　　　　　　　　　　　　38 000
　　贷：资金结存——零余额账户用款额度　　　38 000

【例 3-14】 某事业单位 3 月 5 日用财政拨款购买需要安装的电梯一台，价款为 3 000 000 元。3 月 31 日安装完毕并验收合格。购入时，扣留质量保证金 50 000 元，约定质保期 1 年后支付。以上款项均通过财政直接支付方式支付。平行记账账务处理如下：

（1）财务会计账务处理如下：

①3 月 5 日购买电梯时：

借：在建工程　　　　　　　　　　　　　　　3 000 000
　　贷：财政拨款收入　　　　　　　　　　　2 950 000
　　　　其他应付款　　　　　　　　　　　　　50 000

②3 月 31 日安装完毕时：

借：固定资产　　　　　　　　　　　　　　　3 000 000
　　贷：在建工程　　　　　　　　　　　　　3 000 000

③1 年后支付质量保证金时：

借：其他应付款　　　　　　　　　　　　　　　50 000
　　贷：财政拨款收入　　　　　　　　　　　　50 000

（2）预算会计账务处理如下：

①3 月 5 日购买电梯时：

借：事业支出　　　　　　　　　　　　　　　2 950 000
　　贷：财政拨款预算收入　　　　　　　　　2 950 000

②3 月 31 日安装完毕时

不涉及账务处理。

③1 年后支付质量保证金时：

借：事业支出 50 000
　　贷：财政拨款预算收入 50 000

【例3-15】 某事业单位融资租入一台进口实验设备，合同约定租赁期为5年，价款为1 000 000元，支付相关税费和运输费200 000元，用零余额用款额度支付，该设备不需要安装即可使用，平行记账账务处理如下：

（1）财务会计账务处理如下：
借：固定资产 1 200 000
　　贷：长期应付款 1 000 000
　　　　零余额账户用款额度 200 000

（2）预算会计账务处理如下：
借：事业支出 200 000
　　贷：资金结存——零余额账户用款额度 200 000

【例3-16】 上例中，如果每年支付租金时，用零余额用款额度支付：

（1）财务会计账务处理如下：
借：长期应付款 200 000
　　贷：零余额账户用款额度 200 000

（2）预算会计账务处理如下：
借：事业支出 200 000
　　贷：资金结存——零余额账户用款额度 200 000

【例3-17】 某社会团体向某事业单位捐赠一台设备，价值为50 000元，发生运输等相关费用10 000元，平行记账账务处理如下：

（1）财务会计账务处理如下：
借：固定资产——不需安装 60 000
　　贷：捐赠收入 50 000
　　　　银行存款 10 000

（2）预算会计账务处理如下：
借：其他支出 10 000
　　贷：资金结存——货币资金 10 000

【例3-18】 某事业单位向另外一家单位无偿调入一台设备，价值为100 000元，发生运输等相关费用20 000元，以银行存款的方式支付，平行记账账务处理如下：

（1）财务会计账务处理如下：
借：固定资产——不需安装 120 000
　　贷：无偿调拨净资产 100 000
　　　　银行存款 20 000

（2）预算会计账务处理如下：
借：其他支出　　　　　　　　　　　　　　　　　　　　20 000
　　贷：资金结存——货币资金　　　　　　　　　　　　　　　20 000

2. 与固定资产有关的后续支出

【例3-19】　某事业单位将一处实验室进行了改扩建，发生了500 000元，以银行存款的方式支付，平行记账账务处理如下：

（1）财务会计账务处理如下：
借：在建工程　　　　　　　　　　　　　　　　　　　　500 000
　　贷：银行存款　　　　　　　　　　　　　　　　　　　　　500 000

（2）预算会计账务处理如下：
借：事业支出　　　　　　　　　　　　　　　　　　　　500 000
　　贷：资金结存——货币资金　　　　　　　　　　　　　　500 000

【例3-20】　某事业单位将管理办公室的灯带进行了更换，发生了材料及人工费3 000元，用银行存款方式支付，平行记账账务处理如下：

（1）财务会计账务处理如下：
借：单位管理费用　　　　　　　　　　　　　　　　　　3 000
　　贷：银行存款　　　　　　　　　　　　　　　　　　　　　3 000

（2）预算会计账务处理如下：
借：事业支出　　　　　　　　　　　　　　　　　　　　3 000
　　贷：资金结存——货币资金　　　　　　　　　　　　　　3 000

3. 固定资产处理

【例3-21】　某事业单位转让实验室的一台设备，该设备账面余额为500 000元，累计折旧300 000元，处置固定资产收到价款50 000元，平行记账账务处理如下：

（1）财务会计账务处理如下：
借：资产处置费用　　　　　　　　　　　　　　　　　　200 000
　　固定资产累计折旧　　　　　　　　　　　　　　　　　300 000
　　贷：固定资产　　　　　　　　　　　　　　　　　　　　　500 000
借：银行存款　　　　　　　　　　　　　　　　　　　　50 000
　　贷：应缴财政款　　　　　　　　　　　　　　　　　　　　50 000

（2）预算会计不涉及账务处理。

【例3-22】　某事业单位将实验室的一台设备无偿捐赠给某单位使用，该设备账面余额为500 000元，累计折旧300 000元，发生相关的运输费用10 000元，用银行存款支付，平行记账账务处理如下：

（1）财务会计账务处理如下：

借：资产处置费用 200 000
　　固定资产累计折旧 300 000
　　　贷：固定资产 500 000
借：资产处置费用 10 000
　　　贷：银行存款 10 000

（2）预算会计账务处理如下：
借：其他支出 10 000
　　　贷：资金结存——货币资金 10 000

【例3-23】　某事业单位将实验室的一台设备无偿调拨给下属单位使用，该设备账面余额为500 000元，累计折旧300 000元，发生相关的运输费用10 000元，用银行存款支付，平行记账账务处理如下：

（1）财务会计账务处理如下：
借：无偿调拨资产 200 000
　　固定资产累计折旧 300 000
　　　贷：固定资产 500 000
借：资产处置费用 10 000
　　　贷：银行存款 10 000

（2）预算会计账务处理如下：
借：其他支出 10 000
　　　贷：资金结存——货币资金 10 000

4. 固定资产定期盘点清查

【例3-24】　某事业单位在年末盘点固定资产时，发现实验室的一台设备已经毁损，无法继续使用，该设备账面余额为500 000元，累计折旧300 000元，平行记账账务处理如下：

（1）财务会计账务处理如下：
借：待处理财产损溢 200 000
　　固定资产累计折旧 300 000
　　　贷：固定资产 500 000

（2）预算会计不涉及账务处理。

二、固定资产累计折旧

（一）"固定资产累计折旧"科目核算的内容

"固定资产累计折旧"科目核算单位计提的固定资产累计折旧。公共基础设施和保障性住房计提的累计折旧，应当分别通过"公共基础设施累计折旧（摊销）"科目和"保障性住房累计折旧"科目核算，不通过"固定资产累计折旧"科目核算。

"固定资产累计折旧"科目应当按照所对应固定资产的明细分类进行明细核算。

单位计提融资租入固定资产折旧时，应当采用与自有固定资产相一致的折旧政策。能够合理确定租赁期届满时将会取得租入固定资产所有权的，应当在租入固定资产尚可使用年限内计提折旧；无法合理确定租赁期届满时能够取得租入固定资产所有权的，应当在租赁期与租入固定资产尚可使用年限两者中较短的期间内计提折旧。

原会计制度只要求事业单位提取修购基金，并未要求提取折旧。

"固定资产累计折旧"科目期末贷方余额，反映单位计提的固定资产折旧累计数。

(二)"固定资产累计折旧"科目平行记账账务处理

具体账务处理如表3-9所示。

表3-9 固定资产累计折旧平行记账账务处理

情形	财务会计		预算会计	
	行政单位	事业单位	行政单位	事业单位
按月计提固定资产折旧时	借：业务活动费用 贷：固定资产累计折旧	借：业务活动费用/单位管理费用/经营费用等 贷：固定资产累计折旧	—	
处置固定资产时	借：待处理财产损溢/无偿调拨净资产/资产处置费用等 　　固定资产累计折旧 贷：固定资产〔账面余额〕		涉及资金支付的，参照"固定资产"科目相关账务处理	

(三)行政单位平行记账核算举例

【例3-25】 某行政单位购入一台进口设备，价值为1 200 000元，预计使用年限10年，按月计提折旧，平行记账账务处理如下：

(1)财务会计账务处理如下：

每月计提折旧时：

借：业务活动费用　　　　　　　　　　　　　　　　　　10 000
　　贷：固定资产累计折旧　　　　　　　　　　　　　　　　　10 000

（2）预算会计不涉及账务处理。

【例 3-26】 接上例，在使用 6 年后，由于该设备无法满足需求，该单位欲将该设备处置掉，目前存入仓库中，暂停使用。平行记账账务处理如下：

（1）财务会计账务处理如下：

借：待处理财产损溢 600 000
　　固定资产累计折旧 600 000
　　贷：固定资产 1 200 000

（2）预算会计不涉及账务处理。

（四）事业单位平行记账核算举例

【例 3-27】 某事业单位购入一台进口设备，价值为 1 200 000 元，供实验研究使用，预计使用年限为 10 年，按月计提折旧，平行记账账务处理如下：

（1）财务会计账务处理如下：

每月计提折旧时：

借：业务活动费用 10 000
　　贷：固定资产累计折旧 10 000

（2）预算会计不涉及账务处理。

【例 3-28】 接上例，在使用 6 年后，由于该设备无法满足实验研究需求，该单位欲将该设备处置掉，目前存入仓库中，暂停使用。平行记账账务处理如下：

（1）财务会计账务处理如下：

借：待处理财产损溢 600 000
　　固定资产累计折旧 600 000
　　贷：固定资产 1 200 000

（2）预算会计不涉及账务处理。

三、工程物资

（一）"工程物资"科目核算的内容

"工程物资"科目核算单位为在建工程准备的各种物资的成本，包括工程用材料、设备等。

"工程物资"科目可按照"库存材料""库存设备"等工程物资类别进行明细核算。

"工程物资"科目期末借方余额，反映单位为在建工程准备的各种物资的成本。

第3章 资 产（二）

（二）"工程物资"科目平行记账账务处理

1. 取得、领用、剩余工程物资

具体账务处理如表 3-10 所示。

表 3-10　工程物资平行记账账务处理之一

情形	财务会计		预算会计	
	行政单位	事业单位	行政单位	事业单位
购入工程物资	借：工程物资 　贷：财政拨款收入/零余额账户用款额度/银行存款/应付账款/其他应付款等		借：行政支出［实际支付的款项］ 　贷：财政拨款预算收入/资金结存	借：事业支出/经营支出等［实际支付的款项］ 　贷：财政拨款预算收入/资金结存

2. 领用工程物资

具体账务处理如表 3-11 所示。

表 3-11　工程物资平行记账账务处理之二

情形	财务会计		预算会计	
	行政单位	事业单位	行政单位	事业单位
发出工程物资	借：在建工程 　贷：工程物资		—	

3. 剩余工程物资

具体账务处理如表 3-12 所示。

表 3-12　工程物资平行记账账务处理之三

情形	财务会计		预算会计	
	行政单位	事业单位	行政单位	事业单位
剩余工程物资转为存货	借：库存物品 　贷：工程物资		—	

（三）行政单位平行记账核算举例

【例 3-29】　某行政单位将对办公大楼进行加固整修，3月5日购入工程物资，价值为1 000 000元，采用零余额用款额度进行支付。3月20日，领用了800 000元。9月30日，办公楼加固整修完成，剩下的工程物资价值为10 000元，单位决定不再退回，转为存货，平行记账账务处理如下：

（1）财务会计账务处理如下：

① 3月5日购入工程物资时：

借：工程物资　　　　　　　　　　　　　　　　1 000 000
　　贷：零余额账户用款额度　　　　　　　　　　　　1 000 000

② 3月20日发出工程物资时：

借：在建工程　　　　　　　　　　　　　　　　800 000
　　贷：工程物资　　　　　　　　　　　　　　　　800 000

③ 9月30日剩下工程物资转入存货：

借：库存物品　　　　　　　　　　　　　　　　10 000
　　贷：工程物资　　　　　　　　　　　　　　　　10 000

（2）预算会计账务处理如下：

① 3月5日购入工程物资时：

借：行政支出　　　　　　　　　　　　　　　　1 000 000
　　贷：资金结存——零余额账户用款额度　　　　　1 000 000

② 3月20日发出工程物资时：

不涉及记账务处理。

③ 9月30日剩下工程物资转入存货：

不涉及记账务处理。

（四）事业单位平行记账核算举例

【例3-30】　某事业单位将对办公大楼进行加固整修，3月5日购入工程物资，价值为1 000 000元，采用零余额用款额度进行支付。3月20日，领用了800 000元。9月30日，办公楼加固整修完成，剩下的工程物资价值为10 000元，单位决定不再退回，转为存货，平行记账账务处理如下：

（1）财务会计账务处理如下：

① 3月5日购入工程物资时：

借：工程物资　　　　　　　　　　　　　　　　1 000 000
　　贷：零余额账户用款额度　　　　　　　　　　　　1 000 000

② 3月20日发出工程物资时：

借：在建工程　　　　　　　　　　　　　　　　800 000
　　贷：工程物资　　　　　　　　　　　　　　　　800 000

③9月30日剩下工程物资转入存货：
借：库存物品　　　　　　　　　　　　　　　10 000
　　贷：工程物资　　　　　　　　　　　　　　　10 000
（2）预算会计账务处理如下：
①3月5日购入工程物资时：
借：事业支出　　　　　　　　　　　　　　　1 000 000
　　贷：资金结存——零余额账户用款额度　　　　1 000 000
②3月20日发出工程物资时：
不涉及记账务处理。
③9月30日剩下工程物资转入存货：
不涉及记账务处理。

四、在建工程

（一）"在建工程"科目核算的内容

"在建工程"科目核算单位在建的建设项目工程的实际成本。

单位在建的信息系统项目工程、公共基础设施项目工程、保障性住房项目工程的实际成本，也通过"在建工程"科目核算。

"在建工程"科目应当设置"建筑安装工程投资""设备投资""待摊投资""其他投资""待核销基建支出""基建转出投资"等明细科目，并按照具体项目进行明细核算。

1）"建筑安装工程投资"明细科目，核算单位发生的构成建设项目实际支出的建筑工程和安装工程的实际成本，不包括被安装设备本身的价值以及按照合同规定支付给施工单位的预付备料款和预付工程款。"建筑安装工程投资"明细科目应当设置"建筑工程"和"安装工程"两个明细科目进行明细核算。

2）"设备投资"明细科目，核算单位发生的构成建设项目实际支出的各种设备的实际成本。

3）"待摊投资"明细科目，核算单位发生的构成建设项目实际支出的、按照规定应当分摊计入有关工程成本和设备成本的各项间接费用和税费支出。"待摊投资"明细科目的具体核算内容包括以下方面：

（1）勘察费、设计费、研究试验费、可行性研究费及项目其他前期费用。

（2）土地征用及迁移补偿费、土地复垦及补偿费、森林植被恢复费及其他为取得土地使用权、租用权而发生的费用。

（3）土地使用税、耕地占用税、契税、车船税、印花税及按照规定缴纳的其他税费。

（4）项目建设管理费、代建管理费、临时设施费、监理费、招投标费、社会中介审计（审查）费及其他管理性质的费用。

项目建设管理费是指项目建设单位从项目筹建之日起至办理竣工财务决算之日止发生的管理性质的支出，包括不在原单位发工资的工作人员工资及相关费用、办公费、办公场地租用费、差旅交通费、劳动保护费、工具用具使用费、固定资产使用费、招募生产工人费、技术图书资料费（含软件）、业务招待费、施工现场津贴、竣工验收费等。

（5）项目建设期间发生的各类专门借款利息支出或融资费用。

（6）工程检测费、设备检验费、负荷联合试车费及其他检验检测类费用。

（7）固定资产损失、器材处理亏损、设备盘亏及毁损、单项工程或单位工程报废、毁损净损失及其他损失。

（8）系统集成等信息工程的费用支出。

（9）其他待摊性质支出。

"待摊投资"明细科目应当按照上述费用项目进行明细核算，其中有些费用（如项目建设管理费等），还应当按照更为具体的费用项目进行明细核算。

4）"其他投资"明细科目，核算单位发生的构成建设项目实际支出的房屋购置支出，基本畜禽、林木等购置、饲养、培育支出，办公生活用家具、器具购置支出，软件研发和不能计入设备投资的软件购置等支出。单位为进行可行性研究而购置的固定资产，以及取得土地使用权支付的土地出让金，也通过"其他投资"明细科目核算。本明细科目应当设置"房屋购置""基本畜禽支出""林木支出""办公生活用家具、器具购置""可行性研究固定资产购置""无形资产"等明细科目。

5）"待核销基建支出"明细科目，核算建设项目发生的江河清障、航道清淤、飞播造林、补助群众造林、水土保持、城市绿化、取消项目的可行性研究费以及项目整体报废等不能形成资产部分的基建投资支出。"待核销基建支出"明细科目应按照待核销基建支出的类别进行明细核算。

6）"基建转出投资"明细科目，核算为建设项目配套而建成的、产权不归属本单位的专用设施的实际成本。"基建转出投资"明细科目应按照转出投资的类别进行明细核算。

"在建工程"科目期末借方余额，反映单位尚未完工的建设项目工程发生的实际成本。

第3章 资　产（二）

（二）"在建工程"科目平行记账账务处理

1. 建筑安装工程投资

具体账务处理如表 3-13 所示。

表 3-13　在建工程平行记账账务处理之一

情形	财务会计		预算会计	
	行政单位	事业单位	行政单位	事业单位
将固定资产等转入改建、扩建时	借：在建工程——建筑安装工程投资 　　固定资产累计折旧等 　贷：固定资产等		—	
发包工程预付工程款时	借：预付账款——预付工程款 　贷：财政拨款收入/零余额账户用款额度/银行存款等		借：行政支出 　贷：财政拨款预算收入/资金结存	借：事业支出等 　贷：财政拨款预算收入/资金结存
按照进度结算工程款时	借：在建工程——建筑安装工程投资 　贷：预付账款——预付工程款 　　　财政拨款收入/零余额账户用款额度/银行存款/应付账款等		借：行政支出［补付款项］ 　贷：财政拨款预算收入/资金结存	借：事业支出等［补付款项］ 　贷：财政拨款预算收入/资金结存
自行施工小型建筑安装工程发生支出时	借：在建工程——建筑安装工程投资 　贷：工程物资/零余额账户用款额度/银行存款/应付职工薪酬等		借：行政支出［实际支付的款项］ 　贷：资金结存等	借：事业支出等［实际支付的款项］ 　贷：资金结存等
改扩建过程中替换（拆除）原资产某些组成部分的	借：待处理财产损溢 　贷：在建工程——建筑安装工程投资		—	
工程竣工验收交付使用时	借：固定资产等 　贷：在建工程——建筑安装工程投资		—	

2. 设备投资

具体账务处理如表 3-14 所示。

表 3-14　在建工程平行记账账务处理之二

情形	财务会计		预算会计	
	行政单位	事业单位	行政单位	事业单位
购入设备时	借：在建工程——设备投资 　　贷：财政拨款收入／零余额账户用款额度／应付账款／银行存款等		借：行政支出［实际支付的款项］ 　　贷：财政拨款预算收入／资金结存	借：事业支出等［实际支付的款项］ 　　贷：财政拨款预算收入／资金结存
安装完毕，交付使用时	借：固定资产等 　　贷：在建工程——设备投资 　　　　　　——建筑安装工程投资 　　　　　　——安装工程		—	—
将不需要安装设备和达不到固定资产标准的工具器具交付使用时	借：固定资产／库存物资 　　贷：在建工程——设备投资		—	—

3. 待摊投资

具体账务处理如表 3-15 所示。

表 3-15　在建工程平行记账账务处理之三

情形	财务会计		预算会计	
	行政单位	事业单位	行政单位	事业单位
发生构成待摊投资的各类费用时	借：在建工程——待摊投资 　　贷：财政拨款收入／零余额账户用款额度／银行存款／应付利息／长期借款／其他应交税费等		借：行政支出［实际支付的款项］ 　　贷：财政拨款预算收入／资金结存	借：事业支出等［实际支付的款项］ 　　贷：财政拨款预算收入／资金结存
对于建设过程中试生产、设备调试等产生的收入	借：银行存款等 　　贷：在建工程——待摊投资［按规定冲减工程成本的部分］ 　　　　应缴财政款／其他收入［差额］		借：资金结存 　　贷：其他预算收入	
经批准将单项工程或单位工程报废净损失计入继续施工的工程成本的	借：在建工程——待摊投资 　　银行存款／其他应收款等［残料变价收入、赔款等］ 　　贷：在建工程——建筑安装工程投资［毁损报废工程成本］		—	—

第3章 资 产(二)

(续表)

情形	财务会计		预算会计	
	行政单位	事业单位	行政单位	事业单位
工程交付使用时，按照一定的分配方法进行待摊投资分配	借：在建工程——建筑安装工程投资 　　　　　　——设备投资 　贷：在建工程——待摊投资		—	

4. 其他投资

具体账务处理如表3-16所示。

表3-16　在建工程平行记账账务处理之四

情形	财务会计		预算会计	
	行政单位	事业单位	行政单位	事业单位
发生其他投资支出时	借：在建工程——其他投资 　贷：财政拨款收入/零余额账户用款额度/银行存款等		借：行政支出［实际支付的款项］ 　贷：财政拨款预算收入/资金结存	借：事业支出等［实际支付的款项］ 　贷：财政拨款预算收入/资金结存
资产交付使用时	借：固定资产/无形资产等 　贷：在建工程——其他投资		—	

5. 基建转出投资

具体账务处理如表3-17所示。

表3-17　在建工程平行记账账务处理之五

情形	财务会计		预算会计	
	行政单位	事业单位	行政单位	事业单位
建造的产权不归属本单位的专用设施转出时	借：在建工程——基建转出投资 　贷：在建工程——建筑安装工程投资		—	
冲销转出的在建工程时	借：无偿调拨净资产 　贷：在建工程——基建转出投资		—	

6. 待核销基建支出

具体账务处理如表3-18所示。

表3-18　在建工程平行记账账务处理之六

情形	财务会计		预算会计	
	行政单位	事业单位	行政单位	事业单位
发生各类待核销基建支出时	借：在建工程——待核销基建支出 　贷：财政拨款收入/零余额账户用款额度/银行存款等		借：行政支出［实际支付的款项］ 　贷：财政拨款预算收入/资金结存	借：事业支出［实际支付的款项］ 　贷：财政拨款预算收入/资金结存
取消的项目发生的可行性研究费	借：在建工程——待核销基建支出 　贷：在建工程——待摊投资		—	—
由于自然灾害等原因发生的项目整体报废所形成的净损失	借：在建工程——待核销基建支出 　　银行存款/其他应收款等［残料变价收入、保险赔款等］ 　贷：在建工程——建筑安装工程投资等		—	—
经批准冲销待核销基建支出时	借：资产处置费用 　贷：在建工程——待核销基建支出		—	—

(三)行政单位平行记账核算举例

【例3-31】　某行政单位建造一新办公楼，将建筑工程部分外包给建筑公司，根据合同约定，2月1日签订合同时，预付合同款1 000 000元，按照工程进度，4月份结算工程款，并支付1 000 000元，5月份支付人员薪酬200 000元，购买空气净化设备2 000 000元，均采用零余额用款额度支付。平行记账账务处理如下：

(1)财务会计账务处理如下：

①2月1日签订合同时：

借：预付账款　　　　　　　　　　　　　　　　　1 000 000
　　贷：零余额账户用款额度　　　　　　　　　　　　1 000 000

② 4月份结算工程款时：

借：在建工程——建筑安装工程投资　　　　2 000 000
　　贷：预付账款　　　　　　　　　　　　　　　　1 000 000
　　　　零余额账户用款额度　　　　　　　　　　　1 000 000

③ 5月份计提职工薪酬：

借：在建工程——建筑安装工程投资　　　　　200 000
　　贷：应付职工薪酬　　　　　　　　　　　　　　　200 000

借：应付职工薪酬　　　　　　　　　　　　　200 000
　　贷：零余额账户用款额度　　　　　　　　　　　　200 000

④ 5月份购买空气净化设备：

借：在建工程——设备投资　　　　　　　　2 000 000
　　贷：零余额账户用款额度　　　　　　　　　　　2 000 000

（2）预算会计账务处理如下：

① 2月1日签订合同时：

借：行政支出　　　　　　　　　　　　　　1 000 000
　　贷：资金结存——零余额账户用款额度　　　　1 000 000

② 4月份结算工程款时：

借：行政支出　　　　　　　　　　　　　　1 000 000
　　贷：资金结存——零余额账户用款额度　　　　1 000 000

③ 5月份计提职工薪酬：

借：行政支出　　　　　　　　　　　　　　　200 000
　　贷：资金结存——零余额账户用款额度　　　　　200 000

④ 5月份购买空气净化设备：

借：行政支出　　　　　　　　　　　　　　2 000 000
　　贷：资金结存——零余额账户用款额度　　　　2 000 000

【例3-32】　接上例，10月份，工程竣工验收，购买的空气设备也安装完毕，平行记账账务处理如下：

（1）财务会计账务处理如下：

借：固定资产　　　　　　　　　　　　　　4 200 000
　　贷：在建工程——建筑安装工程投资　　　　　2 200 000
　　　　　　　　——设备投资　　　　　　　　　2 000 000

（2）预算会计不涉及账务处理。

【例3-33】　某行政单位在2月份决定对现有的仓库进行改扩建，该仓库原账面余额为800 000元，累计折旧600 000元。该单位将原仓库的通风设备进行了拆除，变卖取得收入50 000元，用于更换购买新的通风设备。平

行记账账务处理如下:

(1) 财务会计账务处理如下:

①将固定资产等转入改扩建时:

借:在建工程——建筑安装工程投资	200 000
固定资产累计折旧	600 000
贷:固定资产	800 000

②取得变价收入:

借:银行存款	50 000
贷:在建工程——待摊投资	50 000

(2) 预算会计账务处理如下:

①将固定资产等转入改扩建时:

不涉及账务处理。

②取得变价收入:

借:资金结存——货币资金	50 000
贷:其他预算收入	50 000

【例3-34】 某行政单位进行小型基建工程,其中发生待摊投资50 000元,在工程交付使用时,将40 000元分摊在建筑安装工程投资,将10 000元分摊在设备投资中,平行记账账务处理如下:

(1) 财务会计账务处理如下:

借:在建工程——建筑安装工程投资	40 000
——设备投资	10 000
贷:在建工程——待摊投资	50 000

(2) 预算会计不涉及账务处理。

【例3-35】 某行政单位201×年开展的基建项目因为可研不通过被取消,共发生前期费用200 000元,经财政部门批准项目取消并冲销支出,平行记账账务处理如下:

(1) 财务会计账务处理如下:

借:在建工程——待核销基建支出	200 000
贷:在建工程——待摊投资	200 000
借:资产处置费用	200 000
贷:在建工程——待核销基建支出	200 000

(2) 预算会计不涉及账务处理。

【例3-36】 某行政单位对办公楼进行大修,发生改建支出3 000 000元,并安装专用设备1 500 000元,项目管理费为200 000元,该办公楼产权属于地方政府。平行记账账务处理如下:

（1）财务会计账务处理如下：

借：在建工程——建筑安装工程投资 200 000
　　贷：在建工程——待摊投资 200 000
借：在建工程——基建转出投资 4 700 000
　　贷：在建工程——建筑安装工程投资 3 200 000
　　　　　　　　——设备投资 1 500 000
借：无偿调拨净资产 4 700 000
　　贷：在建工程——基建转出投资 4 700 000

（2）预算会计不涉及账务处理。

（四）事业单位平行记账核算举例

【例3-37】 某事业单位建造一个小型实验室，将建筑工程部分外包给建筑公司，根据合同约定，2月1日签订合同时，预付合同款100 0000元，按照工程进度，4月份结算工程款，并支付1 000 000元，5月份支付人员薪酬200 000元，购买实验室的空气净化设备2 000 000元，均采用零余额用款额度支付。平行记账账务处理如下：

（1）财务会计账务处理如下：

①2月1日签订合同时：

借：预付账款 1 000 000
　　贷：零余额账户用款额度 1 000 000

②4月份结算工程款时：

借：在建工程——建筑安装工程投资 2 000 000
　　贷：预付账款 1 000 000
　　　　零余额账户用款额度 1 000 000

③5月份计提职工薪酬：

借：在建工程——建筑安装工程投资 200 000
　　贷：应付职工薪酬 200 000
借：应付职工薪酬 200 000
　　贷：零余额账户用款额度 200 000

④5月份购买空气净化设备：

借：在建工程——设备投资 2 000 000
　　贷：零余额账户用款额度 2 000 000

（2）预算会计账务处理如下：

①2月1日签订合同时：

借：事业支出		1 000 000
贷：资金结存——零余额账户用款额度		1 000 000

② 4月份结算工程款时：

借：事业支出		1 000 000
贷：资金结存——零余额账户用款额度		1 000 000

③ 5月份计提职工薪酬：

借：事业支出		200 000
贷：资金结存——零余额账户用款额度		200 000

④ 5月份购买空气净化设备：

借：事业支出		2 000 000
贷：资金结存——零余额账户用款额度		2 000 000

【例3-38】 接上例，10月份，工程竣工验收，购买的空气设备也安装完毕，平行记账账务处理如下：

（1）财务会计账务处理如下：

借：固定资产		4 200 000
贷：在建工程——建筑安装工程投资		2 200 000
——设备投资		2 000 000

（2）预算会计不涉及账务处理。

【例3-39】 某事业单位201×年2月份决定对现有的仓库进行改扩建，从银行贷款1 000 000元，约定年利率6%，按年支付，贷款2年。3月份款项到账，立即开工，该仓库原账面余额为800 000元，累计折旧600 000元。该单位将原仓库的通风设备进行了拆除，变卖取得收入50 000元，用于更换购买新的通风设备，12月份支付利息50 000元。平行记账账务处理如下：

（1）财务会计账务处理如下：

① 3月银行贷款到账：

借：在建工程——待摊投资		1 000 000
贷：长期借款		1 000 000

② 将固定资产等转入改扩建时：

借：在建工程——建筑安装工程投资		200 000
固定资产累计折旧		600 000
贷：固定资产		800 000

③ 取得变价收入：

借：银行存款		50 000
贷：在建工程——待摊投资		50 000

④ 支付利息时：

借：在建工程——待摊投资 50 000
　　贷：银行存款 50 000

（2）预算会计账务处理如下：

① 3月银行贷款到账：

借：事业支出 1 000 000
　　贷：资金结存——货币资金 1 000 000

②将固定资产等转入改扩建时：

不涉及账务处理。

③取得变价收入：

借：资金结存——货币资金 50 000
　　贷：其他预算收入 50 000

④支付利息时：

借：事业支出 50 000
　　贷：资金结存——货币资金 50 000

【例3-40】 某事业单位进行小型基建工程，其中发生待摊投资50 000元，在工程交付使用时，将40 000元分摊在建筑安装工程投资，将10 000元分摊在设备投资中，平行记账账务处理如下：

（1）财务会计账务处理如下：

借：在建工程——建筑安装工程投资 40 000
　　　　　　——设备投资 10 000
　　贷：在建工程——待摊投资 50 000

（2）预算会计不涉及账务处理。

【例3-41】 某事业单位201×年开展的基础设施建设项目因为自然灾害报废，共发生支出如下：其他待摊投资350 000元，土建部分500 000元，不需要安装设备投资120 000元，获得残值收入100 000元，经审批同意冲销该项目。平行记账账务处理如下：

（1）财务会计账务处理如下：

借：在建工程——建筑安装工程投资 350 000
　　贷：在建工程——待摊投资 350 000

借：在建工程——待核销基建支出 870 000
　　银行存款 100 000
　　贷：在建工程——建筑安装工程投资 850 000
　　　　　　　　——设备投资 120 000

借：资产处置费用 870 000
　　贷：在建工程——待核销基建支出 870 000

（2）预算会计不涉及账务处理。

【例 3-42】 某事业单位对办公楼进行大修，发生改建支出 3 000 000 元，并安装专用设备 1 500 000 元，项目管理费为 200 000 元，该办公楼产权属于地方政府。平行记账账务处理如下：

（1）财务会计账务处理如下：

借：在建工程——建筑安装工程投资　　　　　200 000
　　贷：在建工程——待摊投资　　　　　　　　200 000
借：在建工程——基建转出投资　　　　　　　4 700 000
　　贷：在建工程——建筑安装工程投资　　　3 200 000
　　　　　　　　——设备投资　　　　　　　1 500 000
借：无偿调拨净资产　　　　　　　　　　　　4 700 000
　　贷：在建工程——基建转出投资　　　　　4 700 000

（2）预算会计不涉及账务处理。

五、无形资产

（一）"无形资产"科目核算的内容

"无形资产"科目核算单位无形资产的原值。非大批量购入、单价小于 1 000 元的无形资产，可以于购买的当期将其成本直接计入当期费用。

"无形资产"科目应当按照无形资产的类别、项目等进行明细核算。原会计制度中对无形资产的定义倾向于专利权、版权、专有技术等方面。新会计制度对无形资产的描述更符合当今社会的发展情况。具体核算案例与固定资产的取得、处置等类似，不再一一举例描述。

"无形资产"科目期末借方余额，反映单位无形资产的成本。

（二）"无形资产"科目平行记账账务处理

1. 无形资产取得

具体账务处理如表 3-19 所示。

表 3-19　无形资产平行记账账务处理之一

情形	财务会计		预算会计	
	行政单位	事业单位	行政单位	事业单位
外购的无形资产入账时	借：无形资产 　　贷：财政拨款收入/零余额账户用款额度/应付账款/银行存款等		借：行政支出 　　贷：财政拨款预算收入/资金结存	借：事业支出/经营支出等 　　贷：财政拨款预算收入/资金结存

（续表）

情形		财务会计		预算会计	
		行政单位	事业单位	行政单位	事业单位
委托软件公司开发的软件，按照合同约定预付开发费时		借：预付账款 　　贷：财政拨款收入/零余额账户用款额度/银行存款等		借：行政支出［预付的款项］ 　　贷：财政拨款预算收入/资金结存	借：事业支出/经营支出等［预付的款项］ 　　贷：财政拨款预算收入/资金结存
委托开发的软件交付使用，并支付剩余或全部软件开发费用时		借：无形资产［开发费总额］ 　　贷：预付账款 　　　　财政拨款收入/零余额账户用款额度/银行存款等［支付的剩余款项］		按照支付的剩余款项金额 借：行政支出 　　贷：财政拨款预算收入/资金结存	按照支付的剩余款项金额 借：事业支出/经营支出等 　　贷：财政拨款预算收入/资金结存
自行开发	开发完成，达到预定用途形成无形资产的	借：无形资产 　　贷：研发支出——开发支出		—	
	自行研究开发无形资产尚未进入开发阶段，或者确实无法区分研究阶段支出和开发阶段支出，但按照法律程序已申请取得无形资产的	借：无形资产［依法取得时发生的注册费、聘请律师费等费用］ 　　贷：财政拨款收入/零余额账户用款额度/银行存款等		借：行政支出 　　贷：财政拨款预算收入/资金结存	借：事业支出/经营支出等 　　贷：财政拨款预算收入/资金结存

(续表)

情形	财务会计		预算会计	
	行政单位	事业单位	行政单位	事业单位
置换取得的无形资产	参照"库存物品"科目中置换取得库存物品的规定进行账务处理			
接受捐赠的无形资产	借：无形资产 　　贷：银行存款/零余额账户用款额度等[发生的相关税费等] 　　　　捐赠收入[差额]		借：其他支出[支付的相关税费等] 　　贷：资金结存	
接受捐赠的无形资产按照名义金额入账的	借：无形资产[名义金额] 　　贷：捐赠收入 借：其他费用 　　贷：银行存款/零余额账户用款额度等[发生的相关税费等]		借：其他支出[支付的相关税费等] 　　贷：资金结存	
无偿调入的无形资产	借：无形资产 　　贷：银行存款/零余额账户用款额度等[发生的相关税费等] 　　　　无偿调拨净资产[差额]		借：其他支出[支付的相关税费等] 　　贷：资金结存	

2. 与无形资产有关的后续支出

具体账务处理如表3-20所示。

表3-20　无形资产平行记账账务处理之二

情形	财务会计		预算会计	
	行政单位	事业单位	行政单位	事业单位
符合无形资产确认条件的后续支出（如为增加无形资产的使用效能而发生的后续支出）	借：在建工程 　　无形资产累计摊销 　　贷：无形资产 借：在建工程/无形资产[无需暂停计提摊销的] 　　贷：财政拨款收入/零余额账户用款额度/银行存款等		借：行政支出[实际支付的资金] 　　贷：财政拨款预算收入/资金结存	借：事业支出/经营支出等[实际支付的资金] 　　贷：财政拨款预算收入/资金结存

（续表）

情形	财务会计		预算会计	
	行政单位	事业单位	行政单位	事业单位
不符合无形资产确认条件的后续支出（为维护无形资产的正常使用而发生的后续支出）	借：业务活动费用 贷：财政拨款收入/零余额账户用款额度/银行存款等	借：业务活动费用/单位管理费用/经营费用等 贷：财政拨款收入/零余额账户用款额度/银行存款等	借：行政支出 贷：财政拨款预算收入/资金结存	借：事业支出/经营支出等 贷：财政拨款预算收入/资金结存

3. 无形资产处置

具体账务处理如表3-21所示。

表3-21　无形资产平行记账账务处理之三

情形	财务会计		预算会计	
	行政单位	事业单位	行政单位	事业单位
出售、转让无形资产	借：资产处置费用 　　无形资产累计摊销 贷：无形资产		—	
	借：银行存款等［收到的价款］ 贷：银行存款等［发生的相关费用］ 　　应缴财政款/其他收入		如转计收入按照规定纳入本单位预算 借：资金结存 　　贷：其他预算收入	
对外捐赠无形资产	借：资产处置费用 　　无形资产累计摊销 贷：无形资产［账面余额］ 　　银行存款等［归属于捐出方的相关费用］		借：其他支出［归属于捐出方的相关费用］ 　　贷：资金结存	
无偿调出无形资产	借：无偿调拨净资产 　　无形资产累计摊销 贷：无形资产［账面余额］ 借：资产处置费用 贷：银行存款等［相关费用］		借：其他支出［归属于调出方的相关费用］ 　　贷：资金结存	
置换换出无形资产	参照"库存物品"科目中置换取得库存物品的规定进行账务处理			

（续表）

情形	财务会计		预算会计	
	行政单位	事业单位	行政单位	事业单位
经批准核销无形资产时	借：资产处置费用 　　无形资产累计摊销 　贷：无形资产［账面余额］		—	

（三）行政单位平行记账核算举例

【例3-43】 某行政单位购入一项专利权，价格为20 000元，发生相关手续费4 000元，款项从银行存款支付。平行记账账务处理如下：

（1）财务会计账务处理如下：

借：无形资产——专利权　　　　　　　　　　　　　24 000
　　贷：银行存款　　　　　　　　　　　　　　　　24 000

（2）预算会计账务处理如下：

借：行政支出　　　　　　　　　　　　　　　　　　24 000
　　贷：资金结存——货币资金　　　　　　　　　　24 000

【例3-44】 某行政单位委托软件公司开发一款软件，按照合同约定，签订时支付50%，计50 000元，待交付使用的时候，再支付剩下的50%，计50 000元，款项从零余额用款额度支付，平行记账账务处理如下：

（1）财务会计账务处理如下：

①合同签订时：

借：预付账款　　　　　　　　　　　　　　　　　　50 000
　　贷：零余额账户用款额度　　　　　　　　　　　50 000

②交付使用时，支付余款：

借：无形资产　　　　　　　　　　　　　　　　　　100 000
　　贷：预付账款　　　　　　　　　　　　　　　　50 000
　　　　零余额账户用款额度　　　　　　　　　　　50 000

（2）预算会计账务处理如下：

①合同签订时：

借：行政支出　　　　　　　　　　　　　　　　　　50 000
　　贷：资金结存——零余额账户用款额度　　　　　50 000

②交付使用时，支付余款：

借：行政支出　　　　　　　　　　　　　　　　　　50 000
　　贷：资金结存——零余额账户用款额度　　　　　50 000

第 3 章 资 产(二)

【例 3-45】 某单位自行研究开发配套软件,开发完成后,达到预定用途形成无形资产发生的研发支出为 50 000 元,平行记账账务处理如下:

(1)财务会计账务处理如下:

借:无形资产　　　　　　　　　　　　　　　　　　　　50 000
　　贷:研发支出——开发支出　　　　　　　　　　　　　　50 000

(2)预算会计不涉及账务处理。

【例 3-46】 某行政单位将其拥有的一款软件使用权以 100 000 元转让给某公司,该专利权账面余额为 500 000 元,累计摊销额为 400 000 元,平行记账账务处理如下:

(1)财务会计账务处理如下:

借:资产处置费用　　　　　　　　　　　　　　　　　　100 000
　　无形资产累计摊销　　　　　　　　　　　　　　　　400 000
　　　贷:无形资产　　　　　　　　　　　　　　　　　　500 000
借:银行存款　　　　　　　　　　　　　　　　　　　　100 000
　　贷:其他收入　　　　　　　　　　　　　　　　　　100 000

(2)预算会计账务处理如下:

借:资金结存——货币资金　　　　　　　　　　　　　　100 000
　　贷:其他预算收入　　　　　　　　　　　　　　　　100 000

【例 3-47】 某行政单位因为升级新的软件系统,导致拥有的一款软件使用权不再具有使用价值。该软件使用权账面余额为 300 000 元,累计摊销 280 000 元,经批准核销该专利使用权,平行记账账务处理如下:

(1)财务会计账务处理如下:

借:资产处置费用　　　　　　　　　　　　　　　　　　20 000
　　无形资产累计摊销　　　　　　　　　　　　　　　　280 000
　　　贷:无形资产　　　　　　　　　　　　　　　　　　300 000

(2)预算会计不涉及账务处理。

(四)事业单位平行记账核算举例

【例 3-48】 某事业单位购入一项专利权,价格为 20 000 元,发生相关手续费 4 000 元,款项从银行存款支付。平行记账账务处理如下:

(1)财务会计账务处理如下:

借:无形资产——专利权　　　　　　　　　　　　　　　24 000
　　贷:银行存款　　　　　　　　　　　　　　　　　　24 000

(2)预算会计账务处理如下:

借：事业支出　　　　　　　　　　　　　　　　　　　　24 000
　　贷：资金结存——货币资金　　　　　　　　　　　　　24 000

【例3-49】 某事业单位委托软件公司开发一款软件，按照合同约定，签订时支付50%，计50 000元，待交付使用的时候，再支付剩下的50%，计50 000元，款项从零余额用款额度支付，平行记账账务处理如下：

（1）财务会计账务处理如下：

①合同签订时：

借：预付账款　　　　　　　　　　　　　　　　　　　　50 000
　　贷：零余额账户用款额度　　　　　　　　　　　　　　50 000

②交付使用时，支付余款：

借：无形资产　　　　　　　　　　　　　　　　　　　　100 000
　　贷：预付账款　　　　　　　　　　　　　　　　　　　50 000
　　　　零余额账户用款额度　　　　　　　　　　　　　　50 000

（2）预算会计账务处理如下：

①合同签订时：

借：事业支出　　　　　　　　　　　　　　　　　　　　50 000
　　贷：资金结存——零余额账户用款额度　　　　　　　　50 000

②交付使用时，支付余款：

借：事业支出　　　　　　　　　　　　　　　　　　　　50 000
　　贷：资金结存——零余额账户用款额度　　　　　　　　50 000

【例3-50】 某事业单位自行研究开发办公软件，开发完成后，达到预定用途形成无形资产发生的研发支出为50 000元，平行记账账务处理如下：

（1）财务会计账务处理如下：

借：无形资产　　　　　　　　　　　　　　　　　　　　50 000
　　贷：研发支出——开发支出　　　　　　　　　　　　　50 000

（2）预算会计不涉及账务处理。

【例3-51】 某事业单位将其拥有的一款软件使用权以100 000元转让给某公司，该专利权账面余额为500 000元，累计摊销额为400 000元，平行记账账务处理如下：

（1）财务会计账务处理如下：

借：资产处置费用　　　　　　　　　　　　　　　　　　100 000
　　无形资产累计摊销　　　　　　　　　　　　　　　　　400 000
　　贷：无形资产　　　　　　　　　　　　　　　　　　　500 000
借：银行存款　　　　　　　　　　　　　　　　　　　　100 000
　　贷：其他收入　　　　　　　　　　　　　　　　　　　100 000

（2）预算会计账务处理如下
借：资金结存　　　　　　　　　　　　　　　　　100 000
　　贷：其他预算收入　　　　　　　　　　　　　　　100 000

【例 3-52】 某事业单位因为升级新的软件系统，导致拥有的一款软件使用权不再具有使用价值。该软件使用权账面余额为 300 000 元，累计摊销 280 000 元，经批准核销该专利使用权，平行记账账务处理如下：

（1）财务会计账务处理如下：
借：资产处置费用　　　　　　　　　　　　　　　　20 000
　　无形资产累计摊销　　　　　　　　　　　　　　280 000
　　贷：无形资产　　　　　　　　　　　　　　　　　300 000

（2）预算会计不涉及账务处理。

六、无形资产累计摊销

（一）"无形资产累计摊销"科目核算的内容

"无形资产累计摊销"科目核算单位对使用年限有限的无形资产计提的累计摊销。

"无形资产累计摊销"科目应当按照所对应无形资产的明细分类进行明细核算。原制度以事业单位是否为内部成本核算单位为依据，具体摊销方式分为受益期内摊销和一次摊销。

"无形资产累计摊销"科目期末贷方余额，反映单位计提的无形资产摊销累计数。

（二）"无形资产累计摊销"科目平行记账账务处理

具体账务处理如表 3-22 所示。

表 3-22　无形资产累计摊销平行记账账务处理

情形	财务会计		预算会计	
	行政单位	事业单位	行政单位	事业单位
按照月进行无形资产摊销时	借：业务活动费用/加工物品等 　　贷：无形资产累计摊销	借：业务活动费用/单位管理费用/加工物品等 　　贷：无形资产累计摊销	—	—
处置无形资产时	借：资产处置费用/无偿调拨净资产等 　　无形资产累计摊销 　　贷：无形资产［账面余额］		—	—

(三)行政单位平行记账核算举例

【例3-53】 某行政单位购入一项专利权,价格为150 000元,发生相关费用30 000元,款项通过零余额账户支付,预计使用年限为10年,按月进行摊销。平行记账账务处理如下:

(1)财务会计账务处理如下:

①购入专利权:

借:无形资产　　　　　　　　　　　　　　　180 000
　　贷:零余额账户用款额度　　　　　　　　　　180 000

②每月计提摊销:

借:业务活动费用　　　　　　　　　　　　　1 800
　　贷:无形资产累计摊销　　　　　　　　　　　1 800

(2)预算会计账务处理如下:

①购入专利权:

借:行政支出　　　　　　　　　　　　　　　180 000
　　贷:资金结存——零余额账户用款额度　　　　180 000

②每月计提摊销

不涉及账务处理。

【例3-54】 接上例,使用5年后,该单位欲将该专利权无偿调拨给下属单位使用。平行记账账务处理如下:

(1)财务会计账务处理如下:

借:无偿调拨净资产　　　　　　　　　　　　90 000
　　无形资产累计摊销　　　　　　　　　　　　90 000
　　贷:无形资产　　　　　　　　　　　　　　　180 000

(2)预算会计不涉及账务处理。

(四)事业单位平行记账核算举例

【例3-55】 某事业单位购入业务活动用的一项专利权,价格为150 000元,发生相关费用30 000元,预计使用年限为10年,按月进行摊销。平行记账账务处理如下:

(1)财务会计账务处理如下:

①购入专利权:

借：无形资产　　　　　　　　　　　　　　　　　　180 000
　　贷：零余额账户用款额度　　　　　　　　　　　　180 000
②每月计提摊销：
借：业务活动费用　　　　　　　　　　　　　　　　　1 800
　　贷：无形资产累计摊销　　　　　　　　　　　　　1 800
（2）预算会计账务处理如下：
①购入专利权：
借：事业支出　　　　　　　　　　　　　　　　　　180 000
　　贷：资金结存——零余额账户用款额度　　　　　　180 000
②每月计提摊销：
不涉及账务处理。

【例3-56】　接上例，使用5年后，该单位欲将该专利权无偿调拨给下属单位使用。平行记账账务处理如下：

（1）财务会计账务处理如下：
借：无偿调拨净资产　　　　　　　　　　　　　　　　90 000
　　无形资产累计摊销　　　　　　　　　　　　　　　90 000
　　贷：无形资产　　　　　　　　　　　　　　　　　180 000
（2）预算会计不涉及账务处理。

七、研发支出

（一）"研发支出"科目核算的内容

"研发支出"科目核算单位自行研究开发项目研究阶段和开发阶段发生的各项支出。建设项目中的软件研发支出，应当通过"在建工程"科目核算，不通过本科目核算。

"研发支出"科目应当按照自行研究开发项目，分"研究支出""开发支出"进行明细核算。

"研发支出"科目期末借方余额，反映单位预计能达到预定用途的研究开发项目在开发阶段发生的累计支出数。

（二）"研发支出"科目平行记账账务处理

具体账务处理如表3-23所示。

表 3-23　研发支出平行记账账务处理

情形		财务会计		预算会计	
		行政单位	事业单位	行政单位	事业单位
自行研究开发项目研究阶段的支出	应当按照合理的方法先归集	借：研发支出——研究支出 　贷：应付职工薪酬/库存物品/财政拨款收入/零余额账户用款额度/银行存款等		借：行政支出等［实际支付的款项］ 　贷：财政拨款预算收入/资金结存	借：事业单位/经营支出等［实际支付的款项］ 　贷：财政拨款预算收入/资金结存
	期（月）末转入当期费用	借：业务活动费用等 　贷：研发支出——研究支出		—	—
自行研究开发项目开发阶段的支出		借：研发支出——开发支出 　贷：应付职工薪酬　库存物品　财政拨款收入/零余额账户用款额度/银行存款等		借：行政支出等［实际支付的款项］ 　贷：财政拨款预算收入/资金结存	借：事业支出/经营支出等［实际支付的款项］ 　贷：财政拨款预算收入/资金结存
自行研究开发项目完成，达到预定用途形成无形资产		借：无形资产 　贷：研发支出——开发支出		—	—
年末经评估，研发项目预计不能达到预定用途		借：业务活动费用等 　贷：研发支出——开发支出		—	—

（三）行政单位平行记账核算举例

【例 3-57】　某行政单位，自行研究开发一套软件系统，目前该系统研制属于研究阶段，3 月 5 日，共计提职工薪酬 50 000 元，领用实验用材料 30 000 元，平行记账账务处理如下：

(1) 财务会计账务处理如下：

①发生各项支出时：

借：研发支出——研究支出　　　　　　　　　　　　　　80 000
　　贷：应付职工薪酬　　　　　　　　　　　　　　　　50 000
　　　　库存物品　　　　　　　　　　　　　　　　　　30 000

②期（月）末，结转研究阶段的各项支出：

借：业务活动费用　　　　　　　　　　　　　　　　　　80 000
　　贷：研发支出——研究支出　　　　　　　　　　　　80 000

（2）预算会计不涉及账务处理。

【例 3-58】 接上例，9 月份，该项目进入开发阶段，计提职工薪酬 80 000 元，领用实验材料 50 000 元，财政直接支付委托的合同款 200 000 元，平行记账账务处理如下：

（1）财务会计账务处理如下：

借：研发支出——开发支出	330 000
贷：应付职工薪酬	80 000
库存物品	50 000
财政拨款收入	200 000

（2）预算会计账务处理如下：

借：行政支出	200 000
贷：财政拨款预算收入	200 000

【例 3-59】 接上例，12 月，经评估，该套系统已经完成，达到预定用途形成无形资产。平行记账账务处理如下：

（1）财务会计账务处理如下：

借：无形资产	330 000
贷：研发支出——开发支出	330 000

（2）预算会计不涉及账务处理。

【例 3-60】 上例中，如果年末评估，研发项目预计不能达到预定用途，平行记账账务处理如下：

（1）财务会计账务处理如下：

借：业务活动费用	330 000
贷：研发支出——开发支出	330 000

（2）预算会计不涉及账务处理。

（四）事业单位平行记账核算举例

【例 3-61】 某事业单位，自行研究开发一套软件系统，目前该系统研制属于研究阶段，3 月 5 日，共计提职工薪酬 50 000 元，领用实验用材料 30 000 元，平行记账账务处理如下：

（1）财务会计账务处理如下：

①发生各项支出：

借：研发支出——研究支出	80 000
贷：应付职工薪酬	50 000
库存物品	30 000

②期（月）末，结转各项支出：

借：业务活动费用　　　　　　　　　　　　　　　　80 000
　　贷：研发支出——研究支出　　　　　　　　　　　　80 000
（2）预算会计涉及账务处理。

【例3-62】　接上例，9月份，该项目进入开发阶段，计提职工薪酬80 000元，领用实验材料50 000元，财政直接支付委托的合同款200 000元，平行记账账务处理如下：

（1）财务会计账务处理如下：
借：研发支出——开发支出　　　　　　　　　　　　330 000
　　贷：应付职工薪酬　　　　　　　　　　　　　　　80 000
　　　　库存物品　　　　　　　　　　　　　　　　　50 000
　　　　财政拨款收入　　　　　　　　　　　　　　　200 000
（2）预算会计账务处理如下
借：事业支出　　　　　　　　　　　　　　　　　　200 000
　　贷：财政拨款预算收入　　　　　　　　　　　　　200 000

【例3-63】　接上例，12月，经评估，该套系统已经完成，达到预定用途形成无形资产。平行记账账务处理如下：

（1）财务会计账务处理如下：
借：无形资产　　　　　　　　　　　　　　　　　　330 000
　　贷：研发支出——开发支出　　　　　　　　　　　330 000
（2）预算会计不涉及账务处理。

【例3-64】　上例中，如果年末评估，研发项目预计不能达到预定用途，平行记账账务处理如下：

（1）财务会计账务处理如下：
借：业务活动费用　　　　　　　　　　　　　　　　330 000
　　贷：研发支出——开发支出　　　　　　　　　　　330 000
（2）预算会计不涉及账务处理。

第二节　经　管　类

一、公共基础设施

（一）"公共基础设施"科目核算的内容

"公共基础设施"科目核算单位控制的公共基础设施的原值。

第3章 资　产（二）

"公共基础设施"科目应当按照公共基础设施的类别、项目等进行明细核算。具体核算方法与固定资产类似，以下不一一举例描述。

单位应当根据行业主管部门对公共基础设施的分类规定，制定适合于本单位管理的公共基础设施目录、分类方法，作为进行公共基础设施核算的依据。

"公共基础设施"科目期末借方余额，反映公共基础设施的原值。

（二）"公共基础设施"科目平行记账账务处理

1. 取得公共基础设施

具体账务处理如表3-24所示。

表3-24　公共基础设施平行记账账务处理之一

情形	财务会计		预算会计	
	行政单位	事业单位	行政单位	事业单位
自行建造公共基础设施完工交付使用时	借：公共基础设施 　　贷：在建工程		—	
接受无偿调入的公共基础设施	借：公共基础设施 　　贷：无偿调拨净资产 　　　　财政拨款收入/零余额账户用款额度/银行存款等〔发生的归属于调入方的相关费用〕 如无偿调入的公共基础设施成本无法可靠取得的 借：其他费用〔发生的归属于调入方的相关费用〕 　　贷：财政拨款收入/零余额账户用款额度/银行存款等		借：其他支出〔支付的归属于调入方的相关费用〕 　　贷：财政拨款预算收入/资金结存	
接受捐赠的公共基础设施	借：公共基础设施 　　贷：捐赠收入 　　　　财政拨款收入/零余额账户用款额度/银行存款等〔发生的归属于捐入方的相关费用〕如接受捐赠的公共基础设施成本无法可靠取得的 借：其他费用〔发生的归属于捐入方的相关费用〕 　　贷：财政拨款收入/零余额账户用款额度/银行存款等		借：其他支出〔支付的归属于捐入方的相关费用〕 　　贷：财政拨款预算收入/资金结存	

（续表）

情形	财务会计		预算会计	
	行政单位	事业单位	行政单位	事业单位
外购的公共基础设施	借：公共基础设施 　　贷：财政拨款收入/零余额账户用款额度/应付账款/银行存款等		借：行政支出 　　贷：财政拨款预算收入/资金结存	借：事业支出 　　贷：财政拨款预算收入/资金结存

2. 与公共基础设施有关的后续支出

具体账务处理如表3-25所示。

表3-25　公共基础设施平行记账账务处理之二

情形	财务会计		预算会计	
	行政单位	事业单位	行政单位	事业单位
为增加公共基础设施使用效能或延长其使用年限而发生的改建、扩建等后续支出	借：在建工程 　　公共基础设施累计折旧（摊销） 　贷：公共基础设施［账面余额］ 　　在建工程［发生的相关后续支出］ 　贷：财政拨款收入/零余额账户用款额度/应付账款/银行存款等		借：行政支出［实际支付的款项］ 　贷：财政拨款预算收入/资金结存	借：事业支出［实际支付的款项］ 　贷：财政拨款预算收入/资金结存
为维护公共基础设施的正常使用而发生的日常维修、养护等后续支出	借：业务活动费用 　贷：财政拨款收入/零余额账户用款额度/银行存款等		借：行政支出［实际支付的款项］ 　贷：财政拨款预算收入/资金结存	借：事业支出［实际支付的款项］ 　贷：财政拨款预算收入/资金结存

3. 与公共基础设施有关的后续支出

具体账务处理如表3-26所示。

表3-26　公共基础设施平行记账账务处理之三

情形	财务会计		预算会计	
	行政单位	事业单位	行政单位	事业单位
对外捐赠公共基础设施	借：资产处置费用 　　公共基础设施累计折旧（摊销） 　贷：公共基础设施［账面余额］ 　　银行存款等［归属于捐出方的相关费用］		借：其他支出［支付的归属于捐出方的相关费用］ 　贷：资金结存等	

（续表）

情形	财务会计		预算会计	
	行政单位	事业单位	行政单位	事业单位
无偿调出公共基础	借：无偿调拨净资产 　　公共基础设施累计折旧（摊销） 　贷：公共基础设施［账面余额］ 借：资产处置费用 　贷：银行存款等［归属于调出方的相关费用］		借：其他支出［支付的归属于调出方的相关费用］ 　贷：资金结存等	

4. 报废、毁损的公共基础设施

具体账务处理如表3-27所示。

表3-27　公共基础设施平行记账账务处理之四

情形	财务会计		预算会计	
	行政单位	事业单位	行政单位	事业单位
报废、毁损的公共基础设施	借：待处理财产损溢 　　公共基础设施累计折旧（摊销） 　贷：公共基础设施（账面余额）		—	

（三）行政单位平行记账核算举例

【例3-65】　某行政单位应上级主管部门通知，于2月份接管一条公路，该公路目前的账面价值为20 000 000元，相关手续办理花费50 000元，用银行存款方式支付。3月份，为延长该公路使用年限，对其进行扩建，花费8 000 000元，用财政直接方式支付，8月份竣工验收。平行记账账务处理如下：

（1）财务会计账务处理如下：

① 2月份接管公路：

借：公共基础设施　　　　　　　　　　　　　　　20 050 000
　贷：无偿调拨净资产　　　　　　　　　　　　　　20 000 000
　　　银行存款　　　　　　　　　　　　　　　　　　　50 000

② 3月份进行扩建：

借：在建工程　　　　　　　　　　　　　　　　　　8 000 000
　贷：财政拨款收入　　　　　　　　　　　　　　　　8 000 000

借：在建工程　　　　　　　　　　　　　　　　　　20 050 000
　贷：公共基础设施　　　　　　　　　　　　　　　　20 050 000

③8月份竣工验收：
借：公共基础设施　　　　　　　　　　　　20 850 000
　　贷：在建工程　　　　　　　　　　　　　　　20 850 000
（2）预算会计账务处理如下：
①2月份接管公路：
借：其他支出　　　　　　　　　　　　　　　　50 000
　　贷：资金结存——货币资金　　　　　　　　　　50 000
②3月份进行扩建：
借：行政支出　　　　　　　　　　　　　　　8 000 000
　　贷：财政拨款预算收入　　　　　　　　　　　8 000 000
③8月份竣工验收。
不涉及账务处理。

【例3-66】　某行政单位负责管理广场健身器材，为维护器材使用，每年花费保养费用100 000元，用零余额账户额度支付。平行记账账务处理如下：
（1）财务会计账务处理如下：
借：业务活动费用　　　　　　　　　　　　　100 000
　　贷：零余额账户用款额度　　　　　　　　　　100 000
（2）预算会计账务处理如下：
借：行政支出　　　　　　　　　　　　　　　100 000
　　贷：资金结存——零余额账户用款额度　　　　100 000

【例3-67】　某事业单位管理的广场健身器材，由于广场规划，被该单位无偿调拨给某小区使用。器材的账面原值为500 000元，已计提折旧200 000元，拆卸花费支出5 000元，用银行存款支付，报废无法使用的器材价值10 000元，平行记账账务处理如下：
（1）财务会计账务处理如下：
借：待处理财产损溢　　　　　　　　　　　　　10 000
　　无偿调拨净资产　　　　　　　　　　　　　290 000
　　公共基础设施累计折旧　　　　　　　　　　200 000
　　贷：公共基础设施　　　　　　　　　　　　　500 000
借：资产处置费用　　　　　　　　　　　　　　5 000
　　贷：银行存款　　　　　　　　　　　　　　　　5 000
（2）预算会计账务处理如下：
借：其他支出　　　　　　　　　　　　　　　　5 000
　　贷：资金结存——货币资金　　　　　　　　　　5 000

第3章 资 产(二)

（四）事业单位平行记账核算举例

【例3-68】 某事业单位应上级主管部门通知，于2月份接管一座桥梁，该桥梁目前的账面价值为20 000 000元，相关手续办理花费50 000元，用银行存款方式支付。3月份，为延长该桥梁使用年限，对其进行扩建，花费8 000 000元，用财政直接支付方式支付，8月份竣工验收。平行记账账务处理如下：

（1）财务会计账务处理如下：

① 2月份接管桥梁：

借：公共基础设施　　　　　　　　　　　　20 050 000
　　贷：无偿调拨净资产　　　　　　　　　　　　20 000 000
　　　　银行存款　　　　　　　　　　　　　　　　　50 000

② 3月份进行扩建：

借：在建工程　　　　　　　　　　　　　　 8 000 000
　　贷：财政拨款收入　　　　　　　　　　　　　 8 000 000

借：在建工程　　　　　　　　　　　　　　20 050 000
　　贷：公共基础设施　　　　　　　　　　　　　20 050 000

③ 8月份竣工验收：

借：公共基础设施　　　　　　　　　　　　20 850 000
　　贷：在建工程　　　　　　　　　　　　　　　20 850 000

（2）预算会计账务处理如下：

① 2月份接管桥梁：

借：其他支出　　　　　　　　　　　　　　　　50 000
　　贷：资金结存——货币资金　　　　　　　　　　50 000

② 3月份进行扩建：

借：事业支出　　　　　　　　　　　　　　 8 000 000
　　贷：财政拨款预算收入　　　　　　　　　　　 8 000 000

③ 8月份竣工验收。

不涉及账务处理。

【例3-69】 某事业单位负责管理广场健身器材，为维护器材使用，每年花费保养费用100 000元，用零余额账户额度支付。平行记账账务处理如下：

（1）财务会计账务处理如下：

借：业务活动费用　　　　　　　　　　　　　　100 000
　　贷：零余额账户用款额度　　　　　　　　　　　100 000

（2）预算会计账务处理如下：

借：事业支出 100 000
　　贷：资金结存——零余额账户用款额度 100 000

【例 3-70】 某事业单位管理的广场健身器材，由于广场规划，被该单位无偿调拨给某小区使用。器材的账面原值为 500 000 元，已计提折旧 200 000 元，拆卸花费支出 5 000 元，报废无法使用的器材价值 10 000 元，平行记账账务处理如下：

（1）财务会计账务处理如下：

借：待处理财产损溢 10 000
　　无偿调拨净资产 290 000
　　公共基础设施累计折旧 200 000
　　贷：公共基础设施 500 000
借：资产处置费用 5 000
　　贷：银行存款 5 000

（2）预算会计账务处理如下：

借：其他支出 5 000
　　贷：资金结存——货币资金 5 000

二、公共基础设施累计折旧（摊销）

（一）"公共基础设施累计折旧（摊销）"科目核算的内容

"公共基础设施累计折旧（摊销）"科目核算单位计提的公共基础设施累计折旧和累计摊销。

"公共基础设施累计折旧（摊销）"科目应当按照所对应公共基础设施的明细分类进行明细核算。

"公共基础设施累计折旧（摊销）"科目期末贷方余额，反映单位提取的公共基础设施折旧和摊销的累计数。

（二）"公共基础设施累计折旧（摊销）"科目平行记账账务处理

具体账务处理如表 3-28 所示。

表 3-28　公共基础设施累计折旧（摊销）平行记账账务处理

情形	财务会计		预算会计	
	行政单位	事业单位	行政单位	事业单位
按月计提公共基础设施折旧或摊销时	借：业务活动费用 　　贷：公共基础设施累计折旧（摊销）		—	

(续表)

情形	财务会计		预算会计	
	行政单位	事业单位	行政单位	事业单位
处置公共基础设施时	借：待处理财产损溢/资产处置费用/无偿调拨净资产等 　　公共基础设施累计折旧（摊销） 贷：公共基础设施［账面余额］		—	

（三）行政单位平行记账核算举例

【例3-71】 某行政单位管理一座桥梁，该桥梁原值为20 000 000元，预计使用20年，按年计提折旧，平行记账账务处理如下：

（1）财务会计账务处理如下：

借：业务活动费用　　　　　　　　　　　　　　1 000 000
　　贷：公共基础设施累计折旧（摊销）　　　　　　　1 000 000

（2）预算会计不涉及账务处理。

【例3-72】 接上例，如果该行政单位欲将管理的这座桥梁转让处置，该桥梁已计提折旧10 000 000元，平行记账账务处理如下：

（1）财务会计账务处理如下：

借：待处理财产损溢　　　　　　　　　　　　　10 000 000
　　公共基础设施累计折旧（摊销）　　　　　　　10 000 000
　　贷：公共基础设施　　　　　　　　　　　　　　20 000 000

（2）预算会计不涉及账务处理。

（四）事业单位平行记账核算举例

【例3-73】 某事业单位管理一座桥梁，该桥梁原值为20 000 000元，预计使用20年，按年计提折旧，平行记账账务处理如下：

（1）财务会计账务处理如下：

借：业务活动费用　　　　　　　　　　　　　　1 000 000
　　贷：公共基础设施累计折旧（摊销）　　　　　　　1 000 000

（2）预算会计不涉及账务处理。

【例3-74】 接上例，如果该事业单位欲将管理的这座桥梁转让处置，该桥梁已计提折旧10 000 000元，平行记账账务处理如下：

（1）财务会计账务处理如下：

借：待处理财产损溢　　　　　　　　　　　　　10 000 000
　　公共基础设施累计折旧（摊销）　　　　　　　10 000 000
　　贷：公共基础设施　　　　　　　　　　　　　　20 000 000

（2）预算会计不涉及账务处理。

三、政府储备物资

（一）"政府储备物资"科目核算的内容

"政府储备物资"科目核算单位控制的政府储备物资的成本。

对政府储备物资不负有行政管理职责但接受委托具体负责执行其存储保管等工作的单位，其受托代储的政府储备物资应当通过"受托代理资产"科目核算，不通过"政府储备物资"科目核算。

"政府储备物资"科目应当按照政府储备物资的种类、品种、存放地点等进行明细核算。单位根据需要，可在"政府储备物资"科目下设置"在库""发出"等明细科目进行明细核算。

"政府储备物资"科目期末借方余额，反映政府储备物资的成本。

（二）"政府储备物资"科目平行记账账务处理

1. 取得政府储备物资

具体账务处理如表3-29所示。

表3-29　政府储备物资平行记账账务处理之一

情形	财务会计		预算会计	
	行政单位	事业单位	行政单位	事业单位
购入的政府储备物资	借：政府储备物资 　　贷：财政拨款收入/零余额账户用款额度/应付账款/银行存款等		借：行政支出 　　贷：财政拨款预算收入/资金结存	借：事业支出 　　贷：财政拨款预算收入/资金结存
接受捐赠的政府储备物资	借：政府储备物资 　　贷：捐赠收入 　　　　财政拨款收入/零余额账户用款额度/银行存款〔捐入方承担的相关税费〕		借：其他支出〔捐入方承担的相关税费〕 　　贷：财政拨款预算收入/资金结存	
无偿调入的政府储备物资	借：政府储备物资 　　贷：无偿调拨净资产 　　　　财政拨款收入/零余额账户用款额度/银行存款〔调入方承担的相关税费〕		借：其他支出〔调入方承担的相关税费〕 　　贷：财政拨款预算收入/资金结存	
动用发出无需收回的政府储备物资	借：业务活动费用 　　贷：政府储备物资〔账面余额〕		—	

（续表）

情形	财务会计		预算会计	
	行政单位	事业单位	行政单位	事业单位
动用发出需要收回或预期可能收回的政府储备物资	发出物资时 借：政府储备物资——发出 　　贷：政府储备物资——在库 按照规定的质量验收标准收回物资时 借：政府储备物资——在库［收回物资的账面余额］ 　　业务活动费用［未收回物资的账面余额］ 　　贷：政府储备物资——发出		—	

2. 发出政府储备物资

具体账务处理如表 3-30 所示。

表 3-30　政府储备物资平行记账账务处理之二

情形	财务会计		预算会计	
	行政单位	事业单位	行政单位	事业单位
因行政管理主体变动等原因而将政府储备物资调拨给其他主体的	借：无偿调拨净资产 　　贷：政府储备物资［账面余额］		—	
对外销售政府储备物资的	按照规定物资销售收入纳入本单位预算的	借：业务活动费用 　　贷：政府储备物资 借：银行存款/应收账款等 　　贷：其他收入等 借：业务活动费用 　　贷：银行存款等［发生的相关税费］	借：业务活动费用 　　贷：政府储备物资 借：银行存款/应收账款等 　　贷：事业收入等 借：业务活动费用 　　贷：银行存款等［发生的相关税费］	借：资金结存［收到的销售价款］ 　　贷：其他预算收入等 借：行政支出 　　贷：资金结存［支付的相关税费］	借：资金结存［收到的销售价款］ 　　贷：事业预算收入等 借：事业支出 　　贷：资金结存［支付的相关税费］
	按照规定销售收入扣除相关税费后上缴财政的	借：资产处置费用 　　贷：政府储备物资 借：银行存款等［收到的销售价款］ 　　贷：银行存款［发生的相关税费］ 　　　　应缴财政款		—	

3. 政府储备物资盘盈、盘亏、报废或毁损

具体账务处理如表3-31所示。

表3-31 政府储备物资平行记账账务处理之三

情形	财务会计		预算会计	
	行政单位	事业单位	行政单位	事业单位
盘盈的政府储备物资	借：政府储备物资 　　贷：待处理财产损溢		—	
盘亏、报废或毁损的政府储备物资	借：待处理财产损溢 　　贷：政府储备物资		—	

（三）行政单位平行记账核算举例

【例3-75】 某市行政单位为夏季防汛做物资储备，自行购入防汛器材1 000 000元，采用财政直接支付方式支付；同时，其接收省级政府某行政单位无偿调入的一批价值200 000元的防汛用器材，并用银行存款支付运输费40 000元，以及接收市内的某器材公司捐赠的一批价值50 000元的防汛用器材，用银行存款支付运输费10 000元，平行记账账务处理如下：

（1）财务会计账务处理如下：

借：政府储备物资　　　　　　　　　　　　1 000 000
　　贷：财政拨款收入　　　　　　　　　　1 000 000
借：政府储备物资　　　　　　　　　　　　240 000
　　贷：无偿调拨净资产　　　　　　　　　200 000
　　　　银行存款　　　　　　　　　　　　40 000
借：政府储备物资　　　　　　　　　　　　60 000
　　贷：捐赠收入　　　　　　　　　　　　50 000
　　　　银行存款　　　　　　　　　　　　10 000

（2）预算会计账务处理如下：

借：行政支出　　　　　　　　　　　　　　1 000 000
　　贷：财政拨款预算收入　　　　　　　　1 000 000
借：其他支出　　　　　　　　　　　　　　40 000
　　贷：资金结存——货币资金　　　　　　40 000
借：其他支出　　　　　　　　　　　　　　10 000
　　贷：资金结存——货币资金　　　　　　10 000

【例3-76】 接上例，该单位5月份从仓库中调出无需收回的防汛器材

使用，价值 100 000 元；6 月份调出了需要收回的防汛器材，价值 80 000 元；7 月份因为行政管理职能变动，将价值 50 000 元的防汛器材调拨给市内行政单位。平行记账账务处理如下：

（1）财务会计账务处理如下：

① 5 月份调出无需收回的防汛器材：

借：业务活动费用　　　　　　　　　　　　　　　　100 000
　　贷：政府储备物资　　　　　　　　　　　　　　　　100 000

② 6 月份调出了需要收回的防汛器材：

发出物资时：

借：政府储备物资——发出　　　　　　　　　　　　80 000
　　贷：政府储备物资——在库　　　　　　　　　　　　80 000

假设按照规定的质量验收标准收回物资，有 20 000 元物资损毁时：

借：政府储备物资——在库　　　　　　　　　　　　60 000
　　业务活动费用　　　　　　　　　　　　　　　　20 000
　　贷：政府储备物资——发出　　　　　　　　　　　　80 000

③ 7 月份因行政管理职能变动调拨防汛器材时：

借：无偿调拨净资产　　　　　　　　　　　　　　　50 000
　　贷：政府储备物资　　　　　　　　　　　　　　　　50 000

（2）预算会计不涉及账务处理。

【例 3-77】　某行政单位将一批防汛器材销售，账面价值为 200 000 元，收到器材款 300 000 元，销售过程中发生相关税费 20 000 元，该销售收入纳入本单位预算；并且该单位处置了一批临期防汛物资，账面价值为 80 000 元，收到价款 100 000 元，发生相关税费 10 000 元，该物资款需上缴财政。平行记账账务处理如下：

（1）财务会计账务处理如下：

① 销售防汛器材：

借：业务活动费用　　　　　　　　　　　　　　　　200 000
　　贷：政府储备物资　　　　　　　　　　　　　　　　200 000
借：银行存款　　　　　　　　　　　　　　　　　　300 000
　　贷：其他收入　　　　　　　　　　　　　　　　　　300 000
借：业务活动费用　　　　　　　　　　　　　　　　20 000
　　贷：银行存款　　　　　　　　　　　　　　　　　　20 000

② 处置临期防汛物资：

借：资产处置费用　　　　　　　　　　　　　　　　80 000
　　贷：政府储备物资　　　　　　　　　　　　　　　　80 000

借：银行存款　　　　　　　　　　　　　　　　　　　100 000
　　贷：银行存款　　　　　　　　　　　　　　　　　　10 000
　　　　应缴财政款　　　　　　　　　　　　　　　　　90 000
（2）预算会计账务处理如下：
①销售防汛器材：
借：资金结存——货币资金　　　　　　　　　　　　　300 000
　　贷：其他预算收入　　　　　　　　　　　　　　　 300 000
借：行政支出　　　　　　　　　　　　　　　　　　　 20 000
　　贷：资金结存——货币资金　　　　　　　　　　　 20 000
②处置临期防汛物资。
不涉及账务处理。

【例3-78】　接上例，该行政单位年末对仓库管理的防汛物资进行盘点，发现毁损及报废的防汛物资价值20 000元。平行记账账务处理如下：
（1）财务会计账务处理如下：
借：待处理财产损溢　　　　　　　　　　　　　　　　20 000
　　贷：政府储备物资　　　　　　　　　　　　　　　 20 000
（2）预算会计不涉及账务处理。

（四）事业单位平行记账核算举例

【例3-79】　某市事业单位为夏季防汛做物资储备，自行购入防汛器材1 000 000元，采用财政直接支付的方式支付；同时，其接收省级政府某事业单位无偿调入的一批价值200 000元的防汛用器材，并用银行存款支付运输费40 000元，以及接收市内的某器材公司捐赠的一批价值50 000元的防汛用器材，用银行存款支付运输费10 000元，平行记账账务处理如下：
（1）财务会计账务处理如下：
借：政府储备物资　　　　　　　　　　　　　　　　 1 000 000
　　贷：财政拨款收入　　　　　　　　　　　　　　　1 000 000
借：政府储备物资　　　　　　　　　　　　　　　　　 240 000
　　贷：无偿调拨净资产　　　　　　　　　　　　　　 200 000
　　　　银行存款　　　　　　　　　　　　　　　　　 40 000
借：政府储备物资　　　　　　　　　　　　　　　　　 60 000
　　贷：捐赠收入　　　　　　　　　　　　　　　　　 50 000
　　　　银行存款　　　　　　　　　　　　　　　　　 10 000
（2）预算会计账务处理如下：

第3章 资 产（二）

借：事业支出   1 000 000
    贷：财政拨款预算收入   1 000 000
借：其他支出   40 000
    贷：资金结存——货币资金   40 000
借：其他支出   10 000
    贷：资金结存——货币资金   10 000

【例3-80】 接上例，该单位5月份从仓库中调出无需收回的防汛器材使用，价值100 000元；6月份调出了需要收回的防汛器材，价值80 000元；7月份因为行政管理职能变动，将价值50 000元的防汛器材调拨给市内行政单位。平行记账账务处理如下：

（1）财务会计账务处理如下：

①5月份调出无需收回的防汛器材：

借：业务活动费用   100 000
    贷：政府储备物资   100 000

②6月份调出了需要收回的防汛器材：

发出物资时：

借：政府储备物资——发出   80 000
    贷：政府储备物资——在库   80 000

假设按照规定的质量验收标准收回物资，有20 000元物资质量不达标时：

借：政府储备物资——在库   60 000
    业务活动费用   20 000
    贷：政府储备物资——发出   80 000

③7月份因行政管理职能变动调拨防汛器材时：

借：无偿调拨净资产   50 000
    贷：政府储备物资   50 000

（2）预算会计不涉及账务处理。

【例3-81】 某事业单位将一批防汛器材销售，账面价值为200 000元，收到器材款300 000元，销售过程中发生相关税费20 000元，该销售收入纳入本单位预算；并且该单位处置了一批临期防汛物资，账面价值为80 000元，收到价款100 000元，发生相关税费10 000元，该物资款需上缴财政。平行记账账务处理如下：

（1）财务会计账务处理如下：

①销售防汛器材：

借：业务活动费用	200 000	
贷：政府储备物资		200 000
借：银行存款	300 000	
贷：事业收入		300 000
借：业务活动费用	20 000	
贷：银行存款		20 000

②处置临期防汛物资：

借：资产处置费用	80 000	
贷：政府储备物资		80 000
借：银行存款	100 000	
贷：银行存款		10 000
应缴财政款		90 000

（2）预算会计账务处理如下：

①销售防汛器材：

借：资金结存——货币资金	300 000	
贷：其他预算收入		300 000
借：事业支出	20 000	
贷：资金结存——货币资金		20 000

②处置临期防汛物资。

不涉及账务处理。

【例3-82】 接上例，该事业单位年末对仓库管理的防汛物资进行盘点，发现毁损及报废的防汛物资价值20 000元。平行记账账务处理如下：

（1）财务会计账务处理如下：

借：待处理财产损溢	20 000	
贷：政府储备物资		20 000

（2）预算会计账务处理如下。

不涉及账务处理。

四、文物文化资产

（一）"文物文化资产"科目核算的内容

"文物文化资产"科目核算单位为满足社会公共需求而控制的文物文化资产的成本。

单位为满足自身开展业务活动或其他活动需要而控制的文物和陈列品，

第3章 资　产（二）

应当通过"固定资产"科目核算，不通过"文物文化资产"科目核算。

"文物文化资产"科目应当按照文物文化资产的类别、项目等进行明细核算。

"文物文化资产"科目期末借方余额，反映文物文化资产的成本。

（二）"文物文化资产"科目平行记账账务处理

1. 取得文物文化资产

具体账务处理如表 3-32 所示。

表 3-32　文物文化资产平行记账账务处理之一

情形	财务会计		预算会计	
	行政单位	事业单位	行政单位	事业单位
外购的文物文化资产	借：文物文化资产 　　贷：财政拨款收入/零余额账户用款额度/应付账款/银行存款等		借：行政支出 　　贷：财政拨款预算收入/资金结存	借：事业支出 　　贷：财政拨款预算收入/资金结存
接受无偿调拨的文物文化资产	借：文物文化资产 　　贷：无偿调拨净资产 　　　　财政拨款收入/零余额账户用款额度/银行存款等［发生的归属于调入方的相关费用］ 如无偿调入的文物文化资产成本无法可靠取得的 借：其他费用［发生的归属于调入方的相关费用］ 　　贷：财政拨款收入/零余额账户用款额度/银行存款等		借：其他支出［支付的归属于调入方的相关费用］ 　　贷：财政拨款预算收入/资金结存	
接受捐赠的文物文化资产	借：文物文化资产 　　贷：捐赠收入 　　　　财政拨款收入/零余额账户用款额度/银行存款［发生的归属于捐入方的相关费用］ 接受捐赠的文物文化资产成本无法可靠取得的 借：其他费用［发生的归属于捐入方的相关费用］ 　　贷：财政拨款收入/零余额账户用款额度/银行存款等		借：其他支出［支付的归属于捐入方的相关费用］ 　　贷：资金结存等	

2. 按照规定处置文物文化资产

具体账务处理如表3-33所示。

表3-33 文物文化资产平行记账账务处理之二

情形	财务会计		预算会计	
	行政单位	事业单位	行政单位	事业单位
对外捐赠文物文化资产	借：资产处置费用 　贷：文物文化资产［账面余额］ 　　　银行存款等［归属于捐出方的相关费用］		借：其他支出［支付的归属于捐出方的相关费用］ 　贷：资金结存等	
无偿调出文物文化资产	借：无偿调拨净资产 　贷：文物文化资产［账面余额］ 借：资产处置费用 　贷：银行存款等［归属于调出方的相关费用］		借：其他支出［支付的归属于调出方的相关费用］ 　贷：资金结存等	

3. 盘点文物文化资产

具体账务处理如表3-34所示。

表3-34 文物文化资产平行记账账务处理之三

情形	财务会计		预算会计	
	行政单位	事业单位	行政单位	事业单位
盘盈时	借：文物文化资产 　贷：待处理财产损溢		—	
盘亏、毁损、报废时	借：待处理财产损溢 　贷：文物文化资产［账面余额］		—	

（三）行政单位平行记账核算举例

【例3-83】 某行政单位在2月份接受私人捐赠的一套书稿陈列品，价值500 000元。发生相关手续费用5 000元。3月份该单位无偿调拨一套书稿陈列品给下属博物馆，价值200 000元，发生相关手续费用3 000元。平行记账账务处理如下：

（1）财务会计账务处理如下：

① 接受捐赠文物：

借：文物文化资产　　　　　　　　　　　　　　505 000
　　贷：捐赠收入　　　　　　　　　　　　　　　　500 000
　　　　银行存款　　　　　　　　　　　　　　　　　5 000

第3章 资　产（二）

② 无偿调拨文物：
借：无偿调拨净资产　　　　　　　　　　　　203 000
　　贷：文物文化资产　　　　　　　　　　　　　　200 000
　　　　银行存款　　　　　　　　　　　　　　　　　3 000
（2）预算会计账务处理如下：
① 接受捐赠文物：
借：其他支出　　　　　　　　　　　　　　　　5 000
　　贷：资金结存——货币资金　　　　　　　　　　5 000
② 无偿调拨文物：
借：其他支出　　　　　　　　　　　　　　　　3 000
　　贷：资金结存——货币资金　　　　　　　　　　3 000

（四）事业单位平行记账核算举例

【例3-84】　某事业单位在2月份接受私人捐赠的一套书稿陈列品，价值500 000元。发生相关手续费用5 000元。3月份该单位无偿调拨一套书稿陈列品给下属博物馆，价值200 000元，发生相关手续费用3 000元。平行记账账务处理如下：
（1）财务会计账务处理如下：
①接受捐赠文物：
借：文物文化资产　　　　　　　　　　　　　505 000
　　贷：捐赠收入　　　　　　　　　　　　　　　　500 000
　　　　银行存款　　　　　　　　　　　　　　　　　5 000
② 无偿调拨文物：
借：无偿调拨净资产　　　　　　　　　　　　203 000
　　贷：文物文化资产　　　　　　　　　　　　　　200 000
　　　　银行存款　　　　　　　　　　　　　　　　　3 000
（2）预算会计账务处理如下：
①接受捐赠文物：
借：其他支出　　　　　　　　　　　　　　　　5 000
　　贷：资金结存——货币资金　　　　　　　　　　5 000
② 无偿调拨文物：
借：其他支出　　　　　　　　　　　　　　　　3 000
　　贷：资金结存——货币资金　　　　　　　　　　3 000

五、保障性住房

（一）"保障性住房"科目核算的内容

"保障性住房"科目核算单位为满足社会公共需求而控制的保障性住房的原值。

"保障性住房"科目应当按照保障性住房的类别、项目等进行明细核算。

"保障性住房"科目期末借方余额，反映保障性住房的原值。

（二）"保障性住房"科目平行记账账务处理

1. 保障性住房取得

具体账务处理如表3-35所示。

表3-35　保障性住房平行记账账务处理之一

情形	财务会计		预算会计	
	行政单位	事业单位	行政单位	事业单位
外购的保障性住房	借：保障性住房 　贷：财政拨款收入/零余额账户用款额度/银行存款等	借：行政支出 　贷：财政拨款预算收入/资金结存	借：事业支出 　贷：财政拨款预算收入/资金结存
自行建造的保障性住房，工程完工交付使用时	借：保障性住房 　贷：在建工程	—	
无偿调入的保障性住房	借：保障性住房 　贷：银行存款/零余额账户用款额度等［发生的相关费用］ 　　无偿调拨净资产［差额］	借：其他支出［支付的相关税费］ 　贷：资金结存等	

2. 出租保障性住房

具体账务处理如表3-36所示。

表3-36　保障性住房平行记账账务处理之二

情形	财务会计		预算会计	
	行政单位	事业单位	行政单位	事业单位
按照收取或应收的租金金额	借：银行存款/应收账款 　贷：应缴财政款		—	

3. 处置保障性住房

具体账务处理如表3-37所示。

表3-37　保障性住房平行记账账务处理之三

情形	财务会计		预算会计	
	行政单位	事业单位	行政单位	事业单位
出售保障性住房	借：资产处置费用 　　保障性住房累计折旧 　贷：保障性住房［账面余额］ 借：银行存款［处置保障性住房收到的价款］ 　贷：应缴财政款 　　银行存款等［发生的相关费用］		—	
无偿调出保障性住房	借：无偿调拨净资产 　　保障性住房累计折旧 　贷：保障性住房［账面余额］ 借：资产处置费用 　贷：银行存款等［归属于调出方的相关费用］		借：其他支出 　贷：资金结存等	

4. 保障性住房定期盘点清查

具体账务处理如表3-38所示。

表3-38　保障性住房平行记账账务处理之四

情形	财务会计		预算会计	
	行政单位	事业单位	行政单位	事业单位
盘盈的保障性住房	借：保障性住房 　贷：待处理财产损溢		—	
盘亏、毁损或报废的保障性住房	借：待处理财产损溢［账面价值］ 　　保障性住房累计折旧 　贷：保障性住房［账面余额］		—	

（三）行政单位平行记账核算举例

【例3-85】　某行政单位为解决职工住宿问题，外购政府开发的保障性住房10套，共值3 000 000元，用财政直接支付的方式支付。该住房用于出租给本单位职工，月租金为600元。平行记账账务处理如下：

（1）财务会计账务处理如下：

①购买保障性住房时：
借：保障性住房　　　　　　　　　　　　　　　3 000 000
　　贷：财政拨款收入　　　　　　　　　　　　　　　3 000 000
②出租保障性住房，收取房租时：
借：银行存款　　　　　　　　　　　　　　　　　6 000
　　贷：应缴财政款　　　　　　　　　　　　　　　　　6 000
（2）预算会计账务处理如下：
①购买保障性住房时：
借：行政支出　　　　　　　　　　　　　　　　　3 000 000
　　贷：财政拨款预算收入　　　　　　　　　　　　　3 000 000
②出租保障性住房时：
不涉及账务处理。

【例3-86】　某行政单位将自行建造的保障性住房出售给本单位职工，共10套，每套价值100 000元。该保障性住房原账面价值为3 000 000元，已计提折旧2 000 000元。平行记账账务处理如下：

（1）财务会计账务处理如下：
借：资产处置费用　　　　　　　　　　　　　　　1 000 000
　　保障性住房累计折旧　　　　　　　　　　　　　2 000 000
　　贷：保障性住房　　　　　　　　　　　　　　　　3 000 000
借：银行存款　　　　　　　　　　　　　　　　　1 000 000
　　贷：应缴财政款　　　　　　　　　　　　　　　　1 000 000

（2）预算会计不涉及账务处理。

【例3-87】　某行政单位在盘查保障性住房时，发现有一处房屋因为遭受过火灾，已经无法继续使用。该处房屋账面价值250 000元，已计提折旧100 000元。平行记账账务处理如下：

（1）财务会计账务处理如下：
借：待处理财产损溢　　　　　　　　　　　　　　150 000
　　保障性住房累计折旧　　　　　　　　　　　　　100 000
　　贷：保障性住房　　　　　　　　　　　　　　　　250 000

（2）预算会计不涉及账务处理。

（四）事业单位平行记账核算举例

【例3-88】　某事业单位为解决职工住宿问题，外购政府开发的保障性住房10套，共3 000 000元，用财政直接支付的方式支付。该住房用于出租给本单位职工使用，月租金600元。平行记账账务处理如下：

（1）财务会计账务处理如下：

①购买保障性住房时：

借：保障性住房　　　　　　　　　　　　　　　　3 000 000
　　贷：财政拨款收入　　　　　　　　　　　　　　　　3 000 000

②出租保障性住房时：

借：银行存款　　　　　　　　　　　　　　　　　　6 000
　　贷：应缴财政款　　　　　　　　　　　　　　　　　　6 000

（2）预算会计账务处理如下：

①购买保障性住房时：

借：事业支出　　　　　　　　　　　　　　　　　　3 000 000
　　贷：财政拨款预算收入　　　　　　　　　　　　　　3 000 000

②出租保障性住房时：

不涉及账务处理。

【例3-89】　某事业单位将自行建造的保障性住房出售给本单位职工，共10套，每套价值100 000元。该保障性住房原账面价值为3 000 000元，已计提折旧2 000 000元。平行记账账务处理如下：

（1）财务会计账务处理如下：

借：资产处置费用　　　　　　　　　　　　　　　　1 000 000
　　保障性住房累计折旧　　　　　　　　　　　　　　2 000 000
　　贷：保障性住房　　　　　　　　　　　　　　　　　　3 000 000

借：银行存款　　　　　　　　　　　　　　　　　　1 000 000
　　贷：应缴财政款　　　　　　　　　　　　　　　　　　1 000 000

（2）预算会计不涉及账务处理。

【例3-90】　某事业单位在盘查保障性住房时，发现有一处房屋因为遭受过火灾，已经无法继续使用。该处房屋账面价值为250 000元，已计提折旧100 000元。平行记账账务处理如下：

（1）财务会计账务处理如下：

借：待处理财产损溢　　　　　　　　　　　　　　　150 000
　　保障性住房累计折旧　　　　　　　　　　　　　　100 000
　　贷：保障性住房　　　　　　　　　　　　　　　　　　250 000

（2）预算会计不涉及账务处理。

六、保障性住房累计折旧

(一)"保障性住房累计折旧"科目核算的内容

"保障性住房累计折旧"科目核算单位计提的保障性住房的累计折旧。

"保障性住房累计折旧"科目应当按照所对应保障性住房的类别进行明细核算。

单位应当参照《企业会计准则第 3 号——固定资产》及其应用指南的相关规定,按月对其控制的保障性住房计提折旧。

"保障性住房累计折旧"科目期末贷方余额,反映单位计提的保障性住房折旧累计数。

(二)"保障性住房累计折旧"科目平行记账账务处理

具体账务处理如表 3-39 所示。

表 3-39　保障性住房累计折旧平行记账账务处理

情形	财务会计		预算会计	
	行政单位	事业单位	行政单位	事业单位
按月计提保障性住房折旧时	借:业务活动费用 　贷:保障性住房累计折旧		—	
处置保障性住房时	借:待处理财产损溢/无偿调拨净资产/资产处置费用等 　　保障性住房累计折旧 　贷:保障性住房[账面余额]		涉及资金支付的,参照"保障性住房"科目的相关账务处理	

(三)行政单位平行记账核算举例

【例 3-91】　某行政单位拥有 10 套保障性住房,账面价值为 3 000 000 元,根据预计使用年限,每年需计提折旧 60 000 元。每月计提折旧 5 000 元,平行记账账务处理如下:

(1)财务会计账务处理如下:

借:业务活动费用　　　　　　　　　　　　　　　5 000
　　贷:保障性住房累计折旧　　　　　　　　　　　　　5 000

(2)预算会计不涉及账务处理。

【例 3-92】　某行政单位欲将拥有的 10 套保障性住房,无偿调拨给下级事业单位解决职工住宿问题，账面价值为 3 000 000 元，已计提折旧 1 000 000 元，平行记账账务处理如下：

（1）财务会计账务处理如下：

借：无偿调拨净资产　　　　　　　　　　　　　　2 000 000
　　保障性住房累计折旧　　　　　　　　　　　　1 000 000
　　　贷：保障性住房［账面余额］　　　　　　　　　　3 000 000

（2）预算会计不涉及账务处理。

（四）事业单位平行记账核算举例

【例3-93】 某事业单位拥有 10 套保障性住房，账面价值为 3 000 000 元，根据预计使用年限，每年需计提折旧 60 000 元。每月计提折旧 5 000 元，平行记账账务处理如下：

（1）财务会计账务处理如下：

借：业务活动费用　　　　　　　　　　　　　　　　5 000
　　　贷：保障性住房累计折旧　　　　　　　　　　　　　5 000

（2）预算会计不涉及账务处理。

【例3-94】 某事业单位欲将拥有的 10 套保障性住房，无偿调拨给下级事业单位解决职工住宿问题，账面价值为 3 000 000 元，已计提折旧 1 000 000 元，平行记账账务处理如下：

（1）财务会计账务处理如下：

借：无偿调拨净资产　　　　　　　　　　　　　　2 000 000
　　保障性住房累计折旧　　　　　　　　　　　　1 000 000
　　　贷：保障性住房［账面余额］　　　　　　　　　　3 000 000

（2）预算会计不涉及账务处理。

七、受托代理资产

（一）"受托代理资产"科目核算的内容

"受托代理资产"科目核算单位接受委托方委托管理的各项资产，包括受托指定转赠的物资、受托存储保管的物资等的成本。

单位管理的罚没物资也应当通过"受托代理资产"科目核算。

单位收到的受托代理资产为现金和银行存款的，不通过"受托代理资产"科目核算，应当通过"库存现金""银行存款"科目进行核算。

"受托代理资产"科目应当按照资产的种类和委托人的不同进行明细核

算；属于转赠资产的，还应当按照受赠人进行明细核算。

"受托代理资产"科目期末借方余额，反映单位受托代理实物资产的成本。

（二）"受托代理资产"科目平行记账账务处理

1. 受托转赠物资

具体账务处理如表3-40所示。

表3-40 受托代理资产平行记账账务处理之一

情形	财务会计		预算会计	
	行政单位	事业单位	行政单位	事业单位
接受委托人委托需要转赠给受赠人的物资	借：受托代理资产 　贷：受托代理负债		—	
受托协议约定由受托方承担相关税费、运输费的	借：其他费用 　贷：财政拨款收入/零余额账户用款额度/银行存款等		借：其他支出[实际支付的相关税费、运输费等] 　贷：财政拨款预算收入/资金结存	
将受托转赠物资交付受赠人时	借：受托代理负债 　贷：受托代理资产		—	
转赠物资的委托人取消了对捐赠物资的转赠要求，且不再收回捐赠物资的	借：受托代理负债 　贷：受托代理资产 借：库存物品/固定资产等 　贷：其他收入		—	

2. 受托储存保管物资

具体账务处理如表3-41所示。

表3-41 受托代理资产平行记账账务处理之二

情形	财务会计		预算会计	
	行政单位	事业单位	行政单位	事业单位
接受委托人委托储存保管的物资	借：受托代理资产 　贷：受托代理负债		—	
支付由受托单位承担的与受托储存保管的物资相关的运输费、保管费等	借：其他费用等 　贷：财政拨款收入/零余额账户用款额度/银行存款等		借：其他支出等[实际支付的运输费、保管费等] 　贷：财政拨款预算收入/资金结存	

(续表)

情形	财务会计		预算会计	
	行政单位	事业单位	行政单位	事业单位
根据委托人要求交付受托储存保管的物资时	借：受托代理负债 　　贷：受托代理资产		—	

3. 罚没物资

具体账务处理如表 3-42 所示。

表 3-42　受托代理资产平行记账账务处理之三

情形	财务会计		预算会计	
	行政单位	事业单位	行政单位	事业单位
取得罚没物资时	借：受托代理资产 　　贷：受托代理负债		—	
按照规定处置罚没物资时	借：受托代理负债 　　贷：受托代理资产 处置时取得款项的 借：银行存款等 　　贷：应缴财政款		—	

（三）行政单位平行记账核算举例

【例 3-95】　某行政单位收到某社会团体委托代管的实物资产一批，价值 2 000 000 元人民币，根据代管协议，该物资次年用于西部扶贫项目，平行记账账务处理如下：

（1）财务会计账务处理如下：

借：受托代理资产　　　　　　　　　　　　　　　　2 000 000
　　贷：受托代理负债　　　　　　　　　　　　　　　　2 000 000

（2）预算会计不涉及账务处理。

【例 3-96】　接上例，该单位将该批物资运往西部时，发生运输等相关费用 50 000 元，并将物资交付当地的志愿者组织。平行记账账务处理如下：

（1）财务会计账务处理如下：

借：其他费用　　　　　　　　　　　　　　　　　　　50 000
　　贷：银行存款　　　　　　　　　　　　　　　　　　　50 000

借：受托代理负债 2 000 000
　　贷：受托代理资产 2 000 000

（2）预算会计账务处理如下：

借：其他支出 50 000
　　贷：资金结存——货币资金 50 000

【例3-97】 某行政单位委托代管某社会团体捐赠的医疗器材，价值1 000 000元，用于西南地区老年白内障治疗。但在次年捐赠的时候，该社会团体决定取消对捐赠物资的转赠要求，改为给该行政单位离退休人员使用，且不再收回。平行记账账务处理如下：

（1）财务会计账务处理如下：

借：受托代理负债 1 000 000
　　贷：受托代理资产 1 000 000
借：库存物品 1 000 000
　　贷：其他收入 1 000 000

（2）预算会计不涉及账务处理。

（四）事业单位平行记账核算举例

【例3-98】 某事业单位收到海外华侨组织委托代管的实物资产一批，价值2 000 000元人民币，根据代管协议，该物资次年用于西部扶贫项目，平行记账账务处理如下：

（1）财务会计账务处理如下：

借：受托代理资产 2 000 000
　　贷：受托代理负债 2 000 000

（2）预算会计不涉及账务处理。

【例3-99】 接上例，该单位将该批物资运往西部时，发生运输等相关费用50 000元，并将物资交付当地的志愿者组织。平行记账账务处理如下：

（1）财务会计账务处理如下：

借：其他费用 50 000
　　贷：银行存款 50 000
借：受托代理负债 2 000 000
　　贷：受托代理资产 2 000 000

（2）预算会计账务处理如下：

借：其他支出 50 000
　　贷：资金结存——货币资金 50 000

【例3-100】 某事业单位委托代管海外华侨组织捐赠的医疗器材,价值1 000 000元,用于西南地区老年白内障治疗。但在次年捐赠的时候,海外华侨决定取消对捐赠物资的转赠要求,改用于该单位实验室新治疗手段的临床试验,且不再收回。平行记账账务处理如下:

(1)财务会计账务处理如下:
借:受托代理负债　　　　　　　　　　　　1 000 000
　　贷:受托代理资产　　　　　　　　　　　　　1 000 000
借:库存物品　　　　　　　　　　　　　　　1 000 000
　　贷:其他收入　　　　　　　　　　　　　　　1 000 000

(2)预算会计不涉及账务处理。

第三节　其　他　类

一、待处理财产损溢

(一)"待处理财产损溢"科目核算的内容

"待处理财产损溢"科目核算单位在资产清查过程中查明的各种资产盘盈、盘亏和报废、毁损的价值。

"待处理财产损溢"科目应当按照待处理的资产项目进行明细核算;对于在资产处理过程中取得收入或发生相关费用的项目,还应当设置"待处理财产价值""处理净收入"明细科目,进行明细核算。

单位资产清查中查明的资产盘盈、盘亏、报废和毁损,一般应当先记入"待处理财产损溢"科目,按照规定报经批准后及时进行账务处理。年末结账前一般应处理完毕。

"待处理财产损溢"科目期末如为借方余额,反映尚未处理完毕的各种资产的净损失;期末如为贷方余额,反映尚未处理完毕的各种资产净溢余。年末,经批准处理后,"待处理财产损溢"科目一般应无余额。

(二)"待处理财产损溢"科目平行记账账务处理

1. 账款核对时发现的现金短缺或溢余

参照"库存现金"科目的账务处理。

2. 盘盈的非现金资产

具体账务处理如表3-43所示。

表3-43 待处理财产损溢平行记账账务处理之一

情形	财务会计		预算会计	
	行政单位	事业单位	行政单位	事业单位
转入待处理财产时	借：库存物品/固定资产/无形资产/公共基础设施/政府储备物资/文物文化资产/保障性住房等 贷：待处理财产损溢	—		
报经批准后处理时 对于流动资产	借：待处理财产损溢 贷：业务活动费用	借：待处理财产损溢 贷：单位管理费用	—	
对于非流动资产	借：待处理财产损溢 贷：以前年度盈余调整		—	

3. 盘亏或毁损、报废的非现金资产

具体账务处理如表3-44所示。

表3-44 待处理财产损溢平行记账账务处理之二

情形	财务会计		预算会计	
	行政单位	事业单位	行政单位	事业单位
转入待处理财产时	借：待处理财产损溢——待处理财产价值 　　固定资产累计折旧/公共基础设施累计折旧（摊销）/无形资产累计摊销/保障性住房累计折旧 贷：库存物品/固定资产/公共基础设施/无形资产/政府储备物资/文物文化资产/保障性住房等		—	
报经批准处理时	借：资产处置费用 贷：待处理财产损溢——待处理财产价值		—	
处理毁损、报废实物资产过程中取得的残值或残值变价收入、保险理赔或过失人赔偿等	借：库存现金/银行存款/库存物品/其他应收款等 贷：待处理财产损溢——处理净收入		—	

（续表）

情形	财务会计		预算会计	
	行政单位	事业单位	行政单位	事业单位
处理毁损、报废实物资产过程中发生的相关费用	借：待处理财产损溢——处理净收入 贷：库存现金/银行存款等		—	
处理收支结清，处理收入大于相关费用的	借：待处理财产损溢——处理净收入 贷：应缴财政款		—	
处理收支结清，处理收入小于相关费用的	借：资产处置费用 贷：待处理财产损溢——处理净收入		借：其他支出 贷：资金结存等 ［支付的处理净支出］	

（三）行政单位平行记账核算举例

【例3-101】 某行政单位在年末盘点库存物品时，盘盈了部分库存物品，价值1 000元，报经批准处理。平行记账账务处理如下：

（1）财务会计账务处理如下：

借：库存物品　　　　　　　　　　　　　　　　　1 000
　　贷：待处理财产损溢　　　　　　　　　　　　　　1 000

报经批准后：

借：待处理财产损溢　　　　　　　　　　　　　　1 000
　　贷：以前年度盈余调整　　　　　　　　　　　　　1 000

（2）预算会计不涉及账务处理。

【例3-102】 某行政单位年末盘查固定资产时，对一台专用设备进行报废处理。该设备价值10 000元，已提折旧8 000元。报经批准后，将该设备进行变卖，发生相关费用500元，取得残值收入1 000元。平行记账账务处理如下：

（1）财务会计账务处理如下：

借：待处理财产损溢——待处理财产价值　　　　　2 000
　　固定资产累计折旧　　　　　　　　　　　　　　8 000
　　贷：固定资产　　　　　　　　　　　　　　　　　10 000

报经批准处理时：

借：资产处置费用　　　　　　　　　　　　　　　2 000
　　贷：待处理财产损溢——待处理财产价值　　　　　2 000
借：银行存款　　　　　　　　　　　　　　　　　1 000

贷：待处理财产损溢——处理净收入　　　　　　　　　　1 000
　　借：待处理财产损溢——处理净收入　　　　　　　　　　500
　　　　贷：银行存款　　　　　　　　　　　　　　　　　　500
　　借：待处理财产损溢——处理净收入　　　　　　　　　　500
　　　　贷：应缴财政款　　　　　　　　　　　　　　　　　500
　（2）预算会计不涉及账务处理。

【例3-103】 接上例，如果报经批准后，将该设备进行变卖，发生相关费用1 500元，取得残值收入1 000元。平行记账账务处理如下：

（1）财务会计账务处理如下：
　　借：银行存款　　　　　　　　　　　　　　　　　　　1 000
　　　　贷：待处理财产损溢——处理净收入　　　　　　　　1 000
　　借：待处理财产损溢——处理净收入　　　　　　　　　　1 500
　　　　贷：银行存款　　　　　　　　　　　　　　　　　　1 500
　　借：资产处置费用　　　　　　　　　　　　　　　　　　500
　　　　贷：待处理财产损溢——处理净收入　　　　　　　　500

（2）预算会计账务处理如下：
　　借：其他支出　　　　　　　　　　　　　　　　　　　　500
　　　　贷：资金结存——货币资金　　　　　　　　　　　　500

（四）事业单位平行记账核算举例

【例3-104】 某事业单位在年末盘点库存物品时，盘盈了10套试验用材料，价值1 000元，报经批准处理。平行记账账务处理如下：

（1）财务会计账务处理如下：
　　借：库存物品　　　　　　　　　　　　　　　　　　　　1 000
　　　　贷：待处理财产损溢　　　　　　　　　　　　　　　1 000
　报经批准后：
　　借：待处理财产损溢　　　　　　　　　　　　　　　　　1 000
　　　　贷：以前年度盈余调整　　　　　　　　　　　　　　1 000

（2）预算会计不涉及账务处理。

【例3-105】 某事业单位年末盘查固定资产时，对一台试验用设备进行报废处理。该设备价值10 000元，已提折旧8 000元。报经批准后，将该设备进行变卖，发生相关费用500元，取得残值收入1 000元。平行记账账务处理如下：

（1）财务会计账务处理如下：

借：待处理财产损溢——待处理财产价值 2 000
　　固定资产累计折旧 8 000
　　贷：固定资产 10 000

报经批准处理时：

借：资产处置费用 2 000
　　贷：待处理财产损溢——待处理财产价值 2 000

借：银行存款 1 000
　　贷：待处理财产损溢——处理净收入 1 000

借：待处理财产损溢——处理净收入 500
　　贷：银行存款 500

借：待处理财产损溢——处理净收入 500
　　贷：应缴财政款 500

（2）预算会计不涉及账务处理。

【例 3-106】 接上例，如果报经批准后，将该设备进行变卖，发生相关费用 1 500 元，取得残值收入 1 000 元。平行记账账务处理如下：

（1）财务会计账务处理如下：

借：银行存款 1 000
　　贷：待处理财产损溢——处理净收入 1 000

借：待处理财产损溢——处理净收入 1 500
　　贷：银行存款 1 500

借：资产处置费用 500
　　贷：待处理财产损溢——处理净收入 500

（2）预算会计账务处理如下：

借：其他支出 500
　　贷：资金结存——货币资金 500

第4章 负债业务

第一节 负债概述

一、负债总体介绍

（一）负债定义

费用是政府财务会计五要素之一。负债是指政府会计主体过去的经济业务或者事项形成的，预期会导致经济资源流出政府会计主体的现时义务。现时义务是指政府会计主体在现行条件下已承担的义务。未来发生的经济业务或者事项形成的义务不属于现时义务，不应当确认为负债。

（二）会计科目

政府会计制度明确规定，财务会计要素中的负债类共有16个会计科目，分别为"短期借款""应交增值税""其他应交税费""应缴财政款""应付职工薪酬""应付票据""应付账款""应付政府补贴款""应付利息""预收账款""其他应付款""预提费用""长期借款""长期应付款""预计负债""受托代理负债"。其中事业单位单独使用会计科目5个（"短期借款""应付票据""应付利息""预收账款""长期借款"），行政单位单独使用会计科目1个（"应付政府补贴款"）。行政事业单位同时使用会计科目10个（"应交增值税""其他应交税费""应缴财政款""应付职工薪酬""应付账款""其他应付款""预提费用""长期应付款""预计负债""受托代理负债")。具体如表4-1所示。

表4-1 负债类会计科目使用范围表

财务会计负债类（16）		行政单位	事业单位
科目代码	科目名称		
2001	短期借款		√
2101	应交增值税	√	√
2102	其他应交税费	√	√
2103	应缴财政款	√	√
2201	应付职工薪酬	√	√
2301	应付票据		√
2302	应付账款	√	√
2303	应付政府补贴款	√	
2304	应付利息		√
2305	预收账款		√
2307	其他应付款	√	√
2401	预提费用	√	√
2501	长期借款		√
2502	长期应付款	√	√
2601	预计负债	√	√
2901	受托代理负债	√	√

二、负债分类与计量

（一）负债的分类

政府会计主体的负债按照流动性分为流动负债和非流动负债。流动负债是指预计在1年内（含1年）偿还的负债，包括短期借款、应付及预收款项、应付职工薪酬、应缴款项等。非流动负债是指预计在1年以上的负债，包括长期应付款、应付政府债券和政府依法担保形成的债务等。

(二) 负债的确认和计量

1. 负债的确认

符合负债定义的义务，在同时满足以下条件时，确认为负债：

（1）履行该义务很可能导致含有服务潜力或者经济利益的经济资源流出政府会计主体；

（2）该义务的金额能够可靠地计量。

2. 负债的计量

负债的计量属性主要包括历史成本、现值和公允价值。

在历史成本计量属性下，负债按照因承担现时义务而实际收到的款项或者资产的金额，或者承担现时义务的合同金额，或者按照为偿还负债预期需要支付的现金计量。

在现值计量属性下，负债按照预计期限内需要偿还的未来净现金流出量的折现金额计量。

在公允价值计量属性下，负债按照市场参与者在计量日发生的有序交易中，转移负债所需支付的价格计量。

政府会计主体在对负债进行计量时，一般应当采用历史成本属性。采用现值、公允价值计量的，应当保证所确定的负债金额能够持续、可靠计量。

三、负债类科目新旧制度对比

政府会计制度针对所有政府会计主体，本文主要将行政事业单位按照《行政单位会计制度》《事业单位会计制度》执行的原会计科目与政府会计制度会计科目进行对比。政府会计制度负债类会计科目共16个，原事业单位负债类会计科目共11个，原行政单位负债类会计科目共8个。新制度对行政事业单位进行了整合。

(一) 行政单位新旧制度会计科目对比

（1）未发生变化的科目有7个：行政单位原使用的"受托代理负债""应付职工薪酬""应付账款""应付政府补贴款""其他应付款""长期应付款""受托代理负债"等科目保留。

（2）统一使用"应交增值税"和"其他应交税费"会计科目。行政单位原使用的"应缴税费"科目取消。

（3）新增加的科目有2个："预提费用""预计负债"。

具体对比如表 4-2 所示。

表 4-2　行政单位负债类新旧会计科目差异对比表

原事业单位会计科目		政府会计制度财务会计科目		新制度科目说明
科目编码	科目名称	科目编号	科目名称	
2101	应缴税费	2101	应交增值税	核算行政单位按照税法规定计算应缴纳的增值税
		2102	其他应交税费	核算行政单位按照税法等规定计算应缴纳的除增值税以外的各种税费
2001	应缴财政款	2103	应缴财政款	核算行政单位取得或应收的按照规定应当上缴财政的款项
2201	应付职工薪酬	2201	应付职工薪酬	核算行政单位按照有关规定应付给职工（含长期聘用人员）及为职工支付的各种薪酬
2301	应付账款	2302	应付账款	核算行政单位因购买物资、接受服务、开展工程建设等而应付的偿还期限在 1 年以内（含 1 年）的款项
2302	应付政府补贴款	2303	应付政府补贴款	核算负责发放政府补贴的行政单位，按照规定应当支付给政府补贴接受者的各种政府补贴款
2305	其他应付款	2307	其他应付款	核算行政单位其他各项偿还期限在 1 年内（含 1 年）的应付及暂收款项
—	—	2401	预提费用	新增科目，核算行政单位预先提取的已经发生但尚未支付的费用
2401	长期应付款	2502	长期应付款	核算行政单位发生的偿还期限超过 1 年（不含 1 年）的应付款项
—	—	2601	预计负债	新增设科目，核算行政单位对因或有事项所产生的现时义务而确认的负债
2901	受托代理负债	2901	受托代理负债	核算行政单位接受委托取得受托代理资产时形成的负债

（二）事业单位新旧制度会计科目对比

（1）未发生变化的科目有 8 个：事业单位原使用的"短期借款""应

付职工薪酬""应付票据""应付账款""预收账款""其他应付款""长期应付款""长期借款"等科目保留。

（2）发生变化的科目有：

①统一使用"应缴财政款"科目。事业单位原使用的"应缴国库款""应缴财政专户款"会计科目取消。

②统一使用"应交增值税"和"其他应交税费"会计科目。事业单位原使用的"应缴税费"科目取消。

（3）新增加的科目有4个："应付利息""预提费用""预计负债""受托代理负债"。

具体对比如表4-3所示。

表4-3 事业单位负债类新旧会计科目对比表

原事业单位会计科目		政府会计制度财务会计科目		新制度科目说明
科目编码	科目名称	科目编号	科目名称	
2001	短期借款	2001	短期借款	核算事业单位经批准向银行或其他金融机构等借入的期限在1年内（含1年）的各种借款
2101	应缴税费	2101	应交增值税	核算事业单位按照税法规定计算应缴纳的增值税
		2102	其他应交税费	核算单位按照税法等规定计算应缴纳的除增值税以外的各种税费
2102	应缴国库款	2103	应缴财政款	核算事业单位取得或应收的按照规定应当上缴财政的款项
2103	应缴财政专户款			
2201	应付职工薪酬	2201	应付职工薪酬	核算事业单位按照有关规定应付给职工（含长期聘用人员）及为职工支付的各种薪酬
2301	应付票据	2301	应付票据	核算事业单位因购买材料、物资等而开出、承兑的商业汇票，包括银行承兑汇票和商业承兑汇票
2302	应付账款	2302	应付账款	核算事业单位因购买物资、接受服务、开展工程建设等而应付的偿还期限在1年以内（含1年）的款项
—	—	2304	应付利息	新增科目，核算事业单位按照合同约定应支付的借款利息
2303	预收账款	2305	预收账款	核算事业单位预先收取但尚未结算的款项

第 4 章 负债业务

（续表）

原事业单位会计科目		政府会计制度财务会计科目		新制度科目说明
科目编码	科目名称	科目编号	科目名称	
2305	其他应付款	2307	其他应付款	本科目核算事业单位其他各项偿还期限在1年内（含1年）的应付及暂收款项
—	—	2401	预提费用	新增科目，核算事业单位预先提取的已经发生但尚未支付的费用
2401	长期借款	2501	长期借款	核算单位经批准向银行或其他金融机构等借入的期限超过1年（不含1年）的各种借款本息
2402	长期应付款	2502	长期应付款	核算事业单位发生的偿还期限超过1年（不含1年）的应付款项
—	—	2601	预计负债	新增科目，核算事业单位对因或有事项所产生的现时义务而确认的负债
—	—	2901	受托代理负债	新增科目，核算事业单位接受委托取得受托代理资产时形成的负债

四、负债类科目与预算会计科目衔接

（1）短期借款。"短期借款"科目在财务会计中核算事业单位借入各种短期借款、银行承兑汇票到期本单位无力支付票款以及归还短期借款等业务时，因涉及纳入部门预算管理的现金收支业务需要同时进行预算会计核算。预算会计通过"债务预算收入""债务还本支出""经营支出"以及"资金结存"等预算会计科目核算。

（2）长期借款。"长期借款"科目在财务会计中核算事业单位借入各项长期借款、实际支付利息以及归还长期借款本金和利息（属于到期一次还本付息的长期借款利息）等业务时，因涉及纳入部门预算管理的现金收支业务需要同时进行预算会计核算，预算会计通过"债务预算收入""债务还本支出""其他支出"以及"资金结存"等预算会计科目核算。

（3）应付利息。"应付利息"科目在财务会计中核算事业单位实际支付短期借款、长期借款（属于到期还本、分期付息的长期借款利息）等应支付的利息业务时，因涉及纳入部门预算管理的现金收支业务需要同时进行预算会计核算，预算会计通过"其他支出"以及"资金结存"等预算会计科目核算。

（4）应交增值税。"应交增值税"科目在财务会计中核算单位购入应税资产或服务、购进应税不动产或在建工程，按规定分年抵扣进项税额的、购进资产或服务时作为扣缴义务人、销售应税产品或提供应税服务以及缴纳增值税等业务时，因涉及纳入部门预算管理的现金收支业务需要同时进行预算会计核算，预算会计通过"行政支出""事业支出""经营支出""事业预算收入""经营预算收入""投资预算收益"以及"资金结存"等预算会计科目核算。

（5）其他应交税费。"其他应交税费"科目在财务会计中核算单位除增值税以外的其他各种税费实际缴纳业务时，因涉及纳入部门预算管理的现金收支业务需要同时进行预算会计核算，预算会计通过"行政支出""事业支出""经营支出""财政拨款预算收入""非财政拨款结余"以及"资金结存"等预算会计科目核算。

（6）应付职工薪酬。"应付职工薪酬"科目在财务会计中核算单位向职工支付工资、津贴补贴等薪酬，按照规定缴纳职工社会保险费和住房公积以及从应付职工薪酬中支付的其他款项等业务时，因涉及纳入部门预算管理的现金收支业务需要同时进行预算会计核算，预算会计通过"行政支出""事业支出""经营支出""财政拨款预算收入"和"资金结存"等预算会计科目核算。

（7）应付票据。"应付票据"科目在财务会计中核算事业单位支付银行承兑汇票的手续费，商业汇票到期支付到期票据，或者银行承兑汇票到期时单位无力支付票款等业务时，因涉及纳入部门预算管理的现金收支业务需要同时进行预算会计核算，预算会计通过"事业支出""经营支出""债务预算收入""资金结存"等预算会计科目核算。

（8）应付账款。"应付账款"科目在财务会计中核算单位偿付应付账款业务时，因涉及纳入部门预算管理的现金收支业务需要同时进行预算会计核算，预算会计通过"行政支出""事业支出""财政补助预算拨款收入"以及"资金结存"等预算会计科目核算。

（9）预收账款。"预收账款"科目在财务会计中核算事业单位从付款方预收款项，确认有关收入等业务时，因涉及纳入部门预算管理的现金收支业务需要同时进行预算会计核算，预算会计通过"事业预算收入""经营预算收入"以及"资金结存"等预算会计科目核算。

（10）其他应付款。"其他应付款"科目在财务会计中核算单位暂收款项确认收入，同级财政部门预拨下期预算款在下一预算期确认收入，没有纳入预算的暂付款项批准纳入预算确认收入时以及支付其他应付款项等业务时，因涉及纳入部门预算管理的现金收支业务需要同时进行预算会计核算，预算会计通过"事业预算收入""财政拨款预算收入""行政支出""事业支出"

以及"资金结存"等预算会计科目核算。

（11）长期应付款。"长期应付款"科目在财务会计中核算单位支付长期应付款业务时，因涉及纳入部门预算管理的现金收支业务需要同时进行预算会计核算，预算会计通过"行政支出""事业支出""经营支出""财政补助预算拨款收入"以及"资金结存"等预算会计科目核算。

（12）应缴财政款。"应缴财政款"科目在财务会计中核算单位取得或应收的按规定应当上缴财政的款项时，因不涉及纳入部门预算管理的现金收支业务，不需要平行记账进行预算会计核算。

（13）应付政府补贴款。"应付政府补贴款"科目在财务会计中核算行政单位支付应付政府补贴款的业务时，因涉及纳入部门预算管理的现金收支业务需要同时进行预算会计核算，预算会计通过"行政支出""资金结存"等预算会计科目核算。

（14）预提费用。"预提费用"科目在财务会计中核算单位按规定计提项目间接费用或管理费，实际使用计提的项目间接费用或管理费以及实际支付预提费用等业务时，因涉及纳入部门预算管理的现金收支业务需要同时进行预算会计核算，预算会计通过"非财政拨款结转""非财政拨款结余""行政支出""事业支出""经营支出"和"资金结存"等预算会计科目核算。

（15）预计负债。"预计负债"科目在财务会计中核算单位实际偿付预计负债的业务时，与预算会计中的"行政支出""事业支出""经营支出""其他支出"和"资金结存"等预算会计科目进行核算。

（16）受托代理负债。"受托代理负债"科目在财务会计中核算单位接受委托取得受托代理资产时形成的负债时，因不涉及纳入部门预算管理的现金收支业务，不需要平行记账进行预算会计核算。

第二节 借 款 类

一、短期借款

（一）"短期借款"科目核算的内容

"短期借款"科目核算事业单位经批准向银行或其他金融机构等借入的

期限在 1 年内（含 1 年）的各种借款。

"短期借款"科目应当按照债权人和借款种类进行明细核算。本科目期末贷方余额，反映事业单位尚未偿还的短期借款本金。

"短期借款"科目仅事业单位使用，行政单位不涉及此类业务。

（二）"短期借款"科目平行记账账务处理

1. 借入各种短期借款时，按照实际借入的金额

具体账务处理如表 4-4 所示。

表 4-4　短期借款平行记账账务处理之一

情形	财务会计	预算会计
	事业单位	事业单位
借入各种短期借款	借：银行存款 　贷：短期借款	借：资金结存——货币资金 　贷：债务预算收入

2. 银行承兑汇票到期，本单位无力支付票款的，按照应付票据的账面余额

具体账务处理如表 4-5 所示。

表 4-5　短期借款平行记账账务处理之二

情形	财务会计	预算会计
	事业单位	事业单位
银行承兑汇票到期，本单位无力支付票款	借：应付票据 　贷：短期借款	借：经营支出等 　贷：债务预算收入

3. 归还短期借款

具体账务处理如表 4-6 所示。

表 4-6　短期借款平行记账账务处理之三

情形	财务会计	预算会计
	事业单位	事业单位
归还短期借款	借：短期借款 　贷：银行存款	借：债务还本支出 　贷：资金结存——货币资金

（三）"短期借款"科目平行记账业务举例

【例4-1】 2019年3月1日，某事业单位到建设银行某支行取得为期6个月的短期借款5 000 000元，将资金存入银行，以备垫付工程款项。当月平行记账账务处理如下：

（1）财务会计账务处理如下：

借：银行存款　　　　　　　　　　　　　　　5 000 000
　　贷：短期借款　　　　　　　　　　　　　　　　5 000 000

（2）预算会计账务处理如下：

借：资金结存——货币资金　　　　　　　　　5 000 000
　　贷：债务预算收入　　　　　　　　　　　　　　5 000 000

【例4-2】 2019年，某事业单位的银行承兑汇票到期，单位无力支付应付票款5 000 000元，由银行代为付款。平行记账账务处理如下：

（1）财务会计账务处理如下：
借：应付票据　　　　　　　　　　　　　　　5 000 000
　　贷：短期借款　　　　　　　　　　　　　　　　5 000 000

（2）预算会计账务处理如下：
借：经营支出　　　　　　　　　　　　　　　5 000 000
　　贷：债务预算收入　　　　　　　　　　　　　　5 000 000

【例4-3】 2019年9月1日，某事业单位用银行存款归还了2019年3月在建设银行某支行借入的短期借款5 000 000元。平行记账账务处理如下：

（1）财务会计账务处理如下：
借：短期借款　　　　　　　　　　　　　　　5 000 000
　　贷：银行存款　　　　　　　　　　　　　　　　5 000 000

（2）预算会计账务处理如下：
借：债务还本支出　　　　　　　　　　　　　5 000 000
　　贷：资金结存——货币资金　　　　　　　　　　5 000 000

二、长期借款

（一）"长期借款"科目核算的内容

"长期借款"科目核算事业单位经批准向银行或其他金融机构等借入的期限超过1年（不含1年）的各种借款本息。

"长期借款"科目应当设置"本金"和"应计利息"明细,并按照贷款单位和贷款种类进行明细核算。对于建设项目借款,还应按照具体项目进行明细核算。

注意事项:"长期借款"科目中"应计利息"明细科目核算到期一次还本付息的长期借款应支付的利息;"应付利息"科目核算短期借款、分期付息到期还本的长期借款等应支付的利息。

"长期借款"科目仅事业单位使用,行政单位不涉及此类业务。

(二)"长期借款"科目平行记账账务处理

1. 借入各项长期借款时,按照实际借入的金额

具体账务处理如表4-7所示。

表4-7 长期借款平行记账账务处理之一

情形	财务会计	预算会计
	事业单位	事业单位
借入各项长期借款	借:银行存款 贷:长期借款——本金	借:资金结存——货币资金 贷:债务预算收入[本金]

2. 为购建固定资产、公共基础设施等应支付的专门借款利息

具体账务处理如表4-8所示。

表4-8 长期借款平行记账账务处理之二

情形	财务会计	预算会计
	事业单位	事业单位
①属于工程项目建设期间发生的	借:在建工程 贷:应付利息[分期付息、到期还本] 长期借款——应计利息[到期一次还本付息]	—
②属于工程项目完工交付使用后发生的	借:其他费用 贷:应付利息[分期付息、到期还本] 长期借款——应计利息[到期一次还本付息]	—
③实际支付利息时	借:应付利息 贷:银行存款等	借:其他支出 贷:资金结存

第4章 负债业务

3. 其他长期借款利息

具体账务处理如表 4-9 所示。

表 4-9　长期借款平行记账账务处理之三

情形	财务会计	预算会计
	事业单位	事业单位
①计提利息时	借：其他费用 　贷：应付利息［分期付息、到期还本］ 　　　长期借款——应计利息［到期一次还本付息］	—
②分期实际支付利息时	借：应付利息 　贷：银行存款等	借：其他支出 　贷：资金结存

4. 归还长期借款本金、利息

具体账务处理如表 4-10 所示。

表 4-10　长期借款平行记账账务处理之四

情形	财务会计	预算会计
	事业单位	事业单位
归还长期借款本利息	借：长期借款——本金 　　　　　　　——应计利息［到期一次还本付息］ 　贷：银行存款	借：债务还本支出［支付的本金］ 　贷：资金结存

（三）"长期借款"科目平行记账业务举例

【例 4-4】　某事业单位经批准于 2019 年 7 月 1 日从银行取得为期 3 年的长期借款 10 000 000 元，用于工程建设，长期借款年利息率为 6%，每年 7 月 1 日用银行存款支付长期借款年利息，3 年借款期满，该单位用银行存款支付偿还长期借款本金和第三年长期借款年利息。平行记账账务处理如下：（假设该项长期借款取得时即全部投入工程项目建设中，且借款期均属于工程项目建设期。）

1）借入款项 10 000 000 元时：

（1）财务会计账务处理如下：

借：银行存款　　　　　　　　　　　　　　　10 000 000
　　贷：长期借款——本金　　　　　　　　　　　10 000 000

（2）预算会计账务处理如下：

借：资金结存——货币资金　　　　　　　　　　　　10 000 000
　　贷：债务预算收入　　　　　　　　　　　　　　　　10 000 000

2）计提期末计息 50 000 元（10 000 000×0.06÷12）时：

（1）财务会计账务处理如下：

借：在建工程　　　　　　　　　　　　　　　　　　50 000
　　贷：应付利息　　　　　　　　　　　　　　　　　　　50 000

（2）预算会计不涉及账务处理。

3）2020 年 7 月 1 日/2021 年 7 月 1 日支付长期借款年利息 600 000（50 000×12 元）时：

（1）财务会计账务处理如下：

借：应付利息　　　　　　　　　　　　　　　　　　600 000
　　贷：银行存款　　　　　　　　　　　　　　　　　　　600 000

（2）预算会计账务处理如下：

借：其他支出　　　　　　　　　　　　　　　　　　600 000
　　贷：资金结存——货币资金　　　　　　　　　　　　　600 000

4）归还贷款本金 10 000 000 元和第三年利息 600 000 时：

（1）财务会计账务处理如下：

借：长期借款——本金　　　　　　　　　　　　　　10 000 000
　　应付利息　　　　　　　　　　　　　　　　　　　600 000
　　贷：银行存款　　　　　　　　　　　　　　　　　　10 600 000

（2）预算会计账务处理如下：

借：债务还本支出　　　　　　　　　　　　　　　　10 000 000
　　其他支出　　　　　　　　　　　　　　　　　　　600 000
　　贷：资金结存——货币资金　　　　　　　　　　　　10 600 000

注意事项：①若上例中长期借款属于到期一次还本付息的情况，长期借款利息在财务会计核算中应记入"长期借款——应计利息"科目；②若上例中长期借款未全部用于工程建设项目或者有属于工程项目完工交付后发生的借款利息，长期借款利息不记入"在建工程"科目而应记入"其他费用"科目。

三、应付利息

（一）"应付利息"科目核算的内容

"应付利息"科目核算事业单位按照合同约定应支付的借款利息，包括短期借款、分期付息到期还本的长期借款等应支付的利息。

"应付利息"科目应当按照债权人等进行明细核算。

新会计制度通过权责发生制确认利息支付义务发生的时点，使得单位在时点处明确自身应付未付的利息金额，更加真实地反映了单位的负债状况。

"应付利息"科目仅事业单位使用，行政单位不涉及此类业务。

（二）"应付利息"科目平行记账账务处理

1）为建造固定资产、公共基础设施等借入的专门借款的利息，按期计提利息费用时，属于短期借款利息或者分期付息、到期还本的长期借款利息的，按照计算确定的金额

具体账务处理如表4-11所示。

表4-11 应付利息平行记账账务处理之一

情形	财务会计	预算会计
	事业单位	事业单位
①属于建设期间发生的	借：在建工程 　贷：应付利息	—
②不属于建设期间发生的	借：其他费用 　贷：应付利息	—

2）对于其他借款，按期计提利息费用时，属于短期借款利息或者分期付息、到期还本的长期借款利息的，按照计算确定的金额

具体账务处理如表4-12所示。

表4-12 应付利息平行记账账务处理之二

情形	财务会计	预算会计
	事业单位	事业单位
其他借款	借：其他费用 　贷：应付利息	—

3）实际支付应付利息时，按照支付的金额。

具体账务处理如表4-13所示。

表 4-13 应付利息平行记账账务处理之三

情形	财务会计	预算会计
	事业单位	事业单位
实际支付利息时	借：应付利息 　贷：银行存款等	借：其他支出 　贷：资金结存——货币资金

（三）"应付利息"科目平行记账业务举例

参见"长期借款"科目核算举例。

第三节　应付及预收款项类

一、应交增值税

（一）"应交增值税"科目核算的内容

"应交增值税"科目核算单位按照税法规定计算应缴纳的增值税。

1）属于增值税一般纳税人的单位，应当在本科目下设置如下二级科目："应交税金""未交税金""预交税金""待抵扣进项税额""待认证进项税额""待转销项税额""简易计税""转让金融商品应交增值税""代扣代缴增值税"。

（1）"应交税金"明细账内应当设置"进项税额""已交税金""转出未交增值税"

"减免税款""销项税额""进项税额转出""转出多交增值税"等专栏，具体明细科目含义如下：

① "进项税额"专栏，记录单位购进货物、加工修理修配劳务、服务、无形资产或不动产而支付或负担的、准予从当期销项税额中抵扣的增值税额；

② "已交税金"专栏，记录单位当月已缴纳的应交增值税额；

③ "转出未交增值税"专栏，记录一般纳税人月度终了时转出的当月应交未交的增值税额；

④ "转出多交增值税"专栏，记录一般纳税人月度终了时转出的月多交的增值税额；

⑤"减免税款"专栏,记录单位按照现行增值税制度规定准予减免的增值税额;

⑥"销项税额"专栏,记录单位销售货物、加工修理修配劳务、服务、无形资产或不动产应收取的增值税额;

⑦"进项税额转出"专栏,记录单位购进货物、加工修理修配劳务、服务、无形资产或不动产等发生非正常损失以及其他原因而不应从销项税额中抵扣、按照规定转出的进项税额。

(2)"未交税金"明细科目,核算单位月度终了时从"应交税金"或"预交税金"明细科目转入当月应交未交、多交或预缴的增值税额,以及当月缴纳的以前期间未交的增值税额。

(3)"预交税金"明细科目,核算单位转让不动产、提供不动产经营租赁服务等,以及其他按照现行增值税制度规定应预缴的增值税额。

(4)"待抵扣进项税额"明细科目,核算单位已取得增值税扣税凭证并经税务机关认证,按照现行增值税制度规定准予在以后期间从销项税额中抵扣的进项税额。

(5)"待认证进项税额"明细科目,核算单位由于未经税务机关认证而不得从当期销项税额中抵扣的进项税额。包括:一般纳税人已取得增值税扣税凭证并按规定准予从销项税额中抵扣,但尚未经税务机关认证的进项税额;一般纳税人已申请稽核但尚未取得稽核相符结果的海关缴款书进项税额。

(6)"待转销项税额"明细科目,核算单位销售货物、加工修理修配劳务、服务、无形资产或不动产,已确认相关收入(或利得)但尚未发生增值税纳税义务而需于以后期间确认为销项税额的增值税额。

(7)"简易计税"明细科目,核算单位采用简易计税方法发生的增值税计提、扣减、预缴、缴纳等业务。

(8)"转让金融商品应交增值税"明细科目,核算单位转让金融商品发生的增值税额。

(9)"代扣代缴增值税"明细科目,核算单位购进在境内未设经营机构的境外单位或个人在境内的应税行为代扣代缴的增值税。

2)属于增值税小规模纳税人的单位,只需在本科目下设置"转让金融商品应交增值税""代扣代缴增值税"明细科目。

新制度下设立了"应交增值税"科目,专门核算增值税业务。本科为新增科目,原制度中行政事业单位增值税业务通过"应缴税费"科目核算。

(二)"应交增值税"科目平行记账账务处理

1. 增值税一般纳税人账务处理

1)购入资产或接受劳务。

具体账务处理如表4-14所示。

表4-14 应交增值税平行记账账务处理之一

情形	财务会计	预算会计
	事业单位	事业单位
①购入应税资产或服务时	借:业务活动费用/在途物品/库存物品/工程物资/在建工程/固定资产/无形资产等 　　应交增值税——应交税金(进项税额)[当月已认证可抵扣] 　　应交增值税——待认证进项税额[当月未认证可抵扣] 贷:银行存款/零余额账户用款额度等[实际支付的金额]/应付票据[开出并承兑的商业汇票]/应付账款等[应付的金额]	借:事业支出/经营支出等 贷:资金结存等[实际支付的金额]
②经税务机关认证为不可抵扣进项税时	借:应交增值税——应交税金(进项税额) 贷:应交增值税——待认证进项税额 同时 借:业务活动费用等 贷:应交增值税——应交税金(进项税额转出)	—
③购进应税不动产或在建工程按规定分年抵扣进项税额的	借:固定资产/在建工程等 　　应交增值税——应交税金(进项税额)[当期可抵扣] 　　　　　　——待抵扣进项税额[以后期间可抵扣] 贷:银行存款/零余额账户用款额度等[实际支付的金额]/应付票据[开出并承兑的商业汇票]/应付账款等[应付的金额]	借:事业支出/经营支出等 贷:资金结存等[实际支付的金额]
④尚未抵扣的进项税额以后期间抵扣时	借:应交增值税——应交税金(进项税额) 贷:应交增值税——待抵扣进项税额	—
⑤购进属于增值税应税项目的资产后,发生非正常损失或改变用途的	借:待处理财产损溢/固定资产/无形资产等[按照现行增值税制度规定不得从销项税额中抵扣的进项税额] 贷:应交增值税——应交税金(进项税额转出)/应交增值税——待认证进项税额/应交增值税——待抵扣进项税额	—

（续表）

情形	财务会计	预算会计
	事业单位	事业单位
⑥原不得抵扣且未抵扣进项税额的固定资产、无形资产等，因改变用途等用于允许抵扣进项税额的应税项目	借：应交增值税——应交税金（进项税额）[可以抵扣的进项税额] 　　贷：固定资产/无形资产等	—
⑦购进时已全额计入进项税额的货物或服务等转用于不动产在建工程的，对于结转以后期间的进项税额	借：应交增值税——待抵扣进项税额 　　贷：应交增值税——应交税金（进项税额转出）	—
⑧购进资产或服务时作为扣缴义务人	借：业务活动费用/在途物品/库存物品/工程物资/固定资产/无形资产等 　　应交增值税——应交税金（进项税额）[当期可抵扣] 　　贷：银行存款[实际支付的金额] 　　应付账款等 　　应交增值税——代扣代缴增值税	借：事业支出/经营支出等 　　贷：资金结存[实际支付的金额]
	实际缴纳代扣代缴增值税时 借：应交增值税——代扣代缴增值税 　　贷：银行存款、零余额账户用款额度等	借：事业支出/经营支出等 　　贷：资金结存[实际支付的金额]

2）销售应税产品或提供应税服务。

具体账务处理如表 4-15 所示。

表 4-15　应交增值税平行记账账务处理之二

情形		财务会计	预算会计
		事业单位	事业单位
①销售应税产品或提供应税服务时		借：银行存款/应收账款/应收票据等［包含增值税的价款总额］ 　　贷：事业收入/经营收入等［扣除增值税销项税额后的价款］ 　　　　应交增值税——应交税金（销项税额）/应交增值税——简易计税	借：资金结存［实际收到的含税金额］ 　　贷：事业预算收入/经营预算收入等
②金融商品转让	a. 产生收益	借：投资收益［按净收益计算的应纳增值税］ 　　贷：应交增值税——转让金融商品应交增值税	—
	b. 产生损失	借：应交增值税——转让金融商品应交增值税 　　贷：投资收益［按净损失计算的应纳增值税］	—
	c. 缴纳增值税时	借：应交增值税——转让金融商品应交增值税 　　贷：银行存款等	借：投资预算收益等 　　贷：资金结存［实际支付的金额］
	d. 年末，如有借方余额	借：投资收益 　　贷：应交增值税——转让金融商品应交增值税	—

3）月末转出多交和未交增值税。

具体账务处理如表 4-16 所示。

表 4-16　应交增值税平行记账账务处理之三

情形	财务会计	预算会计
	事业单位	事业单位
①月末转出本月未交增值税	借：应交增值税——应交税金（转出未交增值税） 　　贷：应交增值税——未交税金	—
②月末转出本月多交增值税	借：应交增值税——未交税金 　　贷：应交增值税——应交税金（转出多交增值税）	—

4）缴纳增值税

具体账务处理如表 4-17 所示。

表 4-17　应交增值税平行记账账务处理之四

情形	财务会计	预算会计
	事业单位	事业单位
①本月缴纳本月增值税时	借：应交增值税——应交税金（已交税金） 　　贷：银行存款/零余额账户用款额度等	借：事业支出/经营支出等 　　贷：资金结存
②本月缴纳以前期间未交增值税	借：应交增值税——未交税金 　　贷：银行存款/零余额账户用款额度等	借：事业支出/经营支出等 　　贷：资金结存
③按规定预缴增值税	预缴时 借：应交增值税——预交税金 　　贷：银行存款/零余额账户用款额度等 月末 借：应交增值税——未交税金 　　贷：应交增值税——预交税金	借：事业支出/经营支出等 　　贷：资金结存
④当期直接减免的增值税应纳税额	借：应交增值税——应交税金（减免税款） 　　贷：业务活动费用/经营费用等	—

2．增值税小规模纳税人

1）购入应税资产或服务

具体账务处理如表 4-18 所示。

表 4-18　应交增值税平行记账账务处理之五

情形	财务会计	预算会计
	事业单位	事业单位
①购入应税资产或服务时	借：业务活动费用/在途物品/库存物品等［按价税合计金额］ 　　贷：银行存款等［实际支付的金额］ 　　/应付票据［开出并承兑的商业汇票］/应付账款等［应付的金额］	借：事业支出/经营支出等 　　贷：资金结存［实际支付的金额］

（续表）

情形	财务会计	预算会计
	事业单位	事业单位
②购进资产或服务时作为扣缴义务人	借：在途物品/库存物品/固定资产/无形资产等 　　贷：应付账款/银行存款等 　　　　应交增值税——代扣代缴增值税 实际缴纳增值税时参见一般纳税人的账务处理。	借：事业支出/经营支出等 　　贷：资金结存［实际支付的金额］

2）销售应税产品或提供应税服务。

具体账务处理如表4-19所示。

表4-19　应交增值税平行记账账务处理之六

情形		财务会计	预算会计
		事业单位	事业单位
①销售资产或提供服务		借：银行存款/应收账款/应收票据［包含增值税的价款总额］ 　　贷：事业收入/经营收入等［扣除增值税金额后的价款］ 　　　　应交增值税	借：资金结存［实际收到的含税金额］ 　　贷：事业预算收入/经营预算收入等
②金融商品转让	a.产生收益	借：投资收益［按净收益计算的应纳增值税］ 　　贷：应交增值税——转让金融商品应交增值税	—
	b.产生损失	借：应交增值税——转让金融商品应交增值税 　　贷：投资收益［按净损失计算的应纳增值税］	—
	c.实际缴纳时	借：应交增值税——转让金融商品应交增值税 　　贷：银行存款等	借：投资预算收益等 　　贷：资金结存［实际支付的金额］

3）缴纳增值税时。

具体账务处理如表4-20所示。

表 4-20　应交增值税平行记账账务处理之七

情形	财务会计	预算会计
	事业单位	事业单位
缴纳增值税时	借：应交增值税 　　贷：银行存款等	借：事业支出/经营支出等 　　贷：资金结存

4）减免增值税时。

具体账务处理如表 4-21 所示。

表 4-21　应交增值税平行记账账务处理之八

情形	财务会计	预算会计
	事业单位	事业单位
减免增值税	借：应交增值税 　　贷：业务活动费用/经营费用等	—

（三）"应交增值税"科目平行记账业务举例（在此以事业单位为例）

【例 4-5】　某事业单位为增值税一般纳税人，2019 年 12 月销售科研设备 468 000 元，开具增值税专用发票注明：价款 400 000 元，税额 64 000 元（400 000×16%），款项已全部收取。（本例仅针对增值税进行账务处理，其他税费未作考虑。）平行记账账务处理如下：

（1）财务会计账务处理如下：

借：银行存款　　　　　　　　　　　　　　　　　464 000
　　贷：事业收入　　　　　　　　　　　　　　　　400 000
　　　　应交增值税——应交税金（销项税额）　　　 64 000

（2）预算会计账务处理如下：

借：资金结存——货币资金　　　　　　　　　　　464 000
　　贷：事业预算收入　　　　　　　　　　　　　　464 000

【例 4-6】　接上例，该单位购进科研设备一台，取得的销售方开具的增值税专用发票注明：价款 700 000 元，税额 112 000 元（700 000×16%）；销售方转来代垫设备运费 11 000 元，运输企业开具的货物运输业增值税专用发票注明：价款 10 000 元（10 000×10%），税额 1 000 元，货款、运费均未支付。假设该项增值税额当月已认证，平行记账账务处理如下：

（1）财务会计账务处理如下：

借：固定资产　　　　　　　　　　　　　　　710 000
　　应交增值税——应交税金（进项税额）　　113 000
　　贷：应付账款　　　　　　　　　　　　　823 000

（2）预算会计不涉及账务处理。

【例4-7】 接上例，该单位用银行存款购进科研专用材料，取得增值税专用发票注明：价款50 000元，税额8 000元（50 000×16%）。假设该项增值税额当月已认证，平行记账账务处理如下：

（1）购置材料验收入库时，财务会计账务处理如下：

借：库存物品　　　　　　　　　　　　　　　50 000
　　应交增值税——应交税金（进项税额）　　 8 000
　　贷：银行存款　　　　　　　　　　　　　58 000

（2）预算会计账务处理如下：

借：事业支出　　　　　　　　　　　　　　　58 000
　　贷：资金结存——货币资金　　　　　　　58 000

【例4-8】 接上例，该单位以前月份已开具增值税专用发票并收取的科研设备款580 000元。因质量原因，经协商设备费调减20%，当月凭对方税务机关出具的《开具红字增值税专用发票通知单》，开具的红字增值税专用发票注明：价款－100 000元，税额－16 000元，相应款项已退还。假设该事项发生时已认证，平行记账账务处理如下：

（1）财务会计账务处理如下：（红字）

借：银行存款　　　　　　　　　　　　　　－116 000
　　贷：事业收入　　　　　　　　　　　　－100 000
　　　　应交增值税——应交税金（销项税额）　－16 000

（2）预算会计账务处理如下：

借：资金结存——货币资金　　　　　　　　－116 000
　　贷：事业预算收入　　　　　　　　　　－116 000

【例4-9】 接上例，该单位上月为开展单位专业业务活动支付信息服务费并取得增值税专用发票，经与服务机构沟通同意折让10%，合计金额为10 600元，向主管税务机关填报《开具红字增值税专用发票申请单》后，取得《开具红字增值税专用发票通知单》。折让款及红字增值税专用发票均未收到。假设该项增值税额已认证，平行记账账务处理如下：

（1）财务会计账务处理如下：

借：业务活动费用　　　　　　　　　　　　　　　　　　　600
　　贷：应交增值税——应交税金（进项税额转出）　　　　　600

（2）预算会计不涉及账务处理。

【例 4-10】　接上例，该单位提供技术咨询服务实现收入 1 060 000 元，开具增值税专用发票注明：价款 1 000 000 元，税额 60 000 元，款项尚未收到。平行记账账务处理如下：

（1）财务会计账务处理如下：

借：应收账款　　　　　　　　　　　　　　　　　　　1 060 000
　　贷：事业收入　　　　　　　　　　　　　　　　　　1 000 000
　　　　应交增值税——应交税金（销项税额）　　　　　　60 000

（2）预算会计不涉及账务处理。

【例 4-11】　接上例，该单位收到某事业单位以前月份拖欠的设备应收款 3 480 000 元（已在所属月份开具增值税专用发票，并确认销项税额申报纳税），并经协商另收延期付款利息 30 000 元，并开具增值税普通发票。平行记账账务处理如下：

（1）财务会计账务处理如下：

延期付款利息为科研设备销售业务的价外费用，增值税销项税额为：$30\,000÷(1+16\%)×16\%=4\,137.93$（元）。

借：银行存款　　　　　　　　　　　　　　　　　　3 510 000.00
　　贷：事业收入　　　　　　　　　　　　　　　　　　　25 862.07
　　　　应交增值税——应交税金（销项税额）　　　　　　4 137.93
　　　　应收账款　　　　　　　　　　　　　　　　　3 480 000.00

（2）预算会计账务处理如下：

借：资金结存——货币资金　　　　　　　　　　　　　3 540 000
　　贷：事业预算收入　　　　　　　　　　　　　　　　3 540 000

【例 4-12】　接上例，该单位支付业务活动的影视费 31 800 元，取得的增值税专用发票注明：价款 30 000 元，税额 1 800 元。平行记账账务处理如下：

（1）财务会计账务处理如下：

借：业务活动费用　　　　　　　　　　　　　　　　　　30 000
　　应交增值税——应交税金（进项税额）　　　　　　　　1 800
　　贷：银行存款　　　　　　　　　　　　　　　　　　　31 800

（2）预算会计账务处理如下：

借：事业支出 31 800
　　贷：资金结存——货币资金 318 000

【例4-13】 接上例，该单位销售商品开具增值税专用发票注明：价款1 600 000元，税额256 000元，款项尚未收到。平行记账账务处理如下：

（1）财务会计账务处理如下：

借：应收账款 1 856 000
　　贷：事业收入 1 600 000
　　　　应交增值税——应交税金（销项税额） 256 000

（2）预算会计不涉及账务处理。

【例4-14】 接上例，该单位支付小规模纳税人提供的设备修理费10 300元，取得小规模纳税人从税务机关代开的增值税专用发票，发票注明：价款10 000元，税额300元。平行记账账务处理如下：

（1）财务会计账务处理如下：

借：业务活动费用 10 000
　　应交增值税——应交税金（进项税额） 300
　　贷：银行存款 10 300

（2）预算会计账务处理如下：

借：事业支出 10 300
　　贷：资金结存——货币资金 10 300

【例4-15】 接上例，该单位支付银行托收水费20 600元，取得的增值税专用发票注明：价款20 000元，税额600元。平行记账账务处理如下：

（1）财务会计账务处理如下：

借：单位管理费用 20 000
　　应交增值税——应交税金（进项税额） 600
　　贷：银行存款 20 600

（2）预算会计账务处理如下：

借：事业支出 20 600
　　贷：资金结存——货币资金 20 600

【例4-16】 接上例，该单位签订设备经营性租赁合同，合同约定设备租赁期为1年，租赁费为232 000元，租赁费分三次收取，即于合同签订当月预收10%，设备交付并安装调试完成当月收取40%，余款于设备交付后第六个月收取。当月开具收据收取设备租赁预收款23 200元。平行记账账务处理如下：

（1）财务会计账务处理如下：

借：银行存款 23 200
　　贷：预收账款 20 000
　　　　应交增值税——应交税金（销项税额） 3 200

（2）预算会计账务处理如下：

借：资金结存——货币资金 23 400
　　贷：事业预算收入 23 400

【例 4-17】 接上例，该单位进口科研设备一台用于新建不动产，进口价 2 000 000 元，假定报关进口时海关征收关税 200 000 元，增值税 320 000 元，分别取得海关关税完税凭证和海关进口增值税专用缴款书（本月报送电子数据，申请稽核比对）。报关后，该台设备发生安装费 20 000 元（含税款），取得安装业发票。以上价款、税款均已支付。（假定该设备无消费税，假定用于新建不动产的该项设备增值税属于可分年抵扣税额，平行记账账务处理如下：

固定资产的入账成本 = 2 000 000 + 200 000 − 320 000 − 20 000 ÷（1 + 16%）× 16% = 2 217 241.38 元。该设备的进项税额中的 60% 于当期抵扣，剩余 40% 于取得扣税凭证的当月起第 13 个月抵扣。

（1）财务会计账务处理如下：

借：固定资产 2 217 241.38
　　应交增值税——应交税金（进项税额） 2 758.62
　　　　　　——应交税金（进项税额） 192 000.00
　　　　　　——待抵扣进项税额 128 000.00
　　贷：银行存款 2 540 000.00

（2）预算会计账务处理如下：

借：事业支出 2 540 000
　　贷：资金结存——货币资金 2 540 000

【例 4-18】 接上例，该单位向主管税务机关查询海关进口增值税专用缴款书稽核比对结果信息。上月申请比对的两份海关进口增值税专用缴款书，进口科研用设备的海关进口增值税专用缴款书比对相符，金额为 125 000 元，税额为 20 000 元；进口科研用物资的海关进口增值税专用缴款书比对不符，经核查不得抵扣进项税额，金额为 62 500 元，税额为 10 000 元。

上月申请时，已经将相关税额计入"应交增值税——待认证进项税额"。本月平行记账账务处理如下：

（1）科研用设备的海关进口增值税专用缴款书（尚未抵扣的进项税额抵扣时）：

① 财务会计账务处理如下：

借：应交增值税——应交税金（进项税额）　　　　20 000
　　贷：应交增值税——待认证进项税额　　　　　　　20 000

② 预算会计不涉及账务处理。

（2）科研用物资的海关进口增值税专用缴款书（经认证为不可抵扣进项税时）：

① 财务会计账务处理如下：

借：应交增值税——应交税金（进项税额）　　　　10 000
　　贷：应交增值税——待认证进项税额　　　　　　　10 000

同时，

借：库存物品　　　　　　　　　　　　　　　　　10 000
　　贷：应交增值税——应交税金（进项税额转出）　　10 000

② 预算会计不涉及账务处理。

【例4-19】　接上例，该单位支付境外某公司管理软件服务费74 200元（含增值税价款）。该境外公司境内无代理人，单位于当月将代扣的增值税已向主管税务机关缴纳。购买方为扣缴义务人。平行记账账务处理如下：

（1）支付软件费用，并代扣增值税时：

① 财务会计账务处理如下：

借：业务活动费用（或单位管理费用）　　　　　　70 000
　　应交增值税——应交税金（进项税额）　　　　 4 200
　　贷：银行存款　　　　　　　　　　　　　　　　　70 000
　　　　应交增值税——代扣代缴增值税　　　　　　　 4 200

② 预算会计账务处理如下：

借：事业支出　　　　　　　　　　　　　　　　　70 000
　　贷：资金结存——货币资金　　　　　　　　　　　70 000

（2）实际缴纳代扣增值税（取得税收缴款凭证）：

① 财务会计账务处理如下：

借：应交增值税——代扣代缴增值税　　　　　　　 4 200
　　贷：银行存款　　　　　　　　　　　　　　　　　 4 200

② 预算会计账务处理如下：

借：事业支出　　　　　　　　　　　　　　　　　 4 200
　　贷：资金结存——货币资金　　　　　　　　　　　 4 200

【例4-20】 接上例,该单位收到应付铁路运输企业的运输费用和铁路接触网服务等物流辅助服务费用合计76 600元。取得货物运输业增值税专用发票注明:金额60 000元,税额6 000元;收到增值税专用发票注明铁路接触网服务等物流辅助服务费用:金额10 000元,税额600元。以上运输费用等为单位委托铁路运输企业运输销售的货物;款项尚未支付。平行记账账务处理如下:

(1)财务会计账务处理如下:

借:业务活动费用　　　　　　　　　　　　　　　　　　70 000
　　应交增值税——应交税金(进项税额)　　　　　　　　6 600
　　贷:应付账款　　　　　　　　　　　　　　　　　　　76 600

(2)预算会计不涉及账务处理。

【例4-21】 接上例,该单位进项税额已抵扣的货物(适用税率为16%),科研设备安装领用6 000元,职工福利部门领用30 000元。平行记账账务处理如下:

已抵扣进项税额的购进货物,用于职工福利,应作进项税额的扣减,无法确定该进项税额的,按照当期实际成本计算应扣减的进项税额,扣减的进项税额为:30 000×16% = 4 800(元)。

(1)财务会计账务处理如下:

借:在建工程(或固定资产)　　　　　　　　　　　　　 6 000
　　应付职工薪酬——应付职工福利费　　　　　　　　　34 800
　　贷:库存商品　　　　　　　　　　　　　　　　　　　36 000
　　　　应交增值税——应交税金(进项税额转出)　　　　 4 800

(2)预算会计不涉及账务处理。

【例4-22】 接上例,该单位科研用物资(适用税率为16%)因管理不善而造成被盗,该物资账面实际成本为20 000元。平行记账账务处理如下:

购进货物造成非正常损失,进项税额不允许抵扣,应作进项税额的扣减,无法确定该进项税额的,按照当期实际成本计算应扣减的进项税额,扣减的进项税额为:20 000×16% = 3200(元)。

(1)财务会计账务处理如下:

借:待处理财产损溢——待处理财产价值　　　　　　　　23 200
　　贷:库存物品　　　　　　　　　　　　　　　　　　　20 000
　　　　应交增值税——应交税金(进项税额转出)　　　　 3 200

(2)预算会计不涉及账务处理。

【例 4-23】 接上例,该单位支付增值税税控系统技术维护费用合计 660 元,取得的增值税专用发票注明:价款 622.64 元,税额 37.36 元。平行记账账务处理如下:

增值税税控系统技术维护费用可以全额抵减应纳增值税额,但其进项税额不能抵扣。

(1)支付税控系统技术维护费用时:

① 财务会计账务处理如下:

借:单位管理费用　　　　　　　　　　　　　　　　660
　　贷:银行存款　　　　　　　　　　　　　　　　　660

② 预算会计账务处理如下:

借:事业支出　　　　　　　　　　　　　　　　　　660
　　贷:资金结存——货币资金　　　　　　　　　　　660

(2)申报抵减应纳增值税时:

① 财务会计账务处理如下:

借:应交增值税——应交税费(减免税款)　　　　　660
　　贷:单位管理费用　　　　　　　　　　　　　　　660

② 预算会计不涉及账务处理。

月末根据单位发生的业务,可以计算当期应纳增值税:

(1)当期销项税额 = 64 000 − 16 000 + 60 000 + 4 137.93 + 256 000 + 3 200 = 371 337.93(元)

(2)当期进项税额 = 113 000 + 8 000 + 1 800 + 300 + 600 + 2 758.62 + 192 000 + 20 000 + 10 000 + 6 600 + 4 200 = 359 258.62(元)

(3)当期进项税额转出 = 600 + 10 000 + 4 800 + 3 200 = 18 600(元)

(4)减免税款 = 660(元)

(5)待抵扣进项税额 = 128 000(元)

(6)待认证进项税额 = 20 000 + 10 000 = 30 000(元)

(7)代扣代缴增值税 = 4200 − 4200 = 0

当期应纳增值税额(假设上期留抵税额为 0)= 371 337.93 −(359 258.62 − 18 600)− 660 = 30 019.31(元)

其中,月末"应交增值税——应交税金(转出未交增值税)"明细账余额 30 019.31 元,应转入"应交增值税——未交税金"。

（1）财务会计账务处理如下：

借：应交增值税——应交税金（转出未交增值税）　　30 019.31
　　贷：应交增值税——未交税金　　　　　　　　　　　30 019.31

（2）预算会计不涉及账务处理。

【例4-24】　某事业单位属于增值税一般纳税人，2019年10月30日在公开市场购入首创股份股票100 000股，每股成本价10元，12月31日全部销售，售价每股12元，假设不考虑其他因素及其他税种。平行记账账务处理如下：

1）转让金融商品应交增值税〔（1 200 000－1 000 000）÷1.06×6%＝11 320（元）〕时：

（1）财务会计账务处理如下：

借：投资收益　　　　　　　　　　　　　　　　　　　11 320
　　贷：应交税费——转让金融商品应交增值税　　　　　　11 320

（2）预算会计不涉及账务处理。

2）缴纳增值税时：

（1）财务会计账务处理如下：

借：应交税费——转让金融商品应交增值税　　　　　　11 320
　　贷：银行存款　　　　　　　　　　　　　　　　　　　11 320

（2）预算会计账务处理如下：

借：投资预算收益　　　　　　　　　　　　　　　　　11 320
　　贷：资金结存——货币资金　　　　　　　　　　　　　11 320

二、其他应交税费

（一）"其他应交税费"科目核算的内容

"其他应交税费"科目核算单位按照税法等规定计算的应缴纳的除增值税以外的各种税费，包括城市维护建设税、教育费附加、地方教育费附加、车船税、房产税、城镇土地使用税和企业所得税等。

单位代扣代缴的个人所得税，也通过"其他应交税费"科目核算。

单位应缴纳的印花税不需要预提应交税费，直接通过"业务活动费用""单位管理费用""经营费用"等科目核算，不通过"其他应交税费"科目核算。

"其他应交税费"科目应当按照应缴纳的税费种类进行明细核算。

"其他应交税费"科目是新会计制度下新增科目。

(二)"其他应交税费"科目平行记账账务处理

1)发生城市维护建设税、教育费附加、地方教育费附加、车船税、房产税、城镇土地使用税等纳税义务时。

具体账务处理如表 4-22 所示。

表 4-22　其他应交税费平行记账账务处理之一

情形	财务会计		预算会计	
	行政单位	事业单位	行政单位	事业单位
①发生时,按照税法规定计算的应缴税费金额	借:业务活动费用/单位管理费用/经营费用等 　　贷:其他应交税费——应交城市维护建设税/应交教育费附加/应交地方教育费附加/应交车船税/应交房产税/应交城镇土地使用税等		—	
②实际缴纳时	借:其他应交税费——应交城市维护建设税/应交教育费附加/应交地方教育费附加/应交车船税/应交房产税/应交城镇土地使用税等 　　贷:银行存款等		借:事业支出/经营支出等 　　贷:资金结存	

2)按照税法规定计算应代扣代缴职工个人所得税。

具体账务处理如表 4-23 所示。

表 4-23　其他应交税费平行记账账务处理之二

情形	财务会计		预算会计	
	行政单位	事业单位	行政单位	事业单位
①计算应代扣代缴职工的个人所得税金额	借:应付职工薪酬 　　贷:其他应交税费——应交个人所得税		—	

第 4 章 负债业务

(续表)

情形	财务会计		预算会计	
	行政单位	事业单位	行政单位	事业单位
②计算应代扣代缴职工以外其他人员个人所得税	借：业务活动费用等 　贷：其他应交税费——应交个人所得税	借：业务活动费用/单位管理费用等 　贷：其他应交税费——应交个人所得税	—	—
③实际缴纳时	借：其他应交税费——应交个人所得税 　贷：财政拨款收入/银行存款/零余额账户用款额度等		借：行政支出等 　贷：财政拨款预算收入/资金结存	借：事业支出/经营支出等 　贷：财政拨款预算收入/资金结存

3）发生企业所得税纳税义务时。

具体账务处理如表 4-24 所示。

表 4-24　其他应交税费平行记账账务处理之三

情形	财务会计	预算会计
	事业单位	事业单位
①按照税法规定计算的应缴税费金额	借：所得税费用 　贷：其他应交税费——单位应交所得税	—
②实际缴纳时	借：其他应交税费——单位应交所得税 　贷：银行存款等	借：非财政拨款结余 　贷：资金结存

(三) "其他应交税费" 行政单位平行记账业务举例

【例 4-25】 2019 年 6 月，某行政单位为职工代扣代缴 5 月个人所得税 55 000 元，并且以财政直接支付方式支付给相关部门。平行记账账务处理如下：

1) 代扣个人所得税。

(1) 财务会计账务处理如下：

借：应付职工薪酬　　　　　　　　　　　　　55 000
　　贷：其他应交税费——应交个人所得税　　　　　55 000

(2) 预算会计不涉及账务处理。

2) 实际缴纳税金时：

(1) 财务会计账务处理如下：

借：其他应交税费——应交个人所得税　　　　55 000
　　贷：财政拨款收入　　　　　　　　　　　　　　55 000

(2) 预算会计账务处理如下：

借：行政支出　　　　　　　　　　　　　　　55 000
　　贷：财政拨款预算收入　　　　　　　　　　　　55 000

【例4-26】 2019年10月，某行政单位计算本年应当缴纳的车船税，共2 000元，并且以银行转账方式支付给相关部门。平行记账账务处理如下：

1) 计提税金时：

(1) 财务会计账务处理如下：

借：其他费用　　　　　　　　　　　　　　　1 000
　　贷：其他应交税费——应交车船税　　　　　　　1 000

(2) 预算会计不涉及账务处理。

2) 缴纳税金时：

(1) 财务会计账务处理如下：

借：其他应交税费——应交车船税　　　　　　1 000
　　贷：银行存款　　　　　　　　　　　　　　　　1 000

(2) 预算会计不涉及账务处理。

借：其他支出　　　　　　　　　　　　　　　1 000
　　贷：资金结存——货币资金　　　　　　　　　　1 000

（四）"其他应交税费"事业单位平行记账业务举例

【例4-27】 某事业单位属于增值税一般纳税人，2019年2月因开展专业业务活动产生并上交增值税70 474.65元，1月月末计提增值税附加税：城市维护建设税、教育费附加、地方教育费附加，2月10日上交应交税费。平行记账账务处理如下：

1) 2019年1月底计提其他应交税费8 456.97元（假设城市维护建设税7%、教育费附加3%、地方教育费附加2%）。

(1) 财务会计账务处理如下：

借：业务活动费用——应交城市维护建设税　　　　　　4 933.23
　　　　　　　　——应交教育费附加　　　　　　　　2 114.24
　　　　　　　　——应交地方教育费附加　　　　　　1 409.50
　　贷：其他应交税费——应交城市维护建设税　　　　4 933.23
　　　　　　　　——应交教育费附加　　　　　　　　2 114.24
　　　　　　　　——应交地方教育费附加　　　　　　1 409.50

（2）预算会计不涉及账务处理。

2）2019年2月10日，缴纳增值税附加税。

（1）财务会计账务处理如下：

借：其他应交税费——应交城市维护建设税　　　　　　4 933.23
　　　　　　　　——应交教育费附加　　　　　　　　2 114.24
　　　　　　　　——应交地方教育费附加　　　　　　1 409.50
　　贷：银行存款　　　　　　　　　　　　　　　　　8 456.97

（2）预算会计作会计分录如下：

借：事业支出——城市维护建设税　　　　　　　　　　4 933.23
　　　　　——教育费附加　　　　　　　　　　　　　2 114.24
　　　　　——地方教育费附加　　　　　　　　　　　1 409.50
　　贷：资金结存——货币资金　　　　　　　　　　　8 456.97

【例4-28】 2019年年底，某事业单位需要缴纳经营用房的房产税5 000元，以银行转账方式支付给相关部门。平行记账账务处理如下：

1）计提税金。

（1）财务会计账务处理如下：

借：经营费用　　　　　　　　　　　　　　　　　　　5 000
　　贷：其他应交税费——应交房产税　　　　　　　　5 000

（2）预算会计不涉及账务处理。

2）缴纳税金时：

（1）财务会计账务处理如下：

借：其他应交税费——应交房产税　　　　　　　　　　5 000
　　贷：银行存款　　　　　　　　　　　　　　　　　5 000

（2）预算会计账务处理如下：

借：经营支出　　　　　　　　　　　　　　　　　　　5 000
　　贷：资金结存——货币资金　　　　　　　　　　　5 000

【例4-29】 2019年，某事业单位业务用车辆缴纳车船税1 000元，以银行转账方式支付给相关部门。平行记账账务处理如下：

1）计提税金。

（1）财务会计账务处理如下：

借：业务活动费用　　　　　　　　　　　　　　　1 000
　　贷：其他应交税费——应交车船税　　　　　　　　　 1 000

（2）预算会计不涉及账务处理。

2）缴纳税金时：

（1）财务会计账务处理如下：

借：其他应交税费——应交车船税　　　　　　　　 1 000
　　贷：银行存款　　　　　　　　　　　　　　　　　　 1 000

（2）预算会计不涉及账务处理。

借：事业支出　　　　　　　　　　　　　　　　　 1 000
　　贷：资金结存——货币资金　　　　　　　　　　　　 1 000

【例 4-30】 2019 年 6 月，某事业单位核算为职工代扣代缴 5 月个人所得税 55 000 元，并且以财政直接支付方式支付给相关部门。平行记账账务处理如下：

1）5 月，代扣个人所得税时：

（1）财务会计账务处理如下：

借：应付职工薪酬　　　　　　　　　　　　　　　55 000
　　贷：其他应交税费——个人所得税　　　　　　　　　55 000

（2）预算会计不涉及账务处理。

2）缴纳税金时：

借：其他应交税费——个人所得税　　　　　　　　55 000
　　贷：财政拨款收入　　　　　　　　　　　　　　　　55 000

借：事业支出　　　　　　　　　　　　　　　　　55 000
　　贷：财政拨款预算收入　　　　　　　　　　　　　　55 000

【例 4-31】 2019 年 12 月，某事业单位计算应缴纳所得税 50 000 元，2020 年 1 月汇算清缴 50 000 元，并以银行存款支付给相关部门。平行记账账务处理如下：

1）2019 年 12 月计算应缴纳所得税。

（1）财务会计账务处理如下：

借：所得税费用　　　　　　　　　　　　　　　　50 000
　　贷：其他应交税费——单位应交所得税　　　　　　　50 000

（2）预算会计不涉及账务处理。

2）2020 年 1 月实际缴纳所得税。

（1）财务会计账务处理如下：

借：其他应交税费——单位应交所得税　　　　　50 000
　　贷：银行存款　　　　　　　　　　　　　　　　　　50 000

（2）预算会计不涉及账务处理。

借：非财政拨款结余　　　　　　　　　　　　　50 000
　　贷：资金结存——货币资金　　　　　　　　　　　　50 000

三、应付职工薪酬

（一）"应付职工薪酬"科目核算的内容

"应付职工薪酬"科目核算单位按照有关规定应付给职工（含长期聘用人员）及为职工支付的各种薪酬，包括基本工资、国家统一规定的津贴补贴、规范津贴补贴（绩效工资）、改革性补贴、社会保险费（如职工基本养老保险费、职业年金、基本医疗保险费等）、住房公积金等。

"应付职工薪酬"科目应当根据国家有关规定按照"基本工资"（含离退休费）、"国家统一规定的津贴补贴""规范津贴补贴（绩效工资）""改革性补贴""社会保险费""住房公积金""其他个人收入"等进行明细科目核算。其中，"社会保险费""住房公积金"明细科目核算内容包括单位从职工工资中代扣代缴的社会保险费、住房公积金，以及单位为职工计算缴纳的社会保险费、住房公积金。

（二）"应付职工薪酬"科目平行记账账务处理

1. 计算确认当期应付职工薪酬（含单位为职工计算缴纳的社会保险费、住房公积金）

具体账务处理如表 4-25 所示。

表 4-25　应付职工薪酬平行记账账务处理之一

情形	财务会计		预算会计	
	行政单位	事业单位	行政单位	事业单位
①从事专业及其辅助活动人员的职工薪酬	借：业务活动费用 　　贷：应付职工薪酬	借：业务活动费用/单位管理费用 　　贷：应付职工薪酬	—	—

（续表）

情形	财务会计		预算会计	
	行政单位	事业单位	行政单位	事业单位
②应由在建工程、加工物品、自行研发无形资产负担的职工薪酬	借：在建工程/加工物品/研发支出等 　　贷：应付职工薪酬	借：在建工程/加工物品/研发支出等 　　贷：应付职工薪酬	—	—
③从事专业及其辅助活动以外的经营活动人员的职工薪酬	—	借：经营费用 　　贷：应付职工薪酬	—	—
④因解除与职工的劳动关系而给予的补偿	—	借：单位管理费用 　　贷：应付职工薪酬	—	—

2. 向职工支付工资、津贴补贴等薪酬时，按照实际支付的金额

具体账务处理如表4-26所示。

表4-26　应付职工薪酬平行记账账务处理之二

情形	财务会计		预算会计	
	行政单位	事业单位	行政单位	事业单位
	借：应付职工薪酬 　　贷：财政拨款收入/零余额账户用款额度/银行存款等		借：行政支出 　　贷：财政拨款预算收入/资金结存	借：事业支出/经营支出等 　　贷：财政拨款预算收入/资金结存

3. 从应付职工薪酬中代扣各种款项

具体账务处理如表4-27所示。

表 4-27　应付职工薪酬平行记账账务处理之三

情形	财务会计		预算会计	
	行政单位	事业单位	行政单位	事业单位
①代扣代缴个人所得税	借：应付职工薪酬——基本工资 　　贷：其他应交税费——应交个人所得税		—	—
②代扣社会保险费和住房公积金	借：应付职工薪酬——基本工资 　　贷：应付职工薪酬——社会保险费/住房公积金		—	—
③代扣为职工垫付的水电费、房租等费用时	借：应付职工薪酬——基本工资 　　贷：其他应收款等		—	—

4. 按照规定缴纳职工社会保险费和住房公积金时，按照实际支付的金额具体账务处理如表 4-28 所示。

表 4-28　应付职工薪酬平行记账账务处理之四

情形	财务会计		预算会计	
	行政单位	事业单位	行政单位	事业单位
	借：应付职工薪酬——社会保险费/住房公积金 　　贷：财政拨款收入/零余额账户用款额度/银行存款等		借：行政支出 　　贷：财政拨款预算收入/资金结存	借：事业支出/经营支出等 　　贷：财政拨款预算收入/资金结存

5. 从应付职工薪酬中支付的其他款项
具体账务处理如表 4-29 所示。

表 4-29　应付职工薪酬平行记账账务处理之五

情形	财务会计		预算会计	
	行政单位	事业单位	行政单位	事业单位
	借：应付职工薪酬 　　贷：零余额账户用款额度/银行存款等		借：行政支出 　　贷：资金结存等	借：行政支出/事业支出/经营支出等 　　贷：资金结存等

(三)"应付职工薪酬"科目行政单位平行记账业务举例

【例4-32】 某行政单位采用财政直接支付方式发放职工工资。2019年2月应发工资总额为80 000元,其中代扣住房公积金9 000元,代扣社会保险费4 000元,代扣个人所得税500元。平行记账账务处理如下:

1)1月底计提工资(按全额工资)。

 (1)财务会计账务处理如下:

 借:业务活动费用——工资福利支出   80 000
  贷:应付职工薪酬   80 000

 (2)预算会计不涉及账务处理。

2)计提代扣保险、公积金、个税等。

 (1)财务会计账务处理如下:

 借:应付职工薪酬——基本工资   4 000
     ——基本工资   9 000
     ——基本工资   500
  贷:应付职工薪酬——社会保险费   4 000
     ——住房公积金   9 000
  其他应交税费——应交个人所得税   500

 (2)预算会计不涉及账务处理。

3)向职工支付薪酬。

 (1)财务会计账务处理如下:

 借:应付职工薪酬   66 500
  贷:财政拨款收入   66 500

 (2)预算会计账务处理如下:

 借:行政支出——基本支出——工资福利支出 66 500
  贷:财政拨款预算收入   66 500

4)计算当月单位应负担的职工社保缴费24 000元和住房公积金9 000元。

 (1)财务会计账务处理如下:

 借:业务活动费用——社会保险费   24 000
     ——住房公积金   9 000
  贷:应付职工薪酬——社会保险费   24 000
     ——住房公积金   9 000

 (2)预算会计不涉及账务处理。

5）分别上缴职工社会保险费、住房公积金和个人所得税。

（1）财务会计账务处理如下：

借：业务活动费用——社会保险费	24 000
——住房公积金	9 000
应付职工薪酬——社会保险费	4 000
——住房公积金	9 000
其他应交税费——应交个人所得税	500
贷：财政拨款收入	46 500

（2）预算会计不涉及账务处理。

借：行政支出	46 500
贷：财政拨款预算收入	46 500

【例 4-33】 2019 年 3 月，某行政单位以财政授权支付方式发放工资 50 000 元。其中：行政人员工资 40 000 元，在建工程人员薪酬 10 000 元，另支付退休人员退休费 5 000 元（未纳入社保退休费）。平行记账账务处理如下：

1）计算确认当期应付职工薪酬。

（1）财务会计账务处理如下：

借：业务活动费用	40 000
在建工程	10 000
贷：应付职工薪酬	50 000

（2）预算会计不涉及账务处理。

2）3 月发放工资时：

（1）财务会计账务处理如下：

借：应付职工薪酬	50 000
贷：零余额用款额度	50 000

（2）预算会计账务处理如下：

借：行政支出——基本支出——工资福利支出	50 000
贷：资金结存——零余额用款额度	50 000

3）支付退休人员工资时：

（1）财务会计账务处理如下：

借：业务活动费用——对个人和家庭的补助费用	5 000
贷：零余额用款额度	5 000

（2）预算会计账务处理如下：

借：行政支出——基本支出——对个人和家庭补助	5 000
贷：资金结存——零余额用款额度	5 000

【例4-34】 某行政单位2019年2月发放工资85 640元，其中为职工垫付的扣款项目为：物管费、房租、水电费等合计9 560元，实发工资76 080元。平行记账账务处理如下：

发放工资时：

（1）财务会计账务处理如下：

借：应付职工薪酬——基本工资　　　　　　　　　　　85 640
　　贷：其他应收款　　　　　　　　　　　　　　　　　9 560
　　　　零余额账户用款额度　　　　　　　　　　　　　76 080

（2）预算会计账务处理如下：

借：行政支出　　　　　　　　　　　　　　　　　　　76 080
　　贷：资金结存——零余额账户用款额度　　　　　　　76 080

（四）"应付职工薪酬"科目事业单位平行记账业务举例

【例4-35】 某事业单位采用财政授权支付方式发放职工工资。2019年1月应发工资的总额为80 000元（用于专业业务活动人员的工资为50 000元，用于管理的人员工资为30 000元），其中代扣住房公积金9 000元，代扣社会保险费4 000元，代扣个人所得税500元。平行记账账务处理如下：

1）1月底计提工资。

（1）财务会计账务处理如下：

借：业务活动费用——工资福利费用　　　　　　　　　50 000
　　单位管理费用——工资福利费用　　　　　　　　　30 000
　　贷：应付职工薪酬　　　　　　　　　　　　　　　80 000

（2）预算会计不涉及账务处理。

2）计提代扣保险、公积金、个税。

（1）财务会计账务处理如下：

借：应付职工薪酬——基本工资　　　　　　　　　　　4 000
　　　　　　　　——基本工资　　　　　　　　　　　9 000
　　　　　　　　——基本工资　　　　　　　　　　　500
　　贷：应付职工薪酬——社会保险费　　　　　　　　4 000
　　　　　　　　　　——住房公积金　　　　　　　　9 000
　　　　其他应交税费——应交个人所得税　　　　　　500

（2）预算会计不涉及账务处理。

3）向职工支付薪酬。

（1）财务会计账务处理如下：

借：应付职工薪酬 66 500
　　贷：零余额账户用款额度 66 500
（2）预算会计账务处理如下：
借：事业支出——基本支出——工资福利支出 66 500
　　贷：资金结存——零余额账户用款额度 66 500

4）计算当月单位应负担的职工社保缴费 24 000 元和住房公积金 9 000 元。

（1）财务会计账务处理如下：（假设负担业务人员社保缴费 16 000 元、住房公积金 6 000，负担管理人员社保缴费 8 000 元、住房公积金 3 000 元）

借：业务活动费用——对个人和家庭的补助费用 22 000
　　单位管理费用——对个人和家庭的补助费用 11 000
　　贷：应付职工薪酬——社会保险费 24 000
　　　　　　　　　　——住房公积金 9 000

（2）预算会计不涉及账务处理。

5）分别上缴职工社会保险费、住房公积金和个人所得税。

（1）财务会计账务处理如下：

借：应付职工薪酬——社会保险费 24 000
　　　　　　　　——住房公积金 9 000
　　　　　　　　——社会保险费 4 000
　　　　　　　　——住房公积金 9 000
　　其他应交税费——应交个人所得税 500
　　贷：零余额账户用款额度 46 500

（2）预算会计不涉及账务处理。

借：事业支出 46 500
　　贷：资金结存——零余额账户用款额度 46 500

【例 4-36】 2019 年 2 月，某事业单位开具支票 85 640 元，用于发放工资，其中为职工垫付的扣款项目为：物业管理费、房租水电等合计 9 560 元，实发工资 76 080 元。平行记账账务处理如下：

发放工资时：

（1）财务会计账务处理如下：

借：应付职工薪酬——基本工资 85 640
　　贷：其他应收款 9 560
　　　　零余额账户用款额度 76 080

（2）预算会计账务处理如下：

借：事业支出　　　　　　　　　　　　　　　　　　　　　76 080
　　贷：资金结存——零余额账户用款额度　　　　　　　　76 080

【例 4-37】　某事业单位因解除与职工的劳动关系，向职工给予补偿 13 000 元，用现金支付。平行记账账务处理如下：

1）计确认时：

（1）财务会计账务处理如下：

借：单位管理费用　　　　　　　　　　　　　　　　　　13 000
　　贷：应付职工薪酬　　　　　　　　　　　　　　　　　13 000

（2）预算会计不涉及账务处理。

2）实际支付。

（1）财务会计账务处理如下：

借：应付职工薪酬　　　　　　　　　　　　　　　　　　13 000
　　贷：库存现金　　　　　　　　　　　　　　　　　　　13 000

（2）预算会计不涉及账务处理。

借：事业支出　　　　　　　　　　　　　　　　　　　　13 000
　　贷：资金结存——货币资金　　　　　　　　　　　　　13 000

【例 4-38】　2019 年 3 月，某事业单位以财政直接支付方式发放工资 40 000 元，其中：专业业务人员工资 30 000 元，管理人员工资 10 000 元。同时该单位以银行存款支付在建工程人员劳务费 10 000 元，另支付退休人员退休费 5 000 元（未纳入社保退休费）。平行记账账务处理如下：

1）计算确认当期应付职工薪酬时：

（1）财务会计账务处理如下：

借：业务活动费用——工资福利费用　　　　　　　　　　30 000
　　单位管理费用——工资福利费用　　　　　　　　　　10 000
　　在建工程　　　　　　　　　　　　　　　　　　　　10 000
　　贷：应付职工薪酬　　　　　　　　　　　　　　　　　50 000

（2）预算会计不涉及账务处理。

2）发放工资时：

（1）财务会计账务处理如下：

借：应付职工薪酬　　　　　　　　　　　　　　　　　　50 000
　　贷：财政拨款收入　　　　　　　　　　　　　　　　　40 000
　　　　银行存款　　　　　　　　　　　　　　　　　　　10 000

（2）预算会计账务处理如下：

借：事业支出　　　　　　　　　　　　　　　　50 000
　　贷：财政拨款预算收入　　　　　　　　　　　40 000
　　　　资金结存——货币资金　　　　　　　　　10 000

3）支付退休人员工资时：

（1）财务会计账务处理如下：

借：单位管理费用　　　　　　　　　　　　　　5 000
　　贷：财政拨款收入　　　　　　　　　　　　　5 000

（2）预算会计账务处理如下：

借：事业支出——基本支出——对个人和家庭补助　　5 000
　　贷：财政拨款预算收入　　　　　　　　　　　5 000

四、应付票据

（一）"应付票据"科目核算的内容

"应付票据"科目核算事业单位因购买材料、物资等而开出、承兑的商业汇票，包括银行承兑汇票和商业承兑汇票。该科目仅针对事业单位会计处理设置，行政单位不存在涉及应付票据的业务。

"应付票据"科目可根据债权人的不同设置明细科目，以便于账户核算负债金额。

"应付票据"科目仅为事业单位使用，行政单位不涉及此类业务。

（二）"应付票据"科目平行记账账务处理

1. 开出、承兑商业汇票时

具体账务处理如表 4-30 所示。

表 4-30　应付票据平行记账账务之一

情形	财务会计	预算会计
	借：库存物品/固定资产等 　　贷：应付票据	—

涉及增值税业务的，相关账务处理参见"应交增值税"科目。

2. 以商业汇票抵付应付账款时

具体账务处理如表 4-31 所示。

表 4-31　应付票据平行记账账务之二

情形	财务会计	预算会计
	借：应付账款 　贷：应付票据	—

3. 支付银行承兑汇票的手续费

具体账务处理如表 4-32 所示。

表 4-32　应付票据平行记账账务之三

情形	财务会计	预算会计
	借：业务活动费用/经营费用等 　贷：银行存款等	借：事业支出/经营支出 　贷：资金结存——货币资金

4. 商业汇票到期时

具体账务处理如表 4-33 所示。

表 4-33　应付票据平行记账账务之四

情形	财务会计	预算会计
①收到银行支付到期票据的付款通知时	借：应付票据 　贷：银行存款	借：事业支出/经营支出 　贷：资金结存——货币资金
②银行承兑汇票到期，本单位无力支付票款	借：应付票据 　贷：短期借款	借：事业支出/经营支出 　贷：债务预算收入
③商业承兑汇票到期，本单位无力支付票款	借：应付票据 　贷：应付账款	—

（三）"应付票据"事业单位平行记账业务举例

【例 4-39】　2019 年，某事业单位有关应付票据业务如下：

6 月 15 日，为开展专业业务活动向 A 公司购入一批原材料，价款为 50 000 元，增值税款为 8 000 元，开出并承兑一张期限为 3 个月的商业汇票，金额为 58 000 元。假定该单位为增值税一般纳税人单位，平行记账账务处理如下：

1）假设该票据为不带息商业汇票。

（1）财务会计账务处理如下：

借：库存物品　　　　　　　　　　　　　　　　　　50 000
　　应交增值税——应交税金（进项税额）　　　　　 8 000
　　贷：应付票据——商业承兑汇票——A 公司　　　58 000
（2）预算会计不涉及账务处理。

2）9 月 15 日，票据到期用银行存款偿还。
（1）财务会计账务处理如下：
借：应付票据　　　　　　　　　　　　　　　　　　58 000
　　贷：银行存款　　　　　　　　　　　　　　　　58 000
（2）预算会计不涉及账务处理。
借：事业支出　　　　　　　　　　　　　　　　　　58 000
　　贷：资金结存——货币资金　　　　　　　　　　58 000

3）假设该票据为带息商业承兑汇票，票面利率为 10%，偿还时：
（1）财务会计账务处理如下：
借：应付票据　　　　　　　　　　　　　　　　　　58 000
　　业务活动费用（58 000×10%×3÷12）　　　　　 1 450
　　贷：银行存款　　　　　　　　　　　　　　　　59 450
（2）预算会计不涉及账务处理。
借：事业支出　　　　　　　　　　　　　　　　　　59 450
　　贷：资金结存——货币资金　　　　　　　　　　59 450

4）如果商业汇票到期时，该单位无力偿还。
（1）财务会计账务处理如下：
借：应付票据　　　　　　　　　　　　　　　　　　58 000
　　贷：应付账款　　　　　　　　　　　　　　　　58 000
（2）预算会计不涉及账务处理。

五、应付账款

（一）"应付账款"科目核算的内容

"应付账款"科目核算单位因购买物资、接受服务、开展工程建设等而应付的偿还期限在 1 年以内（含 1 年）的款项。

"应付账款"科目应当按照债权人的不同进行明细核算。对于建设项目，单位可以还应当设置"应付器材款""应付工程款"等明细科目进行核算，并按照具体项目进行明细核算。

(二)"应付账款"科目平行记账账务处理

1. 收到所购物资、设备或服务以及确认完成工程进度但尚未付款时,根据发票及账单等有关凭证,按照应付未付款项的金额登记

具体账务处理如表 4-34 所示。

表 4-34　应付账款平行记账账务之一

情形	财务会计		预算会计	
	行政单位	事业单位	行政单位	事业单位
	借：库存物品/固定资产/在建工程等 　贷：应付账款		—	—

2. 偿付应付账款时,按照实际支付的金额登记

具体账务处理如表 4-35 所示。

表 4-35　应付账款平行记账账务之二

情形	财务会计		预算会计	
	行政单位	事业单位	行政单位	事业单位
	借：应付账款 　贷：财政拨款收入/零余额账户用款额度/银行存款等		借：行政支出等 　贷：财政拨款预算收入/资金结存	借：事业支出等 　贷：财政拨款预算收入/资金结存

3. 开出、承兑商业汇票抵付应付账款时

具体账务处理如表 4-36 所示。

表 4-36　应付账款平行记账账务之三

情形	财务会计		预算会计	
	行政单位	事业单位	行政单位	事业单位
	—	借：应付账款 　贷：应付票据	—	—

4. 无法偿付或债权人豁免偿还的应付账款,按照规定报经批准后进行账务处理,经批准核销时

具体账务处理如表 4-37 所示。

第 4 章 负债业务

表 4-37 应付账款平行记账账务之四

情形	财务会计		预算会计	
	行政单位	事业单位	行政单位	事业单位
	—	借：应付账款 　　贷：其他收入	—	—

（三）"应付账款"科目行政单位平行记账业务举例

【例 4-40】 2019 年 7 月 1 日，某行政单位从丙商场购入 20 000 元办公用品，购入的办公用品已到货并验收入库，2019 年 9 月 1 日通过单位零余额账户支付货款。平行记账账务处理如下：

1）2019 年 7 月 1 日购入办公用品：

（1）财务会计账务处理如下：

借：库存商品　　　　　　　　　　　　　　　　　　20 000
　　贷：应付账款——丙商场　　　　　　　　　　　　20 000

（2）预算会计不涉及账务处理。

2）2019 年 9 月 1 日通过单位零余额账户支付货款：

（1）财务会计账务处理如下：

借：应付账款——丙商场　　　　　　　　　　　　　20 000
　　贷：零余额账户用款额度　　　　　　　　　　　　20 000

（2）预算会计账务处理如下：

借：行政支出　　　　　　　　　　　　　　　　　　20 000
　　贷：资金结存——零余额账户用款额度　　　　　　20 000

（四）"应付账款"科目事业单位平行记账业务举例

【例 4-41】 某事业单位为增值税一般纳税人，2019 年 7 月发生经济业务如下：

1）7 月 20 日，从甲公司购入实验室用材料一批，增值税专用发票上注明：价款 100 000 元，增值税税额 16 000 元。材料已验收入库，款项未付。平行记账账务处理如下：

（1）财务会计账务处理如下：

借：库存商品　　　　　　　　　　　　　　　　　　100 000
　　应交增值税——应交税金（进项税额）　　　　　　16 000
　　贷：应付账款——甲公司　　　　　　　　　　　　116 000

（2）预算会计不涉及账务处理。

2）7月29日，从乙公司购入价值80 000元的实验室用材料一批，同时向对方支付增值税进项税额12 800元，材料已验收入库，款项未付。但对方开具的增值税专用发票尚未收到。该单位暂不作账务处理，月末仍未收到发票，暂估材料价值为80 000元。平行记账账务处理如下：

（1）月末暂估材料价款：

① 财务会计账务处理如下：

借：库存商品	80 000	
贷：应付账款——乙公司		80 000

② 预算会计不涉及账务处理。

（2）下月初红字冲销：

① 财务会计账务处理如下：

借：应付账款——乙公司	80 000	
贷：库存商品		80 000

② 预算会计不涉及账务处理。

（3）8月4日收到对方转来的增值税发票时：

① 财务会计账务处理如下：

借：库存商品	80 000	
应交增值税——应交税金（进行税额）	12 800	
贷：应付账款——乙公司		92 800

② 预算会计不涉及账务处理。

3）8月25日，该事业以银行转账方式支付7月20日应付甲公司账款116 000元。平行记账账务处理如下：

（1）财务会计账务处理如下：

借：应付账款——甲公司	116 000	
贷：银行存款		116 000

（2）预算会计账务处理如下：

借：事业支出	116000	
贷：资金结存——货币资金		116 000

4）该事业单位因乙公司原因，无法偿付应付乙公司的材料款92 800元。2019年12月，按照规定经批准对尚未支付的材料款予以核销。平行记账账务处理如下：

（1）财务会计账务处理如下：

借：应付账款　　　　　　　　　　　　　　　　　　　92 800
　　贷：其他收入　　　　　　　　　　　　　　　　　92 800

（2）预算会计不涉及账务处理。

同时，核销的应付账款应在备查簿中保留登记。

六、预收账款

（一）"预收账款"科目核算的内容

"预收账款"科目核算事业单位按照合同规定预先收取的以待后期结算的款项。

"预收账款"科目应当按照债权人种类进行明细核算。

"预收账款"科目仅为事业单位使用，行政单位不涉及此类业务。

（二）"预收账款"科目平行记账账务处理

1. 从付款方预收款项时，按照实际预收的金额

具体账务处理如表 4-38 所示。

表 4-38　预收账款平行记账账务之一

情形	财务会计	预算会计
	事业单位	事业单位
	借：银行存款等 　　贷：预收账款	借：资金结存——货币资金 　　贷：事业预算收入/经营预算收入等

2. 确认有关收入时，按照预收账款账面余额

具体账务处理如表 4-39 所示。

表 4-39　预收账款平行记账账务之二

情形	财务会计	预算会计
	事业单位	事业单位
	借：预收账款 　　银行存款［收到补付款］ 　　贷：事业收入/经营收入等 　　　　银行存款［退回预收款］	借：资金结存——货币资金 　　贷：事业预算收入/经营预算收入等 　　　　［收到补付款］ 退回预收款的金额作相反会计分录

3.无法偿付或债权人豁免偿还的预收账款,按照规定报经批准后进行账务处理,经批准核销时

具体账务处理如表 4-40 所示。

表 4-40 预收账款平行记账账务之三

情形	财务会计	预算会计
	事业单位	事业单位
	借:预收账款 　　贷:其他收入	—

核销的预售账款应在备查簿中保留登记。

（三）"预收账款"科目事业单位平行记账核算举例

【例 4-42】 某科研事业单位是增值税小规模纳税人,该单位对外承接一项科研设备研制任务,合同约定:设备总价款为 200 000 元,合同签订时支付 30% 的价款,设备交付时支付 65% 的价款,设备交付使用半年后再支付 5% 的价款。合同签订后该科研单位收到买方预付的第一笔设备购置款 60 000 元。该科研单位研制该设备,发生的成本费用为:支付资金 20 000 元,职工薪酬 40 000 元,加工设备折旧费 5 000 元,使用库存物品 25 000 元。该单位按期完成科研设备,将设备交付购买方,按照合同规定收到 130 000 元货款和 12 000 元的增值税款；设备交付使用半年后收到买方支付的 10 000 元尾款。平行记账账务处理如下:

1）收到买方第一笔预付款 300 000 元:

（1）财务会计账务处理如下:

借:银行存款　　　　　　　　　　　　　　60 000
　　贷:预收账款　　　　　　　　　　　　　　60 000

（2）预算会计账务处理如下:

借:资金结存——货币资金　　　　　　　　60 000
　　贷:事业预算收入　　　　　　　　　　　　60 000

2）计算设备加工成本 = 20 000 + 40 000 + 5 000 + 25 000 = 90 000（元）:

（1）财务会计账务处理如下:

借：加工物品	90 000
贷：银行存款	20 000
应付职工薪酬	40 000
固定资产累计折旧	5 000
库存物品	25 000

（2）预算会计不涉及账务处理。

借：事业支出	20 000
贷：资金结存——货币资金	20 000

3）设备研制完成：

（1）财务会计账务处理如下：

借：库存物品	90 000
贷：加工物品	90 000

（2）预算会计不涉及账务处理。

4）交付设备及结转费用：

（1）财务会计账务处理如下：

借：业务活动费用	90 000
贷：库存物品	90 000

（2）预算会计不涉及账务处理。

5）收到 130 000 元货款和 12 000 元增值税款，确认收入：

（1）财务会计账务处理如下：

借：银行存款	142 000
预收账款	60 000
应收账款	10 000
贷：事业收入	200 000
应交增值税	12 000

（2）预算会计账务处理如下：

借：资金结存——货币资金	142 000
贷：事业预算收入	142 000

6）收到尾款 10 000 元：

（1）财务会计账务处理如下：

借：银行存款	10 000
贷：应收账款	10 000

（2）预算会计账务处理如下：

借：资金结存——货币资金　　　　　　　　　　　　　10 000
　　贷：事业预算收入　　　　　　　　　　　　　　　　　10 000

七、其他应付款

(一)"其他应付款"科目核算的内容

"其他应付款"科目核算单位除应交增值税、其他应交税费、应缴财政款、应付职工薪酬、应付票据、应付账款、应付政府补贴款、应付利息、预收账款以外，其他各项偿还期限在1年内(含1年)的应付及暂收款项，如收取的押金、存入保证金、已经报销但尚未偿还银行的本单位公务卡欠款等。

同级政府财政部门预拨的下期预算款和没有纳入预算的暂付款项，以及采用实拨资金方式通过本单位转拨给下属单位的财政拨款，也通过"其他应付款"科目核算。

"其他应付款"科目应按照其他应付款的类别以及债权人等进行明细核算。

(二)"其他应付款"科目平行记账账务处理

1. 发生其他应付及暂收款项时

具体账务处理如表4-41所示。

表4-41　其他应付款平行记账账务之一

情形	财务会计		预算会计	
	行政单位	事业单位	行政单位	事业单位
①取得暂收款项时	借：银行存款等 　贷：其他应付款	借：银行存款等 　贷：其他应付款	—	—
②确认收入时	借：其他应付款 　贷：其他收入	借：其他应付款 　贷：事业收入等	借：资金结存 　贷：其他预算收入等	借：资金结存 　贷：事业预算收入等
③退回(转拨)暂收款时	借：其他应付款 　贷：银行存款等	借：其他应付款 　贷：银行存款等	—	—

2. 收到同级政府财政部门预拨的下期预算款和没有纳入预算的暂付款项

具体账务处理如表4-42所示。

表 4-42　其他应付款平行记账账务之二

情形	财务会计		预算会计	
	行政单位	事业单位	行政单位	事业单位
①按照实际收到的金额	借：银行存款等 　贷：其他应付款		—	
②待到下一预算期或批准纳入预算时	借：其他应付款 　贷：财政拨款收入		借：资金结存 　贷：财政拨款预算收入	

3. 发生其他应付款义务

具体账务处理如表 4-43 所示。

表 4-43　其他应付款平行记账账务之三

情形	财务会计		预算会计	
	行政单位	事业单位	行政单位	事业单位
①确认其他应付款项时	借：业务活动费用 　贷：其他应付款	借：业务活动费用/单位管理费用等 　贷：其他应付款	—	—
②支付其他应付款项	借：其他应付款 　贷：银行存款等	借：其他应付款 　贷：银行存款等	借：行政支出 　贷：资金结存	借：事业支出 　贷：资金结存

4. 涉及质保金形成其他应付款时

相关账务处理参见"固定资产"科目。

5. 无法偿付或债权人豁免偿还的其他应付款项，按照规定报经批准后进行账务处理，经批准核销时

具体账务处理如表 4-44 所示。

表 4-44　其他应付款平行记账账务之四

情形	财务会计		预算会计	
	行政单位	事业单位	行政单位	事业单位
	借：其他应付款 　贷：其他收入		—	

核销的其他应付款应在备查簿中保留登记。

(三)"其他应付款"科目行政单位平行记账业务举例

【例 4-43】 2019 年 3 月 1 日,某行政单位开展业务活动收取申请者押金 10 000 元,收取供应商保证金 20 000 元,银行账户已收到款项。平行记账账务处理如下:

(1)财务会计账务处理如下:

借:银行存款　　　　　　　　　　　　　　　　　30 000
　　贷:其他应付款——押金　　　　　　　　　　　10 000
　　　　　　　　　——保证金　　　　　　　　　　20 000

(2)预算会计不涉及账务处理。

【例 4-44】 接[例 4-43],某行政单位开展业务活动后结算,退回申请者押金 9 000 元,退回供应商保证金 20 000 元,银行账户已经支付款项。平行记账账务处理如下:

(1)财务会计账务处理如下:

借:其他应付款——押金　　　　　　　　　　　　 9 000
　　　　　　　——保证金　　　　　　　　　　　　20 000
　　贷:银行存款　　　　　　　　　　　　　　　　29 000

(2)预算会计不涉及账务处理。

【例 4-45】 2019 年 5 月,某行政单位开展业务活动结束后,由于一直联系不到申请者,押金 1 000 元无法退回,2019 年经批准转为收入。平行记账账务处理如下:

(1)财务会计账务处理如下:

借:其他应付款　　　　　　　　　　　　　　　　 1 000
　　贷:其他收入　　　　　　　　　　　　　　　　 1 000

(2)预算会计不涉及账务处理。

核销的其他应付款应在备查簿中保留登记。

【例 4-46】 某行政单位 2019 年 12 月收到财政拨款资金 1 700 000 元,其中列入本年基本支出预算,用于发放 12 月职工工资的财政拨款为 1 500 000 元,财政部门预拨列入下年项目支出的房屋日常维修预算款为 200 000 元。该单位收到本月财政拨款后 12 月用于发放职工工资。平行记账账务处理如下:

1)收到财政拨款时:

(1)财务会计账务处理如下:

借:银行存款　　　　　　　　　　　　　　　　　1 700 000
　　贷:财政拨款收入　　　　　　　　　　　　　　1 500 000
　　　　其他应付款　　　　　　　　　　　　　　　 200 000

（2）预算会计账务处理如下：

借：资金结存——货币资金　　　　　　　　　　1 500 000
　　贷：财政拨款预算收入　　　　　　　　　　　　　1 500 000

2）支付12月工资时：

（1）财务会计账务处理如下：

借：业务活动费用　　　　　　　　　　　　　　1 500 000
　　贷：银行存款　　　　　　　　　　　　　　　　　1 500 000

（2）预算会计不涉及账务处理。

借：行政支出　　　　　　　　　　　　　　　　1 500 000
　　贷：资金结存——货币资金　　　　　　　　　　　1 500 000

3）下年1月将该房屋维修拨款列入预算收入。

（1）财务会计账务处理如下：

借：其他应付款　　　　　　　　　　　　　　　　200 000
　　贷：财政拨款收入　　　　　　　　　　　　　　　　200 000

（2）预算会计账务处理如下：

借：资金结存——货币资金　　　　　　　　　　　200 000
　　贷：财政拨款预算收入　　　　　　　　　　　　　　200 000

【例4-47】　某行政单位职工于2019年5月4日用公务卡刷卡购买电脑配件8 000元，从基本支出中报销，财务人员进行还款支付。平行记账账务处理如下：

1）报销时：

（1）财务会计账务处理如下：

借：业务活动费用　　　　　　　　　　　　　　　　8 000
　　贷：其他应付款——待清算公务卡报销额度　　　　　8 000

（2）预算会计不涉及账务处理。

2）还款时：

（1）财务会计账务处理如下：

借：其他应付款——待清算公务卡报销额度　　　　　8 000
　　贷：零余额账户用款额度　　　　　　　　　　　　　8 000

（2）预算会计账务处理如下：

借：行政支出——基本支出——商品和服务支出　　　8 000
　　贷：资金结存——零余额账户用款额度　　　　　　　8 000

(四)"其他应付款"科目事业单位平行记账业务举例

【例4-48】 2019年3月1日,某事业单位开展业务活动,收取申请者押金19 000元,收取供应商保证金40 000元,银行账户已收到款项。平行记账账务处理如下:

(1)财务会计账务处理如下:

借:银行存款	59 000
贷:其他应付款——押金	19 000
——保证金	40 000

(2)预算会计不涉及账务处理。

【例4-49】 接[例4-48],某事业单位开展业务活动后结算,退回申请者押金19 000元,退回供应商保证金40 000元,银行账户已经支付款项。平行记账账务处理如下:

(1)财务会计账务处理如下:

借:其他应付款——押金	19 000
——保证金	40 000
贷:银行存款	59 000

(2)预算会计不涉及账务处理。

【例4-50】 某事业单位2019年清理其他应付款,经多方努力始终无法联系到供应商丁公司,无法偿付20 000元材料款,经批准核销处理。平行记账账务处理如下:

(1)财务会计账务处理如下:

借:其他应付款——丁公司	20 000
贷:其他收入	20 000

(2)预算会计不涉及账务处理。

核销的其他应付款应在备查簿中保留登记。

【例4-51】 某事业单位12月通过实拨资金方式获得财政资金1 700 000元,存入单位银行账户,其中列入本年基本支出预算,用于发放12月职工工资的财政拨款为1 500 000元,财政预拨列入下年项目支出预算的房屋日常维修款为200 000元,该事业单位收到本月财政拨款后于12月用于发放职工工资。平行记账账务处理如下:

1)收到财政拨款时:

(1)财务会计账务处理如下:

借：银行存款	1 700 000	
贷：财政拨款收入		1 500 000
其他应付款		200 000

（2）预算会计账务处理如下：

借：资金结存——货币资金	1 500 000	
贷：财政拨款预算收入		1 500 000

2）支付12月工资时：

（1）财务会计账务处理如下：

借：业务活动费用/单位管理费用	1 500 000	
贷：银行存款		1 500 000

（2）预算会计不涉及账务处理。

借：事业支出	1 500 000	
贷：资金结存——货币资金		1 500 000

3）下年1月将该房屋维修拨款列入预算收支及收入费用：

（1）财务会计账务处理如下：

借：其他应付款	200 000	
贷：财政拨款收入		200 000

（2）预算会计不涉及账务处理。

借：资金结存——货币资金	200 000	
贷：财政拨款预算收入		200 000

【例4-52】　某事业单位职工于2019年5月4日用公务卡刷卡购买电脑配件8 000元，从基本支出中报销，财务人员进行还款支付。平行记账账务处理如下：

1）报销时：

（1）财务会计账务处理如下：

借：业务活动费用/单位管理费用	8 000	
贷：其他应付款——待清算公务卡报销额度		8 000

（2）预算会计不涉及账务处理。

2）还款时：

（1）财务会计账务处理如下：

借：其他应付款——待清算公务卡报销额度	8 000	
贷：零余额账户用款额度		8 000

（2）预算会计账务处理如下：

借：事业支出——基本支出——商品和服务支出	8 000	
贷：资金结存——零余额账户用款额度		8 000

八、长期应付款

(一) "长期应付款"科目核算的内容

"长期应付款"科目核算单位发生的偿还期限超过1年(不含1年)的应付款项,如以融资租赁方式取得固定资产应付的租赁费等。

"长期应付款"科目应当按照长期应付款的类别以及债权人的不同进行明细核算。

(二) "长期应付款"科目平行记账账务处理

1. 发生长期应付款时

具体账务处理如表4-45所示。

表4-45 长期应付款平行记账账务之一

情形	财务会计		预算会计	
	行政单位	事业单位	行政单位	事业单位
	借:固定资产/在建工程等 贷:长期应付款		—	

2. 支付长期应付款时,按照实际支付的金额

具体账务处理如表4-46所示。

表4-46 长期应付款平行记账账务之二

情形	财务会计		预算会计	
	行政单位	事业单位	行政单位	事业单位
	借:长期应付款 贷:财政拨款收入/零余额账户用款额度/银行存款		借:行政支出/事业支出/经营支出等 贷:财政拨款预算收入/资金结存	

3. 无法偿付或债权人豁免偿还的长期应付款,按照规定报经批准后进行账务处理,经批准核销时

具体账务处理如表4-47所示。

表 4-47　长期应付款平行记账账务之三

情形	财务会计		预算会计	
	行政单位	事业单位	行政单位	事业单位
	借：长期应付款 　　贷：其他收入		—	

核销的长期应付款应在备查簿中保留登记。

4. 涉及质保金形成长期应付款时

相关账务处理参见"固定资产"科目。

(三)"长期应付款"科目行政单位平行记账业务举例

【例 4-53】　某行政单位对管理的一座桥梁进行扩建，该桥梁的原价为 20 000 000 元，已经计提折旧 13 500 000 元。有关该桥梁扩建的事项如下：

(1) 2 月 1 日开始对桥梁进行扩建，通过财政直接支付向施工单位预付工程款 5 000 000 元；

(2) 2 月 10 日拆除部分桥梁构件，拆除的构件原净值为 2 000 000 元，出售拆除构件残料取得收入 5 000 元，存入银行，经批准拆除构件的残料收入通过待摊费用冲减工程成本，原净值列入处置费用；

(3) 同年 12 月 5 日工程施工结束，进行工程结算并通过财政直接支付向施工企业支付剩余工程款 2 4000 000 元，并收到款 700 000 元，为施工单位交付的质量保证金（保证期两年）；

(4) 结转工程待摊费用（残料收入 5 000 元）；

(5) 同年 12 月 10 日桥梁扩建工程验收合格投入使用（全部工程成本为 33 495 000 元）。

平行记账账务处理如下：

1) 将原桥梁账面价值转入在建工程。

(1) 财务会计账务处理如下：

借：公共基础设施累计折旧（摊销）　　　　　13 500 000
　　在建工程——建筑安装工程投资　　　　　6 500 000
　　贷：公共基础设施——桥梁　　　　　　　　　20 000 000

(2) 预算会计不涉及账务处理。

2) 向施工单位预付工程款 5 000 000 元。

(1) 财务会计账务处理如下：

借：预付账款——预付工程款　　　　　　　　　　5 000 000
　　贷：财政拨款收入　　　　　　　　　　　　　　　　5 000 000
（2）预算会计账务处理如下：
借：行政支出　　　　　　　　　　　　　　　　　5 000 000
　　贷：财政拨款预算收入　　　　　　　　　　　　　　5 000 000
3）收到变卖原桥梁构件残料收入5 000元：
（1）财务会计账务处理如下：
借：银行存款　　　　　　　　　　　　　　　　　　　5 000
　　贷：在建工程——待摊费用　　　　　　　　　　　　　5 000
（2）预算会计账务处理如下：
借：资金结存——货币资金　　　　　　　　　　　　　5 000
　　贷：行政支出　　　　　　　　　　　　　　　　　　　5 000
4）将拆除桥梁构件原净值2 000 000记入处置费用。
（1）财务会计账务处理如下：
借：待处理财产损溢　　　　　　　　　　　　　　2 000 000
　　贷：在建工程——建筑安装工程投资　　　　　　　2 000 000
借：资产处置费用　　　　　　　　　　　　　　　2 000 000
　　贷：待处理财产损溢　　　　　　　　　　　　　　2 000 000
（2）预算会计不涉及账务处理。
5）结算并向施工企业支付剩余工程款24 000 000元。
（1）财务会计账务处理如下：
借：在建工程——建筑安装工程投资　　　　　　29 000 000
　　贷：财政拨款收入　　　　　　　　　　　　　　24 000 000
　　　　预付账款——预付工程款　　　　　　　　　5 000 000
（2）预算会计账务处理如下：
借：行政支出　　　　　　　　　　　　　　　　24 000 000
　　贷：财政拨款预算收入　　　　　　　　　　　　24 000 000
6）收到施工单位交付的700 000元质量保证金。
（1）财务会计账务处理如下：
借：银行存款　　　　　　　　　　　　　　　　　700 000
　　贷：长期应付款　　　　　　　　　　　　　　　　700 000
（2）预算会计不涉及账务处理。
7）结转待摊费用5 000元。

（1）财务会计账务处理如下：

借：在建工程——待摊费用　　　　　　　　　　　　5 000
　　　贷：在建工程——建筑安装工程投资　　　　　　5 000

（2）预算会计不涉及账务处理。

8）工程交付使用，将在建工程成本 3 3495 000 元转为公共基础设施成本。

（1）财务会计账务处理如下：

借：公共基础设施——桥梁　　　　　　　　　　　33 495 000
　　　贷：在建工程——建筑安装工程投资　　　　　33 495 000

（2）预算会计不涉及账务处理。

（四）"长期应付款"科目事业单位平行记账业务举例

【例 4-54】　某事业单位对管理的一座桥梁进行扩建，该桥梁的原价为 20 000 000 元，已经计提折旧 13 500 000 元。有关该桥梁的扩建事项如下：

（1）2 月 1 日开始对桥梁进行扩建，通过财政直接支付向施工单位预付工程款 5 000 000 元；

（2）2 月 10 日拆除部分桥梁构件，拆除的构件原净值为 2 000 000 元，出售拆除构件残料取得收入 5 000 元，存入银行，经批准拆除构件的残料收入通过待摊费用冲减工程成本，原净值列入处置费用；

（3）同年 12 月 5 日工程施工结束，进行工程结算并通过财政直接支付向施工企业支付剩余工程款 2 4000 000 元，并收到款 700 000 元，为施工单位交付的质量保证金（保证期两年）；

（4）结转工程待摊费用（残料收入 5 000 元）；

（5）同年 12 月 10 日桥梁扩建工程验收合格投入使用（全部工程成本为 33 495 000 元）。

平行记账账务处理如下：

1）将原桥梁账面价值转入在建工程。

（1）财务会计账务处理如下：

借：公共基础设施累计折旧　　　　　　　　　　　13 500 000
　　在建工程——建筑安装工程投资　　　　　　　　6 500 000
　　　贷：公共基础设施——桥梁　　　　　　　　　20 000 000

（2）预算会计不涉及账务处理。

2）向施工单位预付工程款 5 000 000 元。

（1）财务会计账务处理如下：

借：预付账款——预付工程款　　　　　　　　　　5 000 000
　　　贷：财政拨款收入　　　　　　　　　　　　　　　5 000 000
（2）预算会计账务处理如下：
借：事业支出　　　　　　　　　　　　　　　　　5 000 000
　　　贷：财政拨款预算收入　　　　　　　　　　　　　5 000 000

3）收到变卖原桥梁构件残料收入 5000 元。
（1）财务会计账务处理如下：
借：银行存款　　　　　　　　　　　　　　　　　　　5 000
　　　贷：在建工程——待摊费用　　　　　　　　　　　　　5 000
（2）预算会计账务处理如下：
借：资金结存——货币资金　　　　　　　　　　　　　5 000
　　　贷：事业支出　　　　　　　　　　　　　　　　　　　5 000

4）将拆除桥梁构件原净值 2 000 000 记入处置费用。
（1）财务会计账务处理如下：
借：待处理财产损溢　　　　　　　　　　　　　　2 000 000
　　　贷：在建工程——建筑安装工程投资　　　　　　　2 000 000
借：资产处置费用　　　　　　　　　　　　　　　2 000 000
　　　贷：待处理财产损溢　　　　　　　　　　　　　　2 000 000
（2）预算会计不涉及账务处理。

5）结算并向施工企业支付剩余工程款 24 000 000 元。
（1）财务会计账务处理如下：
借：在建工程——建筑安装工程投资　　　　　　　29 000 000
　　　贷：财政拨款收入　　　　　　　　　　　　　　24 000 000
　　　　　预付账款——预付工程款　　　　　　　　　5 000 000
（2）预算会计账务处理如下：
借：事业支出　　　　　　　　　　　　　　　　　24 000 000
　　　贷：财政拨款预算收入　　　　　　　　　　　　24 000 000

6）收到 700 000 元施工单位交付的质量保证金。
（1）财务会计账务处理如下：
借：银行存款　　　　　　　　　　　　　　　　　　700 000
　　　贷：长期应付款　　　　　　　　　　　　　　　　700 000
（2）预算会计不涉及账务处理。

7）结转待摊费用 5 000 元。
（1）财务会计账务处理如下：

借：在建工程——待摊费用　　　　　　　　　　　　　　5 000
　　　　贷：在建工程——建筑安装工程投资　　　　　　　　　　5 000
　（2）预算会计不涉及账务处理。
8）工程交付使用，将在建工程成本33 495 000元转为公共基础设施成本。
　（1）财务会计账务处理如下：
　　借：公共基础设施——桥梁　　　　　　　　　　　　　33 495 000
　　　　贷：在建工程——建筑安装工程投资　　　　　　　　33 495 000
　（2）预算会计不涉及账务处理。

第四节　暂收款项类

一、应缴财政款

（一）"应缴财政款"科目核算的内容

"应缴财政款"科目核算单位取得或应收的按照规定应当上缴财政的款项，包括应缴国库的款项和应缴财政专户的款项。

单位按照国家税法等有关规定应当缴纳的各种税费，通过"应交增值税""其他应交税费"科目核算，不通过"应缴财政款"科目核算。

"应缴财政款"科目应当按照应缴财政款的类别进行明细核算。

（二）"应缴财政款"科目平行记账账务处理

1. 单位取得或应收按照规定应缴财政的款项时

具体账务处理如表4-48所示。

表4-48　应缴财政款平行记账账务之一

情形	财务会计		预算会计	
	行政单位	事业单位	行政单位	事业单位
	借：银行存款/应收账款等 　　贷：应缴财政款		—	

2. 单位处置资产取得的应上缴财政的处置净收入

参照"待处理财产损溢"科目的相关账务处理。

3. 单位上缴应缴财政的款项时，按实际上缴的金额登记

具体账务处理如表4-49所示。

表4-49　应缴财政款平行记账账务之二

情形	财务会计		预算会计	
	行政单位	事业单位	行政单位	事业单位
	借：应缴财政款 　贷：银行存款等		—	

（三）"应缴财政款"科目行政单位平行记账业务举例

【例4-55】 2019年3月1日，某行政单位收到本部门负责收取的行政事业性收费50 000元（实行集中汇缴方式），银行账户已收到款项。平行记账账务处理如下：

1）收到款项时：

（1）财务会计账务处理如下：

借：银行存款　　　　　　　　　　　　　　50 000

　　贷：应缴财政款　　　　　　　　　　　　　　50 000

（2）预算会计不涉及账务处理。

2）上缴款项时：

（1）财务会计账务处理如下：

借：应缴财政款　　　　　　　　　　　　　50 000

　　贷：银行存款　　　　　　　　　　　　　　　50 000

（2）预算会计不涉及账务处理。

（四）"应缴财政款"科目事业单位平行记账业务举例

【例4-56】 2019年3月1日，某事业单位收到本期应上缴财政专户款的预算50 000元。平行记账账务处理如下：

1）收到款项时：

（1）财务会计账务处理如下：

借：银行存款　　　　　　　　　　　　　　50 000

　　贷：应缴财政款　　　　　　　　　　　　　　50 000

（2）预算会计不涉及账务处理。

2）上缴款项时：

（1）财务会计账务处理如下：

借：应缴财政款   50 000

  贷：银行存款   50 000

（2）预算会计不涉及账务处理。

【例 4-57】 A 事业单位用一批油料与 B 行政单位换入一批甲材料；经商定，油料及甲材料的运费由换出单位承担，B 行政单位向 A 事业单位支付 10 000 元的交换差价（补价）；该批油料的账面成本及市场现价均为 100 000 元，运费为 2 000 元，甲材料的账面成本为 70 000 元，市场估价为 90 000 元，运费为 1 000 元；A、B 单位的交换完成，都已将收到的物品入库，A、B 单位已经用银行转账支票支付了全部运费，B 单位已经通过单位零余额账户向 A 单位银行存款账户支付了全部补价。平行记账账务处理如下：

1）A 单位。

换入材料入账成本 = 100 000 + 2 000 − 10 000 = 92 000（元）

（1）财务会计账务处理如下：

借：库存物品——甲材料   92 000

  银行存款   10 000

  资产处置费用   8 000

  贷：库存物品——油料   100 000

    银行存款   2 000

    应缴财政款   8 000

（2）预算会计不涉及账务处理。

2）B 单位。

换入油料入账成本 = 90 000 + 1 000 + 10 000 = 101 000（元）

（1）财务会计账务处理如下：

借：库存物品——油料   101 000

  贷：库存物品——办公用品   70 000

    银行存款   1 000

    零余额账户用款额度   10 000

    其他收入   20 000

（2）预算会计账务处理如下：

借：其他支出   11 000

  贷：资金结存——货币资金   1 000

     ——零余额账户用款额度   10 000

【例 4-58】 某事业单位经有关部门批准有偿转让不再使用的专用设备一台,该设备原值为 1 200 000 元,已经计提折旧 400 000 元;按照评估价格出售,获得出售价款 900 000 元;支付有关拆卸费、运输费 5 000 元;按照出售收入应当缴纳有关税费 60 480 元;将出售该设备的净收入上缴国库。平行记账账务处理如下:

1) 注销设备账面余额:

(1) 财务会计账务处理如下:

借:资产处置费用		800 000
固定资产累计折旧		400 000
贷:固定资产		1 200 000

(2) 预算会计不涉及账务处理。

2) 收到出售收入(转让固定资产收到的价款 900 000 元):

(1) 财务会计账务处理如下:

借:银行存款	900 000
贷:应缴财政款	900 000

(2) 预算会计不涉及账务处理。

3) 支付拆卸费用和计算相关税金等:

发生的相关费用 = 60 480 + 5 000 = 65 480(元)

(1) 财务会计账务处理如下:

借:应缴财政款	65 480
贷:银行存款	5 000
应交增值税	54 000
应交其他税费——应交城市维护建设税	3 780
——应交教育费附加	1 620
——应交地方教育费附加	1 080

(2) 预算会计不涉及账务处理。

4) 将出售设备净收入上缴国库:

出售设备净收入 = 900 000 − 65 480 = 839 520(元)

(1) 财务会计账务处理如下:

借:应缴财政款	839 520
贷:银行存款	839 520

(2) 预算会计不涉及账务处理。

第4章 负债业务

二、应付政府补贴款

（一）"应付政府补贴款"科目核算的内容

"应付政府补贴款"科目核算负责发放政府补贴的行政单位，按照规定应当支付给政府补贴接受者的各种政府补贴款。该科目仅针对行政单位会计处理设置，事业单位不存在涉及应付政府补贴款的业务。

"应付政府补贴款"科目应当按照应支付的政府补贴种类进行明细核算。单位还应当根据需要按照补贴接受者进行明细核算，或者建立备查簿对补贴接受者予以登记。

（二）"应付政府补贴款"科目行政单位平行记账账务处理

1. 发生（确认）应付政府补贴时，按照依规定计算确定的应付政府补贴金额

具体账务处理如表4-50所示。

表4-50　应付政府补贴款平行记账账务之一

情形	财务会计	预算会计
	行政单位	行政单位
	借：业务活动费用 　　贷：应付政府补贴款	—

2. 支付应付政府补贴款时，按照支付金额

具体账务处理如表4-51所示。

表4-51　应付政府补贴款平行记账账务之二

情形	财务会计	预算会计
	行政单位	行政单位
	借：应付政府补贴款 　　贷：零余额账户用款额度/银行存款等	借：行政支出 　　贷：资金结存等

（三）"应付政府补贴款"科目行政单位平行记账业务举例

【例4-59】　某行政单位2019年3月应发放各类政府补贴款188 400

元，其中，困难家庭补助为 145 000 元，失独家庭补贴为 8 400 元，高龄老人补贴为 35 000 元。平行记账账务处理如下：

（1）财务会计账务处理如下：

借：单位管理费用　　　　　　　　　　　　　　　188 400
　　贷：应付政府补贴款——困难家庭补助　　　　　145 000
　　　　　　　　　　——失独家庭补助　　　　　　　8 400
　　　　　　　　　　——高龄老人补贴　　　　　　 35 000

（2）预算会计不涉及账务处理。

【例 4-60】 接［例 4-59］，2019 年 4 月，某行政单位通过零余额账户将应发政府补贴 188 400 元转入被补贴单位的储蓄存款账户。平行记账账务处理如下：

（1）财务会计账务处理如下：

借：应付政府补贴款——困难家庭补助　　　　　　145 000
　　　　　　　　——失独家庭补助　　　　　　　　8 400
　　　　　　　　——高龄老人补贴　　　　　　　 35 000
　　贷：零余额用款额度　　　　　　　　　　　　 188 400

（2）预算会计账务处理如下：

借：行政支出　　　　　　　　　　　　　　　　　188 400
　　贷：资金结存——零余额用款额度　　　　　　 188 400

第五节　预 提 费 用

一、"预提费用"科目核算的内容

"预提费用"科目核算单位预先提取的已经发生但尚未支付的费用，如预提租金费用、事业单位按规定从科研项目收入中提取的项目间接费用或管理费等。

事业单位计提的借款利息费用，通过"应付利息""长期借款"科目核算，不通过本科目核算。

"预提费用"科目应当按照预提费用的种类进行明细核算。对于事业单位提取的项目间接费用或管理费，应当在"预提费用"科目下设置"项目间接费用或管理费"明细科目,并按项目进行明细核算。

"预提费用"科目是新会计制度新设科目。

二、"预提费用"科目平行记账账务处理

1. 项目间接费用或管理费

具体账务处理如表 4-52 所示。

表 4-52　预提费用平行记账账务之一

情形	财务会计		预算会计	
	行政单位	事业单位	行政单位	事业单位
①按规定计提项目间接费用或管理费时	—	借:单位管理费用 　贷:预提费用——项目间接费用或管理费	—	借:非财政拨款结转——项目间接费用或管理费 　贷:非财政拨款结余——项目间接费用或管理
②实际使用计提的项目间接费用或管理费时	—	借:预提费用——项目间接费用或管理费 　贷:银行存款/库存现金	—	借:事业支出等 　贷:资金结存

2. 其他预提费用

具体账务处理如表 4-53 所示。

表 4-53　预提费用平行记账账务之二

情形	财务会计		预算会计	
	行政单位	事业单位	行政单位	事业单位
①按照规定预提每期租金等费用	借:业务活动费用 　贷:预提费用	借:业务活动费用/单位管理费用/经营费用等 　贷:预提费用	—	—
②实际支付款项时	借:预提费用 　贷:银行存款等	借:预提费用 　贷:银行存款等	借:行政支出 　贷:资金结存	借:事业支出/经营支出 　贷:资金结存

三、"预提费用"科目行政单位平行记账业务举例

【例4-61】 某行政单位每月预提业务用水费10 000元,下月初支付。平行记账账务处理如下:

1)预提时:

(1)财务会计账务处理如下:

借:业务活动费用 10 000
　　贷:预提费用 10 000

(2)预算会计不涉及账务处理。

2)支付时:

(1)财务会计账务处理如下:

借:预提费用 10 000
　　贷:银行存款 10 000

(2)预算会计账务处理如下:

借:行政支出 10 000
　　贷:资金结存——货币资金 10 000

四、"预提费用"科目事业单位平行记账业务举例

【例4-62】 某事业单位有关项目资金的业务有:按照规定标准对横向A科研项目提取管理费50 000元;使用提取的项目管理费150 000元用于科研管理开支。平行记账账务处理如下:

1)提取科研项目管理费:

(1)财务会计账务处理如下:

借:单位管理费用 50 000
　　贷:预提费用——项目间接费用或管理费 50 000

(2)预算会计账务处理如下:

借:非财政拨款结转——项目间接费用或管理费 50 000
　　贷:非财政拨款结余——项目间接费用或管理费 50 000

2)使用科研项目管理费:

(1)财务会计账务处理如下:

借:预提费用——项目间接费用或管理费 150 000
　　贷:银行存款/库存现金 150 000

（2）预算会计账务处理如下：

借：事业支出　　　　　　　　　　　　　　　　　　　150 000
　　贷：资金结存——货币资金　　　　　　　　　　　　　　150 000

【例 4-63】 某事业单位每月预提管理用电费 10 000 元，下月初支付。平行记账账务处理如下：

1）预提时：

（1）财务会计账务处理如下：

借：单位管理费用　　　　　　　　　　　　　　　　　10 000
　　贷：预提费用　　　　　　　　　　　　　　　　　　　　10 000

（2）预算会计不涉及账务处理。

2）支付时：

（1）财务会计账务处理如下：

借：预提费用　　　　　　　　　　　　　　　　　　　10 000
　　贷：银行存款　　　　　　　　　　　　　　　　　　　　10 000

（2）预算会计账务处理如下：

借：事业支出　　　　　　　　　　　　　　　　　　　10 000
　　贷：资金结存　　　　　　　　　　　　　　　　　　　　10 000

第六节　预 计 负 债

一、"预计负债"科目核算的内容

"预计负债"科目核算单位对因或有事项所产生的现时义务而确认的负债，如对未决诉讼等确认的负债。

"预计负债"科目应当按照预计负债的项目进行明细核算。

"预计负债"科目是政府会计制度中新设财务会计科目。"预计负债"科目仅事业单位使用，行政单位不涉及此类业务。

二、"预计负债"科目平行记账账务处理

具体账务处理如表 4-54 所示。

表 4-54 预计负债平行记账账务

情形	财务会计	预算会计
	事业单位	事业单位
①确认预计负债	借：业务活动费用/经营费用/其他费用等 　　贷：预计负债	—
②实际偿付预计负债	借：预计负债 　　贷：银行存款等	借：事业支出/经营支出/其他支出等 　　贷：资金结存
③对预计负债账面余额进行调整的	借：业务活动费用/经营费用/其他费用等 　　贷：预计负债 或作相反会计分录	—

三、"预计负债"科目事业单位平行记账业务举例

【例 4-64】 某事业单位因合同违约而涉及一桩诉讼案。根据公司的法律顾问判断，最终的判决结果很可能对单位不利。2019 年 12 月 31 日，单位尚未接到法院的判决，因诉讼须承担的赔偿金额无法准确地确定。不过，据专业人士估计，赔偿金额可能为 1 000 000 元至 1 200 000 元之间的某一金额（且各金额发生的可能性相同），据此确定预计负债金额为（1 000 000 ＋ 1 200 000）÷2 ＝ 1 100 000（元）。假设这是一起因经营引起的案件。平行记账账务处理如下：

（1）财务会计账务处理如下：

借：经营费用　　　　　　　　　　　　　　　　　　　1 100 000
　　贷：预计负债　　　　　　　　　　　　　　　　　　　1 100 000

（2）预算会计不涉及账务处理。

【例 4-65】 接［例 4-64］，单位用银行存款偿付赔偿金 1 100 000 元。平行记账账务处理如下：

（1）财务会计账务处理如下：

借：预计负债　　　　　　　　　　　　　　　　　　　1 100 000
　　贷：银行存款　　　　　　　　　　　　　　　　　　　1 100 000

（2）预算会计账务处理如下：

借：经营支出　　　　　　　　　　　　　　　　　　　1 100 000
　　贷：资金结存——货币资金　　　　　　　　　　　　　1 100 00

第七节 受托代理负债

一、"受托代理负债"科目核算的内容

"受托代理负债"科目核算单位接受委托取得受托代理资产时形成的负债。"受托代理负债"科目为新增科目。

二、"受托代理负债"科目平行记账账务处理

"受托代理负债"科目的账务处理参照"受托代理资产""库存现金""银行存款"等科目相关账务处理。

三、"受托代理负债"科目平行记账核算举例

(一)"受托代理负债"科目行政单位平行记账业务举例

【例4-66】 某行政单位根据捐赠人的要求支付代管的捐赠款1 000元。平行记账账务处理如下:

(1)财务会计账务处理如下:

借:受托代理负债　　　　　　　　　　　　　　1 000
　　贷:库存现金——受托代理资产　　　　　　　　　1 000

(2)预算会计不涉及账务处理。

【例4-67】 某行政单位收到代管的某民间非营利组织资金150 000元。平行记账账务处理如下:

(1)财务会计账务处理如下:

借:银行存款——受托代理资产　　　　　　　　150 000
　　贷:受托代理负债　　　　　　　　　　　　　　150 000

(2)预算会计不涉及账务处理。

【例4-68】 接[例4-67],该行政单位开出支票,转账支付该组织承担的支出20 000元。平行记账账务处理如下:

(1)财务会计账务处理如下:

借:受托代理负债　　　　　　　　　　　　　　20 000
　　贷:银行存款——受托代理资产　　　　　　　　20 000

（2）预算会计不涉及账务处理。

（二）"受托代理负债"科目事业单位平行记账业务举例

【例4-69】 某事业单位收到某民营企业家捐赠的资金为100 000元和200 000元的医疗设备，该企业指定捐赠给受灾地区的××卫生院；民政局将转赠的资金和医疗设备交付该卫生院。平行记账账务处理如下：

1）收到指定捐赠的资金和设备：

（1）财务会计账务处理如下：

借：银行存款——受托代理资产　　　　　　　　100 000
　　受托代理资产——转赠物资　　　　　　　　200 000
　　　贷：受托代理负债——××卫生院　　　　　　　300 000

（2）预算会计不涉及账务处理。

2）转赠资金和设备：

（1）财务会计账务处理如下：

借：受托代理负债——××卫生院　　　　　　　300 000
　　　贷：银行存款——受托代理资产　　　　　　　　100 000
　　　　　受托代理资产——转赠物资　　　　　　　　200 000

（2）预算会计不涉及账务处理。

第5章 收入/预算收入业务

第一节 财务收入概述

一、收入总体介绍

(一)收入定义

收入是指报告期内导致政府会计主体净资产增加的、含有服务潜力或者经济利益的经济资源的流入。收入是政府会计主体履行职能、完成事业发展目标和计划的财力保障,收入管理是政府会计主体财务管理的重要组成部分,对收入进行准确理解、确认、计量、核算是有效实施管理的重要手段。

政府会计由预算会计和财务会计构成。预算会计实行收付实现制,财务会计实行权责发生制。

(1)权责发生制:凡是当期已经实现的收入和已经发生或应当负担的费用,不论款项是否收付,都应当作为本期的收入和费用;凡是不属于本期的收入和费用,即使款项已经在当期收付,也不应作为本期的收入和费用。权责发生制依据持续经营和会计分期两个基本前提,来正确划分不同会计期间资产、负债、收入、费用等会计要素的归属。

(2)收付实现制:收付实现制是以款项的实际收付为标准来处理经济业务,确定本期收入和费用,计算本期盈亏的会计处理基础。按照收付实现制,收入和费用的归属期将于现金收支行为的发生与否紧密地联系在一起。即,现金收支行为在其发生的期间全部计入收入和费用,而不考虑与现金收支行为相连的经济业务实质上是否发生。

（二）会计科目

政府会计制度中收入类设置有11个会计科目，分事业单位单独使用科目有5个（"事业收入""上级补助收入""附属单位上缴收入""经营收入""投资收益"）、两单位同时使用科目有6个（"财政拨款收入""非同级财政拨款收入""捐赠收入""利息收入""租金收入""其他收入"）。具体如表5-1。

表5-1 收入类会计科目使用范围表

政府会计制度（11）		适用范围	
科目编号	科目名称	行政单位	事业单位
4001	财政拨款收入	√	√
4101	事业收入		√
4201	上级补助收入		√
4301	附属单位上缴收入		√
4401	经营收入		√
4601	非同级财政拨款收入	√	√
4602	投资收益		√
4603	捐赠收入	√	√
4604	利息收入	√	√
4605	租金收入	√	√
4609	其他收入	√	√

（三）收入的分类与计量

1. 收入的分类

政府会计收入项目包括财政拨款收入、事业收入、上级补助收入、附属单位上缴收入、经营收入、非同级财政拨款收入、投资收益、捐赠收入、利息收入、租金收入以及其他收入。

（1）财政拨款收入是指单位从同级政府财政部门取得的各类财政拨款。

（2）事业收入是指事业单位开展专业业务活动及其辅助活动实现的收入，不包括从同级政府财政部门取得的各类财政拨款。

（3）上级补助收入是指事业单位从主管部门和上级单位取得的非财政补助收入。

（4）附属单位上缴收入是指事业单位取得的附属独立核算单位按照有关

规定上缴的收入。

（5）经营收入是指事业单位在专业业务活动及其辅助活动之外开展非独立核算经营活动取得的收入。

（6）非同级财政拨款收入是指单位从非同级政府财政部门取得的经费拨款，包括从同级政府其他部门取得的横向转拨财政款、从上级或下级政府财政部门取得的经费拨款等。

（7）投资收益是指事业单位股权投资和债券投资所实现的收益或发生的损失。行政单位无此业务。

（8）捐赠收入是指单位接受其他单位或者个人捐赠取得的收入。

（9）利息收入是指单位取得的银行存款利息收入。

（10）租金收入是指单位经批准利用国有资产出租取得并按照规定纳入本单位预算管理的租金收入。

（11）其他收入是指单位取得的除财政拨款收入、事业收入、上级补助收入、附属单位上缴收入、经营收入、非同级财政拨款收入、投资收益、捐赠收入、利息收入、租金收入以外的各项收入，包括现金盘盈收入、按照规定纳入单位预算管理的科技成果转化收入、行政单位收回已核销的其他应收款、无法偿付的应付及预收款项、置换换出资产评估增值等。

2. 收入的确认与计量

（1）收入的确认

收入的确认应当同时满足以下条件：

①与收入相关的含有服务潜力或者经济利益的经济资源很可能流入政府会计主体；

②含有服务潜力或者经济利益的经济资源流入会导致政府会计主体资产增加或者负债减少；

③流入金额能够可靠地计量。

符合收入定义和收入确认条件的项目，应当列入收入费用表。

（2）收入的计量

收入按照实际收到的金额或者有关凭据注明的金额进行计量。

二、预算收入总体介绍

（一）预算收入定义

预算收入是指政府会计主体在预算年度内依法取得的并纳入预算管理的现金流入。根据《政府会计准则——基本准则》和《政府会计制度》规定，行政事业单位的预算收入和核算一律采用收付实现制，即以现金的实际收付为标志来确定本期预算收入的会计核算基础。凡当期实际收到的现金收入，均应作为当期的预算收入；凡不属于当期的现金收入，均不应当作为当期的预算收入。

（二）会计科目

政府会计制度中预算收入类设置 9 个会计科目，分事业单位单独使用科目有 6 个（"事业预算收入""上级补助预算收入""附属单位上缴预算收入""经营预算收入""债务预算收入""投资预算收益"），两单位同时使用科目有 3 个（"财政拨款预算收入""非同级财政拨款预算收入""其他预算收入"）。具体如表 5-2。

表 5-2 预算收入类会计科目使用范围表

政府会计制度（9）		适用范围	
科目编号	科目名称	行政单位	事业单位
6001	财政拨款预算收入	√	√
6101	事业预算收入		√
6201	上级补助预算收入		√
6301	附属单位上缴预算收入		√
6401	经营预算收入		√
6501	债务预算收入		√
6601	非同级财政拨款预算收入	√	√
6602	投资预算收益		√
6609	其他预算收入	√	√

（三）预算收入的分类与计量

1. 预算收入的分类

政府会计主体的预算收入包括财政拨款预算收入、事业预算收入、上级补助预算收入、附属单位上缴预算收入、经营预算收入、债务预算收入、非同级财政拨款预算收入、投资预算收益、其他预算收入。

（1）财政拨款预算收入是指单位从同级政府财政部门取得的各类财政拨款。

（2）事业预算收入是指事业单位开展专业业务活动及其辅助活动取得的现金流入。

（3）上级补助预算收入是指事业单位从主管部门和上级单位取得的非财政补助现金流入。

（4）附属单位上缴预算收入是指事业单位取得附属独立核算单位根据有关规定上缴的现金流入。

（5）经营预算收入是指事业单位在专业业务活动及其辅助活动之外开展非独立核算经营活动取得的现金流入。

（6）债务预算收入是指事业单位在专业业务活动及其辅助活动之外开展非独立核算经营活动取得的现金流入。

（7）非同级财政拨款预算收入是指行政事业单位从非同级政府财政部门取得的财政拨款，包括本级横向转拨财政款和非本级财政拨款。

（8）投资预算收益是指事业单位取得的按照规定纳入部门预算管理的属于投资收益性质的现金流入，包括股权投资收益、出售或收回债券投资所取得的收益和债券投资利息收入。

（9）其他预算收入是指行政事业单位除财政拨款预算收入、事业预算收入、上级补助预算收入、附属单位上缴预算收入、经营预算收入、债务预算收入、非同级财政拨款预算收入、投资预算收益之外的纳入部门预算管理的现金流入，包括捐赠预算收入、利息预算收入、租金预算收入、现金盘盈收入等。

2. 预算收入的确认与计量

预算会计执行收付实现制，预算收入一般在实际收到时予以确认，以实际收到的金额计量。

三、新旧制度收入科目对比

（一）收入科目

政府会计制度设收入类科目有 11 个，与原行政事业单位会计科目相比主要有以下几点异同：一是新增会计科目有 5 个，包括"非同级财政拨款""投资收益""捐赠收入""利息收入""租金收入"，这些科目在原事业单位会计科目中也有体现，只是未作为一级科目设置，而是在"财政补助收入"和"其他收入"下面设置；二是 2 个科目有变化，包括"财政拨款收入"和"其他收入"，"财政拨款收入"科目在原事业单位名称为"财政补助收入"，"其他收入"科目编码有变化且可列支内容缩小；三是 4 个科目无变化，包括"事业收入""上级补助收入""附属单位上缴收入""经营收入"。

具体对比见表5-3。

表5-3 收入类新旧会计科目对比表

新制度		原行政事业单位制度		对比
科目编码	科目名称	科目编码	科目名称	
4001	财政拨款收入	4001	财政补助（拨款）收入	行政单位与新制度对应科目一致，事业单位原叫"财政补助收入"
4101	事业收入	4101	事业收入	无变化
4201	上级补助收入	4201	上级补助收入	无变化
4301	附属单位上缴收入	4301	附属单位上缴收入	无变化
4401	经营收入	4401	经营收入	无变化
4601	非同级财政拨款收入			新增科目
4602	投资收益			新增科目
4603	捐赠收入			新增科目
4604	利息收入			新增科目
4605	租金收入			新增科目
4609	其他收入	4501（4011）	其他收入	科目代码不一致，名称无变化，新制度"其他收入"的支出范围比原制度缩小

由于原账中收入类科目年末无余额，无需进行转账处理。自2019年1月1日起，单位应当按照新制度设置收入类、费用类科目并进行账务处理。

（二）预算收入

政府会计制度设预算收入类科目有9个，与原行政事业单位会计科目相比主要有以下几点异同：一是新增会计科目有3个，包括"债务预算收入""非同级财政拨款预算收入""投资预算收益"，这些科目在原事业单位会计科目中也有体现，只是未作为一级科目设置，而是在"财政补助（拨款）收入"和"其他收入"下面设置；二是2个科目有变化，包括"财政拨款预算收入"和"其他预算收入"，其中"财政拨款预算收入"科目在原事业单位名称为"财政补助（拨款）收入"，"其他预算收入"科目编码有变化且可列支内容缩小；三是4个科目无变化，包括"事业预算收入""上级补助收入""附属单位上缴预算收入""经营预算收入"。

具体对比见表5-4。

第5章 收入/预算收入业务

表5-4 预算收入类新旧科目对比表

新制度		原行政事业单位制度		对比
科目编码	科目名称	科目编码	科目名称	
6001	财政拨款预算收入	4001	财政补助（拨款）收入	行政单位与新制度对应科目一致，事业单位原叫"财政补助收入"
6101	事业预算收入	4101	事业收入	无变化
6201	上级补助收入	4201	上级补助收入	无变化
6301	附属单位上缴预算收入	4301	附属单位上缴收入	无变化
6401	经营预算收入	4401	经营收入	无变化
6501	债务预算收入			新增科目
6601	非同级财政拨款预算收入			新增科目
6602	投资预算收益			新增科目
6609	其他预算收入	4501（4011）	其他收入	科目代码不一致，名称无变化，新制度"其他收入"的支出范围比原制度缩小

由于预算收入类会计科目年初无余额，在新旧制度转换时，单位无需对预算收入类、预算支出类会计科目进行新账年初余额登记。单位应当自2019年1月1日起，按照新制度设置预算收入类科目并进行账务处理。

单位存在2018年12月31日前需要按照新制度预算会计核算基础调整预算会计科目期初余额等其他事项的，应当比照本规定调整新账的相应预算会计科目期初余额。单位对预算会计科目的期初余额进行登记和调整，应当编制记账凭证，并将期初余额登记和调整的依据作为原始凭证。

四、收入科目与预算收入科目衔接

原《行政单位会计制度》与原《事业单位会计制度》下，一般采取收付实现制，部分经济业务和事项按照权责发生制确认单位各项收入并进行会计核算。执行新制度后，各行政事业单位执行统一会计科目，根据"平行记账"核算方式，单位财务会计核算实行权责发生制，单位预算会计核算实行收付实现制，国务院另有规定的，依照其规定。单位对于纳入部门预算管理的现金收支业务，在采用财务会计核算的同时应当进行预算会计核算；对于其他业务，仅需进行财务会计核算。具体见表 5-5。

表 5-5 收入类科目与预算收入类科目衔接表

旧制度会计科目				新制度会计科目			
行政单位		事业单位		预算会计		财务会计	
科目编码	科目名称	科目编码	科目名称	科目编码	科目名称	科目编码	科目名称
4001	财政拨款收入	4001	财政补助收入	6001	财政拨款预算收入	4001	财政拨款收入
		4101	事业收入	6101	事业预算收入	4101	事业收入
		4201	上级补助收入	6201	上级补助预算收入	4201	上级补助收入
		4301	附属单位上缴收入	6301	附属单位上缴预算收入	4301	附属单位上缴收入
		4401	经营收入	6401	经营预算收入	4401	经营收入
				6501	债务预算收入		
				6601	非同级财政拨款预算收入	4601	非同级财政拨款收入
				6602	投资预算收益	4602	投资收益
4011	其他收入	4501	其他收入	6609	其他预算收入	4603	捐赠收入
						4604	利息收入
						4605	租金收入
						4609	其他收入

第二节 收入科目核算内容

一、"财政拨款收入"科目核算的内容

（一）财政拨款收入的概念

财政拨款收入是指单位从同级政府财政部门取得的各类财政拨款。

（二）财政拨款收入科目设置

行政事业单位应设置"财政拨款收入"总账科目，核算从同级财政部门

取得的各类财政拨款。本科目可按照一般公共预算财政拨款、政府性基金预算财政拨款等拨款种类进行明细核算。

本科目属于收入类账户。期末,将本科目本期发生额转入本期盈余,期末结转后,本科目应无余额。

(三)财政拨款收入核算口径

同级政府财政部门预拨的下期预算款和没有纳入预算的暂付款项以及采用实拨资金方式通过本单位转拨给下属单位的财政拨款,通过"其他应付款"科目核算,不通过"财政拨款收入"科目核算。

二、"非同级财政拨款收入"科目核算的内容

(一)非同级财政拨款收入的概念

非同级财政拨款收入是指行政事业单位从非同级政府财政部门取得的经费拨款,包括从同级政府其他部门取得的横向转拨财政款、从上级或下级政府财政部门取得的经费拨款等。

(二)非同级财政拨款收入科目设置

行政事业单位应设置"非同级财政拨款收入"总账科目。本科目应当分本级横向转拨财政款和非本级财政拨款进行明细核算。

本科目属于收入类账户。期末,将本科目本期发生额转入本期盈余,期末结转后,本科目应无余额。

(三)非同级财政拨款收入核算口径

事业单位因开展科研及其辅助活动从非同级政府财政部门取得的经费拨款,应当通过"事业收入——非同级财政拨款"科目核算,不通过本科目核算。

三、"事业收入"科目核算的内容

(一)事业收入的概念

事业收入是指事业单位开展专业业务活动及其辅助活动实现的收入,不包括从同级政府财政部门取得的各类财政拨款。专业业务活动指事业单位根据本单位专业特点所从事或开展的业务活动。如文化事业单位的演出活动、教育事业单位的教学活动等。辅助活动指与专业业务活动相关、直接为专业

活动服务的行政管理活动、后勤服务活动及其他有关活动。通过开展上述活动取得的收入，均作为事业收入处理。

该科目仅针对事业单位科目设置，行政单位不涉及此类业务。

（二）事业收入科目设置

事业单位应设置"事业收入"总账科目。本科目应当按照事业收入的类别、来源等进行明细核算。

本科目属于收入类账户。期末，将本科目本期发生额转入本期盈余，期末结转后，本科目应无余额。

该科目仅针对事业单位科目设置的，行政单位不涉及此类业务。

（三）事业收入核算口径

本科目不包括从同级政府财政部门取得的各类财政拨款。

对于因开展科研及其辅助活动从非同级政府财政部门取得的经费拨款，应当在"事业收入"科目下单设"非同级财政拨款"明细科目进行核算。

四、"经营收入"科目核算的内容

（一）经营收入的概念

经营收入是指事业单位在专业业务活动及其辅助活动之外开展非独立核算经营活动取得的收入。经营收入应当在提供服务或发出存货，同时收讫价款或者取得索取价款的凭据时，按照实际收到或应收的金额予以确认。

（二）经营收入科目设置

事业单位应设置"经营收入"总账科目。本科目应当按照经营活动类别、项目和收入来源等进行明细核算。

本科目属于收入类账户。期末，将本科目本期发生额转入本期盈余，期末结转后，本科目应无余额。

该科目仅针对事业单位科目设置，行政单位不涉及此类业务。

五、"上级补助收入"科目核算的内容

（一）上级补助收入的概念

上级补助收入是指事业单位从主管部门和上级单位取得的非财政补助收入。

（二）上级补助收入科目设置

事业单位应设置"上级补助收入"总账科目。本科目应当按照发放补助单位、补助项目等进行明细核算。

本科目属于收入类账户。期末，将本科目本期发生额转入本期盈余，期末结转后，本科目应无余额。

该科目仅针对事业单位科目设置，行政单位不涉及此类业务。

（三）上级补助收入核算口径

上级补助收入是由事业单位的主管部门和上级单位用自身组织的收入或集中下级单位的收入拨给事业单位的非财政性资金。与财政拨款收入的区别在于，财政拨款收入是预算单位从财政部门或通过主管部门取得的各类事业经费，属于预算内财政性资金。

六、"附属单位上缴收入"科目核算的内容

（一）附属单位上缴收入的概念

附属单位上缴收入是指事业单位取得的附属独立核算单位按照有关规定上缴的收入。

（二）附属单位上缴收入科目设置

事业单位应设置"附属单位上缴收入"总账科目。本科目应当按照附属单位、缴款项目等进行明细核算。

本科目属于收入类账户。期末，将本科目本期发生额转入本期盈余，期末结转后，本科目应无余额。

该科目仅针对事业单位科目设置，行政单位不涉及此类业务。

七、"投资收益"科目核算的内容

（一）投资收益的概念

投资收益是指事业单位股权投资和债券投资所实现的收益或发生的损失。这里的投资收益仅适用事业单位在国家政策允许下进行的股权投资及债券投资活动，如以自有资金进行的相关投资。

（二）投资收益科目设置

事业单位应设置"投资收益"总账科目。本科目应当按照投资的种类等进行明细核算。

本科目属于收入类账户。期末，将本科目本期发生额转入本期盈余，期末结转后，本科目应无余额。

该科目仅针对事业单位科目设置，行政单位不涉及此类业务。

八、"捐赠收入"科目核算的内容

（一）捐赠收入的概念

捐赠收入是指单位接受其他单位或者个人捐赠取得的收入。

（二）捐赠收入科目设置

行政事业单位应设置"捐赠收入"总账科目。本科目应当按照捐赠资产的用途和捐赠单位等进行明细核算。

本科目属于收入类账户。期末，将本科目本期发生额转入本期盈余，期末结转后，本科目应无余额。

九、"利息收入"科目核算的内容

（一）利息收入的概念

利息收入是指单位取得的银行存款利息收入。

（二）利息收入科目设置

行政事业单位应设置"利息收入"总账科目。

本科目属于收入类账户。期末，将本科目本期发生额转入本期盈余，期末结转后，本科目应无余额。

十、"租金收入"科目核算的内容

（一）租金收入的概念

租金收入是指单位经批准利用国有资产出租取得并按照规定纳入本单位预算管理的租金收入。

（二）租金收入科目设置

行政事业单位应设置"租金收入"总账科目。本科目应当按照出租国有资产类别和收入来源等进行明细核算。

本科目属于收入类账户。期末，将本科目本期发生额转入本期盈余，期末结转后，本科目应无余额。

十一、"其他收入"科目核算的内容

（一）其他收入的概念

其他收入是指单位取得的除财政拨款收入、事业收入、上级补助收入、附属单位上缴收入、经营收入、非同级财政拨款收入、投资收益、捐赠收入、利息收入、租金收入以外的各项收入，包括现金盘盈收入、按照规定纳入单位预算管理的科技成果转化收入、行政单位收回已核销的其他应收款、无法偿付的应付及预收款项、置换换出资产评估增值等。

（二）其他收入科目设置

行政事业单位应设置"其他收入"总账科目。本科目应当按照其他收入的类别、来源等进行明细核算。

本科目属于收入类账户。期末，将本科目本期发生额转入本期盈余，期末结转后，本科目应无余额。

第三节 预算收入科目核算内容

一、"财政拨款预算收入"科目核算的内容

（一）财政拨款预算收入的概念

"财政拨款预算收入"科目核算单位从同级政府财政部门取得的各类财政拨款。

（二）财政拨款预算收入的科目设置

"财政拨款预算收入"科目应当设置"基本支出"和"项目支出"两个

明细科目,并按照《政府收支分类科目》中"支出功能分类科目"的项级科目进行明细核算;同时,在"基本支出"明细科目下分"人员经费"和"日常公用经费"进行明细核算,在"项目支出"明细科目下按照具体项目进行明细核算。

有一般公共预算财政拨款、政府性基金预算财政拨款等两种或两种以上财政拨款的单位,还应当按照财政拨款的种类进行明细核算。

二、"非同级财政拨款预算收入"科目核算的内容

(一)非同级财政拨款预算收入的概念

非同级财政拨款预算收入核算单位从非同级政府财政部门取得的财政拨款,包括本级横向转拨财政款和非本级财政拨款。

(二)非同级财政拨款预算收入的科目设置

"非同级财政拨款预算收入"科目应当按照非同级财政拨款预算收入的类别、来源、《政府收支分类科目》中"支出功能分类科目"的项级科目等进行明细核算。非同级财政拨款预算收入中如有专项资金收入,还应按照具体项目进行明细核算。

(三)非同级财政拨款预算收入的核算口径

对于因开展科研及其辅助活动从非同级政府财政部门取得的经费拨款,应当通过"事业预算收入——非同级财政拨款"科目进行核算,不通过本科目核算。

三、"事业预算收入"科目核算的内容

(一)事业预算收入的概念

"事业预算收入"科目核算事业单位开展专业业务活动及其辅助活动取得的现金流入。事业单位因开展科研及其辅助活动从非同级政府财政部门取得的经费拨款,也通过"事业预算收入"科目核算。

(二)事业预算收入的科目设置

"事业预算收入"科目应当按照事业预算收入类别、项目、来源、《政府收支分类科目》中"支出功能分类科目"的项级科目等进行明细核算。

（三）事业预算收入的核算口径

对于因开展科研及其辅助活动从非同级政府财政部门取得的经费拨款，应当在本科目下单设"非同级财政拨款"明细科目进行明细核算；事业预算收入中如有专项资金收入，还应按照具体项目进行明细核算。

四、"经营预算收入"科目核算的内容

（一）经营预算收入的概念

经营预算收入核算事业单位在专业业务活动及其辅助活动之外开展非独立核算经营活动取得的现金流入。

（二）经营预算收入的科目设置

"经营预算收入"科目应当按照经营活动类别、项目、《政府收支分类科目》中"支出功能分类科目"的项级科目等进行明细核算。

五、"上级补助预算收入"科目核算的内容

（一）上级补助预算收入的概念

上级补助预算收入核算事业单位从主管部门和上级单位取得的非财政补助现金流入。

（二）上级补助预算收入的科目设置

"上级补助预算收入"科目应当按照发放补助单位、补助项目、《政府收支分类科目》中"支出功能分类科目"的项级科目等进行明细核算。上级补助预算收入中如有专项资金收入，还应按照具体项目进行明细核算。

六、"附属单位上缴预算收入"科目核算的内容

（一）附属单位上缴预算收入的概念

附属单位上缴预算收入核算事业单位取得附属独立核算单位根据有关规定上缴的现金流入。

（二）附属单位上缴预算收入的科目设置

"附属单位上缴预算收入"科目应当按照附属单位、缴款项目、《政府

收支分类科目》中"支出功能分类科目"的项级科目等进行明细核算。附属单位上缴预算收入中如有专项资金收入，还应按照具体项目进行明细核算。

七、"投资预算收益"科目核算的内容

（一）投资预算收益的概念

投资预算收益核算事业单位取得的按照规定纳入部门预算管理的属于投资收益性质的现金流入，包括股权投资收益、出售或收回债券投资所取得的收益和债券投资利息收入。

（二）投资预算收益的科目设置

"投资预算收益"科目应当按照《政府收支分类科目》中"支出功能分类科目"的项级科目等进行明细核算。

八、"债务预算收入"科目核算的内容

（一）债务预算收入的概念

债务预算收入核算事业单位按照规定从银行和其他金融机构等借入的、纳入部门预算管理的、不以财政资金作为偿还来源的债务本金。

（二）债务预算收入的科目设置

"债务预算收入"科目应当按照贷款单位、贷款种类、《政府收支分类科目》中"支出功能分类科目"的项级科目等进行明细核算。债务预算收入中如有专项资金收入，还应按照具体项目进行明细核算。

九、"其他预算收入"科目核算的内容

（一）其他预算收入的概念

其他预算收入核算单位除财政拨款预算收入、事业预算收入、上级补助预算收入、附属单位上缴预算收入、经营预算收入、债务预算收入、非同级财政拨款预算收入、投资预算收益之外的纳入部门预算管理的现金流入，包括捐赠预算收入、利息预算收入、租金预算收入、现金盘盈收入等。

（二）其他预算收入的科目设置

"其他预算收入"科目应当按照其他收入类别、《政府收支分类科目》中"支

出功能分类科目"的项级科目等进行明细核算。其他预算收入中如有专项资金收入，还应按照具体项目进行明细核算。

单位发生的捐赠预算收入、利息预算收入、租金预算收入如金额较大或业务较多，可单独设置"捐赠预算收入""利息预算收入""租金预算收入"等科目。

第四节 收入/预算收入平行记账

一、财政拨款/财政拨款预算收入

（一）平行记账账务处理

根据平行记账规则，"财政拨款收入"科目在收到拨款、年末确认拨款差额、差错更正或退回、年末结转时涉及与预算会计中"财政拨款预算收入"的平行记账，具体如下。

1. 收到拨款时

具体账务处理如表 5-6 所示。

表 5-6 财政拨款/财政拨款预算收入平行记账账务处理之一

情形	财务会计		预算会计	
	行政单位	事业单位	行政单位	事业单位
①财政直接支付方式下	借：库存物品/固定资产/业务活动费用/单位管理费用/应付职工薪酬 贷：财政拨款收入		借：行政支出 　贷：财政拨款预算收入	借：事业支出 　贷：财政拨款预算收入
②财政授权支付方式下	借：零余额账户用款额度 　贷：财政拨款收入		借：资金结存——零余额账户用款额度 　贷：财政拨款预算收入	
③其他方式下	借：银行存款等 　贷：财政拨款收入		借：资金结存——货币资金 　贷：财政拨款预算收入	

2. 年末确认拨款差额

具体账务处理如表 5-7 所示。

表 5-7 财政拨款/财政拨款预算收入平行记账账务处理之二

情形	财务会计		预算会计	
	行政单位	事业单位	行政单位	事业单位
①根据本年度财政直接支付预算指标数与当年财政直接支付实际支付数的差额	借：财政应返还额度——财政直接支付 　　贷：财政拨款收入		借：资金结存——财政应返还额度 　　贷：财政拨款预算收入	
②本年度财政授权支付预算指标数大于零余额账户用款额度下达数的差额	借：财政应返还额度——财政授权支付 　　贷：财政拨款收入		借：资金结存——财政应返还额度 　　贷：财政拨款预算收入	

3. 因差错更正或购货退回等发生国库直接支付款项退回的

具体账务处理如表 5-8 所示。

表 5-8 财政拨款/财政拨款预算收入平行记账账务处理之三

情形	财务会计		预算会计	
	行政单位	事业单位	行政单位	事业单位
①属于本年度支付的款项	借：财政拨款收入 　　贷：业务活动费用/库存物品等		借：财政拨款预算收入 　　贷：行政支出	借：财政拨款预算收入 　　贷：事业支出
②属于以前年度支付的款项（财政拨款结转资金）	借：财政应返还额度——财政直接支付 　　贷：以前年度盈余调整/库存物品等		借：资金结存——财政应返还额度 　　贷：财政拨款结转——年初余额调整	
③属于以前年度支付的款项（财政拨款结余资金）			借：资金结存——财政应返还额度 　　贷：财政拨款结余——年初余额调整	

4. 期末/年末结转

具体账务处理如表 5-9 所示。

表 5-9 财政拨款/财政拨款预算收入平行记账账务处理之四

情形	财务会计		预算会计	
	行政单位	事业单位	行政单位	事业单位
期末/年末结转	借：财政拨款收入 　　贷：本期盈余		借：财政拨款预算收入 　　贷：财政拨款结转——本年收支结转	

第 5 章 收入／预算收入业务

（二）行政单位平行记账举例

【例 5-1】 某行政单位收到国库支付执行机构委托代理银行转来的"财政直接支付入账通知书"及原始凭证，为该单位支付一笔培训费用 65 000 元，资金性质为公共财政预算资金。平行记账账务处理如下：

（1）财务会计账务处理如下：

借：业务活动费用　　　　　　　　　　　　　　　　65 000
　　贷：财政拨款收入　　　　　　　　　　　　　　　　65 000

（2）预算会计账务处理如下：

借：行政支出　　　　　　　　　　　　　　　　　　65 000
　　贷：财政拨款预算收入　　　　　　　　　　　　　　65 000

【例 5-2】 某行政单位本年度财政直接支付预算指标数为 850 000 元，财政直接支付实际支付数为 820 000 元，年终注销未使用的财政直接支付额度 30 000 元。平行记账账务处理如下：

（1）财务会计账务处理如下：

借：财政应返还额度——财政直接支付　　　　　　　30 000
　　贷：财政拨款收入　　　　　　　　　　　　　　　　30 000

（2）预算会计账务处理如下：

借：资金结存——财政应返还额度　　　　　　　　　30 000
　　贷：财政拨款预算收入　　　　　　　　　　　　　　30 000

【例 5-3】 根据代理银行转来的《财政授权支付额度到账通知书》，某行政单位本月取得财政授权支付额度 120 000 元，用于项目支出。平行记账账务处理如下：

（1）财务会计账务处理如下：

借：零余额账户用款额度　　　　　　　　　　　　　120 000
　　贷：财政拨款收入——项目支出　　　　　　　　　　120 000

（2）预算会计账务处理如下：

借：资金结存——零余额账户用款额度　　　　　　　120 000
　　贷：财政拨款预算收入——项目支出　　　　　　　　120 000

【例 5-4】 某行政单位本年度财政授权支付预算指标数为 456 000 元，财政授权支付额度下达数为 320 000 元，年终注销未使用的财政授权支付额度 136 000 元。平行记账账务处理如下：

（1）财务会计账务处理如下：

借：财政应返还额度——财政授权支付　　　　　　　136 000
　　贷：财政拨款收入　　　　　　　　　　　　　　　　136 000

（2）预算会计账务处理如下：

借：资金结存——财政应返还额度　　　　　　　　136 000
　　贷：财政拨款预算收入——项目支出　　　　　　　　　136 000

【例 5-5】 某行政单位尚未纳入财政国库单一账户制度改革实现国库集中支付，收到银行存款进账单，包括财政部门人员经费 500 000 元，其中有 200 000 元为下属单位的人员经费。平行记账账务处理如下：

（1）财务会计账务处理如下：

借：银行存款　　　　　　　　　　　　　　　　　500 000
　　贷：财政拨款收入——人员经费　　　　　　　　　　　300 000
　　　　其他应付款——下属单位　　　　　　　　　　　　200 000

（2）预算会计账务处理如下：

借：资金结存——货币资金　　　　　　　　　　　300 000
　　贷：财政拨款预算收入——人员经费　　　　　　　　　300 000

【例 5-6】 接［例 5-1］，该行政单位收到《财政直接支付收回通知》，由于培训内容变更，培训时间缩短，培训费用由原来的 65 000 元减少到 55 000 元，差额 10 000 元已经收回。平行记账账务处理如下：

（1）财务会计账务处理如下：

借：财政拨款收入　　　　　　　　　　　　　　　10 000
　　贷：业务活动费用　　　　　　　　　　　　　　　　　10 000

（2）预算会计账务处理如下：

借：财政拨款预算收入　　　　　　　　　　　　　10 000
　　贷：行政支出　　　　　　　　　　　　　　　　　　　10 000

【例 5-7】 某行政单位本期取得财政拨款收入 30 000 000 元，其中基本支出为 20 000 000 元，项目支出为 10 000 000 元；期末结转。平行记账账务处理如下：

（1）财务会计账务处理如下：

借：财政拨款收入——基本支出　　　　　　　　　20 000 000
　　　　　　　　——项目支出　　　　　　　　　10 000 000
　　贷：本期盈余　　　　　　　　　　　　　　　　　　　30 000 000

（2）预算会计账务处理如下：

借：财政拨款预算收入——基本支出　　　　　　　20 000 000
　　　　　　　　　　——项目支出　　　　　　　10 000 000
　　贷：财政拨款结转——本年收支结转　　　　　　　　　30 000 000

（三）事业单位平行记账举例

【例 5-8】 某事业单位采用直接支付方式购置设备一批，共计 800 000

第 5 章 收入/预算收入业务

元。根据财政国库支付执行机构委托代理银行转来的《财政直接支付入账通知书》，平行记账账务处理如下：

（1）财务会计账务处理如下：

借：业务活动费用　　　　　　　　　　　　　　　800 000
　　贷：财政拨款收入　　　　　　　　　　　　　　　800 000

（2）预算会计账务处理如下：

借：事业支出　　　　　　　　　　　　　　　　　800 000
　　贷：财政拨款预算收入　　　　　　　　　　　　　800 000

【例 5-9】 某事业单位 20×7 年项目直接支付预算指标数为 50 000 000 元，当年项目实际支出为 47 000 000 元，年末未使用的预算指标为 3 000 000 元，确认财政应返还额度。平行记账账务处理如下：

（1）财务会计账务处理如下：

借：财政应返还额度——财政直接支付　　　　　3 000 000
　　贷：财政拨款收入　　　　　　　　　　　　　　3 000 000

（2）预算会计账务处理如下：

借：资金结存——财政应返还额度　　　　　　　3 000 000
　　贷：财政拨款预算收入　　　　　　　　　　　　3 000 000

【例 5-10】 根据代理银行转来的《财政授权支付额度到账通知书》，某事业单位本月取得财政授权支付额度 120 000 元，用于单位日常公用经费支出。平行记账账务处理如下：

（1）财务会计账务处理如下：

借：零余额账户用款额度　　　　　　　　　　　　120 000
　　贷：财政拨款收入——基本支出　　　　　　　　120 000

（2）预算会计账务处理如下：

借：资金结存——零余额账户用款额度　　　　　　120 000
　　贷：财政拨款预算收入——基本支出　　　　　　120 000

【例 5-11】 某事业单位本年度财政授权支付项目预算指标数为 20 000 000 元，零余额账户实际收到的用款额度为 18 000 000 元，年末下达的用款额度为 2 000 000 元，确认财政应返还额度。平行记账账务处理如下：

（1）财务会计账务处理如下：

借：财政应返还额度——财政授权支付　　　　　2 000 000
　　贷：财政拨款收入　　　　　　　　　　　　　　2 000 000

（2）预算会计账务处理如下：

借：资金结存——财政应返还额度　　　　　　　2 000 000
　　贷：财政拨款预算收入——项目支出　　　　　　2 000 000

【例5-12】 某事业单位尚未纳入财政国库单一账户制度改革,收到开户银行转来的收款通知,收到财政部门拨入项目经费200 000元。平行记账账务处理如下:

(1)财务会计账务处理如下:

借:银行存款 200 000
  贷:财政拨款收入 200 000

(2)预算会计账务处理如下:

借:资金结存——货币资金 200 000
  贷:财政拨款预算收入——项目支出 200 000

【例5-13】 某事业单位20×7年12月20日通过财政直接支付采购一批电脑,12月22日入库时发现质量问题,向供货商发出退货申请。20×8年1月5日接到代理银行转来的《财政直接支付退款通知书》,退回相关货款36 000元。平行记账账务处理如下:

(1)财务会计账务处理如下:

借:财政应返还额度——财政直接支付 36 000
  贷:固定资产 36 000

(2)预算会计账务处理如下:

借:资金结存——财政应返还额度 36 000
  贷:财政拨款结转——年初余额调整 36 000

【例5-14】 某事业单位本期取得财政拨款收入为30 000 000元,其中基本支出为20 000 000元,项目支出为10 000 000元;期末结转。平行记账账务处理如下:

(1)财务会计账务处理如下:

借:财政拨款收入——基本支出 20 000 000
     ——项目支出 10 000 000
  贷:本期盈余 30 000 000

(2)预算会计账务处理如下:

借:财政拨款预算收入——基本支出 20 000 000
      ——项目支出 10 000 000
  贷:财政拨款结转——本年收支结转 30 000 000

二、非同级财政拨款收入/非同级财政拨款预算收入

(一)平行记账账务处理

根据平行记账规则,"非同级财政拨款收入"科目在日常核算、期末结转

时与涉及预算会计中"非同级财政拨款预算收入"科目的平行记账,具体如下。

1. 确认、收到非同级财政拨款收入时

具体账务处理如表 5-10 所示。

表 5-10 非同级财政拨款收入/非同级财政拨款预算收入
平行记账账务处理之一

情形	财务会计		预算会计	
	行政单位	事业单位	行政单位	事业单位
①确认收入时,按照应收或实际收到的金额	借：其他应收款/银行存款等 贷：非同级财政拨款收入		借：资金结存——货币资金［按照实际收到的金额］ 贷：非同级财政拨款预算收入	
②实际收到的金额	借：银行存款 贷：其他应收款			

2. 期末/年末结转

具体账务处理如表 5-11 所示。

表 5-11 非同级财政拨款收入/非同级财政拨款预算收入
平行记账账务处理之二

情形	财务会计		预算会计	
	行政单位	事业单位	行政单位	事业单位
①专项资金收入	借：非同级财政拨款收入 贷：本期盈余		借：非同级财政拨款预算收入 贷：非财政拨款结转——本年收支结转	
②非专项资金收入			借：非同级财政拨款预算收入 贷：其他结余	

(二)行政单位平行记账举例

【例 5-15】 某行政单位收到当地卫生局拨来的专项合作经费 150 000 元。平行记账账务处理如下：

1)实际收到金额时：

(1)财务会计账务处理如下：

借：银行存款　　　　　　　　　　　　　　　　　　150 000
　　贷：非同级财政拨款收入　　　　　　　　　　　　150 000

(2)预算会计账务处理如下：

借：资金结存——货币资金　　　　　　　　　　　　150 000
　　贷：非同级财政拨款预算收入　　　　　　　　　　150 000

2）月末结转时：

（1）财务会计账务处理如下：

借：非同级财政拨款收入　　　　　　　　　　　　　150 000
　　贷：本期盈余　　　　　　　　　　　　　　　　　　　150 000

（2）预算会计账务处理如下：

借：非同级财政拨款预算收入　　　　　　　　　　　150 000
　　贷：非财政拨款结转——本年收支结转　　　　　　　　150 000

（三）事业单位平行记账举例

【例5-16】　某事业单位收到银行存款进账单，本级政府其他单位转来一笔合作研究款150 000元。平行记账账务处理如下：

1）实际收到金额时：

（1）财务会计账务处理如下：

借：银行存款　　　　　　　　　　　　　　　　　　150 000
　　贷：非同级财政拨款收入　　　　　　　　　　　　　　150 000

（2）预算会计账务处理如下：

借：资金结存——货币资金　　　　　　　　　　　　150 000
　　贷：非同级财政拨款预算收入　　　　　　　　　　　　150 000

2）月末结转时：

（1）财务会计账务处理如下：

借：非同级财政拨款收入　　　　　　　　　　　　　150 000
　　贷：本期盈余　　　　　　　　　　　　　　　　　　　150 000

（2）预算会计账务处理如下：

借：非同级财政拨款预算收入　　　　　　　　　　　150 000
　　贷：其他结余　　　　　　　　　　　　　　　　　　　150 000

三、事业收入/事业预算收入

"事业收入""事业预算收入"科目仅事业单位使用，行政单位无此业务。

（一）平行记账账务处理

根据平行记账规则，"事业收入"科目在预收款、应收款、返还、年末结转时与涉及预算会计中"事业预算收入"的平行记账，具体如下。

1. 采用财政专户返还方式

具体账务处理如表5-12所示。

表 5-12　事业收入／事业预算收入平行记账账务处理之一

情形	财务会计 事业单位	预算会计 事业单位
①实际收到或应收应上缴财政专户的事业收入时	借：银行存款／应收账款 　贷：应缴财政款	—
②向财政专户上缴款项时	借：应缴财政款 　贷：银行存款	—
③收到从财政专户返还的款项时	借：银行存款 　贷：事业收入	借：资金结存——货币资金 　贷：事业预算收入

2．采用预收款方式

具体账务处理如表 5-13 所示。

表 5-13　事业收入／事业预算收入平行记账账务处理之二

情形	财务会计 事业单位	预算会计 事业单位
①实际收到预收款项	借：银行存款 　贷：预收账款	借：资金结存——货币资金 　贷：事业预算收入
②按合同完成进度确认收入时	借：预收账款 　贷：事业收入	—

3．采用应收款方式

具体账务处理如表 5-14 所示。

表 5-14　事业收入／事业预算收入平行记账账务处理之三

情形	财务会计 事业单位	预算会计 事业单位
①根据合同完成进度计算本期应收的款项	借：应收账款 　贷：事业收入	—
②实际收到款项	借：银行存款等 　贷：应收账款	借：资金结存——货币资金 　贷：事业预算收入

4．其他方式下

具体账务处理如表 5-15 所示。

表 5-15　事业收入 / 事业预算收入平行记账账务处理之四

情形	财务会计	预算会计
	事业单位	事业单位
按照实际收到的金额	借：银行存款 / 库存现金 　　贷：事业收入	借：资金结存——货币资金 　　贷：事业预算收入

5. 期末 / 年末结转

具体账务处理如表 5-16 所示。

表 5-16　事业收入 / 事业预算收入平行记账账务处理之五

情形	财务会计	预算会计
	事业单位	事业单位
①专项资金收入	借：事业收入 　　贷：本期盈余	借：事业预算收入 　　贷：非财政拨款结转——本年收支结转
②非专项资金收入		借：事业预算收入 　　贷：其他结余

（二）事业单位平行记账举例

【例 5-17】　某事业单位收到开展专业业务活动的事业服务费 350 000 元，款项已经存入银行。此款项纳入财政专户管理，按规定应该全额上缴财政专户。平行记账账务处理如下：

（1）财务会计账务处理如下：

　　借：银行存款　　　　　　　　　　　　350 000
　　　　贷：应缴财政款　　　　　　　　　　　　350 000

（2）预算会计涉及账务处理。

【例 5-18】　接［例 5-17］，该事业单位将收到的事业服务费 350 000 元全部上缴财政专户。平行记账账务处理如下：

（1）财务会计账务处理如下：

　　借：应缴财政款　　　　　　　　　　　350 000
　　　　贷：银行存款　　　　　　　　　　　　　350 000

（2）预算会计不涉及账务处理。

【例 5-19】　某事业单位收到财政专户返还的事业收入 350 000 元。平行记账账务处理如下：

(1) 财务会计账务处理如下：

借：银行存款　　　　　　　　　　　　　　　　　　350 000
　　贷：事业收入　　　　　　　　　　　　　　　　　350 000

(2) 预算会计账务处理如下：

借：资金结存——货币资金　　　　　　　　　　　　350 000
　　贷：事业预算收入　　　　　　　　　　　　　　　350 000

【例 5-20】　某事业单位 9 月 1 日承接某单位委托研究的科研课题，按合同规定预收对方单位款项 260 000 元，款项已存入银行。平行记账账务处理如下：

(1) 财务会计账务处理如下：

借：银行存款　　　　　　　　　　　　　　　　　　260 000
　　贷：预收账款　　　　　　　　　　　　　　　　　260 000

(2) 预算会计账务处理如下：

借：资金结存——货币资金　　　　　　　　　　　　260 000
　　贷：事业预算收入　　　　　　　　　　　　　　　260 000

【例 5-21】　接［例 5-20］，该单位 9 月底完成课题的 50%，根据完成进度确认收入 130 000 元。平行记账账务处理如下：

(1) 财务会计账务处理如下：

借：预收账款　　　　　　　　　　　　　　　　　　130 000
　　贷：事业收入　　　　　　　　　　　　　　　　　130 000

(2) 预算会计不涉及账务处理。

【例 5-22】　某事业单位 9 月 20 日销售开发的新产品一批，单价 600 元，共 600 件，适用的增值税税率为 17%。款项尚未收到。不考虑增值税的影响，平行记账账务处理如下：

(1) 财务会计账务处理如下：

借：应收账款　　　　　　　　　　　　　　　　　　360 000
　　贷：事业收入　　　　　　　　　　　　　　　　　360 000

(2) 预算会计不涉及账务处理。

【例 5-23】　接［例 5-22］，该单位 9 月 29 日收到支付的价款 360 000 元。款项已存入银行。平行记账账务处理如下：

(1) 财务会计账务处理如下：

借：银行存款　　　　　　　　　　　　　　　　　　360 000
　　贷：应收账款　　　　　　　　　　　　　　　　　360 000

(2) 预算会计账务处理如下：

借：资金结存——货币资金　　　　　　　　　　　　360 000
　　贷：事业预算收入　　　　　　　　　　　　　　　360 000

【例 5-24】 某事业单位承接甲单位委托的科研课题经费 200 000 元，款项已收。平行记账账务处理如下：

（1）财务会计账务处理如下：

借：银行存款　　　　　　　　　　　　　　　200 000
　　贷：事业收入　　　　　　　　　　　　　　　　200 000

（2）预算会计账务处理如下：

借：资金结存——货币资金　　　　　　　　　200 000
　　贷：事业预算收入　　　　　　　　　　　　　　200 000

【例 5-25】 某事业单位本期取得事业收入 80 000 000 元，其中专项资金收入为 30 000 000 元，非专项资金收入为 50 000 000 元，期末结转。平行记账账务处理如下：

（1）财务会计账务处理如下：

借：事业收入　　　　　　　　　　　　　　　80 000 000
　　贷：本期盈余　　　　　　　　　　　　　　　　80 000 000

（2）预算会计账务处理如下：

借：事业预算收入　　　　　　　　　　　　　80 000 000
　　贷：非财政拨款结转——本年收支结转　　　　30 000 000
　　　　其他结余　　　　　　　　　　　　　　　50 000 000

四、经营收入 / 经营预算收入

"经营收入""经营预算收入"科目仅事业单位使用，行政单位无此业务。

（一）平行记账账务处理

根据平行记账规则，"经营收入"科目在日常核算、期末结转时与涉及预算会计中"经营预算收入"科目的平行记账，具体如下。

1. 确认、收到经营收入时

具体账务处理如表 5-17 所示。

表 5-17　经营收入 / 经营预算收入平行记账账务处理之一

情形	财务会计	预算会计
	事业单位	事业单位
①按照确定的收入金额	借：银行存款/应收账款/应收票据等 　　贷：经营收入	借：资金结存——货币资金 ［按照实际收到的金额］ 　　贷：经营预算收入
②实际收到的金额	借：银行存款等 　　贷：应收账款/应收票据	

2. 期末/年末结转

具体账务处理如表 5-18 所示。

表 5-18 经营收入/经营预算收入平行记账账务处理之二

情形	财务会计	预算会计
	事业单位	事业单位
	借：经营收入 　　贷：本期盈余	借：经营预算收入 　　贷：经营结余

(二) 事业单位平行记账业务举例

【例 5-26】 某事业单位为一般纳税人，生产高新技术设备，对外销售 10 台，每台售价 300 000 元（不含税），购货单位以支票支付。该事业单位已将提货单和发票联交给购货单位。平行记账账务处理如下：

（1）财务会计账务处理如下：

借：银行存款　　　　　　　　　　　　　　3 510 000
　　贷：经营收入　　　　　　　　　　　　　　3 000 000
　　　　应交税金——应交增值税（销项税额）　　510 000

（2）预算会计账务处理如下：

借：资金结存——货币资金　　　　　　　　3 510 000
　　贷：经营预算收入　　　　　　　　　　　　3 510 000

【例 5-27】 某事业单位，本年度共发生经营收入 50 000 000 元，期末结转。平行记账账务处理如下：

（1）财务会计账务处理如下：

借：经营收入　　　　　　　　　　　　　　50 000 000
　　贷：本期盈余　　　　　　　　　　　　　　50 000 000

（2）预算会计账务处理如下：

借：经营预算收入　　　　　　　　　　　　50 000 000
　　贷：经营结余　　　　　　　　　　　　　　50 000 000

五、上级补助收入/上级补助预算收入

"上级补助收入""上级补助预算收入"科目仅事业单位使用，行政单位无此业务。

(一) 平行记账账务处理

根据平行记账规则，"上级补助收入"科目在日常核算、期末结转时涉

及与预算会计中"上级补助预算收入"科目的平行记账，具体如下。

1. 日常核算

具体账务处理如表 5-19 所示。

表 5-19　上级补助收入 / 上级补助预算收入平行记账账务处理之一

情形	财务会计	预算会计
	事业单位	事业单位
①确认时按照应收或实际收到的金额	借：其他应收款 / 银行存款等 　贷：上级补助收入	借：资金结存——货币资金［按照实际收到的金额］ 　贷：上级补助预算收入
②实际收到应收的上级补助收入	借：银行存款 　贷：其他应收款	

2. 期末 / 年末结转

具体账务处理如表 5-20 所示。

表 5-20　上级补助收入 / 上级补助预算收入平行记账账务处理之二

情形	财务会计	预算会计
	事业单位	事业单位
①专项资金收入	借：上级补助收入 　贷：本期盈余	借：上级补助预算收入 　贷：非财政拨款结转——本年收支结转
②非专项资金收入		借：上级补助预算收入 　贷：其他结余

（二）事业单位平行记账举例

【例 5-28】　某事业单位收到银行到账通知书，其主管部门核定拨入弥补事业开支不足的非财政补助款，其中专项资金收入为 90 000 元，非专项资金收入为 20 000 元。平行记账账务处理如下：

（1）财务会计账务处理如下：

借：银行存款　　　　　　　　　　　　　　　　　110 000
　　贷：上级补助收入　　　　　　　　　　　　　　110 000

（2）预算会计账务处理如下：

借：资金结存——货币资金　　　　　　　　　　　110 000
　　贷：上级补助预算收入——专项资金收入　　　　90 000
　　　　　　　　　　　　——非专项资金收入　　　20 000

【例 5-29】 接［例 5-28］，该事业单位本年度共发生上级补助收入 110 000 元，期末结转。平行记账账务处理如下：

（1）财务会计账务处理如下：

借：上级补助收入 110 000
　　贷：本期盈余 110 000

（2）预算会计账务处理如下：

借：上级补助预算收入——专项资金收入 90 000
　　　　　　　　　　——非专项资金收入 20 000
　　贷：非财政拨款结转——本年收支结转 90 000
　　　　其他结余 20 000

六、附属单位上缴收入／附属单位上缴预算收入

"附属单位上缴收入""附属单位上缴预算收入"科目仅事业单位使用，行政单位无此业务。

（一）平行记账账务处理

根据平行记账规则，"附属单位上缴收入"科目在日常核算、期末结转时与涉及预算会计中"附属单位上缴预算收入"科目的平行记账，具体如下。

1. 日常核算

具体账务处理如表 5-21 所示。

表 5-21　附属单位上缴收入／附属单位上缴预算收入
平行记账账务处理之一

情形	财务会计	预算会计
	事业单位	事业单位
①确认时，按照应收或实际收到的金额	借：其他应收款／银行存款等 　　贷：附属单位上缴收入	借：资金结存——货币资金［按照实际收到的金额］ 　　贷：附属单位上缴预算收入
②实际收到应收附属单位上缴收入款时	借：银行存款等 　　贷：其他应收款	

2. 期末／年末结转

具体账务处理如表 5-22 所示。

表 5-22 附属单位上缴收入／附属单位上缴预算收入平行记账账务处理之二

情形	财务会计	预算会计
	事业单位	事业单位
①专项资金收入	借：附属单位上缴收入 　　贷：本期盈余	借：附属单位上缴预算收入 　　贷：非财政拨款结转——本年收支结转
②非专项资金收入	借：附属单位上缴收入 　　贷：本期盈余	借：附属单位上缴预算收入 　　贷：其他结余

（二）事业单位平行记账举例

【例 5-30】 按照规定标准，某事业单位所属独立核算 A 单位应于本月底上缴收入 50 000 元，款项尚未到账。平行记账账务处理如下：

（1）财务会计账务处理如下：

借：其他应收款　　　　　　　　　　　　　　　　50 000
　　贷：附属单位上缴收入　　　　　　　　　　　　　50 000

（2）预算会计不涉及账务处理。

【例 5-31】 接［例 5-30］，该事业单位收到银行通知，所属独立核算单位上缴的 50 000 元已经到账。平行记账账务处理如下：

（1）财务会计账务处理如下：

借：银行存款　　　　　　　　　　　　　　　　　50 000
　　贷：其他应收款——A 单位　　　　　　　　　　　50 000

（2）预算会计账务处理如下：

借：资金结存——货币资金　　　　　　　　　　　50 000
　　贷：附属单位上缴预算收入——专项资金收入　　　50 000

【例 5-32】 某事业单位本期取得附属单位上缴收入 8 000 000 元，其中专项资金收入为 3 000 000 元，非专项资金收入为 5 000 000 元，期末结转。平行记账账务处理如下：

（1）财务会计账务处理如下：

借：附属单位上缴收入　　　　　　　　　　　　8 000 000
　　贷：本期盈余　　　　　　　　　　　　　　　　8 000 000

（2）预算会计账务处理如下：

借：附属单位上缴预算收入——专项资金收入　　　3 000 000
　　　　　　　　　　　　——非专项资金收入　　5 000 000
　　贷：非财政拨款结转——本年收支结转　　　　　3 000 000
　　　　其他结余　　　　　　　　　　　　　　　　5 000 000

七、投资收益/投资预算收益

"投资收益""投资预算收益"科目仅事业单位使用,行政单位无此业务。

(一)平行记账账务处理

根据平行记账规则,"投资收益"科目在日常核算、期末结转时涉及与预算会计中"投资预算收益"科目的平行记账,具体如下。

1. 出售或到期收回短期债券本息

具体账务处理如表5-23所示。

表5-23 投资收益/投资预算收益平行记账账务处理之一

情形	财务会计	预算会计
	事业单位	事业单位
	借:银行存款 　　投资收益[借差] 贷:短期投资[成本] 　　投资收益[贷差]	借:资金结存——货币资金[实际收到的金额] 　　投资预算收益[借差] 贷:投资支出/其他结余[投资成本] 　　投资预算收益[贷差]

2. 持有的分期付息、一次还本的长期债券投资

具体账务处理如表5-24所示。

表5-24 投资收益/投资预算收益平行记账账务处理之二

情形	财务会计	预算会计
	事业单位	事业单位
①确认应收未收利息	借:应收利息 贷:投资收益	—
②实际收到的利息	借:银行存款 贷:应收利息	借:资金结存——货币资金 贷:投资预算收益

3. 持有的到期一次还本付息的长期债券投资,计算确定的应收未收利息增加长期债券投资的账面余额

具体账务处理如表5-25所示。

表5-25 投资收益/投资预算收益平行记账账务处理之三

情形	财务会计	预算会计
	事业单位	事业单位
	借:长期债券投资——应计利息 贷:投资收益	—

4. 出售长期债券投资或到期收回长期债券投资本息

具体账务处理如表 5-26 所示。

表 5-26　投资收益/投资预算收益平行记账账务处理之四

情形	财务会计	预算会计
	事业单位	事业单位
	借：银行存款 　　投资收益［借差］ 　贷：短期投资［成本］ 　　　投资收益［贷差］	借：资金结存——货币资金［实际收到的金额］ 　　投资预算收益［借差］ 　贷：投资支出/其他结余［投资成本］ 　　　投资预算收益［贷差］

5. 采用成本法核算的长期股权投资持有期间，被投资单位宣告分派现金股利或利润时

具体账务处理如表 5-27 所示。

表 5-27　投资收益/投资预算收益平行记账账务处理之五

情形	财务会计	预算会计
	事业单位	事业单位
①按照宣告分派的利润或股利中属于单位应享有的份额	借：应收利息 　贷：投资收益	—
②取得分派的利润或股利，按照实际收到的金额	借：银行存款 　贷：应收利息	借：资金结存——货币资金 　贷：投资预算收益

6. 采用权益法核算的长期股权投资持有期间

具体账务处理如表 5-28 所示。

表 5-28　投资收益/投资预算收益平行记账账务处理之六

情形	财务会计	预算会计
	事业单位	事业单位
①按照应享有或应分担的被投资单位实现的净损益的份额	借：长期股权投资——损益调整 　贷：投资收益［被投资单位实现净利润］ 借：投资收益［被投资单位实现净亏损］ 　贷：长期股权投资——损益调整	—
②收到被投资单位发放的现金股利	借：银行存款 　贷：应收股利	借：资金结存——货币资金 　贷：投资预算收益

（续表）

情形	财务会计	预算会计
	事业单位	事业单位
③被投资单位发生净亏损，但以后年度又实现净利润的，按规定恢复确认投资收益	借：长期股权投资——损益调整 　贷：投资收益	借：资金结存——货币资金 　贷：投资预算收益

7. 期末/年末结转

具体账务处理如表 5-29 所示。

表 5-29　投资收益/投资预算收益平行记账账务处理之七

情形	财务会计	预算会计
	事业单位	事业单位
①投资收益为贷方余额时	借：投资收益 　贷：本期盈余	借：投资预算收益 　贷：其他结余
②投资收益为借方余额时	借：本期盈余 　贷：投资收益	借：其他结余 　贷：投资预算收益

（二）事业单位平行记账举例

【例5-33】　某事业单位4月1日用银行存款600 000元购买了600 000元面值的3年期国债，年利率为5%，到期一次还本付息，另外用银行存款支付了手续费等2 000元；3年后国债到期兑付全部收回本息。平行记账账务处理如下。

1）购买国债：

成本 = 600 000 + 2 000 = 602 000（元）

（1）财务会计账务处理如下：

借：长期债券投资——成本　　　　　　　　　　602 000
　　贷：银行存款　　　　　　　　　　　　　　602 000

（2）预算会计账务处理如下：

借：投资支出　　　　　　　　　　　　　　　　602 000
　　贷：资金结存——货币资金　　　　　　　　602 000

2）期末计息：

利息 = 600 000 × 0.05 ÷ 12 = 2 500（元）

（1）财务会计账务处理如下：

借：长期债券投资——应收利息　　　　　　　　2 500
　　贷：投资收益　　　　　　　　　　　　　　2 500

（2）预算会计账务处理如下：
不记账。
3）到期收回本息：
本息＝600 000＋90 000＝690 000（元）
（1）财务会计账务处理如下：

借：银行存款	690 000
投资收益	2 000
贷：长期债券投资——成本	602 000
应收利息	90 000

（2）预算会计账务处理如下：

借：资金结存——货币资金	690 000
贷：其他结余	602 000
投资预算收益	88 000

【例5-34】 某事业单位以一套自制使用的专用设备和现金1 000 000元向某一创新企业投资，该套专用设备的账面余额为600 000元，已提固定资产折旧100 000元，经评估该套设备评估价格（不含税）为1 000 000元，用固定资产投资发生的应交增值税为30 000元。投资后该事业单位占该被投资企业的股权比例为20%，有权对其参与经营决策，并按照股权比例享有净利润和其他所有者权益；该被投资企业投资后第一年实现净利润1 000 000元，第二年实现净利润2 300 000元且其他所有者权益增加500 000元，第三年实现净利润2 50 0 000元并分配现金股利2 000 000元；第四年该事业单位按照上级要求全部撤出该股权投资，获得撤资款3 000 000元（处置投资资产净收入，股权投资账面余额上缴财政，收益留归单位）。平行记账账务处理如下：

1）登记投资成本和注销固定资产账面余额：
成本＝1 000 000＋1 000 000＋30 000＝2 030 000（元）
（1）财务会计账务处理如下：

借：长期股权投资——成本	2 030 000
固定资产累计折旧	100 000
贷：银行存款	1 000 000
固定资产	600 000
应交增值税	30 000
其他收入	500 000

（2）预算会计账务处理如下：

借：投资支出	1 000 000
贷：资金结存——货币资金	1 000 000

2）缴纳投资产生的增值税（30 000 元）：
（1）财务会计账务处理如下：
借：应交增值税　　　　　　　　　　　　　　　30 000
　　贷：银行存款　　　　　　　　　　　　　　　　　30 000
（2）预算会计账务处理如下：
借：投资支出　　　　　　　　　　　　　　　　30 000
　　贷：资金结存——货币资金　　　　　　　　　　　30 000
3）投资后第一年记账（享有净利润 200 000 元）：
（1）财务会计账务处理如下：
借：长期股权投资——损益调整　　　　　　　　200 000
　　贷：投资收益　　　　　　　　　　　　　　　　200 000
（2）预算会计不涉及账务处理。
4）投资后第二年记账（享有净利润 460 000 元，享有其他所有者权益 100 000 元）：
（1）财务会计账务处理如下：
借：长期股权投资——损益调整　　　　　　　　460 000
　　　　　　　　——其他权益变动　　　　　　100 000
　　贷：投资收益　　　　　　　　　　　　　　　　460 000
　　　　权益法调整　　　　　　　　　　　　　　100 000
（2）预算会计不涉及账务处理。
5）投资后第三年记账（享有净利润 500 000 元，现金股利 400 00 元）：
（1）享有净利：
① 财务会计账务处理如下：
借：长期股权投资——损益调整　　　　　　　　500 000
　　贷：投资收益　　　　　　　　　　　　　　　　500 000
② 预算会计不涉及账务处理。
（2）宣告派发现金股利：
① 财务会计账务处理如下：
借：应收股利　　　　　　　　　　　　　　　　400 000
　　贷：长期股权投资——损益调整　　　　　　　　400 000
② 预算会计不涉及账务处理。
（3）收到现金股利：
① 财务会计账务处理如下：
借：银行存款　　　　　　　　　　　　　　　　400 000
　　贷：应收股利　　　　　　　　　　　　　　　　400 000

② 预算会计账务处理如下：

借：资金结存——货币资金　　　　　　　　　　　400 000
　　贷：投资预算收益　　　　　　　　　　　　　　　400 000

6）撤资及收到撤资款 3 000 000 元：

投资资产账面余额＝成本 2 030 000 元＋损益调整 760 000 元＋其他权益变动 100 000 元＝2 890 000（元）

（1）财务会计账务处理如下：

借：资产处置费用　　　　　　　　　　　　　　　2 890 000
　　贷：长期股权投资——成本　　　　　　　　　　　2 030 000
　　　　　　　　　　——损益调整　　　　　　　　　　760 000
　　　　　　　　　　——其他权益变动　　　　　　　　100 000
借：银行存款　　　　　　　　　　　　　　　　　3 000 000
　　贷：投资收益　　　　　　　　　　　　　　　　　　110 000
　　　　应缴财政款　　　　　　　　　　　　　　　2 890 000

（2）预算会计账务处理如下：

借：资金结存——货币资金　　　　　　　　　　　110 000
　　贷：投资预算收益　　　　　　　　　　　　　　　110 000

7）将资产处置收入上缴国库（2 890 000 元）：

（1）财务会计账务处理如下：

借：应缴财政款　　　　　　　　　　　　　　　　2 890 000
　　贷：银行存款　　　　　　　　　　　　　　　　　2 890 000

（2）预算会计不涉及账务处理。

8）恢复因股权投资中其他所有者权益变动产生的投资收益（100 000 元）：

（1）财务会计账务处理如下：

借：权益法调整　　　　　　　　　　　　　　　　　100 000
　　贷：投资收益　　　　　　　　　　　　　　　　　　100 000

（2）预算会计不涉及账务处理。

【例5-35】　某事业单位持有的 6 月期凭证式国债，购入成本为 200 000 元，年利率为 6%，目前已持有 3 个月，出售价款为 210 000 元，款项已收到。平行记账账务处理如下：

（1）财务会计账务处理如下：

借：银行存款　　　　　　　　　　　　　　　　　210 000
　　贷：短期投资　　　　　　　　　　　　　　　　　200 000
　　　　投资收益　　　　　　　　　　　　　　　　　 10 000

（2）预算会计账务处理如下：
借：资金结存——货币资金　　　　　　　　　　　　210 000
　　贷：投资支出　　　　　　　　　　　　　　　　　200 000
　　　　投资预算收益　　　　　　　　　　　　　　　 10 000

【例5-36】　某事业单位对持有的2年期凭证式国债300 000元计息，年利率为3%。平行记账账务处理如下：

（1）财务会计账务处理如下：
借：长期债券投资——应交利息　　　　　　　　　　　750
　　贷：投资收益　　　　　　　　　　　　　　　　　750

（2）预算会计不涉及账务处理。

八、短期借款—长期借款/债务预算收入

"短期借款""长期借款""债务预算收入"科目仅事业单位使用，行政单位无此业务。

（一）平行记账账务处理

1. 短期借款

根据平行记账规则，"短期借款"科目在借入、到期单位无力支付以及归还时涉及与预算会计中"债务预算收入"科目的平行记账，具体如下：

（1）借入各种短期借款时，按照实际借入的金额。

具体账务处理如表5-30所示。

表5-30　短期借款/债务预算收入平行记账账务处理之一

情形	财务会计	预算会计
	事业单位	事业单位
	借：银行存款 　　贷：短期借款	借：资金结存——货币资金 　　贷：债务预算收入

（2）银行承兑汇票到期，本单位无力支付票款的，按照应付票据的账面余额具体账务处理如表5-31所示。

表5-31　短期借款/债务预算收入平行记账账务处理之二

情形	财务会计	预算会计
	事业单位	事业单位
	借：应付票据 　　贷：短期借款	借：经营支出等 　　贷：债务预算收入

（3）归还短期借款。

具体账务处理如表 5-32 所示。

表 5-32　短期借款/债务预算收入平行记账账务处理之三

情形	财务会计	预算会计
	事业单位	事业单位
	借：短期借款 　贷：银行存款	借：债务还本支出 　贷：资金结存——货币资金

2. 长期借款

根据平行记账规则，"长期借款"科目在借入、归还时与涉及预算会计中"债务预算收入"科目的平行记账，具体如下：

（1）借入各项长期借款时，按照实际借入的金额。

具体账务处理如表 5-33 所示。

表 5-33　长期借款/债务预算收入平行记账账务处理之一

情形	财务会计	预算会计
	事业单位	事业单位
	借：银行存款 　贷：长期借款	借：资金结存——货币资金 　贷：债务预算收入

（2）为建造固定资产、公共基础设施等应支付的专门借款利息。

具体账务处理如表 5-34 所示。

表 5-34　长期借款/债务预算收入平行记账账务处理之二

情形	财务会计	预算会计
	事业单位	事业单位
①属于工程项目建设期间发生的	借：在建工程 　贷：应付利息[分期付息、到期还本] 　　长期借款——应计利息[到期一次还本付息]	—
②属于工程项目完工交付使用后发生的	借：其他费用 　贷：应付利息[分期付息、到期还本] 　　长期借款——应计利息[到期一次还本付息]	—
③实际支付利息时	借：应付利息 　贷：银行存款等	借：其他支出 　贷：资金结存——货币资金

(3)按期计提其他长期借款的利息时,按照实际确定的应支付的利息金额确定的应支付的利息金额。

具体账务处理如表 5-35 所示。

表 5-35　长期借款/债务预算收入平行记账账务处理之三

情形	财务会计	预算会计
	事业单位	事业单位
①计提利息时	借:其他费用 　贷:应付利息[分期付息、到期还本] 　　　长期借款——应计利息[到期一次还本付息]	—
②分期实际支付利息时	借:其他费用 　贷:应付利息[分期付息、到期还本] 　　　长期借款——应计利息[到期一次还本付息]	—
③实际支付利息时	借:应付利息 　贷:银行存款等	借:其他支出 　贷:资金结存——货币资金

(4)到期归还长期借款本金、利息时。

具体账务处理如表 5-36 所示。

表 5-36　长期借款/债务预算收入平行记账账务处理之四

情形	财务会计	预算会计
	事业单位	事业单位
	借:长期借款 　贷:银行存款	借:债务还本支出 　贷:资金结存——货币资金

(二)事业单位平行记账举例

【例 5-37】　某事业单位到建设银行某支行取得短期借款 5 000 000 元,将资金存入银行,以备垫付工程款项,等待财政拨款下达。平行记账账务处理如下:

(1)财务会计账务处理如下:

借:银行存款　　　　　　　　　　　　　　　5 000 000
　贷:短期借款——建设银行　　　　　　　　　　　5 000 000

(2) 预算会计账务处理如下：

借：资金结存——货币资金　　　　　　　　　　　5 000 000

　　贷：债务预算收入　　　　　　　　　　　　　　　5 000 000

【例 5-38】　某事业单位 7 月 1 日从银行借入为期三年的贷款 10 000 000 元用于工程建设，贷款年利息率为 6%；每年 7 月 1 日用银行存款支付已完贷款年度利息；3 年后该单位用银行存款支付偿还的贷款本金和第三贷款年度的利息。平行记账账务处理如下：

1）借入贷款 10 000 000 元时：

（1）财务会计账务处理如下：

借：银行存款　　　　　　　　　　　　　　　　　10 000 000

　　贷：长期借款——本金　　　　　　　　　　　　　10 000 000

（2）预算会计账务处理如下：

借：资金结存——货币资金　　　　　　　　　　　10 000 000

　　贷：债务预算收入　　　　　　　　　　　　　　　10 000 000

2）计提期末计息［10 000 000×0.06÷12＝50 000（元）］时：

（1）财务会计账务处理如下：

借：在建工程　　　　　　　　　　　　　　　　　　50 000

　　贷：应付利息　　　　　　　　　　　　　　　　　　50 000

（2）预算会计不涉及账务处理。

3）第一、第二次支付贷款利息［50 000×12＝600 000（元）］时：

（1）财务会计账务处理如下：

借：应付利息　　　　　　　　　　　　　　　　　　600 000

　　贷：银行存款　　　　　　　　　　　　　　　　　　600 000

（2）预算会计账务处理如下：

借：其他支出　　　　　　　　　　　　　　　　　　600 000

　　贷：资金结存——货币资金　　　　　　　　　　　　600 000

4）归还贷款本金 10 000 000 元和第三次利息 600 000 时：

（1）财务会计账务处理如下：

借：长期借款——本金　　　　　　　　　　　　　10 000 000

　　应付利息　　　　　　　　　　　　　　　　　　600 000

　　贷：银行存款　　　　　　　　　　　　　　　　　10 600 000

（2）预算会计账务处理如下：

借：债务还本支出　　　　　　　　　　　　　　10 000 000
　　其他支出　　　　　　　　　　　　　　　　　　600 000
　　贷：资金结存——货币资金　　　　　　　　　　　　10 600 000

九、捐赠收入/利息收入/租金收入/其他收入/其他预算收入

（一）平行记账账务处理

1. 捐赠收入/其他预算收入

根据平行记账规则，"捐赠收入"科目在日常核算、期末结转时与涉及预算会计中"其他预算收入"科目的平行记账，具体如下：

1）接受捐赠的货币资金。

具体账务处理如表5-37所示。

表5-37　捐赠收入/其他预算收入平行记账账务处理之一

情形	财务会计		预算会计	
	行政单位	事业单位	行政单位	事业单位
按照实际收到的金额	借：银行存款/库存现金 　　贷：捐赠收入		借：资金结存——货币资金 　　贷：其他预算收入——捐赠收入	

2）接受捐赠的存货、固定资产等非现金资产。

具体账务处理如表5-38所示。

表5-38　捐赠收入/其他预算收入平行记账账务处理之二

情形	财务会计		预算会计	
	行政单位	事业单位	行政单位	事业单位
①按照确定的成本	借：库存物品/固定资产等 　　贷：银行存款等［相关税费支出］ 　　　　捐赠收入		借：其他支出［支付的相关税费等］ 　　贷：资金结存	
②如按照名义金额入账	借：库存物品/固定资产等［名义金额］ 　　贷：捐赠收入 借：其他费用 　　贷：银行存款等［相关税费支出］		借：其他支出［支付的相关税费等］ 　　贷：资金结存	

3）期末／年末结转。

具体账务处理如表 5-39 所示。

表 5-39 捐赠收入／其他预算收入平行记账账务处理之三

情形	财务会计		预算会计	
	行政单位	事业单位	行政单位	事业单位
①专项资金	借：捐赠收入 　贷：本期盈余		借：其他预算收入——捐赠收入 　贷：非财政拨款结转——本年收支结转	
②非专项资金	借：捐赠收入 　贷：本期盈余		借：其他预算收入——捐赠收入 　贷：其他结余	

2. 利息收入／其他预算收入

根据平行记账规则，"利息收入"科目在日常核算、期末结转时与涉及预算会计中"其他预算收入"科目的平行记账，具体如下：

1）确认银行存款利息收入。

具体账务处理如表 5-40 所示。

表 5-40 利息收入／其他预算收入平行记账账务处理之一

情形	财务会计		预算会计	
	行政单位	事业单位	行政单位	事业单位
实际收到利息时	借：银行存款 　贷：利息收入		借：资金结存——货币资金 　贷：其他预算收入——利息收入	

2）期末／年末结转。

具体账务处理如表 5-41 所示。

表 5-41 利息收入／其他预算收入平行记账账务处理之二

情形	财务会计		预算会计	
	行政单位	事业单位	行政单位	事业单位
	借：利息收入 　贷：本期盈余		借：其他预算收入——利息收入 　贷：其他结余	

3. 租金收入／其他预算收入

根据平行记账规则，"租金收入"科目在日常核算、期末结转时与涉及

第 5 章　收入 / 预算收入业务

预算会计中"其他预算收入"科目的平行记账，具体如下：

1）预收租金方式。

具体账务处理如表 5-42 所示。

表 5-42　租金收入 / 其他预算收入平行记账账务处理之一

情形	财务会计		预算会计	
	行政单位	事业单位	行政单位	事业单位
①收到预付的租金	借：银行存款等 　贷：预收账款		借：资金结存——货币资金 　贷：其他预算收入——租金收入	
②按直线法分期确认租金	借：预收账款 　贷：租金收入		—	

2）分期收取租金。

具体账务处理如表 5-43 所示。

表 5-43　租金收入 / 其他预算收入平行记账账务处理之二

情形	财务会计		预算会计	
	行政单位	事业单位	行政单位	事业单位
	借：银行存款等 　贷：租金收入		借：资金结存——货币资金 　贷：其他预算收入——租金收入	

3）后付租金方式。

具体账务处理如表 5-44 所示。

表 5-44　租金收入 / 其他预算收入平行记账账务处理之三

情形	财务会计		预算会计	
	行政单位	事业单位	行政单位	事业单位
①确认租金收入时	借：应收账款 　贷：租金收入		—	
②收到租金时	借：银行存款等 　贷：应收账款		借：资金结存——货币资金 　贷：其他预算收入——租金收入	

4）期末 / 年末结转。

具体账务处理如表 5-45 所示。

表 5-45　租金收入／其他预算收入平行记账账务处理之四

情形	财务会计		预算会计	
	行政单位	事业单位	行政单位	事业单位
	借：租金收入 　　贷：本期盈余		借：其他预算收入——租金收入 　　贷：其他结余	

4. 其他收入／其他预算收入

根据平行记账规则，"其他收入"科目在日常核算、期末结转时涉及与预算会计中"其他预算收入"科目的平行记账，具体如下：

1）现金盘盈收入。

具体账务处理如表 5-46 所示。

表 5-46　其他收入／其他预算收入平行记账账务处理之一

情形	财务会计		预算会计	
	行政单位	事业单位	行政单位	事业单位
属于无法查明原因的部分，报经批准后	借：待处理财产损溢 　　贷：其他收入		—	

2）科技成果转化收入。

具体账务处理如表 5-47 所示。

表 5-47　其他收入／其他预算收入平行记账账务处理之二

情形	财务会计		预算会计	
	行政单位	事业单位	行政单位	事业单位
按照规定留归本单位的	借：银行存款等 　　贷：其他收入		借：资金结存——货币资金 　　贷：其他预算收入	

3）行政单位收回已核销的其他应收款。

具体账务处理如表 5-48 所示。

表 5-48　其他收入／其他预算收入平行记账账务处理之三

情形	财务会计		预算会计	
	行政单位	事业单位	行政单位	事业单位
按照实际收回的金额	借：银行存款等 　　贷：其他收入		借：资金结存——货币资金 　　贷：其他预算收入	

4）无法偿付的应付及预收款项。

具体账务处理如表 5-49 所示。

表 5-49　其他收入/其他预算收入平行记账账务处理之四

情形	财务会计		预算会计	
	行政单位	事业单位	行政单位	事业单位
无法偿付或债权人豁免偿还的应付账款、预收账款、其他应付款及长期应付款	借：应付账款/预收账款/其他应付款/长期应付款等 　　贷：其他收入		—	

5）置换换出资产评估增值。

具体账务处理如表 5-50 所示。

表 5-50　其他收入/其他预算收入平行记账账务处理之五

情形	财务会计		预算会计	
	行政单位	事业单位	行政单位	事业单位
按照换出资产评估价值高于资产账面价值的金额	借：有关科目 　　贷：其他收入		—	

6）其他情况。

具体账务处理如表 5-51 所示。

表 5-51　其他收入/其他预算收入平行记账账务处理之六

情形	财务会计		预算会计	
	行政单位	事业单位	行政单位	事业单位
按照应收或收到的金额	借：其他应收款/银行存款/库存现金等 　　贷：其他收入		借：资金结存——货币资金［按实际收到的金额］ 　　贷：其他预算收入	

7）期末/年末结转。

具体账务处理如表 5-52 所示。

表 5-52　其他收入/其他预算收入平行记账账务处理之七

情形	财务会计		预算会计	
	行政单位	事业单位	行政单位	事业单位
①专项资金	借：其他收入 　　贷：本期盈余		借：其他预算收入 　　贷：非财政拨款结转——本年收支结转	

（续表）

情形	财务会计		预算会计	
	行政单位	事业单位	行政单位	事业单位
②非专项资金	借：其他收入 　　贷：本期盈余		借：其他预算收入 　　贷：其他结余	

（二）行政单位平行记账举例

1. 捐赠收入/其他预算收入

【例5-39】 某行政单位接受社会组织捐赠的价值50 000元的教学设备一套，另以银行存款支付运费以及安装费等费用6 000元。不考虑增值税的影响。平行记账账务处理如下：

（1）财务会计账务处理如下：

借：固定资产　　　　　　　　　　　　　　　　　　56 000
　　贷：银行存款　　　　　　　　　　　　　　　　　　6 000
　　　　捐赠收入　　　　　　　　　　　　　　　　　50 000

（2）预算会计账务处理如下：

借：其他支出　　　　　　　　　　　　　　　　　　6 000
　　贷：资金结存——货币资金　　　　　　　　　　　6 000

【例5-40】 某行政单位本期捐赠收入为8 000 000元，其中专项资金收入为3 000 000元，非专项资金收入为5 000 000元，期末结转。平行记账账务处理如下：

（1）财务会计账务处理如下：

借：捐赠收入　　　　　　　　　　　　　　　　　8 000 000
　　贷：本期盈余　　　　　　　　　　　　　　　　8 000 000

（2）预算会计账务处理如下：

借：捐赠收入——专项资金收入　　　　　　　　　3 000 000
　　　　　　——非专项资金收入　　　　　　　　　5 000 000
　　贷：非财政拨款结转——本年收支结转　　　　　3 000 000
　　　　其他结余　　　　　　　　　　　　　　　　5 000 000

2. 利息收入/其他预算收入

【例5-41】 某行政单位收到存款利息600 000元。平行记账账务处理如下：

（1）财务会计账务处理如下：

借：银行存款　　　　　　　　　　　　　　　　　　600 000
　　贷：利息收入　　　　　　　　　　　　　　　　　600 000

（2）预算会计账务处理如下：

第 5 章 收入/预算收入业务

借：资金结存——货币资金 600 000
　　贷：其他预算收入——利息收入 600 000

【例 5-42】 接［例 5-41］，该笔利息期末结转。平行记账账务处理如下：

（1）财务会计账务处理如下：

借：利息收入 600 000
　　贷：本期盈余 600 000

（2）预算会计账务处理如下：

借：其他预算收入——利息收入 600 000
　　贷：其他结余 600 000

3. 租金收入/其他预算收入

【例 5-43】 某行政单位将闲置办公楼对外出租，每年租金为 120 000 元，采用预收租金方式，年初一次性收取本年租金。不考虑增值税的影响，平行记账账务处理如下：

（1）收到预付的租金：

① 财务会计账务处理如下：

借：银行存款 120 000
　　贷：预收账款 120 000

② 预算会计账务处理如下：

借：资金结存——货币资金 12 000
　　贷：其他预算收入——租金收入 12 000

（2）按照直线法分期确认租金收入时：

① 财务会计账务处理如下：

借：预收账款 10 000
　　贷：租金收入 10 000

② 预算会计不涉及账务处理。

（3）期末结转：

① 财务会计账务处理如下：

借：租金收入 120 000
　　贷：本期盈余 120 000

② 预算会计账务处理如下：

借：其他预算收入——租金收入 120 000
　　贷：其他结余 120 000

【例 5-44】 某行政单位本期租金收入为 8 000 元，期末结转。平行记账账务处理如下：

（1）财务会计账务处理如下：

借：租金收入 8 000
　　贷：本期盈余 8 000
（2）预算会计账务处理如下：
借：其他预算收入——租金收入 8 000
　　贷：其他结余 8 000

4. 其他收入/其他预算收入

【例5-45】 某行政单位月末盘点现金，盘盈300元，未能查明原因。报经批准，平行记账账务处理如下：
（1）财务会计账务处理如下：
借：待处理财产损溢 300
　　贷：其他收入 300
（2）预算会计不涉及账务处理。

【例5-46】 某行政单位科技成果转化取得收入25 000元，按规定留归研究所收入为20 000元。平行记账账务处理如下：
（1）财务会计账务处理如下：
借：银行存款 20 000
　　贷：其他收入 20 000
（2）预算会计账务处理如下：
借：资金结存——货币资金 25 000
　　贷：其他预算收入 20 000
　　　　资金结存——货币资金 5 000

【例5-47】 某行政单位收到去年经批准核销的其他应收款，金额为51 000元。平行记账账务处理如下：
（1）财务会计账务处理如下：
借：银行存款 51 000
　　贷：其他收入 51 000
（2）预算会计账务处理如下：
借：资金结存——货币资金 51 000
　　贷：其他预算收入 51 000

【例5-48】 某行政单位的一项应付账款因故无法偿付，金额为59 000元。平行记账账务处理如下：
（1）财务会计账务处理如下：
借：应付账款 59 000
　　贷：其他收入 59 000
（2）预算会计不涉及账务处理。

【例5-49】 某行政单位以一项未入账的专利技术取得A公司的10%股

权，A 公司的账面价值为 300 000 000 元，与其公允价值相等。发生相关税费 50 000 元，已用银行存款支付。该项专利技术的估值为 30 000 000 元。平行记账账务处理如下：

(1) 财务会计账务处理如下：

借：长期股权投资　　　　　　　　　　　　　　　30 050 000
　　贷：银行存款　　　　　　　　　　　　　　　　　　50 000
　　　　其他收入　　　　　　　　　　　　　　　　30 000 000

(2) 预算会计账务处理如下：

借：行政支出　　　　　　　　　　　　　　　　　　　50 000
　　贷：资金结存——货币资金　　　　　　　　　　　　50 000

(三) 事业单位平行记账举例

1. 捐赠收入/其他预算收入

【例 5-50】　某事业单位接受社会组织捐赠的款项 46 000 元，存入单位的银行账户。平行记账账务处理如下：

(1) 财务会计账务处理如下：

借：银行存款　　　　　　　　　　　　　　　　　　　46 000
　　贷：捐赠收入　　　　　　　　　　　　　　　　　　46 000

(2) 预算会计账务处理如下：

借：资金结存——货币资金　　　　　　　　　　　　　46 000
　　贷：其他预算收入——捐赠收入　　　　　　　　　　46 000

【例 5-51】　某事业单位本期捐赠收入为 8 000 000 元，其中专项资金收入为 3 000 000 元，非专项资金收入为 5 000 000 元，期末结转。平行记账账务处理如下：

(1) 财务会计账务处理如下：

借：捐赠收入　　　　　　　　　　　　　　　　　 8 000 000
　　贷：本期盈余　　　　　　　　　　　　　　　　 8 000 000

(2) 预算会计账务处理如下：

借：捐赠收入——专项资金收入　　　　　　　　　　 3 000 000
　　　　　　——非专项资金收入　　　　　　　　　　 5 000 000
　　贷：非财政拨款结转——本年收支结转　　　　　　 3 000 000
　　　　其他结余　　　　　　　　　　　　　　　　 5 000 000

2. 利息收入/其他预算收入

【例 5-52】　某事业单位 12 月 1 日在商业银行存入 8 000 000 元，年利率为 6%，利息按月支付。每月实际收到利息时，平行记账账务处理如下：

(1) 财务会计账务处理如下：

借：银行存款　　　　　　　　　　　　　　　　　　　40 000
　　　　贷：利息收入　　　　　　　　　　　　　　　　　40 000
　（2）预算会计账务处理如下：
　　借：资金结存——货币资金　　　　　　　　　　　　40 000
　　　　贷：其他预算收入——利息收入　　　　　　　　40 000

【例5-53】　接［例5-52］，该笔利息期末结转。平行记账账务处理如下：
　（1）财务会计账务处理如下：
　　借：利息收入　　　　　　　　　　　　　　　　　　40 000
　　　　贷：本期盈余　　　　　　　　　　　　　　　　40 000
　（2）预算会计账务处理如下：
　　借：其他预算收入——利息收入　　　　　　　　　　40 000
　　　　贷：其他结余　　　　　　　　　　　　　　　　40 000

3. 租金收入/其他预算收入

【例5-54】　某事业单位经批准后，将本单位一闲置的固定资产于下月开始出租，租期为两年，按照合同约定每月租金为1 000元。本月收到承租单位预付的半年租金账款6 000元。不考虑增值税的影响，平行记账账务处理如下：
　（1）收到预付租金：
　①财务会计账务处理如下：
　　借：银行存款　　　　　　　　　　　　　　　　　　6 000
　　　　贷：预收账款　　　　　　　　　　　　　　　　6 000
　②预算会计账务处理如下：
　　借：资金结存——货币资金　　　　　　　　　　　　6 000
　　　　贷：其他预算收入——租金收入　　　　　　　　6 000
　（2）月初确认租金收入时：
　①财务会计账务处理如下：
　　借：预收账款　　　　　　　　　　　　　　　　　　1 000
　　　　贷：租金收入　　　　　　　　　　　　　　　　1 000
　②预算会计不涉及账务处理。

【例5-55】　某事业单位经批准后，将本单位一固定资产于10月开始出租，租期为3年，按照合同约定每月租金为1 000元，租金于每年年底支付。不考虑增值税的影响，10月平行记账账务处理如下：
　（1）财务会计账务处理如下：
　　借：应收账款　　　　　　　　　　　　　　　　　　1 000
　　　　贷：租金收入　　　　　　　　　　　　　　　　1 000
　（2）预算会计不涉及账务处理。

【例5-56】　接［例5-54］，该事业单位于年底实际收到本年3个月租金共3 000元。不考虑增值税的影响，平行记账账务处理如下：

（1）财务会计账务处理如下：

借：银行存款　　　　　　　　　　　　　　　　　　　3 000
　　贷：应收账款　　　　　　　　　　　　　　　　　　3 000

（2）预算会计账务处理如下：

借：资金结存——货币资金　　　　　　　　　　　　　3 000
　　贷：其他预算收入——租金收入　　　　　　　　　　3 000

【例5-57】　某事业单位经批准后，将本单位一会议室出租，租期1年，按照合同约定每月租金为2 000元，租金于每月初支付。本月初收到租金2 000元。不考虑增值税的影响，平行记账账务处理如下：

（1）财务会计账务处理如下：

借：银行存款　　　　　　　　　　　　　　　　　　　2 000
　　贷：租金收入　　　　　　　　　　　　　　　　　　2 000

（2）预算会计账务处理如下：

借：资金结存——货币资金　　　　　　　　　　　　　2 000
　　贷：其他预算收入——租金收入　　　　　　　　　　2 000

【例5-58】　某事业单位本期租金收入为8 000元，期末结转。平行记账账务处理如下：

（1）财务会计账务处理如下：

借：租金收入　　　　　　　　　　　　　　　　　　　8 000
　　贷：本期盈余　　　　　　　　　　　　　　　　　　8 000

（2）预算会计账务处理如下：

借：其他预算收入——租金收入　　　　　　　　　　　8 000
　　贷：其他结余　　　　　　　　　　　　　　　　　　8 000

4. 其他收入/其他预算收入

【例5-59】　某事业单位当日在现金账款核对中发现现金溢余51元，未能查明原因。平行记账账务处理如下：

（1）财务会计账务处理如下：

借：待处理财产损溢　　　　　　　　　　　　　　　　51
　　贷：其他收入　　　　　　　　　　　　　　　　　　51

（2）预算会计不涉及账务处理。

【例5-60】　某事业单位科技成果转化取得收入25 000元，按照规定将所有收益留归本单位。平行记账账务处理如下：

（1）财务会计账务处理如下：

借：银行存款　　　　　　　　　　　　　　　　　　　25 000
　　贷：其他收入　　　　　　　　　　　　　　　　　　25 000

（2）预算会计账务处理如下：

借：资金结存——货币资金　　　　　　　　　　　　　　25 000
　　贷：其他预算收入　　　　　　　　　　　　　　　　　　25 000

【例 5-61】　某事业单位收到去年经批准核销的其他应收款，金额为 21 000 元。平行记账账务处理如下：

（1）财务会计账务处理如下：

借：银行存款　　　　　　　　　　　　　　　　　　　　　21 000
　　贷：其他收入　　　　　　　　　　　　　　　　　　　　　21 000

（2）预算会计账务处理如下：

借：资金结存——货币资金　　　　　　　　　　　　　　21 000
　　贷：其他预算收入　　　　　　　　　　　　　　　　　　21 000

【例 5-62】　某事业单位的一项应付账款因故无法偿付，金额为 39 000 元。平行记账账务处理如下：

（1）财务会计账务处理如下：

借：应付账款　　　　　　　　　　　　　　　　　　　　　39 000
　　贷：其他收入　　　　　　　　　　　　　　　　　　　　　39 000

（2）预算会计不涉及账务处理。

【例 5-63】　某事业单位以一项未入账的专利技术取得 A 公司的 10% 股权，A 公司的账面价值为 300 000 000 元，与其公允价值相等。发生相关税费 50 000 元，已用银行存款支付。该项专利技术的估值为 30 000 000 元。平行记账账务处理如下：

（1）财务会计账务处理如下：

借：长期股权投资　　　　　　　　　　　　　　　　　30 050 000
　　贷：银行存款　　　　　　　　　　　　　　　　　　　　　50 000
　　　　其他收入　　　　　　　　　　　　　　　　　　　30 000 000

（2）预算会计账务处理如下：

借：其他支出　　　　　　　　　　　　　　　　　　　　　50 000
　　贷：资金结存——货币资金　　　　　　　　　　　　　　50 000

【例 5-64】　某事业单位本期其他收入为 1 200 000 元，其中专项资金收入为 500 000 元，非专项资金收入 700 000 元，期末结转。平行记账账务处理如下：

（1）财务会计账务处理如下：

借：其他收入　　　　　　　　　　　　　　　　　　　　1 200 000
　　贷：本期盈余　　　　　　　　　　　　　　　　　　　　1 200 000

（2）预算会计账务处理如下：

借：捐赠收入——专项资金收入　　　　　　　　　　　　500 000
　　　　　　——非专项资金收入　　　　　　　　　　　　700 000
　　贷：非财政拨款结转——本年收支结转　　　　　　　　500 000
　　　　其他结余　　　　　　　　　　　　　　　　　　　700 000

第6章 费用/预算支出业务

第一节 费用/预算支出概述

一、费用总体介绍

（一）费用定义

费用是行政事业单位政府财务会计五要素之一，是指报告期内导致行政事业单位净资产减少的、含有服务潜力或者经济利益的经济资源的流出。费用是行政事业单位履行职能、完成事业发展目标和计划的成本保障，是行政事业单位财务管理的重要组成部分，对费用进行准确理解、确认、计量、核算是有效实施财务管理、控制各单位成本的重要手段。

（二）费用的会计科目

如表6-1所示，政府财务会计对费用共设置有8个会计科目，分别为"业务活动费用""单位管理费用""经营费用""资产处置费用""上缴上级费用""对附属单位补助费用""所得税费用""其他费用"。其中，事业单位单独使用的科目有5个，分别为"单位管理费用""经营费用""上缴上级费用""对附属单位补助费用""所得税费用"，行政单位和事业单位共同使用科目有3个，分别为"业务活动费用""资产处置费用""其他费用"。

表 6-1 费用类会计科目使用范围表

科目编码	科目名称	行政单位	事业单位
5001	业务活动费用	√	√
5101	单位管理费用		√
5201	经营费用		√
5301	资产处置费用	√	√
5401	上缴上级费用		√
5501	对附属单位补助费用		√
5801	所得税费用		√
5901	其他费用	√	√

（三）费用的分类与计量

1. 费用的分类

根据费用的性质，可将费用分为三类，分别为业务及辅助活动费用类（3个）、转移性费用类（2个）、其他费用类（3个）。业务及辅助活动费用包括业务活动费用、单位管理费用和经营费用；转移性费用包括上缴上级费用和对附属单位补助费用；其他费用包括资产处置费用、所得税费用、其他费用。

2. 费用的确认

费用的确认应当同时满足以下条件：

（1）与费用相关的含有服务潜力或者经济利益的经济资源很可能流出行政事业单位；

（2）含有服务潜力或者经济利益的经济资源流出会导致行政事业单位资产减少或者负债增加；

（3）流出金额能够可靠地计量。

符合费用定义和费用确认条件的项目，应当列入收入费用表。

3. 费用的计量

确认费用应遵循权责发生制原则。即：凡属于本期的费用，不论款项是否支付，均作为本期的费用处理；反之，凡不属于本期的费用，即使款项在本期已经支付，也不应作为本期的费用处理。

二、预算支出总体介绍

（一）预算支出的定义

预算支出是行政事业单位政府预算会计三要素之一，是指行政事业单位在预算年度内依法发生并纳入预算管理的现金流出。预算支出是行政事业单位经济活动和财务管理的重要内容,是行政事业单位会计的主要核算对象,也是财政部门和上级单位考核行政事业单位支出预算执行情况的依据。

(二)预算支出会计科目

如表6-2所示,政府预算会计对预算支出共设置有8个会计科目,分别为"行政支出""事业支出""经营支出""上缴上级支出""对附属单位补助支出""投资支出""债务还本支出""其他支出",其中,行政单位单独使用科目有1个,该科目为行政支出。事业单位单独使用科目有6个,分别为"事业支出""经营支出""上缴上级支出""对附属单位补助支出""投资支出""债务还本支出"。行政单位和事业单位共同使用科目有1个,该科目为"其他支出"。

表6-2 预算支出科目的使用范围表

科目编码	科目名称	行政单位	事业单位
7101	行政支出	√	
7201	事业支出		√
7301	经营支出		√
7401	上缴上级支出		√
7501	对附属单位补助支出		√
7601	投资支出		√
7701	债务还本支出		√
7901	其他支出	√	√

(三)预算支出的分类与计量

1. 预算支出的分类

行政事业单位的分类方法有多种,可以按照支出的经济性质分,也可以按照支出的类型分。政府会计制度根据支出的性质和特点,将预算支出划分为业务及辅助活动支出类(3个),转移支出类(2个),其他支出类(3个)。业务及辅助活动支出类分别为行政支出、事业支出、经营支出,转移支出类分别为上缴上级支出、对附属单位补助支出,其他支出类分别为投资支出、债务还本支出、其他支出。

2. 预算支出的确认

预算支出的确认应该满足以下条件:

(1) 行政事业单位在预算年度内发生的纳入部门预算管理的业务。
(2) 该业务为现金支出业务，并能够可靠地计量。

3. 预算支出的计量

预算支出一般在实际支付时予以确认，以实际支付的金额计量。符合预算支出定义及其确认条件的项目应当列入政府决算报表。

三、新旧制度科目对比

（一）行政单位新旧制度科目对比

如表6-3所示，政府会计制度下行政单位使用的政府会计费用/预算支出类科目有5个，2个预算会计科目（"行政支出""其他支出"），3个财务会计科目（"业务活动费用""资产处置费用""其他费用"）。与原行政单位会计制度支出类科目相比较，有以下变化：①有1个会计科目进行拆分，将原行政单位其他"经费支出"科目核算内容按照业务活动和其他活动拆分记入预算会计"行政支出"科目和"其他支出"科目；记入财务会计"业务活动费用"科目和"其他费用"科目；②新增3个会计科目，相较于原行政单位会计制度的支出类科目，政府会计制度财务会计新增了2个一级科目"资产处置费用"和"其他费用"科目，政府预算会计新增了1个一级科目"其他支出"科目；③有1个科目取消，取消原行政事业单位会计制度中的"拨出经费"科目。

表6-3 新旧制度预算支出会计科目差异表

旧制度会计科目		新制度会计科目				新旧对比
行政单位		预算会计		财务会计		
科目编码	科目名称	科目编码	科目名称	科目编码	科目名称	
5001	经费支出	7101	行政支出	5001	业务活动费用	原经费支出科目进行拆分，区分业务活动和其他活动，预算会计分别记入行政支出和其他支出；财务会计分别记入业务活动费用和其他费用
5101	拨出经费					原科目取消
				5301	资产处置费用	新增科目
		7901	其他支出	5901	其他费用	新增科目，原制度在经费支出下的明细科目核算

第6章 费用/预算支出业务

（二）事业单位新旧制度科目对比

如表 6-4 所示，政府会计制度下事业单位使用的政府会计费用/预算支出类科目有 14 个，与原事业单位会计制度支出类科目相比较，有以下变化：①有 1 个会计科目进行拆分，原"事业支出"科目在政府预算会计中基本保留；在财务会计中进行拆分，区分业务活动和管理活动，分别记入"业务活动费用"科目和"单位管理费用"科目；②基本保留 4 个会计科目。基本保留原事业单位会计制度中的"经营支出""上缴上级支出""对附属单位补助支出""其他支出"，其核算内容预算会计记入"经营支出""上缴上级支出""对附属单位补助支出""其他支出"科目，财务会计记入"经营费用""上缴上级费用""对附属单位补助费用""其他费用"科目；③新增 4 个会计科目，相较于原事业单位会计制度的支出类科目，政府预算会计预算支出类新增了 2 个一级科目，分别为"投资支出"和"债务还本支出"科目，政府财务会计费用类新增了 2 个一级科目，分别为"资产处置费用"和"所得税费用"，原事业单位会计制度在其他支出中设二级科目核算对应内容。

表 6-4 新旧制度预算支出会计科目差异表

旧制度会计科目		新制度会计科目				新旧对比
事业单位		预算会计		财务会计		
科目编码	科目名称	科目编码	科目名称	科目编码	科目名称	
5001	事业支出	7201	事业支出	5001	业务活动费用	原事业支出科目在政府预算会计中基本保留；在财务会计中进行拆分，区分业务活动和管理活动，分别记入业务活动费用科目和单位管理费用科目
				5101	单位管理费用	
5301	经营支出	7301	经营支出	5201	经营费用	原经营支出科目在政府预算会计中基本保留，在政府财务会计中对应经营费用科目
				5301	资产处置费用	新制度财务会计新增科目，旧制度在其他支出下设置明细科目
5101	上缴上级支出	7401	上缴上级支出	5401	上缴上级费用	原上缴上级支出科目在政府预算会计中基本保留，在政府财务会计中对应上缴上级费用科目

（续表）

旧制度会计科目		新制度会计科目				新旧对比
事业单位		预算会计		财务会计		
科目编码	科目名称	科目编码	科目名称	科目编码	科目名称	
5201	对附属单位补助支出	7501	对附属单位补助支出	5501	对附属单位补助费用	原对附属单位补助支出科目在政府预算会计中基本保留，在政府财务会计中对应附属单位补助费用科目
		7601	投资支出	1101	短期投资	新制度新增科目
				1501	长期股权投资	
				1502	长期债券投资	
		7701	债务还本支出	2001	短期借款	
				2501	长期借款	
				5801	所得税费用	
5401	其他支出	7901	其他支出	5901	其他费用	原其他支出科目在政府预算会计中基本保留，在政府财务会计中对应其他费用科目

四、费用科目与预算支出科目衔接

（一）行政单位科目衔接

如表 6-5 所示，对于纳入行政单位部门预算管理的现金收支业务，在确认财务会计费用时，也要进行预算会计支出核算，即进行财务会计和预算会计的平行记账，因此，费用类科目和预算支出类科目存在以下衔接关系：①核算内容 1 对多的科目有 1 个，财务会计的其他费用科目、资产处置费用科目对应预算会计的其他支出科目；②不完全对应的科目有 2 个，行政支出核算内容完全计入业务活动费用。

表 6-5　费用类科目与预算支出类科目衔接关系表（行政单位）

政府会计制度预算会计		政府会计制度财务会计		衔接关系
科目编码	科目名称	科目编码	科目名称	
7101	行政支出	5001	业务活动费用	预算会计中行政支出科目的核算内容在财务会计中记入业务活动费用科目
7901	其他支出	5901	其他费用	财务会计中的其他费用科目核算内容在预算会计中记入其他支出科目
		5301	资产处置费用	资产处置过程中仅发生相关费用时进行预算会计处理，该费用记入其他支出科目

（二）事业单位科目衔接

如表 6-6 所示，对于纳入事业单位部门预算管理的现金收支业务，在确认财务会计费用时，也要进行预算会计支出核算，即进行财务会计和预算会计的平行记账，因此，费用类科目和预算支出类科目存在以下衔接关系：①核算内容直接对应的有 6 个科目，分别为"经营费用"科目对应"经营支出"科目，"上缴上级费用"科目对应"上缴上级支出"科目，"对附属单位补助费用"科目对应"对附属单位补助支出"科目；②核算内容 1 对多的科目有 5 个，分别为财务会计的"短期投资"科目、"长期股权投资"科目、"长期债券投资"科目对应预算会计的"投资支出"科目，财务会计的"短期借款"科目、"长期借款"科目对应预算会计的"债务还本支出"科目，财务会计的"其他费用"科目、"资产处置费用"科目对应预算会计的"其他支出"科目；③不完全对应的科目有 4 个，"事业支出"科目区分管理活动和业务活动分别对应"单位管理费用"科目和"业务活动费用"科目；④部分对应的科目有 1 个，即财务会计的"所得税费用"科目对应预算会计中的"非财政拨款结余"中所得税部分。

表 6-6　费用类科目与预算支出类科目衔接关系表（事业单位）

政府会计制度预算会计		政府会计制度财务会计		衔接关系
科目编码	科目名称	科目编码	科目名称	
7201	事业支出	5101	单位管理费用	事业单位本级行政及后勤管理部门开展管理活动发生的事业支出对应单位管理费用，事业单位开展专业业务活动及辅助活动发生的事业支出对应业务活动费用
		5001	业务活动费用	

(续表)

政府会计制度预算会计		政府会计制度财务会计		衔接关系
科目编码	科目名称	科目编码	科目名称	
7301	经营支出	5201	经营费用	预算会计中经营支出科目的核算内容在财务会计中记入经营费用科目
7401	上缴上级支出	5401	上缴上级费用	预算会计中上缴上级支出科目的核算内容在财务会计中记入上缴上级费用科目
7501	对附属单位补助支出	5501	对附属单位补助费用	预算会计中对附属单位补助支出科目的核算内容在财务会计中记入对附属单位补助费用科目
8202	非财政拨款结余	5801	所得税费用	事业单位缴纳的企业所得税，预算会计中记入非财政拨款结余科目，财务会计中则记入所得税费用科目
7601	投资支出	1101	短期投资	事业单位对外进行的投资，财务会计区分记入短期投资、长期股权投资和长期债券投资科目，预算会计则全部记入投资支出科目
		1501	长期股权投资	
		1502	长期债券投资	
7701	债务还本支出	2001	短期借款	事业单位归还借款本金，财务会计区分记入短期借款和长期借款科目，预算会计则全部记入债务还本支出科目
		2501	长期借款	
7901	其他支出	5901	其他费用	财务会计中的其他费用科目核算内容在预算会计中记入其他支出科目
		5301	资产处置费用	资产处置过程中仅发生相关费用时进行预算会计处理，该费用记入其他支出科目

第二节 费用科目核算内容（财务会计）

一、"业务活动费用"科目核算的内容

"业务活动费用"科目核算单位为实现其职能目标，依法履职或开展专业业务活动及其辅助活动所发生的各项费用。"业务活动费用"科目应当按照项目、服务或者业务类别、支付对象等进行明细核算。

为了满足成本核算需要，"业务活动费用"科目下还可按照"工资福利

费用""商品和服务费用""对个人和家庭的补助费用""对企业补助费用""固定资产折旧费""无形资产摊销费""公共基础设施折旧（摊销）费""保障性住房折旧费""计提专用基金"等成本项目设置明细科目，归集能够直接计入业务活动或采用一定方法计算后计入业务活动的费用。

二、"单位管理费用"科目核算的内容

"单位管理费用"科目核算事业单位本级行政及后勤管理部门开展管理活动发生的各项费用，包括单位行政及后勤管理部门发生的人员经费、公用经费、资产折旧（摊销）等费用，以及由单位统一负担的离退休人员经费、工会经费、诉讼费、中介费等。"单位管理费用"科目应当按照项目、费用类别、支付对象等进行明细核算。

为了满足成本核算需要，"单位管理费用"科目下还可按照"工资福利费用""商品和服务费用""对个人和家庭的补助费用""固定资产折旧费""无形资产摊销费"等成本项目设置明细科目，归集能够直接计入单位管理活动或采用一定方法计算后计入单位管理活动的费用。

三、"经营费用"科目核算的内容

"经营费用"科目核算事业单位在专业业务活动及其辅助活动之外开展非独立核算经营活动发生的各项费用。"经营费用"科目应当按照经营活动类别、项目、支付对象等进行明细核算。

为了满足成本核算需要，"经营费用"科目下还可按照"工资福利费用""商品和服务费用""对个人和家庭的补助费用""固定资产折旧费""无形资产摊销费"等成本项目设置明细科目，归集能够直接计入单位经营活动或采用一定方法计算后计入单位经营活动的费用。

四、"资产处置费用"科目核算的内容

"资产处置费用"科目核算单位经批准处置资产时发生的费用，包括转销的被处置资产价值，以及在处置过程中发生的相关费用或者处置收入小于相关费用形成的净支出。资产处置的形式按照规定包括无偿调拨、出售、出让、转让、置换、对外捐赠、报废、毁损以及货币性资产损失核销等。"资产处置费用"科目应当按照处置资产的类别、资产处置的形式等进行明细核算。

单位在资产清查中查明的资产盘亏、毁损以及资产报废等，应当先通过"待处理财产损溢"科目进行核算，再将处理资产价值和处理净支出记入"资产处置费用"科目。

短期投资、长期股权投资、长期债券投资的处置，按照相关资产科目的

规定进行账务处理。

五、"上缴上级费用"科目核算的内容

"上缴上级费用"科目核算事业单位按照财政部门和主管部门的规定上缴上级单位款项发生的费用。"上缴上级费用"科目应当按照收缴款项单位、缴款项目等进行明细核算。

六、"对附属单位补助费用"科目核算的内容

"对附属单位补助费用"科目核算事业单位用财政拨款收入之外的收入对附属单位补助发生的费用。

"对附属单位补助费用"科目应当按照接受补助单位、补助项目等进行明细核算。

七、"所得税费用"科目核算的内容

"所得税费用"科目核算有企业所得税缴纳义务的事业单位按规定缴纳企业所得税所形成的费用。

八、"其他费用"科目核算的内容

"其他费用"科目核算单位发生的除业务活动费用、单位管理费用、经营费用、资产处置费用、上缴上级费用、附属单位补助费用、所得税费用以外的各项费用，包括利息费用、坏账损失、罚没支出、现金资产捐赠支出以及相关税费、运输费等。

"其他费用"科目应当按照其他费用的类别等进行明细核算。

单位发生的利息费用较多的，可以单独设置"5701 利息费用"科目。

第三节 预算支出科目核算内容（预算会计）

一、"行政支出"科目核算的内容

"行政支出"科目核算行政单位履行其职责实际发生的各项现金流出。

"行政支出"科目应当分别按照"财政拨款支出""非财政专项资金支出"和"其他资金支出""基本支出"和"项目支出"等进行明细核算，并按照《政府收支分类科目》中"支出功能分类科目"的项级科目进行明细核算；"基

本支出"和"项目支出"明细科目下应当按照《政府收支分类科目》中"部门预算支出经济分类科目"的款级科目进行明细核算,同时在"项目支出"明细科目下按照具体项目进行明细核算。

有一般公共预算财政拨款、政府性基金预算财政拨款等两种或两种以上财政拨款的行政单位,还应当在"财政拨款支出"明细科目下按照财政拨款的种类进行明细核算。

对于预付款项,可通过在"行政支出"科目下设置"待处理"明细科目进行核算,待确认具体支出项目后再转入"行政支出"科目下相关明细科目。年末结账前,应将"行政支出"科目"待处理"明细科目余额全部转入"行政支出"科目下相关明细科目。

二、"事业支出"科目核算的内容

"事业支出"科目核算事业单位开展专业业务活动及其辅助活动实际发生的各项现金流出。

单位发生教育、科研、医疗、行政管理、后勤保障等活动的,可在"事业支出"科目下设置相应的明细科目进行核算,或单设"7201 教育支出""7202 科研支出""7203 医疗支出""7204 行政管理支出""7205 后勤保障支出"等一级会计科目进行核算。

"事业支出"科目应当分别按照"财政拨款支出""非财政专项资金支出"和"其他资金支出","基本支出"和"项目支出"等进行明细核算,并按照《政府收支分类科目》中"支出功能分类科目"的项级科目进行明细核算;"基本支出"和"项目支出"明细科目下应当按照《政府收支分类科目》中"部门预算支出经济分类科目"的款级科目进行明细核算,同时在"项目支出"明细科目下按照具体项目进行明细核算。

有一般公共预算财政拨款、政府性基金预算财政拨款等两种或两种以上财政拨款的事业单位,还应当在"财政拨款支出"明细科目下按照财政拨款的种类进行明细核算。

对于预付款项,可通过在"事业支出"科目下设置"待处理"明细科目进行明细核算,待确认具体支出项目后再转入"事业支出"科目下相关明细科目。年末结账前,应将"事业支出"科目"待处理"明细科目余额全部转入"事业支出"科目下相关明细科目。

三、"经营支出"科目核算的内容

"经营支出"科目核算事业单位在专业业务活动及其辅助活动之外开展非独立核算经营活动实际发生的各项现金流出。

"经营支出"科目应当按照经营活动类别、项目、《政府收支分类科目》中"支出功能分类科目"的项级科目和"部门预算支出经济分类科目"的款级科目等进行明细核算。

对于预付款项，可通过在"经营支出"科目下设置"待处理"明细科目进行明细核算，待确认具体支出项目后再转入"经营支出"科目下相关明细科目。年末结账前，应将"经营支出"科目"待处理"明细科目余额全部转入"经营支出"科目下相关明细科目。

四、"上缴上级支出"科目核算的内容

"上缴上级支出"科目核算事业单位按照财政部门和主管部门的规定上缴上级单位款项发生的现金流出。

"上缴上级支出"科目应当按照收缴款项单位、缴款项目、《政府收支分类科目》中"支出功能分类科目"的项级科目和"部门预算支出经济分类科目"的款级科目等进行明细核算。

五、"对附属单位补助支出"科目核算的内容

"对附属单位补助支出"科目核算事业单位用财政拨款预算收入之外的收入对附属单位补助发生的现金流出。

"对附属单位补助支出"科目应当按照接受补助单位、补助项目、《政府收支分类科目》中"支出功能分类科目"的项级科目和"部门预算支出经济分类科目"的款级科目等进行明细核算。

六、"投资支出"科目核算的内容

"投资支出"科目核算事业单位以货币资金对外投资发生的现金流出。

"投资支出"科目应当按照投资类型、投资对象、《政府收支分类科目》中"支出功能分类科目"的项级科目和"部门预算支出经济分类科目"的款级科目等进行明细核算。

七、"债务还本支出"科目核算的内容

"债务还本支出"科目核算事业单位偿还自身承担的纳入预算管理的从金融机构举借的债务本金的现金流出。

"债务还本支出"科目应当按照贷款单位、贷款种类、《政府收支分类科目》中"支出功能分类科目"的项级科目和"部门预算支出经济分类科目"的款级科目等进行明细核算。

八、"其他支出"科目核算的内容

"其他支出"科目核算单位除行政支出、事业支出、经营支出、上缴上级支出、对附属单位补助支出、投资支出、债务还本支出以外的各项现金流出,包括利息支出、对外捐赠现金支出、现金盘亏损失、接受捐赠(调入)和对外捐赠(调出)非现金资产发生的税费支出、资产置换过程中发生的相关税费支出、罚没支出等。

"其他支出"科目应当按照其他支出的类别,"财政拨款支出""非财政专项资金支出"和"其他资金支出",《政府收支分类科目》中"支出功能分类科目"的项级科目和"部门预算支出经济分类科目"的款级科目等进行明细核算。其他支出中如有专项资金支出,还应按照具体项目进行明细核算。

有一般公共预算财政拨款、政府性基金预算财政拨款等两种或两种以上财政拨款的事业单位,还应当在"财政拨款支出"明细科目下按照财政拨款的种类进行明细核算。

第四节 费用/预算支出平行记账

一、业务活动费用/行政支出/事业支出

(一)平行记账账务处理

1. 职工薪酬计提与支付

具体账务处理如表 6-7 所示。

表 6-7 业务活动费用/行政支出/事业支出平行记账账务处理之一

情形	财务会计		预算会计	
	行政单位	事业单位	行政单位	事业单位
①为履职或开展业务活动人员计提职工薪酬	借:业务活动费用 　贷:应付职工薪酬		—	
②实际支付给职工并代扣个人所得税	借:应付职工薪酬 　贷:财政拨款收入/零余额账户用款额度/银行存款等 　　其他应交税费——应交个人所得税		借:行政支出(按照实际支付给个人部分) 　贷:财政拨款预算收入/资金结存	借:事业支出(按照实际支付给个人部分) 　贷:财政拨款预算收入/资金结存

（续表）

情形	财务会计		预算会计	
	行政单位	事业单位	行政单位	事业单位
③实际支付税款	借：其他应交税费——应交个人所得税 　　贷：银行存款/零余额账户用款额度等		借：行政支出（按照实际缴纳额） 　　贷：资金结存等	借：事业支出（按照实际缴纳额） 　　贷：资金结存等

2. 支付外部人员劳务费

具体账务处理如表 6-8 所示。

表 6-8　业务活动费用/行政支出/事业支出平行记账账务处理之二

情形	财务会计		预算会计	
	行政单位	事业单位	行政单位	事业单位
①为履职或开展业务活动计提外部人员劳务费	借：业务活动费用 　　贷：其他应付款		—	
②实际支付劳务费并代扣个人所得税	借：其他应付款 　　贷：财政拨款收入/零余额账户用款额度/银行存款等 　　　　其他应交税费——应交个人所得税		借：行政支出（按照实际支付给个人部分） 　　贷：财政拨款预算收入/资金结存	借：事业支出（按照实际支付给个人部分） 　　贷：财政拨款预算收入/资金结存
③实际缴纳税款	借：其他应交税费——应交个人所得税 　　贷：银行存款/零余额账户用款额度等		借：行政支出（按照实际缴纳额） 　　贷：资金结存等	借：事业支出（按照实际缴纳额） 　　贷：资金结存等

3. 为履职或开展业务活动发生预付款项

具体账务处理如表 6-9 所示。

表 6-9　业务活动费用/行政支出/事业支出平行记账账务处理之三

情形	财务会计		预算会计	
	行政单位	事业单位	行政单位	事业单位
①支付预付账款	借：预付账款 　　贷：财政拨款收入/零余额账户用款额度/银行存款等		借：行政支出 　　贷：财政拨款预算收入/资金结存	借：事业支出 　　贷：财政拨款预算收入/资金结存

（续表）

情形	财务会计		预算会计	
	行政单位	事业单位	行政单位	事业单位
②结算预付账款	借：业务活动费用 　贷：预付账款 　　　财政拨款收入/零余额账户用款额度/银行存款等（补付金额）		借：行政支出 　贷：财政拨款预算收入/资金结存（补付金额）	借：事业支出 　贷：财政拨款预算收入/资金结存（补付金额）
③支付暂付款项	借：其他应收款 　贷：银行存款等		—	
④结算或报销暂付款项	借：业务活动费用 　贷：其他应收款		借：行政支出 　贷：资金结存等	借：事业支出 　贷：资金结存等

4. 购买资产或支付在建工程款等

具体账务处理如表6-10所示。

表6-10　业务活动费用/行政支出/事业支出平行记账账务处理之四

情形	财务会计		预算会计	
	行政单位	事业单位	行政单位	事业单位
实际支付价款	借：库存物品/固定资产/无形资产/在建工程等 　贷：财政拨款收入/零余额账户用款额度/银行存款等		借：行政支出（按照实际支付金额） 　贷：财政拨款预算收入/资金结存	借：事业支出（按照实际支付金额） 　贷：财政拨款预算收入/资金结存

5. 领用库存物品

具体账务处理如表6-11所示。

表6-11　业务活动费用/行政支出/事业支出平行记账账务处理之五

情形	财务会计		预算会计	
	行政单位	事业单位	行政单位	事业单位
领用库存物品	借：业务活动费用 　贷：库存物品等		—	

6. 计提固定资产、无形资产、公共基础设施、保障性住房的折旧（摊销）

具体账务处理如表6-12所示。

表 6-12 业务活动费用 / 行政支出 / 事业支出平行记账账务处理之六

情形	财务会计		预算会计	
	行政单位	事业单位	行政单位	事业单位
计提折旧、摊销	借：业务活动费用 　　贷：固定资产累计折旧 / 无形资产累计摊销 / 公共基础设施累计折旧（摊销）/ 保障性住房累计折旧		—	

7. 缴纳为履职或开展业务活动应负担的税金及附加

具体账务处理如表 6-13 所示。

表 6-13 业务活动费用 / 行政支出 / 事业支出平行记账账务处理之七

情形	财务会计		预算会计	
	行政单位	事业单位	行政单位	事业单位
①确认其他应交税费	借：业务活动费用 　　贷：其他应交税费		—	
②支付其他应交税费	借：其他应交税费 　　贷：银行存款等		借：行政支出 　　贷：资金结存等	借：事业支出 　　贷：资金结存等

8. 为履职或开展业务活动发生其他各项费用

具体账务处理如表 6-14 所示。

表 6-14 业务活动费用 / 行政支出 / 事业支出平行记账账务处理之八

情形	财务会计		预算会计	
	行政单位	事业单位	行政单位	事业单位
支付其他各项费用	借：业务活动费用 　　贷：财政拨款收入 / 零余额账户用款额度 / 银行存款等		借：行政支出（按照实际支付的金额） 　　贷：财政拨款预算收入 / 资金结存	借：事业支出（按照实际支付的金额） 　　贷：财政拨款预算收入 / 资金结存

9. 计提专用基金

具体账务处理如表 6-15 所示。

表 6-15 业务活动费用 / 行政支出 / 事业支出平行记账账务处理之九

情形	财务会计		预算会计	
	行政单位	事业单位	行政单位	事业单位
计提专用基金	无此业务	借：业务活动费用 　　贷：专用基金	无此业务	—

10. 购货退回

具体账务处理如表 6-16 所示。

表 6-16 业务活动费用/行政支出/事业支出平行记账账务处理之十

情形	财务会计		预算会计	
	行政单位	事业单位	行政单位	事业单位
①当年发生购货退回	借：财政拨款收入/零余额账户用款额度/银行存款等 贷：库存物品/业务活动费用	借：财政拨款收入/零余额账户用款额度/银行存款/应收账款等 贷：库存物品/业务活动费用	借：财政拨款预算收入/资金结存 贷：行政支出	借：财政拨款预算收入/资金结存 贷：事业支出
②发生以前年度购货退回	借：财政应返还额度/银行存款等 贷：库存物品/以前年度盈余调整	借：财政应返还额度/银行存款/应收账款等 贷：库存物品/以前年度盈余调整	借：资金结存 贷：财政拨款结转——年初余额调整/财政拨款结余——年初余额调整等	借：资金结存 贷：财政拨款结转——年初余额调整/财政拨款结余——年初余额调整等

11. 期末/年末结转

具体账务处理如表 6-17 所示。

表 6-17 业务活动费用/行政支出/事业支出平行记账账务处理之十一

情形	财务会计		预算会计	
	行政单位	事业单位	行政单位	事业单位
期末/年末结转	借：本期盈余 贷：业务活动费用	借：本期盈余 贷：业务活动费用	借：财政拨款结转——本年收支结转（财政拨款支出） 非财政拨款结转——本年收支结转（非同级财政专项资金支出） 其他结余(非财政、非专项资金支出） 贷：行政支出	借：财政拨款结转——本年收支结转（财政拨款支出） 非财政拨款结转——本年收支结转（非同级财政专项资金支出） 其他结余(非财政、非专项资金支出） 贷：事业支出

（二）行政单位平行记账业务举例

【例6-1】 某行政单位20××年10月应付在职人员薪酬74 000元，代扣代缴个人所得税17 000元，在职人员薪酬通过财政直接支付方式支付，个人所得税通过财政授权方式支付。平行记账账务处理如下：

（1）财务会计账务处理如下：

①计提工资时：

借：业务活动费用　　　　　　　　　　　　　　　　74 000
　　贷：应付职工薪酬　　　　　　　　　　　　　　　　74 000

②支付工资时：

实际支付工资＝74 000－17 000＝57 000（元）

借：应付职工薪酬　　　　　　　　　　　　　　　　74 000
　　贷：财政拨款收入　　　　　　　　　　　　　　　　57 000
　　　　其他应交税费——应交个人所得税　　　　　　　17 000

③代扣代缴个人所得税：

借：其他应交税费——应交个人所得税　　　　　　　17 000
　　贷：零余额账户用款额度　　　　　　　　　　　　　17 000

（2）预算会计账务处理如下：

①计提工资时：

不记账。

②支付工资时：

借：行政支出　　　　　　　　　　　　　　　　　　74 000
　　贷：财政拨款预算收入　　　　　　　　　　　　　　74 000

③代扣代缴个人所得税：

借：行政支出　　　　　　　　　　　　　　　　　　17 000
　　贷：资金结存——零余额账户用款额度　　　　　　　17 000

【例6-2】　某行政单位201×年10月6日聘请专家参加评审工作，发生劳务费5 400元，代扣个人所得税864元，通过财政授权方式支付。平行记账账务处理如下：

（1）财务会计账务处理如下：

①支付人员劳务费时：

实际支付金额＝5 4000－864＝4 536（元）

借：业务活动费用　　　　　　　　　　　　　　　　5 400
　　贷：零余额账户用款额度　　　　　　　　　　　　　4 536
　　　　其他应交税费——应交个人所得税　　　　　　　　864

②实际缴纳税款时：

借：其他应交税费——应交个人所得税　　　　　　　　864
　　贷：零余额账户用款额度　　　　　　　　　　　　　　864

（2）预算会计账务处理如下：

① 支付人员劳务费时：
借：行政支出 4 536
　　贷：资金结存——零余额账户用款额度 4 536
② 实际缴纳税款时：
借：行政支出 864
　　贷：资金结存——零余额账户用款额度 864

【例6-3】 某行政单位201×年10月1日采购了一批办公用品，预付账款3 200元，10月5日，办公用品入库，补付尾款1 200元，通过财政授权方式支付。平行记账账务处理如下：

（1）财务会计账务处理如下：
① 10月1日预付账款时：
借：预付账款 3 200
　　贷：零余额账户用款额度 3 200
② 10月5日办公用品入库补付尾款时：
借：业务活动费用 4 400
　　贷：零余额账户用款额度 1 200
　　　　预付账款 3 200

（2）预算会计账务处理如下：
① 10月1日预付账款时：
借：行政支出 3 200
　　贷：资金结存——零余额账户用款额度 3 200
② 10月5日办公用品入库补付尾款时：
借：行政支出 1 200
　　贷：资金结存——零余额账户用款额度 1 200

【例6-4】 某行政单位员工张某201×年11月出差预借差旅费备用金5 000元，出差回来后结算差旅费4 500元，退回备用金500元。平行记账账务处理如下：

（1）财务会计账务处理如下：
① 预借差旅费备用金时：
借：其他应收款 5 000
　　贷：库存现金 5 000
② 结算差旅费时：
借：库存现金 500
　　业务活动费用 4 500
　　贷：其他应收款 5 000

（2）预算会计账务处理如下：

①预借差旅费备用金时:
不记账。
②结算差旅费时:
借:行政支出　　　　　　　　　　　　　　　　　　　　　4 500
　　贷:资金结存——货币资金　　　　　　　　　　　　　　4 500

【例6-5】　某行政单位购入专用设备1台,支付180 000元,扣20 000元质量保证金,2年后支付,发票按照200 000元开具。财政授权方式支付。平行记账账务处理如下:

(1)财务会计账务处理如下:
①支付货款时:
借:固定资产　　　　　　　　　　　　　　　　　　　　　200 000
　　贷:零余额账户用款额度　　　　　　　　　　　　　　　180 000
　　　　长期应付款　　　　　　　　　　　　　　　　　　　20 000
②2年后支付质量保证金时:
借:长期应付款　　　　　　　　　　　　　　　　　　　　 20 000
　　贷:零余额账户用款额度　　　　　　　　　　　　　　　20 000

(2)预算会计账务处理如下:
①支付货款时:
借:行政支出　　　　　　　　　　　　　　　　　　　　　180 000
　　贷:资金结存——零余额账户用款额度　　　　　　　　　180 000
②2年后支付质量保证金时:
借:行政支出　　　　　　　　　　　　　　　　　　　　　20 000
　　贷:资金结存——零余额账户用款额度　　　　　　　　　20 000

【例6-6】　某行政单位办公室201×年11月领用一批办公用品,账面价值为3 700元,平行记账账务处理如下:

(1)财务会计账务处理如下:
借:业务活动费用　　　　　　　　　　　　　　　　　　　3 700
　　贷:库存物品　　　　　　　　　　　　　　　　　　　　3 700
(2)预算会计不涉及账务处理。

【例6-7】　某行政单位办公室201×年11月空调原值2 400元,预计使用年限10年,预计净残值0元,使用年限平均法折旧,平行记账账务处理如下:

(1)财务会计账务处理如下:
每月计提固定资产累计折旧＝2 400÷10÷12＝20(元)
借:业务活动费用　　　　　　　　　　　　　　　　　　　20
　　贷:固定资产累计折旧　　　　　　　　　　　　　　　　20

（2）预算会计不涉及账务处理。

【例6-8】 某行政单位201×年1月经批准以闲置办公用房对外出租，按照规定，缴纳上半年房产税33 000元，以财政授权方式支付，平行记账账务处理如下：

（1）财务会计账务处理如下：

①确认应缴纳的房产税时：

借：业务活动费用　　　　　　　　　　　　　　　　33 000
　　贷：其他应交税费　　　　　　　　　　　　　　　　33 000

②实际支付房产税时：

借：其他应交税费　　　　　　　　　　　　　　　　33 000
　　贷：零余额账户用款额度　　　　　　　　　　　　　33 000

（2）预算会计账务处理如下：

①确认应缴纳的房产税时：

不记账。

②实际支付房产税时：

借：行政支出　　　　　　　　　　　　　　　　　　33 000
　　贷：资金结存——零余额账户用款额度　　　　　　　33 000

【例6-9】 某行政单位201×年12月履职本期发生其他费用共计3 000元，财政授权方式支付，平行记账账务处理如下：

（1）财务会计账务处理如下：

借：业务活动费用　　　　　　　　　　　　　　　　3 000
　　贷：零余额账户用款额度　　　　　　　　　　　　　3 000

（2）预算会计账务处理如下：

借：行政支出　　　　　　　　　　　　　　　　　　3 000
　　贷：资金结存——零余额账户用款额度　　　　　　　3 000

【例6-10】 某行政单位将本年度购买的一批专用仪器做退货处理，201×年12月收到退货款117 000元。该笔仪器购买时使用财政授权方式支付。平行记账账务处理如下：

（1）财务会计账务处理如下：

借：零余额账户用款额度　　　　　　　　　　　　　117 000
　　贷：业务活动费用　　　　　　　　　　　　　　　　117 000

（2）预算会计账务处理如下：

借：资金结存——零余额账户用款额度　　　　　　　117 000
　　贷：行政支出　　　　　　　　　　　　　　　　　　117 000

【例6-11】 接上例，若该批仪器为上一年度购买，则退回时平行记账账务处理如下：

（1）财务会计账务处理如下：

借：财政应返还额度　　　　　　　　　　　　　　　　117 000
　　贷：以前年度盈余调整　　　　　　　　　　　　　　117 000

（2）预算会计账务处理如下：

借：资金结存——财政应返还额度　　　　　　　　　　117 000
　　贷：财政拨款结转——年初余额调整　　　　　　　　117 000

【例6-12】　假设该行政单位全年发生的业务为［例6-1］至［例6-11］，则该行政单位"业务活动费用"科目1月借方余额33 000元、10月借方余额83 800元（74 000＋5 400＋4 400）、11月借方余额8 220元（4 500＋3 700＋20）、12月贷方余额114 000元（117 000－3 000），"行政支出"科目截至12月31日累计借方余额207 300元（74 000＋4 536＋864＋3 200＋1 200＋4 500＋180 000＋20 000＋33 000＋3 000－117 000），其中财政拨款支出为202 800元 其他资金支出为4 500元，期末/年末进行结转。平行记账账务处理如下：

（1）财务会计账务处理如下：

① 1月末结转：

借：本期盈余　　　　　　　　　　　　　　　　　　　33 000
　　贷：业务活动费用　　　　　　　　　　　　　　　　33 000

② 10月末结转：

借：本期盈余　　　　　　　　　　　　　　　　　　　83 800
　　贷：业务活动费用　　　　　　　　　　　　　　　　83 800

③ 11月末结转：

借：本期盈余　　　　　　　　　　　　　　　　　　　8 220
　　贷：业务活动费用　　　　　　　　　　　　　　　　8 220

④ 12月末结转：

借：业务活动费用　　　　　　　　　　　　　　　　　114 000
　　贷：本期盈余　　　　　　　　　　　　　　　　　　114 000

（2）预算会计账务处理如下：

12月31日年末结转：

借：财政拨款结转——本年收支结转　　　　　　　　　202 800
　　其他结余　　　　　　　　　　　　　　　　　　　　4 500
　　贷：行政支出　　　　　　　　　　　　　　　　　　207 300

（三）事业单位平行记账业务举例

【例6-13】　某事业单位201×年10月月应付业务活动人员薪酬，共计 650 000 元，代扣代缴个人所得税 13 000 元。款项通过财政授权方式支付。平行记账账务处理如下：

（1）财务会计账务处理如下：

①计提工资时：

借：业务活动费用	650 000
贷：应付职工薪酬	650 000

②支付工资时：

实际支付工资＝650 000－13 000＝637 000（元）

借：应付职工薪酬	650 000
贷：零余额账户用款额度	637 000
其他应交税费——应交个人所得税	13 000

③代扣代缴个人所得税：

借：其他应交税费——应交个人所得税	13 000
贷：零余额账户用款额度	13 000

（2）预算会计账务处理如下：

①计提工资时：

不记账。

②支付工资时：

借：事业支出	637 000
贷：资金结存——零余额账户用款额度	637 000

③代扣代缴个人所得税：

借：事业支出	13 000
贷：资金结存——零余额账户用款额度	13 000

【例6-14】 某事业单位201×年10月聘用临时人员发生劳务费共计69 000元，代扣个人所得税金额为1 725元，通过财政授权方式支付。平行记账账务处理如下：

（1）财务会计账务处理如下：

①支付人员劳务费时：

实际支付金额＝69 000－1 725＝67 275（元）

借：业务活动费用	69 000
贷：其他应交税费——应交个人所得税	1 725
零余额账户用款额度	67 275

②实际缴纳税款时：

借：其他应交税费——应交个人所得税	1 725
贷：零余额账户用款额度	1 725

(2)预算会计账务处理如下:

①支付人员劳务费时:

借:事业支出 67 275
　　贷:资金结存——零余额账户用款额度 67 275

②实际缴纳税款时:

借:事业支出 1 725
　　贷:资金结存——零余额账户用款额度 1 725

【例6-15】 某事业单位201×年10月1日预付给某企业购买材料货款62 000元,3月20日,该批材料到库,发票金额为60 000元,对方退回多付的款项2 000元。平行记账账务处理如下:

(1)财务会计账务处理如下:

①10月1日预付账款时:

借:预付账款 62 000
　　贷:零余额账户用款额度 62 000

②10月20日材料到库退回多付款项时:

借:零余额账户用款额度 2 000
　　业务活动费用 60 000
　　贷:预付账款 62 000

(2)预算会计账务处理如下:

①10月1日预付账款时:

借:事业支出 62 000
　　贷:资金结存——零余额账户用款额度 62 000

②10月20日材料到库退回多付款项时:

借:资金结存——零余额账户用款额度 2 000
　　贷:事业支出 2 000

【例6-16】 某事业单位业务科室201×年11月1日按月领用备用金为1 000元,用于零星采购和支出,11月30日进行结算,报销发票金额共计1 100元,补领垫付现金100元。平行记账账务处理如下:

(1)财务会计账务处理如下:

①11月1日领用备用金时:

借:其他应收款 1 000
　　贷:库存现金 1 000

②11月30日结算备用金时:

借:业务活动费用 1 100
　　贷:其他应收款 1 000
　　　　库存现金 100

（2）预算会计账务处理如下：

① 11月1日领用备用金时：

不记账。

② 11月30日结算备用金时：

借：事业支出　　　　　　　　　　　　　　　　　　　　1 100

　　贷：资金结存——货币资金　　　　　　　　　　　　　　1 100

【例6-17】　某事业单位201×年11月建设一栋办公楼，支付建筑工程款700 000元，财政直接支付方式支付。平行记账账务处理如下：

（1）财务会计账务处理如下：

借：在建工程　　　　　　　　　　　　　　　　　　　700 000

　　贷：财政拨款收入　　　　　　　　　　　　　　　　　700 000

（2）预算会计账务处理如下：

借：事业支出　　　　　　　　　　　　　　　　　　　700 000

　　贷：财政拨款预算收入　　　　　　　　　　　　　　　700 000

【例6-18】　某事业单位为201×年12月开展业务活动领用库存物品专用设备一台，该设备账面价值为25 000元。平行记账账务处理如下：

（1）财务会计账务处理如下：

借：业务活动费用　　　　　　　　　　　　　　　　　25 000

　　贷：库存物品　　　　　　　　　　　　　　　　　　　25 000

（2）预算会计不涉及账务处理。

【例6-19】　某事业单位201×年12月开展业务活动所使用的设备原值为36 000元，预计使用年限10年，预计净残值为0。使用年限平均法折旧。平行记账账务处理如下：

（1）财务会计账务处理如下：

每月计提固定资产累计折旧＝36 000÷10÷12＝300（元）

借：业务活动费用　　　　　　　　　　　　　　　　　　　300

　　贷：固定资产累计折旧　　　　　　　　　　　　　　　　300

（2）预算会计不涉及账务处理。

【例6-20】　某事业单位为201×年11月开展业务活动，本期应交城市维护建设税以及教育费附加共计4 500元。用银行存款支付。平行记账账务处理如下：

（1）财务会计账务处理如下：

① 201×年11月确认应交其他税费时：

借：业务活动费用　　　　　　　　　　　　　　　　　　4 500

　　贷：其他应交税费　　　　　　　　　　　　　　　　　　4 500

② 201×年12月实际用银行存款支付时：
借：其他应交税费　　　　　　　　　　　　　　　　4 500
　　贷：银行存款　　　　　　　　　　　　　　　　　　4 500
（2）预算会计账务处理如下：
① 201×年11月确认应交其他税费时：
不记账。
② 201×年12月实际用银行存款支付时：
借：事业支出　　　　　　　　　　　　　　　　　　4 500
　　贷：资金结存——货币资金　　　　　　　　　　　　4 500

【例6-21】　某事业单位201×年12月为开展业务，本期发生其他费用共计4 500元，用银行存款支付。平行记账账务处理如下：
（1）财务会计账务处理如下：
借：业务活动费用　　　　　　　　　　　　　　　　4 500
　　贷：银行存款　　　　　　　　　　　　　　　　　　4 500
（2）预算会计账务处理如下：
借：事业支出　　　　　　　　　　　　　　　　　　4 500
　　贷：资金结存——货币资金　　　　　　　　　　　　4 500

【例6-22】　某事业单位201×年12月末按照职工工资总额的2.5%计提职工福利基金2 500元，平行记账账务处理如下：
（1）财务会计账务处理如下：
借：业务活动费用　　　　　　　　　　　　　　　　2 500
　　贷：专用基金　　　　　　　　　　　　　　　　　　2 500
（2）预算会计不涉及账务处理。

【例6-23】　某事业单位将本年购买的一批办公用品退货，201×年12月收到退货款20 500元。购买办公用品时使用银行存款支付。平行记账账务处理如下：
（1）财务会计账务处理如下：
借：银行存款　　　　　　　　　　　　　　　　　　20 500
　　贷：业务活动费用　　　　　　　　　　　　　　　　20 500
（2）预算会计账务处理如下：
借：资金结存——货币资金　　　　　　　　　　　　20 500
　　贷：事业支出　　　　　　　　　　　　　　　　　　20 500

【例6-24】　接上例，若该批办公用品为上一年度购买，则退回时平行记账账务处理如下：
（1）财务会计账务处理如下：

借：银行存款　　　　　　　　　　　　　　　　　　　　20 500
　　贷：以前年度盈余调整　　　　　　　　　　　　　　20 500
（2）预算会计账务处理如下：
借：资金结存——货币资金　　　　　　　　　　　　　20 500
　　贷：非财政补助结余——年初余额调整　　　　　　20 500

【例6-25】 假设该事业单位全年发生业务为［例6-13］至［例6-24］，则该事业单位"业务活动费用"科目10月借方余额779 000元（650 000＋69 000＋60 000）、11月借方余额4 500元、12月借方余额11 800元（25 000＋300＋4 500＋2 500－20 500），"事业支出"科目截至12月31日累计借方余额1 468 600元（637 000＋13 000＋67 275＋1 725＋62 000＋1 100＋700 000＋4 500＋4 500－2 000－20 500），其中财政拨款支出借方累计余额1 483 500元其他资金支出贷方累计余额14 900元，期末/年末进行结转。平行记账账务处理如下：

（1）财务会计账务处理如下：
① 10月末结转：
借：本期盈余　　　　　　　　　　　　　　　　　　　779 000
　　贷：业务活动费用　　　　　　　　　　　　　　　779 000
② 11月末结转：
借：本期盈余　　　　　　　　　　　　　　　　　　　　4 500
　　贷：业务活动费用　　　　　　　　　　　　　　　　4 500
③ 12月末结转：
借：本期盈余　　　　　　　　　　　　　　　　　　　 11 800
　　贷：业务活动费用　　　　　　　　　　　　　　　 11 800
（2）预算会计账务处理如下：
12月31日年末结转：
借：财政拨款结转——本年收支结转　　　　　　　　1 483 500
　　贷：事业支出　　　　　　　　　　　　　　　　1 468 600
　　　　其他结余　　　　　　　　　　　　　　　　　14 900

二、单位管理费用/事业支出

"单位管理费用"科目仅事业单位使用，行政单位不涉及此类业务。

（一）平行记账账务处理

（1）支付管理人员职工薪酬。
具体账务处理如表6-18所示。

表6-18 单位管理费用/事业支出平行记账账务处理之一

情形	财务会计	预算会计
	事业单位	事业单位
①计提管理活动人员薪酬	借：单位管理费用 　　贷：应付职工薪酬	—
②实际支付给职工并代扣个人所得税	借：应付职工薪酬 　　贷：财政拨款收入/零余额账户用款额度/银行存款等 　　　　其他应交税费——应交个人所得税	借：事业支出（按照支付给个人部分） 　　贷：财政拨款预算收入/资金结存
③实际缴纳税款	借：其他应交税费——应交个人所得税 　　贷：银行存款/零余额账户用款额度等	借：事业支出（按照实际缴纳额） 　　贷：资金结存等

（2）支付外部人员劳务费。

具体账务处理如表6-19所示。

表6-19 单位管理费用/事业支出平行记账账务处理之二

情形	财务会计	预算会计
	事业单位	事业单位
①计提外部人员劳务费	借：单位管理费用 　　贷：其他应付款	—
②实际支付并代扣个人所得税	借：其他应付款 　　贷：财政拨款收入/零余额账户用款额度/银行存款等 　　　　其他应交税费——应交个人所得税	借：事业支出（按照支付给个人部分） 　　贷：财政拨款预算收入/资金结存
③实际支付税款	借：其他应交税费——应交个人所得税 　　贷：银行存款/零余额账户用款额度等	借：事业支出（按照实际缴纳额） 　　贷：资金结存等

（3）发生预付款项。

具体账务处理如表6-20所示。

表6-20 单位管理费用/事业支出平行记账账务处理之三

情形	财务会计	预算会计
	事业单位	事业单位
①支付预付账款	借：预付账款 　　贷：财政拨款收入/零余额账户用款额度/银行存款等	借：事业支出 　　贷：财政拨款预算收入/资金结存

第6章 费用/预算支出业务

（续表）

情形	借：单位管理费用 　　贷：预付账款 　　　　财政拨款收入/零余额账户 　　　　用款额度/银行存款等（补付金额）	借：事业支出 　　贷：财政拨款预算收入/资 　　　　金结存（补付金额）
②结算预付账款		
③支付暂付款项	借：其他应收款 　　贷：银行存款等	—
④结算或报销暂付款项		借：事业支出 　　贷：资金结存等

（4）发生其他与管理活动相关的各项费用。

具体账务处理如表6-21所示。

表6-21　单位管理费用/事业支出平行记账账务处理之四

情形	财务会计	预算会计
	事业单位	事业单位
发生各项费用	借：单位管理费用 　　贷：财政拨款收入/零余额账户 　　　　用款额度/银行存款/应付款项等	借：事业支出（按照实际支付的金额） 　　贷：财政拨款预算收入/资金结存

（5）购买资产或支付在建工程。

具体账务处理如表6-22所示。

表6-22　单位管理费用/事业支出平行记账账务处理之五

情形	财务会计	预算会计
	事业单位	事业单位
①支付购买资产或在建工程	借：库存物品/固定资产/无形资产/ 　　在建工程等 　　贷：财政拨款收入/零余额账户 　　　　用款额度/银行存款/应付账款等	借：事业支出（按照实际支付价款） 　　贷：财政拨款预算收入/ 　　　　资金结存

（6）计提折旧、摊销。

具体账务处理如表6-23所示。

表6-23　单位管理费用/事业支出平行记账账务处理之六

情形	财务会计	预算会计
	事业单位	事业单位
①计提折旧、摊销额	借：单位管理费用 　　贷：固定资产累计折旧/无形资产累计摊销	—

（7）领用内部库存物品。

具体账务处理如表 6-24 所示。

表 6-24　单位管理费用 / 事业支出平行记账账务处理之七

情形	财务会计	预算会计
	事业单位	事业单位
①领用库存物品	借：单位管理费用 　贷：库存物品	—

（8）发生应负担的税金及附加。

具体账务处理如表 6-25 所示。

表 6-25　单位管理费用 / 事业支出平行记账账务处理之八

情形	财务会计	预算会计
	事业单位	事业单位
①确定应缴纳的税金及附加	借：单位管理费用 　贷：其他应交税费	—
②实际缴纳税金及附加	借：其他应交税费 　贷：银行存款等	借：事业支出 　贷：资金结存等

（9）购货退回。

具体账务处理如表 6-26 所示。

表 6-26　单位管理费用 / 事业支出平行记账账务处理之九

情形	财务会计	预算会计
	事业单位	事业单位
①当年发生购货退回	借：财政拨款收入 / 零余额账户用款额度 / 银行存款 / 应收账款等 　贷：库存物品 / 单位管理费用等	借：财政拨款预算收入 / 资金结存 　贷：事业支出
②发生以前年度购货退回	借：财政应返还额度 / 银行存款 / 应收账款等 　贷：库存物品 / 以前年度盈余调整	借：资金结存——财政应返还额度 / 资金结存——货币资金 　贷：财政拨款结转——年初余额调整 / 非财政拨款结余——年初余额调整

（10）期末 / 年末结转。

具体账务处理如表 6-27 所示。

第6章 费用/预算支出业务

表 6-27 单位管理费用/事业支出平行记账账务处理之十

情形	财务会计	预算会计
	事业单位	事业单位
期末/年末结转	借：本期盈余 　　贷：单位管理费用	借：财政拨款结转——本年收支结转（财政拨款支出） 　　非财政拨款结转——本年结转（非财政专项资金支出） 　　其他结余（非财政、非专项资金支出） 　　贷：事业支出

（二）事业单位平行记账业务举例

【例6-26】 某事业单位201×年10月计提管理人员工资70 000元，代扣代缴个人所得税1 400元，11月上缴个人所得税1400元。工资和税费均使用银行存款支付。平行记账账务处理如下：

（1）财务会计账务处理如下：

① 201×年10月计提管理人员工资时：

借：单位管理费用　　　　　　　　　　　　　　　　　70 000
　　贷：应付职工薪酬　　　　　　　　　　　　　　　　70 000

② 201×年10月实际支付给管理人员并代扣个人所得税时：

实际支付金额 = 70 000 - 1 400 = 68 600（元）

借：应付职工薪酬　　　　　　　　　　　　　　　　　70 000
　　贷：银行存款　　　　　　　　　　　　　　　　　　68 600
　　　　其他应交税费——个人所得税　　　　　　　　　1 400

③ 201×年11月实际缴纳税款时：

借：其他应交税费——个人所得税　　　　　　　　　　1 400
　　贷：银行存款　　　　　　　　　　　　　　　　　　1 400

（2）预算会计账务处理如下：

① 计提管理人员工资时：

不记账。

② 201×年10月实际支付给管理人员时：

借：事业支出　　　　　　　　　　　　　　　　　　　68 600
　　贷：资金结存——货币资金　　　　　　　　　　　　68 600

③ 201×年11月实际缴纳税款时：

借：事业支出　　　　　　　　　　　　　　　　　　　1 400
　　贷：资金结存——货币资金　　　　　　　　　　　　1 400

【例6-27】 某事业单位201×年10月计提管理部门聘用临时人员产

生工资费用6 000元,代扣代缴个人所得税150元,201×年11月上缴个人所得税150元。聘用人员工资和代扣个人所得税均采用银行存款支付。平行记账账务处理如下:

(1)财务会计账务处理如下:

①201×年10月计提临时聘用人员工资时:

借:单位管理费用　　　　　　　　　　　　　　　　6 000
　　贷:其他应付款　　　　　　　　　　　　　　　　6 000

②201×年10月实际支付并代扣个人所得税时:

实际支付金额=6 000－150=5 850(元)

借:其他应付款　　　　　　　　　　　　　　　　　6 000
　　贷:银行存款　　　　　　　　　　　　　　　　　5 850
　　　　其他应交税费——应交个人所得税　　　　　　150

③201×年11月实际支付税款时:

借:其他应交税费——应交个人所得税　　　　　　　150
　　贷:银行存款　　　　　　　　　　　　　　　　　150

(2)预算会计账务处理如下:

①计提临时聘用人员工资时:

不记账。

②201×年10月实际支付并代扣个人所得税时:

借:事业支出　　　　　　　　　　　　　　　　　　5 850
　　贷:资金结存——货币资金　　　　　　　　　　　5 850

③201×年11月实际支付税款时:

借:事业支出　　　　　　　　　　　　　　　　　　150
　　贷:资金结存——货币资金　　　　　　　　　　　150

【例6-28】 某事业单位管理人员于201×年11月20日购买一批后勤用办公用品,预付账款50 600元,11月25日办公用品入库,开具发票50 600元,采用财政授权方式支付,平行记账账务处理如下:

(1)财务会计账务处理如下:

①11月20日预付账款时:

借:预付账款　　　　　　　　　　　　　　　　　　50 600
　　贷:零余额账户用款额度　　　　　　　　　　　　50 600

②11月25日办公用品入库并开具发票时:

借:单位管理费用　　　　　　　　　　　　　　　　50 600
　　贷:预付账款　　　　　　　　　　　　　　　　　50 600

(2)预算会计账务处理如下:

① 11 月 20 日预付账款时：
借：事业支出   50 600
    贷：资金结存——零余额账户用款额度   50 600
② 1 月 25 日办公用品入库并开具发票时：
不记账。

【例 6-29】 某事业单位管理部门 201× 年 11 月月初领用备用金 2 500 元，用于日常零星支出，月底结算报销，发票金额为 2 100 元，剩余备用金 400 元归还财务部门，平行记账账务处理如下：

（1）财务会计账务处理如下：
① 月初领用备用金时：
借：其他应收款   2 500
    贷：库存现金   2 500
② 月底结算报销：
借：库存现金   400
    单位管理费用   2 100
    贷：其他应收款   2 500

（2）预算会计账务处理如下：
① 月初领用备用金时：
不记账。
② 月底结算报销：
借：事业支出   2 100
    贷：资金结存——货币资金   2 100

【例 6-30】 某事业单位管理部门 201× 年 11 月份发生其他与管理活动相关的费用共计 3 700 元，均为零星支出，使用库存现金支付，平行记账账务处理如下：

（1）财务会计账务处理如下：
借：单位管理费用   3 700
    贷：库存现金   3 700

（2）预算会计账务处理如下：
借：事业支出   3 700
    贷：资金结存——货币资金   3 700

【例 6-31】 某事业单位管理部门 201× 年 12 月份购买一批电脑共计 57 000 元，该批电脑作为固定资产入库，采用财政直接支付方式支付。平行记账账务处理如下：

（1）财务会计账务处理如下：

借：固定资产	57 000
贷：财政拨款收入	57 000

（2）预算会计账务处理如下：

借：事业支出	57 000
贷：财政拨款预算收入	57 000

【例 6-32】　某事业单位管理用的办公大楼原值为 480 000 元，预计使用年限 20 年，预计净残值为 0。使用年限平均法折旧。201×年 12 月计提折旧，平行记账账务处理如下：

（1）财务会计账务处理如下：

每月计提固定资产折旧金额 = 480 000÷20÷12 = 2 000（元）

借：单位管理费用	2 000
贷：固定资产累计折旧	2 000

（2）预算会计不涉及账务处理。

【例 6-33】　某事业单位后勤部门 201×年 12 月领用内部库存物品作为办公物品，其价值为 600 元。平行记账账务处理如下：

（1）财务会计账务处理如下：

借：单位管理费用	600
贷：库存物品	600

（2）预算会计不涉及账务处理。

【例 6-34】　某事业单位管理部门公务用车 201×年 12 月发生车船税 45 000 元，采用财政授权方式缴纳，平行记账账务处理如下：

（1）财务会计账务处理如下：

借：单位管理费用	45 000
贷：零余额账户用款额度	45 000

（2）预算会计账务处理如下：

借：事业支出	45 000
贷：资金结存——零余额账户用款额度	45 000

【例 6-35】　某事业单位 201×年 12 月将本年度购买用于管理部门的一批办公用品做退货处理，收到退货款 5 700 元。该笔货款使用财政授权方式支付。平行记账账务处理如下：

（1）财务会计账务处理如下：

借：零余额账户用款额度	5 700
贷：单位管理费用	5 700

（2）预算会计账务处理如下：

借：资金结存——零余额账户用款额度	5 700
贷：事业支出	5 700

第6章 费用/预算支出业务

【例6-36】 接上例，若该笔退货为以前年度购货发生的退回，则平行记账账务处理如下：

（1）财务会计账务处理如下：

借：财政应返还额度 　　　　　　　　　　　　　　　　5 700
　　贷：以前年度盈余调整 　　　　　　　　　　　　　5 700

（2）预算会计账务处理如下：

借：资金结存——财政应返还额度 　　　　　　　　　　5 700
　　贷：财政拨款结转——年初余额调整 　　　　　　　5 700

【例6-37】 假设该事业单位全年发生业务为［例6-26］至［例6-36］，则该事业单位"单位管理费用"科目10月借方余额130 000元（70 000＋60 000）、11月借方余额56 400元（50 600＋2 100＋3 700）、12月借方余额11 800元（2 000＋600＋45 000），"事业支出"科目截至12月31日累计借方余额1 468 600元（637 000＋13 000＋67 275＋1 725＋62 000＋1 100＋700 000＋4 500＋4 500－2 000－20 500），其中财政拨款支出借方累计余额1 483 500元，其他资金支出贷方累计余额14 900元，期末/年末进行结转。平行记账账务处理如下：

财务会计账务处理如下：

（1）10月末结转：

借：本期盈余 　　　　　　　　　　　　　　　　　　779 000
　　贷：业务活动费用 　　　　　　　　　　　　　　779 000

（2）11月末结转：

借：本期盈余 　　　　　　　　　　　　　　　　　　 4 500
　　贷：业务活动费用 　　　　　　　　　　　　　　 4 500

（3）12月末结转：

借：业务活动费用 　　　　　　　　　　　　　　　　 11 800
　　贷：本期盈余 　　　　　　　　　　　　　　　　 11 800

预算会计账务处理如下：

12月31日年末结转：

借：财政拨款结转——本年收支结转 　　　　　　　1 483 500
　　贷：事业支出 　　　　　　　　　　　　　　　1 468 600
　　　　其他结余 　　　　　　　　　　　　　　　 14 900

三、经营费用/经营支出

"经营费用""经营支出"科目仅为事业单位使用，行政单位不涉及此类业务。

（一）平行记账账务处理

1. 支付经营活动人员职工薪酬

具体账务处理如表 6-28 所示。

表 6-28　经营费用/经营支出平行记账账务处理之一

情形	财务会计	预算会计
	事业单位	事业单位
①计提经营活动人员薪酬	借：经营费用 　　贷：应付职工薪酬	—
②实际支付给职工并代扣个人所得税	借：应付职工薪酬 　　贷：财政拨款收入/零余额账户用款额度/银行存款等 　　　　其他应交税费——应交个人所得税	借：经营支出（按照支付给个人部分） 　　贷：资金结存
③实际缴纳税款	借：其他应交税费——应交个人所得税 　　贷：银行存款等	借：经营支出（按照实际缴纳额） 　　贷：资金结存——货币资金等

2. 购买资产或支付在建工程

具体账务处理如表 6-29 所示。

表 6-29　经营费用/经营支出平行记账账务处理之二

情形	财务会计	预算会计
	事业单位	事业单位
支付购买资产或在建工程	借：库存物品/固定资产/无形资产/在建工程等 　　贷：银行存款/应付账款等	借：经营支出（按照实际支付价款） 　　贷：资金结存——货币资金

3. 内部领用材料或出售发出物品等

具体账务处理如表 6-30 所示。

表 6-30　经营费用/经营支出平行记账账务处理之三

情形	财务会计	预算会计
	事业单位	事业单位
领用材料或出售发出物品	借：经营费用 　　贷：库存物品	—

第6章 费用/预算支出业务

4. 发生预付款项

具体账务处理如表 6-31 所示。

表 6-31 经营费用/经营支出平行记账账务处理之四

情形	财务会计	预算会计
	事业单位	事业单位
①支付预付账款	借：预付账款 　贷：银行存款等	借：经营支出 　贷：资金结存——货币资金
②结算预付账款	借：经营费用 　贷：预付账款 　　银行存款等（补付金额）	借：经营支出 　贷：资金结存——货币资金 （补付金额）

5. 发生应负担的税金及附加

具体账务处理如表 6-32 所示。

表 6-32 经营费用/经营支出平行记账账务处理之五

情形	财务会计	预算会计
	事业单位	事业单位
①确定应缴纳的税金及附加	借：经营费用 　贷：其他应交税费	—
②实际缴纳税金及附加	借：其他应交税费 　贷：银行存款等	借：经营支出 　贷：资金结存——货币资金

6. 发生其他与经营活动相关的各项费用

具体账务处理如表 6-33 所示。

表 6-33 经营费用/经营支出平行记账账务处理之六

情形	财务会计	预算会计
	事业单位	事业单位
发生各项费用	借：经营费用 　贷：银行存款/应付款项等	借：经营支出（按照实际支付的金额） 　贷：资金结存——货币资金

7. 计提折旧、摊销

具体账务处理如表 6-34 所示。

表 6-34 经营费用/经营支出平行记账账务处理之七

情形	财务会计	预算会计
	事业单位	事业单位
计提折旧、摊销额	借：经营费用 　贷：固定资产累计折旧/无形资产累计摊销	—

8. 计提专用基金

具体账务处理如表 6-35 所示。

表 6-35　经营费用/经营支出平行记账账务处理之八

情形	财务会计	预算会计
	事业单位	事业单位
计提专用基金	借：经营费用 　　贷：专用基金	—

9. 购货退回

具体账务处理如表 6-36 所示。

表 6-36　经营费用/经营支出平行记账账务处理之九

情形	财务会计	预算会计
	事业单位	事业单位
①当年发生购货退回	借：银行存款/应收账款等 　　贷：库存物品/经营费用等	借：资金结存——货币资金 　　贷：经营支出
②发生以前年度购货退回	借：银行存款/应收账款等 　　贷：库存物品/以前年度盈余调整	借：资金结存——货币资金 　　贷：非财政拨款结余——年初余额调整

10. 期末/年末结转

具体账务处理如表 6-37 所示。

表 6-37　经营费用/经营支出平行记账账务处理之九

情形	财务会计	预算会计
	事业单位	事业单位
期末/年末结转	借：本期盈余 　　贷：经营费用	借：经营结余 　　贷：经营支出

（二）事业单位平行记账业务举例

【例 6-38】　某事业单位 201× 年 10 月支付经营活动人员工资 75 000 元。代扣代缴个人所得税 1 500 元，201× 年 11 月上缴个人所得税 1500 元。工资及个人所得税均采用银行存款支付。平行记账账务处理如下：

（1）财务会计账务处理如下：

① 201× 年 10 月计提经营活动人员工资时：

借：经营费用 75 000
　　贷：应付职工薪酬 75 000
② 201×年10月实际支付给经营活动人员并代扣个人所得税时：
借：应付职工薪酬 75 000
　　贷：银行存款 73 500
　　　　其他应交税费——个人所得税 1 500
③ 201×年11月实际缴纳税款时：
借：其他应交税费——个人所得税 1 500
　　贷：银行存款 1 500

（2）预算会计账务处理如下：

① 201×年10月计提经营活动人员工资时：
不记账。
② 201×年10月实际支付给经营活动人员并代扣个人所得税时：
借：经营支出 73 500
　　贷：银行存款 73 500
③ 201×年11月实际缴纳税款时：
借：经营支出 1 500
　　贷：银行存款 1 500

【例6-39】　某事业单位201×年10月为了开展经营活动购买一批办公桌椅，账面价值59 000元，办公桌椅办理固定资产入库。该款项采用银行存款支付。平行记账账务处理如下：

（1）财务会计账务处理如下：
借：固定资产 59 000
　　贷：银行存款 59 000
（2）预算会计账务处理如下：
借：经营支出 59 000
　　贷：资金结存——货币资金 59 000

【例6-40】　某事业单位201×年10月为开展经营活动领用库存物品5 000元。平行记账账务处理如下：

（1）财务会计账务处理如下：
借：经营费用 5 000
　　贷：库存物品 5 000
（2）预算会计不涉及账务处理。

【例6-41】　某事业单位201×年11月3日为开展经营活动委托某企业制作一批科普产品，预付账款71 000元，11月15日科普产品制作完毕并交付入库，某企业给某事业单位开具金额为80 000元的发票，某事业单位补付尾款9 000元，款项均采用银行存款支付。平行记账账务处理如下：

（1）财务会计账务处理如下：

① 11月3日预付账款时：

借：预付账款	71 000
贷：银行存款	71 000

② 11月15日支付尾款时：

借：经营费用	80 000
贷：预付账款	71 000
银行存款	9 000

（2）预算会计账务处理如下：

① 11月3日预付账款时：

借：经营支出	71 000
贷：资金结存——货币资金	71 000

② 11月15日支付尾款时：

借：经营支出	9 000
贷：资金结存——货币资金	9 000

【例6-42】 某事业单位201×年11月为开展经营活动发生城市维护建设税、教育费附加以及地方教育费附加2 000元，201×年12月上缴相关税费。采用银行存款支付。平行记账账务处理如下：

（1）财务会计账务处理如下：

① 201×年11月确定应缴纳的城市护建设税、教育费附加以及地方教育费附加：

借：经营费用	2 000
贷：其他应交税费	2 000

② 201×年12月缴纳税费：

借：其他应交税费	2 000
贷：银行存款	2 000

（2）预算会计账务处理如下：

① 201×年11月确定应缴纳的城市护建设税、教育费附加以及地方教育费附加：

不记账。

② 201×年12月缴纳税费：

借：经营支出	2 000
贷：资金结存——货币资金	2 000

【例6-43】 某事业单位201×年12月为开展经营活动发生的其他各项费用共计4 000元，由经营活动人员先行垫付，于12月30日报销。平行

记账账务处理如下：

（1）财务会计账务处理如下：

借：经营费用　　　　　　　　　　　　　　　　　　　4 000
　　贷：库存现金　　　　　　　　　　　　　　　　　　4 000

（2）预算会计账务处理如下：

借：经营支出　　　　　　　　　　　　　　　　　　　4 000
　　贷：资金结存——货币资金　　　　　　　　　　　　4 000

【例6-44】　某事业单位201×年12月按规定计提经营活动用无形资产摊销12 000元。平行记账账务处理如下：

（1）财务会计账务处理如下：

借：经营费用　　　　　　　　　　　　　　　　　　　12 000
　　贷：无形资产累计摊销　　　　　　　　　　　　　　12 000

（2）预算会计不涉及账务处理。

【例6-45】　某事业单位201×年12月根据经营收入的10%计提修购基金31 000元，平行记账账务处理如下：

（1）财务会计账务处理如下：

借：经营费用　　　　　　　　　　　　　　　　　　　31 000
　　贷：专用基金　　　　　　　　　　　　　　　　　　31 000

（2）预算会计不涉及账务处理。

【例6-46】　某事业单位本年为开展经营活动购入价值23 400元货物一批，由于质量没有达到要求，遂要求退货，201×年12月货款已经返回开户银行账户。平行记账账务处理如下：

（1）财务会计账务处理如下：

借：银行存款　　　　　　　　　　　　　　　　　　　23 400
　　贷：经营费用　　　　　　　　　　　　　　　　　　23 400

（2）预算会计账务处理如下：

借：资金结存——货币资金　　　　　　　　　　　　　23 400
　　贷：经营支出　　　　　　　　　　　　　　　　　　23 400

若该批货物为以前年度购入，则平行记账账务处理如下：

（1）财务会计账务处理如下：

借：银行存款　　　　　　　　　　　　　　　　　　　23 400
　　贷：以前年度盈余调整　　　　　　　　　　　　　　23 400

（2）预算会计账务处理如下：

借：资金结存——货币资金　　　　　　　　　　　　　23 400
　　贷：非财政拨款结余——年初余额调整　　　　　　　23 400

【例6-47】　假设该事业单位全年发生的业务为［例6-38］至［例6-

46］，则该事业单位"经营费用"科目10月借方余额80 000元（75 000＋5 000）、11月借方余额91 000元（80 000＋9 000＋2 000）、12月借方余额23 600元（4 000＋12 000＋31 000－23 400），"经营支出"科目截至12月31日累计借方余额187 600元（73 500＋1 500＋59 000＋71 000＋2 000＋4 000－23 400），全部为自有资金，期末/年末进行结转。平行记账账务处理如下：

（1）财务会计账务处理如下：

① 10月末结转：

借：本期盈余　　　　　　　　　　　　　　　　　　　　80 000
　　贷：经营费用　　　　　　　　　　　　　　　　　　　80 000

② 11月末结转：

借：本期盈余　　　　　　　　　　　　　　　　　　　　91 000
　　贷：经营费用　　　　　　　　　　　　　　　　　　　91 000

③ 12月末结转：

借：本期盈余　　　　　　　　　　　　　　　　　　　　23 600
　　贷：经营费用　　　　　　　　　　　　　　　　　　　23 600

（2）预算会计账务处理如下：

12月31日年末结转：

借：经营结余　　　　　　　　　　　　　　　　　　　　187 600
　　贷：经营支出　　　　　　　　　　　　　　　　　　　187 600

四、资产处置费用

（一）平行记账账务处理

1. 不通过"待处理财产损溢"科目核算的资产处置

具体账务处理如表6-38所示。

表6-38　资产处置费用平行记账账务处理之一

情形	财务会计		预算会计	
	行政单位	事业单位	行政单位	事业单位
①转销被处置资产账面价值	借：资产处费用 　　固定资产累计折旧/无形资产累计摊销/公共基础设施累计折旧（摊销）/保障性住房累计折旧 　　贷：库存物品/固定资产/无形资产/公共基础设施/政府储备物资/文物文化资产/保障性住房/在建工程等（账面余额）/其他应收款	借：资产处置费用 　　固定资产累计折旧/无形资产累计摊销/公共基础设施累计折旧（摊销）/保障性住房累计折旧 　　贷：库存物品/固定资产/无形资产/公共基础设施/政府储备物资/文物文化资产/保障性住房/在建工程等（账面余额）	—	

（续表）

情形	财务会计		预算会计	
	行政单位	事业单位	行政单位	事业单位
②处置资产过程中仅发生相关费用的	借：资产处置费用 　　贷：银行存款/库存现金等		借：其他支出 　　贷：资金结存	
③处置资产过程中取得收入的	借：库存现金/银行存款等（取得的价款） 　　贷：银行存款/库存现金等（支付的相关费用） 　　　　应缴财政款		—	

2．通过"待处理财产损溢"科目核算的资产处置

具体账务处理如表 6-39 所示。

表 6-39　资产处置费用平行记账账务处理之二

情形	财务会计		预算会计	
	行政单位	事业单位	行政单位	事业单位
①账款核对中发现的现金短缺，无法查明原因的，报经批准核销时	借：资产处置费用 　　贷：待处理财产损溢		—	
②盘亏、损毁、报废的资产，经批准处理时	借：资产处置费用 　　贷：待处理财产损溢——待处理财产价值		—	
③盘亏、损毁、报废的资产，处理过程中发生的费用大于所取得收入的	借：资产处置费用 　　贷：待处理财产损溢——处理净收入		借：其他支出（净支出） 　　贷：资金结存	

3．期末结转

具体账务处理如表 6-40 所示。

表 6-40　资产处置费用平行记账账务处理之三

情形	财务会计		预算会计	
	行政单位	事业单位	行政单位	事业单位
期末结转	借：本期盈余 　　贷：资产处置费用		—	

（二）行政单位平行记账业务举例

【例6-48】 某行政单位201×年5月处置一台设备，该设备已使用八年，原值1 000 000元，已计提累计折旧800 000元。平行记账账务处理如下：

（1）财务会计账务处理如下：

借：固定资产累计折旧　　　　　　　　　　　　800 000
　　资产处置费用　　　　　　　　　　　　　　200 000
　　贷：固定资产　　　　　　　　　　　　　　　　1 000 000

（2）预算会计不涉及账务处理。

【例6-49】 接［例6-48］，若在处置过程中只发生拆卸费用1 000元，已用银行存款付讫。平行记账账务处理如下：

（1）财务会计账务处理如下：

借：资产处置费用　　　　　　　　　　　　　　1 000
　　贷：银行存款　　　　　　　　　　　　　　　　1 000

（2）预算会计账务处理如下：

借：其他支出　　　　　　　　　　　　　　　　1 000
　　贷：资金结存——资金结存　　　　　　　　　　1 000

【例6-50】 接［例6-48］，若以库存现金支付在处置过程中发生的人工费900元，因处置该设备取得价款6 000元，款项已存入银行。平行记账账务处理如下：

（1）财务会计账务处理如下：

借：银行存款　　　　　　　　　　　　　　　　6 000
　　贷：库存现金　　　　　　　　　　　　　　　　900
　　　　应缴财政款　　　　　　　　　　　　　　　5 100

（2）预算会计不涉及账务处理。

【例6-51】 某行政单位201×年6月在账款核对中发现的现金短缺100元，无法查明原因，报经批准予以核销。平行记账账务处理如下：

（1）财务会计账务处理如下：

借：资产处置费用　　　　　　　　　　　　　　100
　　贷：待处理财产损溢　　　　　　　　　　　　　100

（2）预算会计不涉及账务处理。

【例6-52】 接［例6-48］至［例6-51］该行政单位"资产处置费用"科目5月借方余额为201 000元（200 000＋1 000），6月借方余额为100元，期末进行结转。平行记账账务处理如下：

（1）财务会计账务处理如下：

①5月期末结转：

第6章 费用/预算支出业务

借：本期盈余 201 000
　　贷：资产处置费用 201 000
② 6月期末结转：
借：本期盈余 100
　　贷：资产处置费用 100
（2）预算会计账务处理如下：
预算会计按年结转，不涉及按月结转业务。

（三）事业单位平行记账业务举例

【例6-53】　某事业单位201×年7月转让一项专利技术，该专利技术初始入账价值200 000元，已计提累计摊销120 000元，转让过程中发生相关评估费用7 900元，该款项用银行存款支付。取得转让价款85 000元，款项已收至银行账户，并于次月上缴财政专户。平行记账账务处理如下：

（1）财务会计账务处理如下：
①转销被转让专利技术账面价值：
借：资产处置费用 80 000
　　无形资产累计摊销 120 000
　　贷：无形资产 200 000
②支付相关评估费用以及收到转让价款：
借：银行存款 85 000
　　贷：银行存款 7 900
　　　　应缴财政款 77 100
③上缴财政款：
借：应缴财政款 77 100
　　贷：银行存款 77 100
（2）预算会计账务处理如下：
①转销被转让专利技术账面价值。
不记账。
②支付相关评估费用以及收到转让价款。
不记账。
③上缴财政款。
不记账。

【例6-54】　某事业单位201×年7月在资产清查中发现一台价值为20 000元的设备已经不能继续使用，批准后将其进行报废处理。在处理过程中产生人工费用800元，废料收入500元。平行记账账务处理如下：

（1）财务会计账务处理如下：

①经批准处理时:
借:资产处置费用 20 000
　　贷:待处理财产损溢——待处理财产价值 20 000
②处理中发生费用并取得处置收入:
净支出 = 800 − 500 = 300(元)
借:资产处置费用 300
　　贷:待处理财产损溢——处理净收入 300
(2)预算会计账务处理如下:
①经批准处理时。
不记账。
②处理中发生费用并取得处置收入:
借:其他支出 300
　　贷:资金结存——货币资金 300

【例 6-55】 接［例 6-53］至［例 6-54］该事业单位"资产处置费用"科目 7 月借方余额为 100 300 元(80 000 + 20 000 + 300),期末进行结转。平行记账账务处理如下:
(1)财务会计账务处理如下:
借:本期盈余 10 300
　　贷:资产处置费用 10 300
(2)预算会计账务处理如下:
预算会计按年结转,不涉及按月结转业务。

五、短期投资、长期股权投资、长期债券投资/投资支出

"短期投资""长期股权投资""长期债券投资""投资支出"科目仅事业单位使用,行政单位不涉及此类业务。

(一)平行记账账务处理

1. 以货币资金对外投资

具体账务处理如表 6-41 所示。

表 6-41 短期投资、长期股权投资、长期债券投资/投资支出
平行记账账务处理之一

情形	财务会计	预算会计
	事业单位	事业单位
以货币资金对外投资	借:短期投资/长期股权投资/长期债券投资 　　贷:银行存款	借:投资支出 　　贷:资金结存——货币资金

2. 出售、对外转让或到期收回本年度以货币资金取得的对外投资

具体账务处理如表6-42所示。

表6-42 短期投资、长期股权投资、长期债券投资/投资支出
平行记账账务处理之二

情形	财务会计	预算会计
	事业单位	事业单位
①实际取得的价款大于投资成本的	借：银行存款等（实际取得或收回的金额） 　　贷：短期投资/长期债券投资等（账面余额） 　　　　应收利息（账面余额） 　　　　投资收益	借：资金结存——货币资金 　　贷：投资支出（投资成本） 　　　　投资预算收益
②实际取得价款小于投资成本的	借：银行存款等（实际取得或收回的金额） 　　　投资收益 　　贷：短期投资/长期债券投资等（账面余额） 　　　　应收利息（账面余额）	借：资金结存——货币资金 　　　投资预算收益 　　贷：投资支出（投资成本）

3. 年末结转

具体账务处理如表6-43所示。

表6-43 短期投资、长期股权投资、长期债券投资/投资支出
平行记账账务处理之三

情形	财务会计	预算会计
	事业单位	事业单位
年末结转	—	借：其他结余 　　贷：投资支出

（二）事业单位平行记账业务举例

【例6-56】 某事业单位201×年1月31日以银行存款50 000元购买有价债券（含已到付息期但尚未领取的利息5 000元），2月10日取得利息，当年11月20日，该事业单位将有价债券出售，取得价款51 000元并存至银行。平行记账账务处理如下：

（1）财务会计账务处理如下：

①1月31日取得有价债券：

借：短期投资 50 000
　　贷：银行存款 50 000
② 2 月 10 日取得利息：
借：银行存款 5 000
　　贷：短期投资 5 000
③ 11 月 20 日出售取得价款：
借：银行存款 51 000
　　贷：短期投资 45 000
　　　　投资收益 6 000
（2）预算会计账务处理如下：
① 1 月 31 日取得有价债券：
借：投资支出 50 000
　　贷：资金结存——货币资金 50 000
② 2 月 10 日取得利息：
借：资金结存——货币资金 5 000
　　贷：投资预算收益 5 000
③出售取得价款：
借：资金结存——货币资金 51 000
　　贷：投资支出 50 000
　　　　投资预算收益 1 000

【例 6-57】 某事业单位以银行存款 1 000 000 元在公开市场买入甲公司 10% 的股份（含已宣告但尚未发放的现金股利 100 000 元），在购买过程中支付手续费 35 000 元。投资后该事业单位有权对其参与经营决策，并按照股权比例享有净利润和其他所有者权益。该被投资企业投资后第一年实现净利润 150 000 元，第二年实现净利润 240 000 元，且其他所有者权益增加 50 000 元，第三年实现净利润 200 000 元并分配现金股利 500 000 元；第四年该事业单位按照上级要求全部撤出该股权投资，获得撤资款 1 250 000 元（处置投资资产净收入中的股权投资账面余额上缴财政，收益留归单位）。平行记账账务处理如下：

（1）财务会计账务处理如下：
①取得长期股权投资时：
借：长期股权投资——成本 935 000
　　应收股利 100 000
　　贷：银行存款 1 035 000
②收到现金股利：

借：银行存款 100 000
　　贷：应收股利 100 000
③第一年确认投资收益：
应确认的投资收益＝150 000×10%＝15 000（元）
借：长期股权投资——损益调整 15 000
　　贷：投资收益 15 000
④第二年确认投资收益及所有者权益变动：
应确认的投资收益＝240 000×10%＝24 000（元）
应确认的投资收益＝50 000×10%＝5 000（元）
借：长期股权投资——损益调整 24 000
　　　　　　　　——其他权益变动 5 000
　　贷：投资收益 24 000
　　　　权益法调整 5 000
⑤第三年确认投资收益及收到现金股利：
应确认的投资收益＝200 000×10%＝20 000（元）
分配的现金股利＝500 000×10%＝50 000（元）
借：长期股权投资——损益调整 20 000
　　贷：投资收益 20 000
借：应收股利 50 000
　　贷：长期股权投资——损益调整 50 000
借：银行存款 50 000
　　贷：应收股利 50 000
⑥第四年撤资：
投资资产的账面价值＝935 000＋15 000＋24 000＋5 000＋20 000－50 000＝949 000（元）
借：资产处置费用 949 000
　　贷：长期股权投资——成本 935 000
　　　　　　　　　　——损益调整 9 000
　　　　　　　　　　——其他权益变动 5 000
借：银行存款 1 250 000
　　贷：应缴财政款 949 000
　　　　投资收益 301 000
借：权益法调整 5 000
　　贷：投资收益 5 000
⑦缴纳应缴财政款：

借：应缴财政款　　　　　　　　　　　　　　　　　　949 000
　　贷：银行存款　　　　　　　　　　　　　　　　　　　949 000

（2）预算会计账务处理如下：

①取得长期股权投资时：

借：投资支出　　　　　　　　　　　　　　　　　　　1 000 000
　　贷：资金结存——货币资金　　　　　　　　　　　　1 000 000

借：投资支出　　　　　　　　　　　　　　　　　　　　35 000
　　贷：资金结存——货币资金　　　　　　　　　　　　　35 000

②收到现金股利：

借：资金结存——货币资金　　　　　　　　　　　　　　100 000
　　贷：投资支出　　　　　　　　　　　　　　　　　　　100 000

③第一年确认投资收益。

不记账。

④第二年确认投资收益及所有者权益变动。

不记账。

⑤第三年确认投资收益及收到现金股利。

确认投资收益不记账

借：资金结存——货币资金　　　　　　　　　　　　　　50 000
　　贷：投资预算收益　　　　　　　　　　　　　　　　　50 000

⑥第四年撤资：

借：资金结存——货币资金　　　　　　　　　　　　　　301 000
　　贷：投资预算收益　　　　　　　　　　　　　　　　　301 000

⑦缴纳应缴财政款。

不记账。

【例6-58】　某事业单位201×年4月18日用银行存款300 000元购买了300 000元面值的2年期国债，年利率为5%，到期一次还本付息，另外用银行存款支付了手续费等8 000元；2年后国债到期兑付全部收回本息。平行记账账务处理如下：

（1）财务会计账务处理如下：

①取得长期债券投资时：

长期债券投资成本 = 300 000 + 8 000 = 308 000（元）

借：长期债券投资——成本　　　　　　　　　　　　　　308 000
　　贷：银行存款　　　　　　　　　　　　　　　　　　　308 000

②每月计息：

每年年底计息 = 300 000×5%÷12 = 1 250（元）

借：长期债券投资——应计利息　　　　　　　　　　　　　1 250
　　　贷：投资收益　　　　　　　　　　　　　　　　　　　1 250

③到期收回本金和利息：

2年利息＝300 000×5%×2＝30 000（元）

2年本息合计＝30 000＋300 000＝330 000（元）

借：银行存款　　　　　　　　　　　　　　　　　　　　330 000
　　投资收益　　　　　　　　　　　　　　　　　　　　　8 000
　　　贷：长期债券投资——成本　　　　　　　　　　　　308 000
　　　　　　　　　　　——应计利息　　　　　　　　　　30 000

（2）预算会计账务处理如下：

①取得长期债券投资时：

借：投资支出　　　　　　　　　　　　　　　　　　　　308 000
　　　贷：资金结存——货币资金　　　　　　　　　　　　308 000

②每月计息。

不记账。

③到期收回本金和利息：

借：资金结存——货币资金　　　　　　　　　　　　　　330 000
　　　贷：其他结余　　　　　　　　　　　　　　　　　　308 000
　　　　　投资预算收益　　　　　　　　　　　　　　　　22 000

【例6-59】　某事业单位201×年12月31日"投资支出"科目累计借方发生额为45 000元，年末进行结转，平行账务处理如下：

（1）财务会计账务处理如下。

不记账。

（2）预算会计账务处理如下：

借：其他结余　　　　　　　　　　　　　　　　　　　　45 000
　　　贷：投资支出　　　　　　　　　　　　　　　　　　45 000

六、上缴上级费用／上缴上级支出

"上缴上级费用""上缴上级支出"科目仅事业单位适用，行政单位不涉及此类业务。

（一）平行记账账务处理

1. 确定应当上缴的金额

具体账务处理如表6-44所示。

表 6-44　上缴上级费用／上缴上级支出平行记账账务处理之一

情形	财务会计	预算会计
	事业单位	事业单位
按照实际上缴的金额或者按照规定计算出应当上缴的金额	借：上缴上级费用 　　贷：银行存款／其他应付款等	借：上缴上级支出（实际上缴的金额） 　　贷：资金结存——货币资金

2. 实际上缴应缴费用

具体账务处理如表 6-45 所示。

表 6-45　上缴上级费用／上缴上级支出平行记账账务处理之二

情形	财务会计	预算会计
	事业单位	事业单位
实际上缴应缴的金额	借：其他应付款 　　贷：银行存款等	—

3. 期末结转

具体账务处理如表 6-46 所示。

表 6-46　上缴上级费用／上缴上级支出平行记账账务处理之三

情形	财务会计	预算会计
	事业单位	事业单位
期末／年末结转	借：本期盈余 　　贷：上缴上级费用	借：其他结余 　　贷：上缴上级支出

（二）事业单位平行记账业务举例

【例 6-60】　某事业单位 201× 年按照规定应该上缴上级部门 80 000 元，该款项于当年 12 月份上缴，12 月 31 日"上缴上级费用"科目和"上缴上级支出"科目累计借方余额均为 80 000 元，期末进行结转。平行记账账务处理如下：

（1）财务会计账务处理如下：

①确定上缴上级部门的金额：

借：上缴上级费用　　　　　　　　　　　　　　　　　　　80 000
　　贷：其他应付款　　　　　　　　　　　　　　　　　　　　80 000

②12 月份上缴上级部门：

借：其他应付款　　　　　　　　　　　　　　　　　　80 000
　　　贷：银行存款　　　　　　　　　　　　　　　　　80 000
③期末结转：
借：本期盈余　　　　　　　　　　　　　　　　　　　80 000
　　　贷：上缴上级费用　　　　　　　　　　　　　　　80 000
（2）预算会计账务处理如下：
①确定上缴上级部门的金额：
借：上缴上级支出　　　　　　　　　　　　　　　　　80 000
　　　贷：资金结存——货币资金　　　　　　　　　　　80 000
② 12月份上缴上级部门。
不记账。
③年末结转：
借：其他结余　　　　　　　　　　　　　　　　　　　80 000
　　　贷：上缴上级支出　　　　　　　　　　　　　　　80 000

七、对附属单位补助费用/对附属单位补助支出

"对附属单位补助费用""对附属单位补助支出"科目仅事业单位适用，行政单位不涉及此类业务。

（一）平行记账账务处理

1. 确定应当补助的金额

具体账务处理如表6-47所示。

表6-47　上缴上级费用/上缴上级支出平行记账账务处理之一

情形	财务会计	预算会计
	事业单位	事业单位
按照实际补助的金额或者按照规定计算出应当补助的金额	借：对附属单位补助费用 　　贷：其他应付款	—

2. 实际支付补助

具体账务处理如表6-48所示。

表6-48　上缴上级费用/上缴上级支出平行记账账务处理之二

情形	财务会计	预算会计
	事业单位	事业单位
实际支出应补助的金额	借：其他应付款 　　贷：银行存款等	借：对附属单位补助支出（按照实际补助的金额） 　　贷：资金结存——货币资金

3. 期末/年末结转

具体账务处理如表6-49所示。

表6-49 上缴上级费用/上缴上级支出平行记账账务处理之三

情形	财务会计	预算会计
	事业单位	事业单位
期末/年末结转	借：本期盈余 　贷：对附属单位补助费用	借：其他结余 　贷：对附属单位补助支出

（二）事业单位平行记账业务举例

【例6-61】 某事业单位201×年要对下属事业单位补助500 000元，该补助款于12月份支付，12月31日累计"对附属单位补助费用"科目和"对附属单位补助支出"科目累计借方余额均为500 000元，年末进行结转。平行记账账务处理如下：

（1）财务会计账务处理如下：

①确定补助金额：

借：对附属单位补助费用　　　　　　　　　　　　　　　500 000
　　贷：其他应付款　　　　　　　　　　　　　　　　　　500 000

②12月份支付补助：

借：其他应付款　　　　　　　　　　　　　　　　　　　500 000
　　贷：银行存款　　　　　　　　　　　　　　　　　　　500 000

③12月末结转：

借：本期盈余　　　　　　　　　　　　　　　　　　　　500 000
　　贷：对附属单位补助费用　　　　　　　　　　　　　　500 000

（2）预算会计账务处理如下：

①确定补助金额。

不记账。

②12月份支付补助：

借：对附属单位补助支出　　　　　　　　　　　　　　　500 000
　　贷：资金结存——货币资金　　　　　　　　　　　　　500 000

③年末结转：

借：其他结余　　　　　　　　　　　　　　　　　　　　500 000
　　贷：对附属单位补助支出　　　　　　　　　　　　　　500 000

八、所得税费用

"所得税"科目仅事业单位适用，行政单位不涉及此类业务。

第6章 费用/预算支出业务

(一) 平行记账账务处理

1. 发生企业所得税纳税义务

具体账务处理如表 6-50 所示。

表 6-50 所得税费用平行记账账务处理之一

情形	财务会计	预算会计
	事业单位	事业单位
①按照税法规定计算应交税金数额	借：所得税费用 　贷：其他应交税费——单位应交所得税	—
②实际缴纳时	借：其他应交税费——单位应交所得税 　贷：银行存款等	借：非财政拨款结余——累计结余 　贷：资金结存——货币资金

2. 年末结转

具体账务处理如表 6-51 所示。

表 6-51 所得税费用平行记账账务处理之二

情形	财务会计	预算会计
	事业单位	事业单位
年末结转	借：本期盈余 　贷：所得税费用	—

(二) 事业单位平行记账业务举例

【例 6-62】 某事业单位 201× 年汇算清缴确定应缴纳上一年度企业所得税共计 570 020 元，经单位相关领导批准后于 5 月份缴纳，12 月 31 日 "所得税费用" 科目累计借方额为 570 020 元，年末进行结转。平行记账账务处理如下：

(1) 财务会计账务处理如下：

①确定上一年度企业所得税时：

借：所得税费用　　　　　　　　　　　　　　　　　　　　570 020
　　贷：其他应交税费——单位应交所得税　　　　　　　　570 020

②5 月份缴纳所得税时：

借：其他应交税费——单位应交所得税　　　　　　　　　570 020
　　贷：银行存款　　　　　　　　　　　　　　　　　　570 020

③年末结转：

借：本期盈余　　　　　　　　　　　　　　　　　　570 020
　　贷：所得税费用　　　　　　　　　　　　　　　　　570 020
（2）预算会计账务处理如下：
①确定上一年度企业所得税时。
不记账。
②5月份缴纳所得税时：
借：非财政拨款结余——累计结余　　　　　　　　　570 020
　　贷：资金结存——货币资金　　　　　　　　　　　570 020
③年末结转。
不记账。

九、债务还本支出

"债务还本支出"科目仅事业单位适用，行政单位不涉及此类业务。"债务还本支出"科目为预算会计科目，与财务会计"短期借款""长期借款"科目平行记账。

（一）平行记账账务处理

1. 归还短期借款/长期借款本金

具体账务处理如表6-52所示。

表6-52　债务还本支出平行记账账务处理之一

情形	财务会计	预算会计
	事业单位	事业单位
归还本金	借：短期借款/长期借款——本金 　　贷：银行存款等	借：债务还本支出 　　贷：资金结存——货币资金

2. 年末结转

具体账务处理如表6-53所示。

表6-53　债务还本支出平行记账账务处理之二

情形	财务会计	预算会计
	事业单位	事业单位
年末结转	—	借：其他结余 　　贷：债务还本支出

（二）事业单位平行记账业务举例

【例6-63】　某事业单位201×年1月31日借入短期借款100 000元，期限为 10 个月，利率 12%，每月偿还利息，到期还本。11 月 30 日，该短期借款到期。12 月 25 日，该事业单位偿还 2 年期的长期借款本息，该长期借款本金为 200 000 元，利率 10%，到期还本付息。12 月 31 日，该事业单位"债务还本支出"科目仅发生以上两笔借款归还，年末进行结转，该科目年底无余额。平行记账账务处理如下：

（1）财务会计账务处理如下：

① 1 月 31 日借入短期借款：

| 借：银行存款 | 100 000 |
| 贷：短期借款 | 100 000 |

② 2 月计算并支付借款利息：

每月偿还利息金额 = 100 000×12%÷12 = 1 000（元）

A．计算应付利息：

| 借：其他费用 | 1 000 |
| 贷：应付利息 | 1 000 |

B．支付借款利息：

| 借：应付利息 | 1 000 |
| 贷：银行存款 | 1 000 |

③ 3-10 月账务处理同 2 月。

④ 11 月 30 日归还短期借款本息：

借：短期借款	100 000
贷：银行存款	100 000
借：其他费用	1 000
贷：应付利息	1 000
借：应付利息	1 000
贷：银行存款	1 000

⑤归还长期借款本息：

长期借款利息 = 200 000×10%×2 = 40 000（元）

借：长期借款——本金	200 000
——应计利息	40 000
贷：银行存款	240 000

（2）预算会计账务处理如下：

① 1 月 31 日借入短期借款：

| 借：资金结存——货币资金 | 100 000 |
| 贷：债务预算收入 | 100 000 |

②每月偿还利息：

借：其他支出 1 000
　　贷：资金结存——货币资金 1 000
③ 11 月 30 日归还短期借款本息：
借：债务还本支出 100 000
　　贷：资金结存——货币资金 100 000
借：其他支出 1 000
　　贷：资金结存——货币资金 1 000
④归还长期借款本息：
借：债务还本支出 200 000
　　贷：资金结存——货币资金 200 000
借：其他支出 40 000
　　贷：资金结存——货币资金 40 000
⑤年底结转"债务还本支出"科目：
201×年该事业单位"债务还本支出"科目借方累计发生额＝100 000＋200 000＝300 000（元）
借：其他结余 300 000
　　贷：债务还本支出 300 000

十、其他费用/其他支出

（一）平行记账账务处理

1. 利息费用

此类业务仅事业单位涉及，行政单位不涉及此类业务。
具体账务处理如表 6-54 所示。

表 6-54　其他费用/其他支出平行记账账务处理之一

情形	财务会计	预算会计
	事业单位	事业单位
①计算确定借款利息费用	借：其他费用/在建工程 　　贷：应付利息/长期借款——应计利息	—
②实际支付利息	借：应付利息等 　　贷：银行存款	借：其他支出 　　贷：资金结存——货币资金

2. 现金资产对外捐赠

具体账务处理如表 6-55 所示。

第6章 费用/预算支出业务

表 6-55　其他费用/其他支出平行记账账务处理之二

情形	财务会计		预算会计	
	行政单位	事业单位	行政单位	事业单位
实际捐赠现金资产	借：其他费用 　贷：银行存款/库存现金等	借：其他费用 　贷：银行存款/库存现金等	借：其他支出 　贷：资金结存——货币资金	借：其他支出 　贷：资金结存——货币资金

3. 坏账损失

此类业务仅事业单位涉及，行政单位不涉及此类业务。

具体账务处理如表 6-56 所示。

表 6-56　其他费用/其他支出平行记账账务处理之三

情形	财务会计	预算会计
	事业单位	事业单位
①按照规定对应收账款和其他应收款计提坏账准备	借：其他费用 　贷：坏账准备	—
②冲减多提的坏账准备时	借：坏账准备 　贷：其他费用	—

4. 罚没支出

具体账务处理如表 6-57 所示。

表 6-57　其他费用/其他支出平行记账账务处理之四

情形	财务会计		预算会计	
	行政单位	事业单位	行政单位	事业单位
实际发生罚没支出	借：其他费用 　贷：银行存款/库存现金/其他应付款等		借：其他支出 　贷：资金结存——货币资金（实际支付金额）	

5. 其他相关税费、运输费等

具体账务处理如表 6-58 所示。

表 6-58　其他费用/其他支出平行记账账务处理之五

情形	财务会计		预算会计	
	行政单位	事业单位	行政单位	事业单位
①发生其他相关税费、运输费等	借：其他费用 　贷：零余额账户用款额度/ 　　　银行存款等		借：其他支出 　贷：资金结存	

6. 期末/年末结转

具体账务处理如表 6-59 所示。

表 6-59　其他费用/其他支出平行记账账务处理之六

情形	财务会计		预算会计	
	行政单位	事业单位	行政单位	事业单位
①期末/年末结转	借：本期盈余 　贷：其他费用		借：其他结余（非财政、非专项资金支出） 　　非财政拨款结转——本年收支结转 　　（非财政专项资金支出） 　贷：其他支出	

（二）行政单位平行记账业务举例

【例 6-64】　某行政单位 201× 年 10 月用自有资金向贫困地区学校捐款 600 000 元，以支持该学校开展教学活动。平行记账账务处理如下：

（1）财务会计账务处理如下：

借：其他费用　　　　　　　　　　　　　　　600 000
　　贷：银行存款　　　　　　　　　　　　　　　600 000

（2）预算会计账务处理如下：

借：其他支出　　　　　　　　　　　　　　　600 000
　　贷：资金结存——货币资金　　　　　　　　　600 000

【例 6-65】　某行政单位 201× 年 10 月由于违反相关规定被处以 40 000 元罚款。该罚款应用银行存款缴纳。平行记账账务处理如下：

（1）财务会计账务处理如下：

借：其他费用　　　　　　　　　　　　　　　40 000
　　贷：银行存款　　　　　　　　　　　　　　　40 000

（2）预算会计账务处理如下：

借：其他支出　　　　　　　　　　　　　　　　　　　　40 000
　　贷：资金结存——货币资金　　　　　　　　　　　　　　40 000

【例6-66】　某行政单位201×年11月收到外界捐赠的多媒体设备一批，该批设备以名义金额确认计量，用银行存款支付运输该批设备产生的费用4 000元。平行记账账务处理如下：

（1）财务会计账务处理如下：
借：其他费用　　　　　　　　　　　　　　　　　　　　4 000
　　贷：银行存款　　　　　　　　　　　　　　　　　　　　4 000

（2）预算会计账务处理如下：
借：其他支出　　　　　　　　　　　　　　　　　　　　4 000
　　贷：资金结存——货币资金　　　　　　　　　　　　　　4 000

【例6-67】　某行政单位201×年12月收到某民间团体委托代管的一批实物资产，账面价值500 000元，在管理过程中发生存放地点的迁移，运输该批实物资产发生运输费用2 000元，用银行存款支付，代管期满将实物资产送还该民间团体。平行记账账务处理如下：

（1）财务会计账务处理如下：
①接收代管实物资产：
借：受托代理资产　　　　　　　　　　　　　　　　　500 000
　　贷：受托代理负债　　　　　　　　　　　　　　　　　500 000
②支付运输费：
借：其他费用　　　　　　　　　　　　　　　　　　　　2 000
　　贷：银行存款　　　　　　　　　　　　　　　　　　　　2 000
③送还代管实物资产：
借：受托代理负债　　　　　　　　　　　　　　　　　500 000
　　贷：受托代理资产　　　　　　　　　　　　　　　　　500 000

（2）预算会计账务处理如下：
①接收代管实物资产。
不记账。
②支付运输费。
借：其他支出　　　　　　　　　　　　　　　　　　　　2 000
　　贷：资金结存——货币资金　　　　　　　　　　　　　　2 000
③送还代管实物资产：
不记账。

【例 6-68】 假设该行政单位发生的全年业务为 [例 6-64] 至 [例 6-67] 的业务,则"其他费用"科目 10 月借方余额为 640 000 元(600 000＋40 000)、11 月借方余额为 4 000 元、12 月借方余额 2 000 元,"其他支出"科目累计借方余额 646 000 元(600 000＋40 000＋4 000＋2 000),期末/年末进行结转,平行记账账务处理如下:

(1) 财务会计账务处理如下:

① 10 月结转:

借:本期盈余　　　　　　　　　　　　　　640 000
　　贷:其他费用　　　　　　　　　　　　　　　640 000

② 11 月结转:

借:本期盈余　　　　　　　　　　　　　　4 000
　　贷:其他费用　　　　　　　　　　　　　　　4 000

③ 12 月结转:

借:本期盈余　　　　　　　　　　　　　　2 000
　　贷:其他费用　　　　　　　　　　　　　　　2 000

(2) 预算会计账务处理如下:

预算会计仅涉及年末结转,不涉及期末结转:

借:其他结余　　　　　　　　　　　　　　646 000
　　贷:其他支出　　　　　　　　　　　　　　　646 000

(三) 事业单位平行记账业务举例

【例 6-69】 某事业单位 201× 年 10 月用银行存款支付短期借款利息为 8 000 元,平行记账账务处理如下:

(1) 财务会计账务处理如下:

借:其他费用　　　　　　　　　　　　　　8 000
　　贷:银行存款　　　　　　　　　　　　　　　8 000

(2) 预算会计账务处理如下:

借:其他支出　　　　　　　　　　　　　　8 000
　　贷:资金结存——货币资金　　　　　　　　　8 000

【例 6-70】 某事业单位 201× 年 10 月应收 A 公司账款 20 000 元,年末按照规定计提 2 000 元坏账准备。平行记账账务处理如下:

(1) 财务会计账务处理如下:

借:其他费用　　　　　　　　　　　　　　2 000
　　贷:坏账准备　　　　　　　　　　　　　　　2 000

（2）预算会计账务处理如下。

不记账。

若第二年确定该款项能收回，则冲回计提的坏账准备。

（1）财务会计账务处理如下：

借：坏账准备 2 000
　　贷：其他费用 2 000

（2）预算会计账务处理如下。

不记账。

【例6-71】 某事业单位201×年11月由于违反相关规定被处以40 000元罚款。该罚款应用银行存款缴纳。平行记账账务处理如下：

（1）财务会计账务处理如下：

借：其他费用 40 000
　　贷：银行存款 40 000

（2）预算会计账务处理如下：

借：其他支出 40 000
　　贷：资金结存——货币资金 40 000

【例6-72】 某事业单位201×年11月收到外界捐赠的多媒体设备一批，该批设备以名义金额确认计量，用银行存款支付运输该批设备产生的费用4 000元。平行记账账务处理如下：

（1）财务会计账务处理如下：

借：其他费用 4 000
　　贷：银行存款 4 000

（2）预算会计账务处理如下：

借：其他支出 4 000
　　贷：资金结存——货币资金 4 000

【例6-73】 某事业单位201×年12月收到某民间团体委托代管的一批实物资产，账面价值500 000元，在管理过程中发生存放地点的迁移，运输该批实物资产发生运输费用2 000元，用银行存款支付，代管期满将实物资产送还该民间团体。平行记账账务处理如下：

（1）财务会计账务处理如下：

①接收代管实物资产：

借：受托代理资产 500 000
　　贷：受托代理负债 500 000

②支付运输费：

借：其他费用   2 000

    贷：银行存款   2 000

③送还代管实物资产：

借：受托代理负债   500 000

    贷：受托代理资产   500 000

（2）预算会计账务处理如下：

①接收代管实物资产。

不记账。

②支付运输费：

借：其他支出   2 000

    贷：资金结存——货币资金   2 000

③送还代管实物资产。

不记账。

【例6-74】 假设该事业单位发生全年业务为［例6-69］至［例6-73］的业务，则"其他费用"科目10月借方余额为10 000元（8 000＋2 000）、11月借方余额为44 000元（40 000＋4 000）、12月借方余额2 000元，"其他支出"科目累计借方余额54 000元（8 000＋40 000＋4 000＋2 000），期末/年末进行结转，平行记账账务处理如下：

（1）财务会计账务处理如下：

①10月结转：

借：本期盈余   10 000

    贷：其他费用   10 000

②11月结转：

借：本期盈余   44 000

    贷：其他费用   44 000

③12月结转：

借：本期盈余   2 000

    贷：其他费用   2 000

预算会计账务处理如下：

预算会计仅涉及年末结转，不涉及期末结转：

借：其他结余   54 000

    贷：其他支出   54 000

第 7 章

净资产/预算结余业务

第一节 净资产/预算结余概述

一、净资产总体介绍

（一）净资产定义

净资产是指政府资产扣除负债后的净额，净资产金额取决于资产和负债的计量。净资产项目应当列入资产负债表。

（二）会计科目

净资产共设置 7 个科目，包括："累计盈余""专用基金""权益法调整""本期盈余""本年盈余分配""无偿调拨净资产""以前年度盈余调整"。其中，事业单位单独使用的科目有 2 个，分别为"专用基金"和"权益法调整"，行政单位和事业单位共同使用的科目共有 5 个，分别是"累计盈余""本期盈余""本年盈余分配""无偿调拨净资产"和"以前年度盈余调整"。具体如表 7-1 所示。

表 7-1 净资产科目适用范围表

科目编码	科目名称	行政单位	事业单位
3001	累计盈余	√	√
3101	专用基金		√

（续表）

科目编码	科目名称	行政单位	事业单位
3201	权益法调整		√
3301	本期盈余	√	√
3302	本期盈余分配	√	√
3401	无偿调拨净资产	√	√
3501	以前年度盈余调整	√	√

（三）净资产的分类与计量

1. 净资产的分类

根据净资产科目的使用情况，可以将净资产科目分为2大类，分别为过渡类科目（4个）和留存类科目（3个）。过渡类科目年末科目要进行结转，结转后无余额，分别为"本期盈余""本年盈余分配""无偿调拨净资产"和"以前年度盈余调整"。留存类科目年末有余额，余额反映了单位实际拥有的净资产，分别为"累计盈余""专用基金"和"权益法调整"。

2. 净资产的计量

净资产金额取决于资产和负债的计量。资产和负债的差额即为净资产。

二、预算结余总体介绍

（一）预算结余定义

预算结余是指政府会计主体预算年度内预算收入扣除预算支出后的资金金额，以及历年滚存的资金余额。预算结余包括结余资金和结转资金。结余资金是指年度预算执行终了，预算收入实际完成数扣除预算支出和结转资金后剩余的资金。结转资金是指预算安排项目的支出年终尚未执行完毕或者因故未执行，且下年需要按照原用途继续使用的资金。

（二）会计科目

预算结余共有9个会计科目，分别为"资金结存""财政拨款结转""财政拨款结余""非财政拨款结转""非财政拨款结余""专用结余""经营结余""其他结余""非财政拨款结余分配"。其中，事业单位单独使用的科目有3个，分别为"专用结余""经营结余"和"非财政拨款结余分配"。行政单位和事业单位共同使用的科目6个，分别为"资金结存""财政拨款结转""财政拨款结余""非财政拨款结转""非财政拨款结余""其他结余"。具体如表 7-2 所示。

表 7-2 预算结余科目适用范围表

科目编码	科目名称	行政单位	事业单位
8001	资金结存	√	√
8101	财政拨款结转	√	√
8102	财政拨款结余	√	√
8201	非财政拨款结转	√	√
8202	非财政拨款结余	√	√
8301	专用结余		√
8401	经营结余		√
8501	其他结余	√	√
8701	非财政拨款结余分配		√

（三）预算结余的分类与计量

1. 预算结余的分类

预算结余共有 9 个会计科目，大致可以归为两类：资金结存类科目（1 个）和其他预算结余类科目（8 个）。"资金结存"用以反映各结存类科目对应的资金形态，该科目明细科目包括"零余额账户用款额度""货币资金"和"财政应返还额度"。其他预算结余类科目包括"财政拨款结转""政拨款结余""非财政拨款结转""非财政拨款结余""专用结余""经营结余""其他结余"和"非财政拨款结余分配"。资金类结存类科目余额与其他结存类科目余额方向相反，金额相等。

2. 预算结余的计量

预算结余的计量分为两部分：一部分为预算年度内预算收入和预算支出的差额；另一部分为历年滚存的资金金额。

三、新旧制度科目对比

1. 行政单位新旧制度科目对比

（1）政府会计制度根据财务会计的需要设置了 5 个净资产科目，相较于

原行政单位会计制度主要有以下几方面变化:

① 以"累计盈余"科目代替了原制度行政单位的"财政拨款结转""财政拨款结余""其他资金结转结余""资产基金""待偿债净资产"科目;

② 年初无余额的有"本期盈余"和"本年盈余分配"2个科目;

③ 新增了"无偿调拨资产""以前年度盈余调整"2个科目。

(2)政府会计制度根据预算会计的需要设置了7个预算结余科目,相较于原行政单位会计制度,主要有以下几方面的变化:

① 新增了"资金结存"科目,分别对应"财政拨款结转""财政拨款结余""非财政拨款结转"和"非财政拨款结余";

② 年初分析填列"财政拨款结转""财政拨款结余""非财政拨款结转"和"非财政拨款结余"等4个科目的期初余额;

③ 年初无余额的有"其他结余"和"本年盈余分配"2个科目。

具体对比见表7-3。

表7-3 行政单位科目新旧制度对比表

旧制度会计科目		新制度会计科目				对比
行政单位		预算会计		财务会计		
科目代码	科目名称	科目代码	科目名称	科目代码	科目名称	
		8001	资金结存			新制度新增科目,需分析登记新账
3001	财政拨款结转	8101	财政拨款结转	3001	累计盈余	原制度科目对应新制度累计盈余科目,余额直接转入
3002	财政拨款结余	8102	财政拨款结余			原制度科目对应新制度累计盈余科目,余额直接转入
3101	其他资金结转结余	8201	非财政拨款结转			原制度科目对应新制度累计盈余科目,余额直接转入
		8202	非财政拨款结余			
3501	资产基金					原制度科目对应新制度累计盈余科目,余额直接转入
3502	待偿债净资产					原制度科目对应新制度累计盈余科目,余额直接转入
		8501	其他结余	3301	本期盈余	年初无余额

（续表）

旧制度会计科目		新制度会计科目				对比
行政单位		预算会计		财务会计		
科目代码	科目名称	科目代码	科目名称	科目代码	科目名称	
		8701	非财政拨款结余分配	3302	本期盈余分配	年初无余额
				3401	无偿调拨净资产	新制度新增科目，仅在财务会计中进行核算
				3501	以前年度盈余调整	新制度新增科目，仅在财务会计中进行核算

2. 事业单位新旧制度科目对比

（1）政府会计制度根据财务会计的需要设置了7个净资产科目，相较于原事业单位会计制度主要有以下几方面变化：

① 以"累计盈余"科目代替了原制度的"事业基金""非流动资产基金""财政补助结转""财政补助结余""非财政补助结转"5个科目；

② "本期盈余"科目代替"经营结余"科目；

③ "专用基金"科目基本无变化；

④ "本年盈余分配"科目代替了原制度的"事业结余""非财政补助结余分配"科目；

⑤ 新增了"权益法调整""无偿调拨资产""以前年度盈余调整"3个科目。

（2）政府会计制度根据预算会计的需要设置了9个预算结余科目，相较于原事业单位会计制度，主要有以下几方面的变化：

① 新增了"资金结存"科目，分别对应"财政拨款结转""财政拨款结余""非财政拨款结转""非财政拨款结余""专用结余"和"经营结余"6个科目；

② 年初分析填列"财政拨款结转""财政拨款结余""非财政拨款结转""非财政拨款结余""专用结余"和"经营结余"6个科目；

③ 年初无余额的有"其他结余""非财政拨款结余分配"2个科目。

具体对比见表7-4。

表 7-4 事业科目新旧制度对比表

旧制度会计科目		新制度会计科目				对比
事业单位		预算会计		财务会计		
科目代码	科目名称	科目代码	科目名称	科目代码	科目名称	
		8001	资金结存			新制度新增科目，需分析登记新账
3001	事业基金	8202	非财政拨款结余			原制度事业基金对应新制度非财政拨款结余，余额直接转入
3101	非流动资产基金					原制度科目对应新制度累计盈余科目，余额直接转入
3301	财政补助结转	8101	财政拨款结转	3001	累计盈余	原制度财政补助结转对应新制度财政拨款结转，余额直接转入
3302	财政补助结余	8102	财政拨款结余			原制度财政补助结余对应新制度财政拨款结余，余额直接转入
3401	非财政补助结转	8201	非财政拨款结转			原制度非财政补助结转对应新制度非财政拨款结转，余额直接转入
3403	经营结余	8401	经营结余	3301	本期盈余	原制度经营结余对应新制度经营结余，如有借方余额直接转入
3201	专用基金	8301	专用结余	3101	专用基金	原制度专用基金对应新制度专用结余，余额直接转入
3402	事业结余	8501	其他结余	3302	本年盈余分配	原制度事业结余科目取消，其核算内容划归至新制度新增科目其他结余核算
3404	非财政补助结余分配	8701	非财政拨款结余分配			原制度非财政补助结余分配对应新制度非财政拨款结余分配
				3201	权益法调整	新制度新增科目，仅在财务会计中进行核算
				3401	无偿调拨净资产	新制度新增科目，仅在财务会计中进行核算
				3501	以前年度盈余调整	新制度新增科目，仅在财务会计中进行核算

四、净资产科目与预算结余科目衔接

(一)行政单位净资产科目与预算结余科目衔接

对于纳入行政单位部门预算管理的现金收支业务,年末财务会计在进行收入和费用结转时,也要进行预算会计收入和支出结转,即进行财务会计和预算会计的平行记账,因此,净资产类科目和预算结余类科目存在以下衔接关系:

(1)核算内容一对多的有 3 个科目,分别为"累计盈余""以前年度盈余调整""本期盈余"。

①"累计盈余"科目对应预算会计中"非财政拨款结余——累计结余""财政拨款结转——累计结转""财政拨款结余——累计结余""非财政拨款结转——累计结转"4 个明细科目。

②"以前年度盈余调整"科目对应"非财政拨款结余——年初余额调整""财政拨款结转——年初余额调整""财政拨款结余——年初余额调整""非财政拨款结转——年初余额调整"等 4 个明细科目。

③"本期盈余"科目对应"其他结余"科目以及"财政拨款结转——本年收支结转""财政拨款结余——本年收支结转""非财政拨款结余——本年收支结转"等 3 个明细科目。

(2)核算内容不完全一致的有 1 个科目。即"本年盈余分配"科目包含"非财政拨款结余分配"科目的核算内容,但除此之外还包括"财政拨款结转""财政拨款结余"和"非财政拨款结转"科目的本年收支结转金额。

(3)仅财务会计进行核算的科目有 2 个,分别为"权益法调整"和"无偿调拨净资产",这 2 个科目核算的内容不需要进行预算会计账务处理,故预算会计中无对应科目。

具体衔接方式见表 7-5。

表 7-5　行政单位净资产科目与预算结余科目衔接表

政府会计制度预算会计		政府会计制度财务会计		衔接关系
科目编码	科目名称	科目编码	科目名称	
8001	资金结存	1001	库存现金	预算会计中资金结存科目的核算内容分别在财务会计中的库存现金、银行存款、零余额账户用款额度、其他货币资金、财政应返还额度等 5 个科目进行核算
		1002	银行存款	
		1011	零余额账户用款额度	
		1021	其他货币资金	
		1201	财政应返还额度	

（续表）

政府会计制度预算会计		政府会计制度财务会计		衔接关系
科目编码	科目名称	科目编码	科目名称	
8202	非财政拨款结余	3001	累计盈余	预算会计中非财政拨款结余——累计结余、财政拨款结转——累计结转、财政拨款结余——累计结余、非财政拨款结转——累计结转等4个明细科目的核算内容均在财务会计中的累计盈余科目中核算
8101	财政拨款结转			
8102	财政拨款结余			
8201	非财政拨款结转			
8202	非财政拨款结余	3501	以前年度盈余调整	财务会计中的以前年度盈余调整科目的核算内容在预算会计中的非财政拨款结余——年初余额调整、财政拨款结转——年初余额调整、财政拨款结余——年初余额调整、非财政拨款结转——年初余额调整等4个明细科目中进行核算
8101	财政拨款结转			
8102	财政拨款结余			
8201	非财政拨款结转			
		3201	权益法调整	该科目的核算内容仅在财务会计中进行核算
8501	其他结余	3301	本期盈余	预算会计中的经营结余科目、其他结余科目以及财政拨款结转——本年收支结转、财政拨款结余——本年收支结转、非财政拨款结转——本年收支结转等3个明细科目的核算内容在财务会计中的本期盈余中核算
8101	财政拨款结转			
8102	财政拨款结余			
8201	非财政拨款结转			
8701	非财政拨款结余分配	3302	本年盈余分配	预算会计中的非财政拨款结余分配的核算内容在财务会计中的本年盈余分配中进行核算，但是本年盈余分配核算的内容还包括财政拨款结转、财政拨款结余和非财政拨款结转的本年收支结转金额
		3401	无偿调拨净资产	该科目的核算内容仅在财务会计中进行核算

（二）事业单位净资产科目与预算结余科目衔接

对于纳入事业单位部门预算管理的现金收支业务，年末财务会计在进行收入和费用结转时，也要进行预算会计收入和支出结转，即进行财务会计和预算会计的平行记账，因此，净资产类科目和预算结余类科目存在以下衔接关系：

（1）核算内容直接对应的有1个科目，即专用基金科目和专用结余科目的核算内容基本一致。

（2）核算内容一对多的有3个科目，分别为"累计盈余""以前年度盈余调整""本期盈余"科目。

①"累计盈余"科目对应预算会计中"非财政拨款结余——累计结余""财政拨款结转——累计结转""财政拨款结余——累计结余""非财政拨款结转——累计结转"4个明细科目。

②"以前年度盈余调整"科目对应"非财政拨款结余——年初余额调整""财政拨款结转——年初余额调整""财政拨款结余——年初余额调整""非财政拨款结转——年初余额调整"等4个明细科目。

③"本期盈余"科目对应"经营结余"科目、"其他结余"科目以及"财政拨款结转——本年收支结转""财政拨款结余——本年收支结转""非财政拨款结转——本年收支结转"等3个明细科目。

（3）核算内容不完全一致的有1个科目。即"本年盈余分配"科目包含"非财政拨款结余分配"科目的核算内容，但除此之外还包括"财政拨款结转""财政拨款结余"和"非财政拨款结转"科目的本年收支结转金额。

（4）仅财务会计进行核算的科目有2个，分别为"权益法调整"和"无偿调拨净资产"科目，这2个科目核算的内容不需要进行预算会计账务处理，故预算会计中无对应科目。

具体衔接方式见表7-6。

表7-6 事业单位净资产科目与预算结余科目衔接表

政府会计制度预算会计		政府会计制度财务会计		衔接关系
科目编码	科目名称	科目编码	科目名称	
8001	资金结存	1001	库存现金	预算会计中资金结存科目的核算内容分别在财务会计中的库存现金、银行存款、零余额账户用款额度、其他货币资金、财政应返还额度等5个科目进行核算
		1002	银行存款	
		1011	零余额账户用款额度	
		1021	其他货币资金	
		1201	财政应返还额度	
8202	非财政拨款结余	3001	累计盈余	预算会计中非财政拨款结余——累计结余、财政拨款结转——累计结转、财政拨款结余——累计结余、非财政拨款结转——累计结转等4个明细科目的核算内容均在财务会计中的累计盈余科目中核算
8101	财政拨款结转			
8102	财政拨款结余			
8201	非财政拨款结转			

（续表）

政府会计制度预算会计		政府会计制度财务会计		衔接关系
科目编码	科目名称	科目编码	科目名称	
8202	非财政拨款结余	3501	以前年度盈余调整	财务会计中的以前年度盈余调整科目的核算内容在预算会计中的非财政拨款结余——年初余额调整、财政拨款结转——年初余额调整、财政拨款结余——年初余额调整、非财政拨款结转——年初余额调整等4个明细科目中进行核算
8101	财政拨款结转			
8102	财政拨款结余			
8201	非财政拨款结转			
8301	专用结余	3101	专用基金	预算会计中的专用结余科目的核算内容在财务会计中记入专用基金科目核算
		3201	权益法调整	该科目的核算内容仅在财务会计中进行核算
8401	经营结余	3301	本期盈余	预算会计中的经营结余科目、其他结余科目以及财政拨款结转——本年收支结转、财政拨款结余——本年收支结转、非财政拨款结转——本年收支结转等3个明细科目的核算内容在财务会计中的本期盈余中核算
8501	其他结余			
8101	财政拨款结转			
8102	财政拨款结余			
8201	非财政拨款结转			
8701	非财政拨款结余分配	3302	本年盈余分配	预算会计中的非财政拨款结余分配的核算内容在财务会计中的本年盈余分配中进行核算，但是本年盈余分配核算的内容还包括财政拨款结转、财政拨款结余和非财政拨款结转的本年收支结转金额
		3401	无偿调拨净资产	该科目的核算内容仅在财务会计中进行核算

第二节 净资产科目核算内容

一、"累计盈余"科目核算的内容

"累计盈余"科目核算单位历年实现的盈余扣除盈余分配后滚存的金额，以及因无偿调入调出资产产生的净资产变动额。按照规定上缴、缴回、单位间调剂结转结余资金产生的净资产变动额，以及对以前年度盈余的调整金额，也通过"累计盈余"科目核算。

二、"专用基金"科目核算的内容

"专用基金"科目核算事业单位按照规定提取或设置的具有专门用途的净资产,主要包括职工福利基金、科技成果转换基金等。"专用基金"科目应当按照专用基金的类别进行明细核算。

三、"权益法调整"科目核算的内容

"权益法调整"科目核算事业单位持有的长期股权投资采用权益法核算时,因按照被投资单位除净损益和利润分配以外的所有者权益变动份额调整长期股权投资账面余额而计入净资产的金额。"权益法调整"科目应当按照被投资单位进行明细核算。

四、"本期盈余"科目核算的内容

"本期盈余"科目核算单位本期各项收入、费用相抵后的余额。

五、"本年盈余分配"科目核算的内容

"本年盈余分配"科目核算单位本年度盈余分配的情况和结果。

六、"无偿调拨净资产"科目核算的内容

"无偿调拨净资产"科目核算单位无偿调入或调出非现金资产所引起的净资产变动金额。

七、"以前年度盈余调整"科目核算的内容

"以前年度盈余调整"科目核算单位本年度发生的调整以前年度盈余的事项,包括本年度发生的重要前期差错更正涉及的调整以前年度盈余的事项。

第三节 预算结余科目核算内容

一、"资金结存"科目核算的内容

"资金结存"科目核算单位纳入部门预算管理的资金的流入、流出、调整和滚存等情况。

"资金结存"科目应当设置下列明细科目:

（1）"零余额账户用款额度"："零余额账户用款额度"明细科目核算实行国库集中支付的单位根据财政部门批复的用款计划收到和支用的零余额账户用款额度。

年末结账后，"零余额账户用款额度"明细科目应无余额。

（2）"货币资金"："货币资金"明细科目核算单位以库存现金、银行存款、其他货币资金形态存在的资金。

"货币资金"明细科目年末借方余额，反映单位尚未使用的货币资金。

（3）"财政应返还额度"："财政应返还额度"明细科目核算实行国库集中支付的单位可以使用的以前年度财政直接支付资金额度和财政应返还的财政授权支付资金额度。本明细科目下可设置"财政直接支付""财政授权支付"两个明细科目进行明细核算。

"财政应返还额度"明细科目年末借方余额，反映单位应收财政返还的资金额度。

二、"财政拨款结转"科目核算的内容

"财政拨款结转"科目核算单位取得的同级财政拨款结转资金的调整、结转和滚存情况。

"财政拨款结转"科目应当设置下列明细科目。

（一）与会计差错更正、以前年度支出收回相关的明细科目

"年初余额调整"："年初余额调整"明细科目核算因发生会计差错更正、以前年度支出收回等原因，需要调整财政拨款结转的金额。

年末结账后，"年初余额调整"明细科目应无余额。

（二）与财政拨款调拨业务相关的明细科目

（1）"归集调入"："归集调入"明细科目核算按照规定从其他单位调入财政拨款结转资金时，实际调增的额度数额或调入的资金数额。

年末结账后，"归集调入"明细科目应无余额。

（2）"归集调出"："归集调出"明细科目核算按照规定向其他单位调出财政拨款结转资金时，实际调减的额度数额或调出的资金数额。

年末结账后，"归集调出"明细科目应无余额。

（3）"归集上缴"："归集上缴"明细科目核算按照规定上缴财政拨款结转资金时，实际核销的额度数额或上缴的资金数额。

年末结账后，"归集上缴"明细科目应无余额。

（4）"单位内部调剂"："单位内部调剂"明细科目核算经财政部门批

准对财政拨款结余资金改变用途，调整用于本单位其他未完成项目等的调整金额。

年末结账后，"单位内部调剂"明细科目应无余额。

（三）与年末财政拨款结转业务相关的明细科目

（1）"本年收支结转"："本年收支结转"明细科目核算单位本年度财政拨款收支相抵后的余额。

年末结账后，"本年收支结转"明细科目应无余额。

（2）"累计结转"："累计结转"明细科目核算单位滚存的财政拨款结转资金。

"累计结转"明细科目年末贷方余额，反映单位财政拨款滚存的结转资金数额。

"累计结转"科目还应当设置"基本支出结转""项目支出结转"两个明细科目，并在"基本支出结转"明细科目下按照"人员经费""日常公用经费"进行明细核算，在"项目支出结转"明细科目下按照具体项目进行明细核算；同时，"累计结转"科目还应按照《政府收支分类科目》中"支出功能分类科目"的相关科目进行明细核算。有一般公共预算财政拨款、政府性基金预算财政拨款等两种或两种以上财政拨款的，还应当在本科目下按照财政拨款的种类进行明细核算。

三、"财政拨款结余"科目核算的内容

"财政拨款结余"科目核算单位取得的同级财政拨款项目支出结余资金的调整、结转和滚存情况。

"财政拨款结余"科目应当设置下列明细科目。

（一）与会计差错更正、以前年度支出收回相关的明细科目

"年初余额调整"："年初余额调整"明细科目核算因发生会计差错更正、以前年度支出收回等原因，需要调整财政拨款结余的金额。

年末结账后，"年初余额调整"明细科目应无余额。

（二）与财政拨款结余资金调整业务相关的明细科目

（1）"归集上缴"："归集上缴"明细科目核算按照规定上缴财政拨款结余资金时，实际核销的额度数额或上缴的资金数额。

年末结账后，"归集上缴"明细科目应无余额。

（2）"单位内部调剂"："单位内部调剂"明细科目核算经财政部门批

准对财政拨款结余资金改变用途，调整用于本单位其他未完成项目等的调整金额。

年末结账后，"单位内部调剂"明细科目应无余额。

（三）与年末财政拨款结余业务相关的明细科目

（1）"结转转入"："结转转入"明细科目核算单位按照规定转入财政拨款结余的财政拨款结转资金。

年末结账后，"结转转入"明细科目应无余额。

（2）"累计结余"："累计结余"细科目核算单位滚存的财政拨款结余资金。

"累计结余"明细科目年末贷方余额，反映单位财政拨款滚存的结余资金数额。

"累计结余"科目还应当按照具体项目、《政府收支分类科目》中"支出功能分类科目"的相关科目等进行明细核算。有一般公共预算财政拨款、政府性基金预算财政拨款等两种或两种以上财政拨款的，还应当在"累计结余"科目下按照财政拨款的种类进行明细核算。

四、"非财政拨款结转"科目核算的内容

"非财政拨款结转"科目核算单位除财政拨款收支、经营收支以外各非同级财政拨款专项资金的调整、结转和滚存情况。

"非财政拨款结转"科目应当设置下列明细科目：

（1）"年初余额调整"："年初余额调整"明细科目核算因发生会计差错更正、以前年度支出收回等原因，需要调整非财政拨款结转的资金。

年末结账后，"年初余额调整"明细科目应无余额。

（2）"缴回资金"："缴回资金"明细科目核算按照规定缴回非财政拨款结转资金时，实际缴回的资金数额。

年末结账后，"缴回资金"明细科目应无余额。

（3）"项目间接费用或管理费"："项目间接费用或管理费"明细科目核算单位取得的科研项目预算收入中，按照规定计提项目间接费用或管理费的数额。

年末结账后，"项目间接费用或管理费"明细科目应无余额。

（4）"本年收支结转"："本年收支结转"明细科目核算单位本年度非同级财政拨款专项收支相抵后的余额。

年末结账后，"本年收支结转"明细科目应无余额。

（5）"累计结转"："累计结转"明细科目核算单位滚存的非同级财政

拨款专项结转资金。"累计结转"明细科目年末贷方余额，反映单位非同级财政拨款滚存的专项结转资金数额。

"累计结转"科目还应当按照具体项目、《政府收支分类科目》中"支出功能分类科目"的相关科目等进行明细核算。

五、"非财政拨款结余"科目核算的内容

"非财政拨款结余"科目核算单位历年滚存的非限定用途的非同级财政拨款结余资金，主要为非财政拨款结余扣除结余分配后滚存的金额。

"非财政拨款结余"科目应当设置下列明细科目：

（1）"年初余额调整"："年初余额调整"明细科目核算因发生会计差错更正、以前年度支出收回等原因，需要调整非财政拨款结余的资金。

年末结账后，"年初余额调整"明细科目应无余额。

（2）"项目间接费用或管理费"："项目间接费用或管理费"明细科目核算单位取得的科研项目预算收入中，按照规定计提的项目间接费用或管理费数额。

年末结账后，"项目间接费用或管理费"明细科目应无余额。

（3）"结转转入"："结转转入"明细科目核算按照规定留归单位使用，由单位统筹调配，纳入单位非财政拨款结余的非同级财政拨款专项剩余资金。

年末结账后，"结转转入"明细科目应无余额。

（4）"累计结余"："累计结余"明细科目核算单位历年滚存的非同级财政拨款、非专项结余资金。"累计结余"明细科目年末贷方余额，反映单位非同级财政拨款滚存的非专项结余资金数额。

"累计结余"科目还应当按照《政府收支分类科目》中"支出功能分类科目"的相关科目进行明细核算。

六、"专用结余"科目核算的内容

"专用结余"科目核算事业单位按照规定从非财政拨款结余中提取的具有专门用途的资金的变动和滚存情况。

"专用结余"科目应当按照专用结余的类别进行明细核算。

七、"经营结余"科目核算的内容

"经营结余"科目核算事业单位本年度经营活动收支相抵后余额弥补以前年度经营亏损后的余额。

"经营结余"科目可以按照经营活动类别进行明细核算。

八、"其他结余"科目核算的内容

"其他结余"科目核算单位本年度除财政拨款收支、非同级财政专项资金收支和经营收支以外各项收支相抵后的余额。

九、"非财政拨款结余分配"科目核算的内容

"非财政拨款结余分配"科目核算事业单位本年度非财政拨款结余分配的情况和结果。

第四节 净资产平行记账

一、累计盈余

(一) 平行记账账务处理

1. 年末结转转入

具体账务处理如表 7-7 所示。

表 7-7 累计盈余平行记账账务处理之一

情形	财务会计		预算会计	
	行政单位	事业单位	行政单位	事业单位
①年末，将"本年盈余分配"科目余额转入	借：本年盈余分配 　贷：累计盈余 或作相反会计分录		—	
②年末，将"无偿调拨净资产"科目余额转入	借：无偿调拨净资产 　贷：累计盈余 或作相反会计分录		—	
③将"以前年度盈余调整"科目的余额转入	借：以前年度盈余调整 　贷：累计盈余 或作相反会计分录		—	

2. 调入或调出财政拨款结转资金

具体账务处理如表 7-8 所示。

第7章 净资产/预算结余业务

表7-8 累计盈余平行记账账务处理之二

情形	财务会计		预算会计	
	行政单位	事业单位	行政单位	事业单位
①按照规定上缴财政拨款结转结余、缴回非财政拨款结转资金、向其他单位调出财政拨款结转资金时	借：累计盈余 　贷：财政应返还额度/零余额账户用款额度/银行存款等		借：财政拨款结转——归集上缴/归集调出 　　财政拨款结余——归集上缴 　　非财政拨款结转——缴回资金 　贷：财政应返还额度/零余额账户用款额度/银行存款等	
②按照规定从其他单位调入财政拨款结转资金时	借：零余额账户用款额度/银行存款等 　贷：累计盈余		借：资金结存——零余额账户用款额度/货币资金 　贷：资金结存——财政应返还额度/零余额账户用款额度/货币资金	

3. 将"以前年度盈余调整"科目的余额转入

具体账务处理如表7-9所示。

表7-9 累计盈余平行记账账务处理之三

情形	财务会计		预算会计	
	行政单位	事业单位	行政单位	事业单位
①年末，将"本年盈余分配"科目余额转入	借：以前年度盈余调整 　贷：累计盈余 或作相反会计分录		—	

4. 使用专用基金购置固定资产、无形资产

"专用基金"科目仅事业单位使用，行政单位无此类业务。

具体账务处理如表7-10所示。

表7-10 累计盈余平行记账账务处理之四

情形	财务会计	预算会计
	事业单位	事业单位
	借：固定资产/无形资产 　贷：银行存款等 借：专用基金 　贷：累计盈余	使用从收入中提取并列入费用的专用基金 借：事业支出等 　贷：资金结存 使用从非财政拨款结余或经营结余中提取的专用基金 借：专用结余 　贷：资金结存——货币资金

（二）行政单位平行记账业务举例

1. 年末结转转入

【例7-1】 201×年某行政单位经过年终决算后，当年实现盈余500 000

元，经过分配后，记入"累计盈余"科目。平行记账账务处理如下：

（1）财务会计账务处理如下：

借：本年盈余分配　　　　　　　　　　　　　　　　　500 000
　　贷：累计盈余　　　　　　　　　　　　　　　　　　　500 000

（2）预算会计不涉及账务处理。

2. 调入或调出财政拨款结转资金

【例7-2】　201×年某行政单位接上级单位通知按规定上缴历年财政拨款结余资金100 000元，缴回非财政拨款结转资金200 000元，向其他单位调出财政拨款结转资金300 000元，财务人员按照实际上缴、缴回、调出金额进行平行记账，平行记账账务处理如下：

（1）财务会计账务处理如下：

借：累计盈余　　　　　　　　　　　　　　　　　　　600 000
　　贷：财政应返还额度　　　　　　　　　　　　　　　　100 000
　　　　银行存款　　　　　　　　　　　　　　　　　　　200 000
　　　　零余额账户用款额度　　　　　　　　　　　　　　300 000

（2）预算会计账务处理如下：

借：财政拨款结余——归集上缴　　　　　　　　　　　100 000
　　非财政拨款结转——缴回资金　　　　　　　　　　　200 000
　　财政拨款结转——调出资金　　　　　　　　　　　　300 000
　　贷：资金结存——财政应返还额度　　　　　　　　　　100 000
　　　　　　　　——货币资金　　　　　　　　　　　　　200 000
　　　　　　　　——零余额账户用款额度　　　　　　　　300 000

3. 将"以前年度盈余调整"科目的余额转入

【例7-3】　201×年12月31日，某行政单位"以前年度盈余调整"科目年末贷方余额为200 000元，转入"累计盈余"科目，平行记账账务处理如下：

（1）财务会计账务处理如下：

借：以前年度盈余调整　　　　　　　　　　　　　　　200 000
　　贷：累计盈余　　　　　　　　　　　　　　　　　　　200 000

（2）预算会计不涉及账务处理。

（三）事业单位平行记账业务举例

1. 年末结转转入

【例7-4】　201×年某事业单位年末"无偿调拨净资产"科目借方余额为300 000元，年终决算处理时将该科目余额转入"累计盈余"科目。平行记账账务处理如下：

（1）财务会计账务处理如下：

借：累计盈余　　　　　　　　　　　　　　　　　　　　300 000
　　贷：无偿调拨净资产　　　　　　　　　　　　　　　　300 000
（2）预算会计不涉及账务处理。

2. 调入或调出财政拨款结转资金

【例7-5】　201×年某事业单位按规定从其他单位调入财政拨款结转资金200 000元，平行记账账务处理如下：

（1）财务会计账务处理如下：

借：零余额账户用款额度　　　　　　　　　　　　　　　200 000
　　贷：累计盈余　　　　　　　　　　　　　　　　　　　200 000

（2）预算会计账务处理如下：

借：资金结存——零余额账户用款额度　　　　　　　　　200 000
　　贷：财政拨款结转——归集调入　　　　　　　　　　　200 000

3. 将"以前年度盈余调整"科目的余额转入

【例7-6】　201×年12月31日，某事业"单位以前年度盈余调整"科目年末借方余额为200 000为元转入"累计盈余"科目，平行记账账务处理如下：

（1）财务会计账务处理如下：

借：累计盈余　　　　　　　　　　　　　　　　　　　　200 000
　　贷：以前年度盈余调整　　　　　　　　　　　　　　　200 000

（2）预算会计不涉及账务处理。

4. 使用专用基金购置固定资产、无形资产

【例7-7】　201×年某事业单位使用从预算收入中提取的专用基金购置固定资产300 000元，该款项通过银行存款支付，平行记账账务处理如下：

（1）财务会计账务处理如下：

借：固定资产　　　　　　　　　　　　　　　　　　　　300 000
　　贷：银行存款　　　　　　　　　　　　　　　　　　　300 000
借：专用基金　　　　　　　　　　　　　　　　　　　　300 000
　　贷：累计盈余　　　　　　　　　　　　　　　　　　　300 000

（2）预算会计账务处理如下：

借：事业支出　　　　　　　　　　　　　　　　　　　　300 000
　　贷：资金结存——货币资金　　　　　　　　　　　　　300 000

二、专用基金

"专用基金"科目仅事业单位使用，行政单位无此类业务。

（一）平行记账账务处理

1. 提取专用基金

具体账务处理如表7-11所示。

表 7-11　专用基金平行记账账务处理之一

情形	财务会计	预算会计
	事业单位	事业单位
①年末，按照规定从本年度非财政拨款结余或经营结余中提取专用基金的	借：本年盈余分配 　　贷：专用基金［按照预算会计下计算的提取金额］	借：非财政拨款结余分配 　　贷：专用结余
②根据规定从收入中提取专用基金并计入费用的	借：业务活动费用等 　　贷：专用基金［一般按照预算收入计算提取的金额］	—
③根据有关规定设置的其他专用基金	借：银行存款等 　　贷：专用基金	—

2. 按照规定使用专用基金时

具体账务处理如表 7-12 所示。

表 7-12　专用基金平行记账账务处理之二

情形	财务会计	预算会计
	事业单位	事业单位
	借：专用基金 　　贷：银行存款等 如果购置固定资产、无形资产的 借：固定资产/无形资产 　　贷：银行存款等 借：专用基金 　　贷：累计盈余	使用从收入中提取并列入费用的专用基金 借：事业支出等 　　贷：资金结存 使用从非财政拨款结余或经营结余中提取的专用基金 借：专用结余 　　贷：资金结存——货币资金

（二）事业单位平行记账业务举例

1. 提取专用基金

【例 7-8】　201×年某事业单位年末按照规定从本年度非财政拨款结余或经营结余中提取专用基金 100 000 元，平行记账账务处理如下：

（1）财务会计账务处理如下：

借：本年盈余分配　　　　　　　　　　　　　　　100 000
　　贷：专用基金　　　　　　　　　　　　　　　　　100 000

（2）预算会计账务处理如下：

借：非财政拨款结余分配　　　　　　　　　　　　100 000
　　贷：专用结余　　　　　　　　　　　　　　　　　100 000

【例 7-9】　201×年某事业单位按规定从收入中提取专用基金 300 000 元并计入费用，平行记账账务处理如下：

（1）财务会计账务处理如下：

借：业务活动费用　　　　　　　　　　　　　　　　300 000
　　贷：专用基金　　　　　　　　　　　　　　　　　　300 000
（2）预算会计不涉及账务处理。

【例7-10】　201×年某事业单位收到根据有关规定设置的其他专用基金200 000元，平行记账账务处理如下：

（1）财务会计账务处理如下：
借：银行存款　　　　　　　　　　　　　　　　　　200 000
　　贷：专用基金　　　　　　　　　　　　　　　　　　200 000
（2）预算会计不涉及账务处理。

2. 使用专用基金

【例7-11】　201×年某事业单位按照规定使用从非财政拨款结余中提取的专用基金50 000元，平行记账账务处理如下：

（1）财务会计账务处理如下：
借：专用基金　　　　　　　　　　　　　　　　　　50 000
　　贷：银行存款　　　　　　　　　　　　　　　　　　50 000
（2）预算会计账务处理如下：
借：专用结余　　　　　　　　　　　　　　　　　　50 000
　　贷：资金结存——货币资金　　　　　　　　　　　　50 000

【例7-12】　201×年某事业单位按照规定使用从非财政拨款结余中提取的专用基金购买专用设备一台，价值600 000元，平行记账账务处理如下：

（1）财务会计账务处理如下：
借：固定资产　　　　　　　　　　　　　　　　　　600 000
　　贷：银行存款　　　　　　　　　　　　　　　　　　600 000
借：专用基金　　　　　　　　　　　　　　　　　　600 000
　　贷：累计盈余　　　　　　　　　　　　　　　　　　600 000
（2）预算会计账务处理如下
借：事业支出　　　　　　　　　　　　　　　　　　600 000
　　贷：资金结存——货币资金　　　　　　　　　　　　600 000

三、权益法调整

"权益法"科目仅事业单位使用，行政单位无此类业务。

（一）平行记账账务处理

1. 资产负债表日被投资单位除净损益和利润分配以外的所有者权益具体账务处理如表7-13所示。

表 7-13　权益法调整平行记账账务处理之一

情形	财务会计	预算会计
	事业单位	事业单位
①按照被投资单位除净损益和利润分配以外的所有者权益变动的份额（增加）	借：长期股权投资——其他权益变动 　　贷：权益法调整	—
②按照被投资单位除净损益和利润分配以外的所有者权益变动的份额（减少）	借：权益法调整 　　贷：长期股权投资——其他权益变动	—

2. 长期股权投资处置时

具体账务处理如表 7-14 所示。

表 7-14　权益法调整平行记账账务处理之二

情形	财务会计	预算会计
	事业单位	事业单位
①权益法调整科目为借方余额	借：投资收益 　　贷：权益法调整［与所处置投资对应部分的金额］	—
②权益法调整科目为贷方余额	借：权益法调整［与所处置投资对应部分的金额］ 　　贷：投资收益	—

（二）事业单位平行记账业务举例

1. 资产负债表日被投资单位除净损益和利润分配以外的所有者权益

【例 7-13】　某事业单位按照被投资单位除净损益和利润分配以外的所有者权益变动取得增加份额 200 000 元，平行记账账务处理如下：

（1）财务会计账务处理如下：

借：长期股权投资——其他权益变动　　　　　　　　200 000
　　贷：权益法调整　　　　　　　　　　　　　　　　　　200 000

（2）预算会计不涉及账务处理。

2. 长期股权投资处置时

【例 7-14】　某事业单位在对长期股权投资处置时，与所处置投资对应部分的权益法调整科目借方余额为 50 000 元，平行记账账务处理如下：

（1）财务会计账务处理如下：

借：投资收益　　　　　　　　　　　　　　　　　　　50 000
　　贷：权益法调整　　　　　　　　　　　　　　　　　　　50 000

（2）预算会计不涉及账务处理。

四、本期盈余

（一）平行记账账务处理

1. 期末结转

具体账务处理如表 7-15 所示。

2. 年末结转

具体账务处理如表 7-16 所示。

表 7-15　本期盈余平行记账账务处理之一

情形	财务会计		预算会计	
	行政单位	事业单位	行政单位	事业单位
①结转收入	借：财政拨款收入 　　非同级财政拨款收入 　　捐赠收入 　　利息收入 　　租金收入 　　其他收入 　贷：本期盈余	借：财政拨款收入 　　事业收入 　　上级补助收入 　　附属单位上缴收入 　　经营收入 　　非同级财政拨款收入 　　投资收益 　　捐赠收入 　　利息收入 　　租金收入 　　其他收入 　贷：本期盈余 投资收益科目为发生额借方净额时，作相反会计分录	—	—
②结转费用	借：本期盈余 　贷：业务活动费用 　　资产处置费用 　　其他费用	借：本期盈余 　贷：业务活动费用 　　单位管理费用 　　经营费用 　　资产处置费用 　　上缴上级费用 　　对附属单位补助费用 　　所得税费用 　　其他费用	—	—

表 7-16　本期盈余平行记账账务处理之二

情形	财务会计		预算会计	
	行政单位	事业单位	行政单位	事业单位
①本期盈余科目为贷方余额时	借：本期盈余 　贷：本年盈余分配		—	

（续表）

情形	财务会计		预算会计	
	行政单位	事业单位	行政单位	事业单位
②本期盈余科目为借方余额时	借：本年盈余分配 贷：本期盈余		—	

（二）行政单位平行记账业务举例

1. 期末结转

【例7-15】 某行政单位期末账务结转，结转各项收入。平行记账账务处理如下：

（1）财务会计账务处理如下：

借：财政拨款收入　　　　　　　　　　　　　400 000
　　非同级财政拨款收入　　　　　　　　　　150 000
　　捐赠收入　　　　　　　　　　　　　　　150 000
　　利息收入　　　　　　　　　　　　　　　 34 000
　　租金收入　　　　　　　　　　　　　　　 39 000
　　其他收入　　　　　　　　　　　　　　　　1 000
　　贷：本期盈余　　　　　　　　　　　　　774 000

（2）预算会计不涉及账务处理。

【例7-16】 某行政单位期末账务结转，结转各项费用。平行记账账务处理如下：

（1）财务会计账务处理如下：

借：本期盈余　　　　　　　　　　　　　　 227 700
　　贷：业务活动费用　　　　　　　　　　　210 000
　　　　资产处置费用　　　　　　　　　　　 10 200
　　　　其他费用　　　　　　　　　　　　　　7 500

（2）预算会计不涉及账务处理。

【例7-17】 某行政单位年末账务结转，将本期盈余科目结转入本年盈余分配科目中。平行记账账务处理如下：

1）将本期盈余贷方余额转入：

（1）财务会计账务处理如下：

借：本期盈余　　　　　　　　　　　　　　 774 000
　　贷：本年盈余分配　　　　　　　　　　　774 000

（2）预算会计不涉及账务处理。

2）将本期盈余借方余额转入：

（1）财务会计账务处理如下：

借：本年盈余分配　　　　　　　　　　　　　　　　　　　227 700
　　贷：本期盈余　　　　　　　　　　　　　　　　　　　227 700

（2）预算会计不涉及账务处理。

（三）事业单位平行记账业务举例

1. 期末结转

【例7-18】　某事业单位期末账务结转，结转各项收入。平行记账账务处理如下：

（1）财务会计账务处理如下：

借：财政拨款收入　　　　　　　　　　　　　　　　　　400 000
　　事业收入　　　　　　　　　　　　　　　　　　　　200 000
　　上级补助收入　　　　　　　　　　　　　　　　　　150 000
　　附属单位上缴收入　　　　　　　　　　　　　　　　200 000
　　经营收入　　　　　　　　　　　　　　　　　　　　 10 000
　　非同级财政拨款收入　　　　　　　　　　　　　　　150 000
　　投资收益　　　　　　　　　　　　　　　　　　　　230 000
　　捐赠收入　　　　　　　　　　　　　　　　　　　　150 000
　　利息收入　　　　　　　　　　　　　　　　　　　　 34 000
　　租金收入　　　　　　　　　　　　　　　　　　　　 39 000
　　其他收入　　　　　　　　　　　　　　　　　　　　　1 000
　　贷：本期盈余　　　　　　　　　　　　　　　　　　1 564 000

在结转各项收入过程中，如果投资收益科目为发生额借方净额，作相反会计分录。

（2）预算会计不涉及账务处理。

【例7-19】　某事业单位期末账务结转，结转各项费用。平行记账账务处理如下：

（1）财务会计账务处理如下：

借：本期盈余　　　　　　　　　　　　　　　　　　　　591 750
　　贷：业务活动费用　　　　　　　　　　　　　　　　210 000
　　　　单位管理费用　　　　　　　　　　　　　　　　140 000
　　　　经营费用　　　　　　　　　　　　　　　　　　 56 000
　　　　资产处置费用　　　　　　　　　　　　　　　　 10 200
　　　　上缴上级费用　　　　　　　　　　　　　　　　 45 000
　　　　对附属单位补助费用　　　　　　　　　　　　　100 000
　　　　所得税费用　　　　　　　　　　　　　　　　　 23 050
　　　　其他费用　　　　　　　　　　　　　　　　　　　7 500

（2）预算会计不涉及账务处理。

2. 年末结转

【例7-20】 某事业单位年末账务结转，将本期盈余科目结转入本年盈余分配科目中。平行记账账务处理如下：

1）将本期盈余贷方余额转入：

（1）财务会计账务处理如下：

借：本期盈余　　　　　　　　　　　　　　　　1 564 000
　　贷：本年盈余分配　　　　　　　　　　　　　　　1 564 000

（2）预算会计不涉及账务处理。

2）将本期盈余借方余额转入：

（1）财务会计账务处理如下：

借：本年盈余分配　　　　　　　　　　　　　　　591 750
　　贷：本期盈余　　　　　　　　　　　　　　　　　591 750

（2）预算会计不涉及账务处理。

五、本年盈余分配

（一）平行记账账务处理

1. 年末，将本期盈余科目余额转入

具体账务处理如表7-17所示。

表7-17　本年盈余分配平行记账账务处理之一

情形	财务会计		预算会计	
	行政单位	事业单位	行政单位	事业单位
①本期盈余科目为贷方余额时	借：本期盈余 　　贷：本年盈余分配		—	
②本期盈余科目为借方余额时	借：本年盈余分配 　　贷：本期盈余		—	

2. 年末，按照有关规定提取专用基金

具体账务处理如表7-18所示。

表7-18　本年盈余分配平行记账账务处理之二

情形	财务会计	预算会计
	事业单位	事业单位
①按照预算会计下计算的提取金额	借：本年盈余分配 　　贷：专用基金	借：非财政拨款结余分配 　　贷：专用结余

第7章 净资产/预算结余业务

3. 年末，将本年盈余分配科目余额转入累计盈余

具体账务处理如表 7-19 所示。

表 7-19 本年盈余分配平行记账账务处理之三

情形	财务会计		预算会计	
	行政单位	事业单位	行政单位	事业单位
①本科目为贷方余额时	借：本年盈余分配 　　贷：累计盈余		—	
②本科目为借方余额时	借：累计盈余 　　贷：本年盈余分配		—	

（二）行政单位平行记账业务举例

1. 年末，将本期盈余科目余额转入

见［例 7-17］。

2. 年末，将本年盈余分配科目余额转入累计盈余

【例 7-21】 接［例 7-18］，某行政单位年末结账，将本年盈余分配的余额转入累计盈余科目中。平行记账账务处理如下：

本年盈余分配余额 = 774 000 − 227 700 = 546 300（元）

（1）财务会计账务处理如下：

借：本年盈余分配　　　　　　　　　　　　　　　　　546 300
　　贷：累计盈余　　　　　　　　　　　　　　　　　　　546 300

（2）预算会计不涉及账务处理。

（三）事业单位平行记账业务举例

1. 年末，将本期盈余科目余额转入

见［例 7-20］。

2. 年末，按照有关规定提取专用基金

【例 7-22】 某事业单位年末按照有关规定从非财政拨款结余提取专用基金 100 000 元。平行记账账务处理如下：

（1）财务会计账务处理如下：

借：本年盈余分配　　　　　　　　　　　　　　　　　100 000
　　贷：专用基金　　　　　　　　　　　　　　　　　　　100 000

（2）预算会计账务处理如下

借：非财政拨款结余分配　　　　　　　　　　　　　　100 000
　　贷：专用结余　　　　　　　　　　　　　　　　　　　100 000

3. 年末，将本年盈余分配科目余额转入累计盈余

【例 7-23】 接［例 7-20］，某事业单位年末结账，将本年盈余分配的余额转入累计盈余科目中。平行记账账务处理如下：

本年盈余分配余额 = 1 564 000 - 591 750 = 972 250（元）

（1）财务会计账务处理如下：

借：本年盈余分配　　　　　　　　　　　　　　　　972 250
　　　贷：累计盈余　　　　　　　　　　　　　　　　972 250

（2）预算会计不涉及账务处理。

六、无偿调拨净资产

（一）平行记账账务处理

1. 取得无偿调入的资产时

具体账务处理如表 7-20 所示。

表 7-20　无偿调拨净资产平行记账账务处理之一

情形	财务会计		预算会计	
	行政单位	事业单位	行政单位	事业单位
	借：库存物品/固定资产/无形资产/长期股权投资/公共基础设施/政府储备物资/保障性住房等 　　贷：无偿调拨净资产 　　　　零余额账户用款额度/银行存款等［发生的归属于调入方的相关费用］		借：其他支出［发生的归属于调入方的相关费用］ 　　贷：资金结存等	

2. 经批准无偿调出资产时

具体账务处理如表 7-21 所示。

表 7-21　无偿调拨净资产平行记账账务处理之二

情形	财务会计		预算会计	
	行政单位	事业单位	行政单位	事业单位
	借：无偿调拨净资产 　　　固定资产累计折旧/无形资产累计摊销/公共基础设施累计折旧（摊销）/保障性住房累计折旧 　　贷：库存物品/固定资产/无形资产/长期股权投资/公共基础设施/政府储备物资等［账面余额］ 借：资产处置费用 　　贷：银行存款/零余额账户用款额度等［发生的归属于调出方的相关费用］		借：其他支出［发生的归属于调出方的相关费用］ 　　贷：资金结存等	

第 7 章 净资产／预算结余业务

3. 年末，将本科目余额转入累计盈余

具体账务处理如表 7-22 所示。

表 7-22 无偿调拨净资产平行记账账务处理之三

情形	财务会计		预算会计	
	行政单位	事业单位	行政单位	事业单位
①科目余额在贷方时	借：无偿调拨净资产 　　贷：累计盈余		—	
②科目余额在借方时	借：累计盈余 　　贷：无偿调拨净资产		—	

（二）行政单位平行记账业务举例

【例 7-24】 某行政单位取得无偿调入的固定资产（公共基础设施）为 100 000 元，发生安装费用 10 000 元，经上级单位批准无偿调出固定资产（笔记本电脑 4 台）30 000 元，发生拆卸费 2 000 元，该资产已提取折旧 10 000 元，发生的相关费用均通过银行存款支付。平行记账账务处理如下：

（1）无偿调入固定资产：
①财务会计账务处理如下：
借：固定资产　　　　　　　　　　　　　　　110 000
　　贷：无偿调拨净资产　　　　　　　　　　　100 000
　　　　银行存款　　　　　　　　　　　　　　 10 000
②预算会计账务处理如下：
借：其他支出　　　　　　　　　　　　　　　 10 000
　　贷：资金结存——货币资金　　　　　　　　 10 000
（2）无偿调出固定资产：
①财务会计账务处理如下：
借：无偿调拨净资产　　　　　　　　　　　　 20 000
　　固定资产累计折旧　　　　　　　　　　　　 10 000
　　贷：固定资产　　　　　　　　　　　　　　 30 000
借：资产处置费用　　　　　　　　　　　　　 　2 000
　　贷：银行存款　　　　　　　　　　　　　　 　2 000
②预算会计账务处理如下：
借：其他支出　　　　　　　　　　　　　　　　 2 000
　　贷：资金结存　　　　　　　　　　　　　　　 2 000

【例 7-25】 某行政单位年末将无偿调拨净资产科目余额 20 000 元转入累计盈余科目，平行记账账务处理如下：

（1）无偿调拨净资产科目余额在贷方时：
①财务会计账务处理如下：
借：无偿调拨净资产　　　　　　　　　　　　　　　　20 000
　　贷：累计盈余　　　　　　　　　　　　　　　　　　　　20 000
②预算会计不涉及账务处理。
（2）无偿调拨净资产科目余额在借方时：
①财务会计账务处理如下：
借：累计盈余　　　　　　　　　　　　　　　　　　　20 000
　　贷：无偿调拨净资产　　　　　　　　　　　　　　　　　20 000
②预算会计不涉及账务处理。

（三）事业单位平行记账业务举例

【例7-26】 某事业单位取得无偿调入的固定资产（公共基础设施）为100 000元，发生安装费用10 000元，经上级单位批准无偿调出固定资产（笔记本电脑4台）30 000元，发生拆卸费2 000元，该资产已提取折旧10 000元，发生的相关费用均通过银行存款支付。平行记账账务处理如下：

（1）无偿调入固定资产：
①财务会计账务处理如下：
借：固定资产　　　　　　　　　　　　　　　　　　　110 000
　　贷：无偿调拨净资产　　　　　　　　　　　　　　　　100 000
　　　　银行存款　　　　　　　　　　　　　　　　　　　 10 000
②预算会计账务处理如下：
借：其他支出　　　　　　　　　　　　　　　　　　　 10 000
　　贷：资金结存——货币资金　　　　　　　　　　　　　 10 000
（2）无偿调出固定资产：
①财务会计账务处理如下：
借：无偿调拨净资产　　　　　　　　　　　　　　　　 20 000
　　固定资产累计折旧　　　　　　　　　　　　　　　　 10 000
　　贷：固定资产　　　　　　　　　　　　　　　　　　　 30 000
借：资产处置费用　　　　　　　　　　　　　　　　　　 2 000
　　贷：银行存款　　　　　　　　　　　　　　　　　　　　2 000
②预算会计账务处理如下：
借：其他支出　　　　　　　　　　　　　　　　　　　　 2 000
　　贷：资金结存　　　　　　　　　　　　　　　　　　　　2 000

【例7-27】 某事业单位年末将无偿调拨净资产科目余额20 000元转入累计盈余科目，平行记账账务处理如下：

（1）无偿调拨净资产科目余额在贷方时：
①财务会计账务处理如下：
借：无偿调拨净资产　　　　　　　　　　　　　　20 000
　　贷：累计盈余　　　　　　　　　　　　　　　　　20 000
②预算会计不涉及账务处理。
（2）无偿调拨净资产科目余额在借方时：
①财务会计账务处理如下：
借：累计盈余　　　　　　　　　　　　　　　　　　20 000
　　贷：无偿调拨净资产　　　　　　　　　　　　　　20 000
②预算会计不涉及账务处理。

七、以前年度盈余调整

（一）平行记账账务处理

1. 调整以前年度收入

具体账务处理如表 7-23 所示。

表 7-23　以前年度盈余调整平行记账账务处理之一

情形	财务会计		预算会计	
	行政单位	事业单位	行政单位	事业单位
①增加以前年度收入	借：有关资产或负债科目 　　贷：以前年度盈余调整		按照实际收到的金额 借：资金结存 　　贷：财政拨款结转/财政拨款结余/非财政拨款结转/非财政拨款结余（年初余额调整）	
②减少以前年度收入	借：以前年度盈余调整 　　贷：有关资产或负债科目		按照实际支付的金额 借：财政拨款结转/财政拨款结余/非财政拨款结转/非财政拨款结余（年初余额调整） 　　贷：资金结存	

2. 调整以前年度费用

具体账务处理如表 7-24 所示。

表 7-24　以前年度盈余调整平行记账账务处理之二

情形	财务会计		预算会计	
	行政单位	事业单位	行政单位	事业单位
①增加以前年度费用	借：以前年度盈余调整 　　贷：有关资产或负债科目		按照实际支付的金额 借：财政拨款结转/财政拨款结余/非财政拨款结转/非财政拨款结余（年初余额调整） 　　贷：资金结存	

(续表)

情形	财务会计		预算会计	
	行政单位	事业单位	行政单位	事业单位
②减少以前年度费用	借：有关资产或负债科目 贷：以前年度盈余调整		按照实际收到的金额 借：资金结存 贷：财政拨款结转/财政拨款结余/非财政拨款结转/非财政拨款结余（年初余额调整）	

3. **盘盈非流动资产**

具体账务处理如表 7-25 所示。

表 7-25　以前年度盈余调整平行记账账务处理之三

情形	财务会计		预算会计	
	行政单位	事业单位	行政单位	事业单位
①报经批准处理时	借：待处理财产损溢 贷：以前年度盈余调整		—	

4. **将本科目余额转入累计盈余**

具体账务处理如表 7-26 所示。

表 7-26　以前年度盈余调整平行记账账务处理之四

情形	财务会计		预算会计	
	行政单位	事业单位	行政单位	事业单位
①本科目为借方余额时	借：累计盈余 贷：以前年度盈余调整		—	
②本科目为贷方余额时	借：以前年度盈余调整 贷：累计盈余		—	

（二）行政单位平行记账业务举例

【例 7-28】　某行政单位 201× 年年中收到一笔属于以前年度的收入 200 000 元，并同时出现一笔退回以前年度的财政拨款结余收入 100 000 元的业务，平行记账账务处理如下：

（1）收到一笔属于以前年度的收入时：

①财务会计账务处理如下：

借：银行存款　　　　　　　　　　　　　　　　　　　　200 000
　　贷：以前年度盈余调整　　　　　　　　　　　　　　　　　　200 000

②预算会计账务处理如下：

借：资金结存——货币资金　　　　　　　　　　200 000
　　贷：非财政拨款结余——年初余额调整　　　　　　200 000
（2）退回以前年度的财政拨款结余收入时：
①财务会计账务处理如下：
借：以前年度盈余调整　　　　　　　　　　　　100 000
　　贷：银行存款　　　　　　　　　　　　　　　　100 000
②预算会计账务处理如下：
借：财政拨款结余——年初余额调整　　　　　　100 000
　　贷：资金结存——货币资金　　　　　　　　　　100 000

【例7-29】　某行政单位201×年年中确认了一笔以前年度发生的费用50 000元，并同时发生了一笔退回以前年度费用100 000元的业务，平行记账账务处理如下：

（1）确认了一笔以前年度发生的费用时：
①财务会计账务处理如下：
借：以前年度盈余调整　　　　　　　　　　　　50 000
　　贷：银行存款　　　　　　　　　　　　　　　　50 000
②预算会计账务处理如下：
借：非财政拨款结余——年初余额调整　　　　　50 000
　　贷：资金结存——货币资金　　　　　　　　　　50 000
（2）以前年度费用退回时：
①财务会计账务处理如下：
借：银行存款　　　　　　　　　　　　　　　　100 000
　　贷：以前年度盈余调整　　　　　　　　　　　　100 000
②预算会计账务处理如下：
借：资金结存——货币资金　　　　　　　　　　100 000
　　贷：非财政拨款结转——年初余额调整　　　　　100 000

【例7-30】　某行政单位201×年年末经过对各种资产的盘点后，出现非流动资产盘盈20 000元，在报经上级管理单位批准后处理时，平行记账账务处理如下：

（1）财务会计账务处理如下：
借：待处理财产损溢　　　　　　　　　　　　　20 000
　　贷：以前年度盈余调整　　　　　　　　　　　　20 000
（2）预算会计不涉及账务处理。

【例7-31】　某事业单位经上述［例7-28］至［例7-30］业务调整后，应将以前年度盈余调整科目的余额转入累计盈余，平行记账账务处理如下：

以前年度盈余调整借方发生额＝100 000＋50 000＝150 000（元）

以前年度盈余调整贷方发生额＝200 000＋100 000＋20 000＝320 000（元）

以前年度盈余调整贷方余额＝320 000－150 000＝170 000（元）

（1）财务会计账务处理如下：

借：累计盈余　　　　　　　　　　　　　　　　　　170 000
　　贷：以前年度盈余调整　　　　　　　　　　　　　　　170 000

（2）预算会计不涉及账务处理。

（三）事业单位平行记账业务举例

【例7-32】 某事业单位201×年有一笔属于上年度提供收入的退回，上年度确认收入10 000元，增值税1 700元，该笔业务涉及的支出（费用）为5 000元。该单位已在服务发生时确认了收入，但至今未收到款项。该单位已在上年度年末按5%计提了坏账准备。根据上述业务，平行记账账务处理如下：

1）提供收入退回时：

（1）财务会计账务处理如下：

借：以前年度盈余调整　　　　　　　　　　　　　　11 700
　　贷：应收账款　　　　　　　　　　　　　　　　　　10 000
　　　　应交增值税——应交税金（销项税）　　　　　　1 700

（2）预算会计账务处理如下：

借：非财政拨款结余——年初余额调整　　　　　　　10 000
　　贷：资金结存——货币资金　　　　　　　　　　　　10 000

2）该笔业务涉及的支出（费用）：

（1）财务会计账务处理如下：

借：业务活动费　　　　　　　　　　　　　　　　　5 000
　　贷：以前年度盈余调整　　　　　　　　　　　　　　5 000

（2）预算会计账务处理如下：

借：资金结存——货币资金　　　　　　　　　　　　5 000
　　贷：非财政拨款结余——年初余额调整　　　　　　　5 000

3）对于已计提的坏账准备：

坏账准备＝（10 000＋1 700）×5%＝585（元）

（1）财务会计账务处理如下：

借：坏账准备　　　　　　　　　　　　　　　　　　585
　　贷：以前年度盈余调整　　　　　　　　　　　　　　585

（2）预算会计不涉及账务处理。

4）该单位调减报告年度应交所得税金额：

应交所得税金额＝（10 000－5 000－11 700×5%）×25%＝1 103.75（元）

（1）财务会计账务处理如下：

借：其他应缴税费——单位应交所得税　　　　　1 103.75
　　贷：以前年度盈余调整　　　　　　　　　　　　　　1 103.75

（2）预算会计不涉及账务处理。

5）经上述调整后，应将"以前年度盈余调整"的余额转入累计盈余：

以前年度盈余调整＝10 000－5 000－585－1 103.75＝3 311.25（元）

（1）财务会计账务处理如下：

借：累计盈余　　　　　　　　　　　　　　　3 311.25
　　贷：以前年度盈余调整　　　　　　　　　　　　　　3 311.25

（2）预算会计不涉及账务处理。

第五节　预算结余平行记账

一、资金结存

（一）平行记账账务处理

1. 取得预算收入

具体账务处理如表 7-27 所示。

表 7-27　资金结存平行记账账务处理之一

情形	财务会计		预算会计	
	行政单位	事业单位	行政单位	事业单位
①财政授权支付方式下	借：零余额账户用款额度 　　贷：财政拨款收入		借：资金结存——零余额账户用款额度 　　贷：财政拨款预算收入	
②国库集中支付以外的其他支付方式下	借：银行存款 　　贷：财政拨款收入	借：银行存款 　　贷：财政拨款收入/事业收入/经营收入等	借：资金结存——货币资金 　　贷：财政拨款预算收入等	借：资金结存——货币资金 　　贷：财政拨款预算收入/事业预算收入/经营预算收入等

2. 从零余额账户提取现金

具体账务处理如表 7-28 所示。

表 7-28 资金结存平行记账账务处理之二

情形	财务会计		预算会计	
	行政单位	事业单位	行政单位	事业单位
①从零余额账户提取现金	借：库存现金 　贷：零余额账户用款额度		借：资金结存——货币资金 　贷：资金结存——零余额账户用款额度	

3. 发生预算支出时

具体账务处理如表 7-29 所示。

表 7-29 资金结存平行记账账务处理之三

情形	财务会计		预算会计	
	行政单位	事业单位	行政单位	事业单位
①财政授权支付方式下	借：业务活动费用/库存物品/固定资产等 　贷：零余额账户用款额度	借：业务活动费用/单位管理费用/库存物品/固定资产等 　贷：零余额账户用款额度	借：行政支出 　贷：资金结存——零余额账户用款额度	借：事业支出等 　贷：资金结存——零余额账户用款额度
②使用以前年度财政直接支付额度	借：业务活动费用/库存物品/固定资产等 　贷：财政应返还额度	借：业务活动费用/单位管理费用/库存物品/固定资产等 　贷：财政应返还额度	借：行政支出 　贷：资金结存——财政应返还额度	借：事业支出等 　贷：资金结存——财政应返还额度
③国库集中支付以外的其他方式下	借：业务活动费用/库存物品/固定资产等 　贷：银行存款/库存现金等	借：业务活动费用/单位管理费用/库存物品/固定资产等 　贷：银行存款/库存现金等	—	借：事业支出/经营支出等 　贷：资金结存——货币资金

4. 按照规定使用提取的专用基金

"专用基金"科目仅事业单位使用，行政单位无此类业务。

具体账务处理如表 7-30 所示。

第 7 章 净资产/预算结余业务

表 7-30 资金结存平行记账账务处理之四

情形	财务会计	预算会计
	事业单位	事业单位
①一般情况下	借：专用基金 　贷：银行存款等	使用从非财政拨款结余或经营结余中计提的专用基金 借：专用结余 　贷：资金结存——货币资金
②购买固定资产、无形资产等	借：固定资产／无形资产等 　贷：银行存款等 借：专用基金 　贷：累计盈余	使用从收入中计提并计入费用的专用基金 借：事业支出等 　贷：资金结存——货币资金

5. 预算结转结余调整

具体账务处理如表 7-31 所示。

表 7-31 资金结存平行记账账务处理之五

情形	财务会计		预算会计	
	行政单位	事业单位	行政单位	事业单位
①按照规定上缴财政拨款结转结余资金或注销财政拨款结转结余额度的	借：累计盈余 　贷：财政应返还额度／零余额账户用款额度／银行存款		借：财政拨款结转——归集上缴／财政拨款结余——归集上缴 　贷：资金结存——财政应返还额度／零余额账户用款额度／货币资金	
②按照规定缴回非财政拨款结转资金的	借：累计盈余 　贷：银行存款		借：非财政拨款结转——缴回资金 　贷：资金结存——货币资金	
③收到调入的财政拨款结转资金的	借：财政应返还额度／零余额账户用款额度／银行存款 　贷：累计盈余		借：资金结存——财政应返还额度／零余额账户用款额度／货币资金 　贷：财政拨款结转——归集调入	

6. 因购货退回、发生差错更正等退回国库直接支付、授权支付款项，或者收回货币资金的

具体账务处理如表 7-32 所示。

表 7-32 资金结存平行记账账务处理之六

情形	财务会计		预算会计	
	行政单位	事业单位	行政单位	事业单位
①财政授权支付方式下	借：财政拨款收入／零余额账户用款额度／银行存款等 　贷：业务活动费用／库存物品等		借：财政拨款预算收入／资金结存——零余额账户用款额度、货币资金 　贷：行政支出等	借：财政拨款预算收入／资金结存——零余额账户用款额度、货币资金 　贷：事业支出等

（续表）

情形	财务会计		预算会计	
	行政单位	事业单位	行政单位	事业单位
②属于以前年度的	借：财政应返还额度/零余额账户用款额度/银行存款等 贷：以前年度盈余调整		借：资金结存——财政应返还额度/零余额账户用款额度/货币资金 贷：财政拨款结转/财政拨款结余/非财政拨款结转/非财政拨款结余——年初余额调整	

7. 有企业所得税缴纳义务的事业单位实际缴纳企业所得税时

"所得税费用"科目仅适用于事业单位，行政单位不涉及此业务。

具体账务处理如表 7-33 所示。

表 7-33　资金结存平行记账账务处理之七

情形	财务会计	预算会计
	事业单位	事业单位
①有企业所得税缴纳义务的事业单位实际缴纳企业所得税时	借：其他应交税费——单位应交所得税 贷：银行存款等	借：非财政拨款结余——累计结余 贷：资金结存——货币资金

8. 年末确认未下达的财政用款额度

具体账务处理如表 7-34 所示。

表 7-34　资金结存平行记账账务处理之八

情形	财务会计		预算会计	
	行政单位	事业单位	行政单位	事业单位
①财政直接支付方式	借：财政应返还额度——财政直接支付 贷：财政拨款收入		借：资金结存——财政应返还额度 贷：财政拨款预算收入	
②财政授权支付方式	借：财政应返还额度——财政授权支付 贷：财政拨款收入			

9. 年末注销零余额账户用款额度

具体账务处理如表 7-35 所示。

表 7-35　资金结存平行记账账务处理之九

情形	财务会计		预算会计	
	行政单位	事业单位	行政单位	事业单位
	借：财政应返还额度——财政授权支付 贷：零余额账户用款额度		借：资金结存——财政应返还额度 贷：资金结存——零余额账户用款额度	

第7章 净资产/预算结余业务

10. 下年年初，恢复零余额账户用款额度或收到上年末未下达的零余额账户用款额度的

具体账务处理如表 7-36 所示。

表 7-36 资金结存平行记账账务处理之十

情形	财务会计		预算会计	
	行政单位	事业单位	行政单位	事业单位
	借：零余额账户用款额度 贷：财政应返还额度——财政授权支付		借：资金结存——零余额账户用款额度 贷：资金结存——财政应返还额度	

（二）行政单位平行记账业务举例

【例 7-33】 某行政单位 201× 年 2 月收到代理银行转来的《财政授权支付额度到账通知书》，通知书列示收到授权支付额度 500 000 元，收到财政部门拨付的项目经费 200 000 元，收到上级主管部门转入的科研项目经费 50 000 元。平行记账账务处理如下：

（1）财务会计账务处理如下：

借：零余额账户用款额度　　　　　　　　　　　500 000
　　银行存款　　　　　　　　　　　　　　　　200 000
　　贷：财政拨款收入　　　　　　　　　　　　　　500 000
　　　　财政拨款收入　　　　　　　　　　　　　　200 000

（2）预算会计账务处理如下：

借：资金结存——零余额用款额度　　　　　　　500 000
　　贷：财政拨款预算收入　　　　　　　　　　　　500 000
借：资金结存——货币资金　　　　　　　　　　200 000
　　贷：财政拨款预算收入　　　　　　　　　　　　200 000

【例 7-34】 某行政单位从零余额账户提取现金 100 元，用于购买办公用品。平行记账账务处理如下：

（1）从零余额账户提现时：

①财务会计账务处理如下：

借：货币资金　　　　　　　　　　　　　　　　100
　　贷：零余额账户用款额度　　　　　　　　　　　100

②预算会计账务处理如下：

借：资金结存——货币资金　　　　　　　　　　100
　　贷：资金结存——零余额用款额度　　　　　　　100

(2)购买办公用品:

①财务会计账务处理如下:

借:其他费用	100	
贷:货币资金		100

②预算会计账务处理如下:

借:行政支出	100	
贷:资金结存——货币资金		100

【例7-35】 某行政单位支付从事业务活动的职工个人薪酬150 000元,按照规定支付代扣代缴个人所得税3 200元,支付代扣代缴职工社会保险费4 800元,支付职工住房公积金52 000元;同时该单位购买办公用品3 500元。以上款项均采用财政授权方式支付。该单位还购入业务活动打印机一台,价值800元,通过银行存款方式支付。平行记账账务处理如下:

(1)支付职工薪酬时:

①财务会计账务处理如下:

借:业务活动费用	150 000	
其他应交税费——应交个人所得税	3 200	
应付职工薪酬——社会保险费	4 800	
——住房公积金	52 000	
贷:零余额账户用款额度		210 000

②预算会计账务处理如下:

借:行政支出	150 000	
行政支出	3 200	
行政支出	4 800	
行政支出	52 000	
贷:资金结存——零余额账户用款额度		210 000

(2)支付办公用品:

①财务会计账务处理如下:

借:业务活动费用	3 500	
贷:零余额账户用款额度		3 500

②预算会计账务处理如下:

借:行政支出	3 500	
贷:资金结存——零余额账户用款额度		3 500

（3）购买打印机：

①财务会计账务处理如下：

借：固定资产　　　　　　　　　　　　　　　　　2 800
　　贷：银行存款　　　　　　　　　　　　　　　　　　2 800

②预算会计账务处理如下：

借：行政支出　　　　　　　　　　　　　　　　　2 800
　　贷：资金结存——货币资金　　　　　　　　　　　　2 800

【例 7-36】　某行政单位使用以前年度财政直接支付额度支付管理部门职工社会保险费 20 000 元。平行记账账务处理如下：

（1）财务会计账务处理如下

借：业务活动费用　　　　　　　　　　　　　　　20 000
　　贷：财政应返还额度　　　　　　　　　　　　　　　20 000

（2）预算会计账务处理如下

借：行政支出　　　　　　　　　　　　　　　　　20 000
　　贷：资金结存——财政应返还额度　　　　　　　　　20 000

【例 7-37】　某行政单位 201× 年当年预算项目已完工，年末该项目预算资金结余为 30 000 元，按规定需上缴财政；年末按规定注销财政拨款结转资金额度 40 000 元，平行记账账务处理如下：

（1）上缴项目预算资金结余时：

①财务会计账务处理如下：

借：累计盈余　　　　　　　　　　　　　　　　　30 000
　　贷：零余额账户用款额度　　　　　　　　　　　　　30 000

②预算会计账务处理如下：

借：财政拨款结余——归集上缴　　　　　　　　　30 000
　　贷：资金结存——零余额账户用款额度　　　　　　　30 000

（2）年末注销财政拨款结转资金额度：

①财务会计账务处理如下：

借：累计盈余　　　　　　　　　　　　　　　　　40 000
　　贷：零余额账户用款额度　　　　　　　　　　　　　40 000

②预算会计账务处理如下：

借：财政拨款结转——归集上缴　　　　　　　　　40 000
　　贷：资金结存——零余额账户用款额度　　　　　　　40 000

【例 7-38】　某行政单位 201× 年收到上级主管部门拨入的科研项目经费 80 000 元，项目周期为两年。年度使用该项目资金 70 000 元，由于特殊原因，主管部门决定收回尚未使用的该项目资金10 000元。平行记账账务处理如下：

（1）收到拨入的科研项目经费：

①财务会计账务处理如下：

借：银行存款	80 000
贷：非同级财政拨款收入	80 000

②预算会计账务处理如下：

借：资金结存——货币资金	80 000
贷：非同级财政拨款预算收入	80 000

（2）使用项目资金：

①财务会计账务处理如下：

借：业务活动费用	70 000
贷：银行存款	70 000

②预算会计账务处理如下：

借：行政支出	70 000
贷：资金结存——货币资金	70 000

（3）收回项目剩余资金：

①财务会计账务处理如下：

借：累计盈余	10 000
贷：银行存款	10 000

②预算会计账务处理如下：

借：非财政拨款结转——缴回资金	10 000
贷：资金结存——货币资金	10 000

【例7-39】　201×年财政部门调整项目支出计划，某行政单位收到别的单位调出的项目资金40 000元。平行记账账务处理如下：

（1）财务会计账务处理如下：

借：零余额账户用款额度	40 000
贷：累计盈余	40 000

（2）预算会计账务处理如下：

借：资金结存——零余额账户用款额度	40 000
贷：财政拨款结转——归集调入	40 000

【例7-40】　某行政单位使用当年财政预算资金购买设备，由于质量问题，将此设备退回商家，商家退回设备款8 000元，假设该设备已计提折旧800元。经分析，此事项属于当年购货退回，平行记账账务处理如下：

（1）财务会计账务处理如下：

借：零余额账户用款额度 8 000
　　贷：固定资产 8 000
借：资产处置费用 7 200
　　固定资产累计折旧 800
　　贷：固定资产 8 000

（2）预算会计账务处理如下：
借：资金结存——零余额账户用款额度 8 000
　　贷：行政支出 8 000

如果是上年购入的设备，今年发现问题并退回，经分析，此事项属于以前年度支付的，平行记账账务处理如下：

（1）财务会计账务处理如下：
借：财政应返还额度 8 000
　　贷：固定资产 8 000
借：资产处置费用 7 200
　　固定资产累计折旧 800
　　贷：固定资产 8 000

（2）预算会计账务处理如下：
借：资金结存——财政应返回额度 8 000
　　贷：财政拨款结转 8 000

【例7-41】 201×年末，某行政单位本年度财政直接支付预算指标数为1 500 000元，当年财政直接支付实际支出数为1 450 000元，年末确认未下达的财政用款额度50 000元。平行记账账务处理如下：

（1）财务会计账务处理如下：
借：财政应返还额度——财政直接支付 50 000
　　贷：财政拨款收入 50 000

（2）预算会计账务处理如下：
借：资金结存——财政应返还额度 50 000
　　贷：财政拨款预算收入 50 000

【例7-42】 201×年年末，某行政单位本年度批复预算指标3 050 000元，本年度收到零余额用款额度3 000 000元，有50 000元的额度没有下达。平行记账账务处理如下：

（1）财务会计账务处理如下：
借：财政应返还额度——财政授权支付 50 000
　　贷：财政拨款收入 50 000

(2)预算会计账务处理如下:

借:资金结存——财政应返还额度　　　　　　　　　　50 000
　　贷:财政拨款预算收入　　　　　　　　　　　　　　50 000

下年年初,收到代理银行提供的额度恢复到账通知书,恢复该额度时:

(1)财务会计账务处理如下:

借:零余额账户用款额度　　　　　　　　　　　　　　50 000
　　贷:财政应返还额度——财政授权支付　　　　　　　50 000

(2)预算会计账务处理如下

借:资金结存——零余额账户用款额度　　　　　　　　50 000
　　贷:资金结存——财政应返还额度　　　　　　　　　50 000

(三)事业单位平行记账业务举例

【例7-43】 某事业单位201×年2月收到代理银行转来的《财政授权支付额度到账通知书》,通知书列示收到授权支付额度500 000元,收到财政部门拨付的项目经费200 000元,收到上级主管部门转入的科研项目经费50 000元,收到经营收入30 000元。平行记账账务处理如下:

(1)财务会计账务处理如下:

借:零余额账户用款额度　　　　　　　　　　　　　500 000
　　银行存款　　　　　　　　　　　　　　　　　　200 000
　　银行存款　　　　　　　　　　　　　　　　　　 50 000
　　银行存款　　　　　　　　　　　　　　　　　　 30 000
　　贷:财政拨款收入　　　　　　　　　　　　　　 500 000
　　　　财政拨款收入　　　　　　　　　　　　　　 200 000
　　　　事业收入　　　　　　　　　　　　　　　　 50 000
　　　　经营收入　　　　　　　　　　　　　　　　 30 000

(2)预算会计账务处理如下:

借:资金结存——零余额用款额度　　　　　　　　　500 000
　　贷:财政拨款预算收入　　　　　　　　　　　　 500 000
借:资金结存——货币资金　　　　　　　　　　　　200 000
　　贷:财政拨款预算收入　　　　　　　　　　　　 200 000
借:资金结存——货币资金　　　　　　　　　　　　 50 000
　　贷:事业预算收入　　　　　　　　　　　　　　 50 000
借:资金结存——货币资金　　　　　　　　　　　　 30 000
　　贷:经营预算收入　　　　　　　　　　　　　　 30 000

第 7 章 净资产 / 预算结余业务

【例 7-44】 某事业单位从零余额账户提取现金 100 元，用于支付电话费。平行记账账务处理如下：

（1）从零余额账户提现时：

①财务会计账务处理如下：

借：货币资金　　　　　　　　　　　　　　　　　　　100
　　贷：零余额账户用款额度　　　　　　　　　　　　　　100

②预算会计账务处理如下：

借：资金结存——货币资金　　　　　　　　　　　　　100
　　贷：资金结存——零余额用款额度　　　　　　　　　　100

（2）支付电话费：

①财务会计账务处理如下：

借：单位管理费用　　　　　　　　　　　　　　　　　100
　　贷：货币资金　　　　　　　　　　　　　　　　　　　100

②预算会计账务处理如下

借：事业支出　　　　　　　　　　　　　　　　　　　100
　　贷：资金结存——货币资金　　　　　　　　　　　　　100

【例 7-45】 某事业单位支付从事业务活动的职工薪酬 150 000 元，按照规定支付代扣代缴个人所得税 3 200 元，支付代扣代缴职工社会保险费 4 800 元，支付职工住房公积金 52 000 元；同时该单位购买管理用办公用品 3 500 元。以上款项均采用财政授权方式支付。该单位还购入经营用打印机一台，价值 2 800 元，通过银行存款方式支付。平行记账账务处理如下：

（1）支付职工薪酬时：

①财务会计账务处理如下：

借：业务活动费用　　　　　　　　　　　　　　　150 000
　　其他应交税费——应交个人所得税　　　　　　　　3 200
　　应付职工薪酬——社会保险费　　　　　　　　　　4 800
　　　　　　　　——住房公积金　　　　　　　　　　52 000
　　贷：零余额账户用款额度　　　　　　　　　　　　210 000

②预算会计账务处理如下：

借：事业支出　　　　　　　　　　　　　　　　　150 000
　　事业支出　　　　　　　　　　　　　　　　　　3 200
　　事业支出　　　　　　　　　　　　　　　　　　4 800
　　事业支出　　　　　　　　　　　　　　　　　52 000
　　贷：资金结存——零余额账户用款额度　　　　　　210 000

（2）支付办公用品：

①财务会计账务处理如下：

借：单位管理费用　　　　　　　　　　　　　　　3 500
　　贷：零余额账户用款额度　　　　　　　　　　　　3 500

②预算会计账务处理如下：

借：事业支出　　　　　　　　　　　　　　　　　3 500
　　贷：资金结存——零余额账户用款额度　　　　　3 500

（3）购买打印机：

①财务会计账务处理如下：

借：固定资产　　　　　　　　　　　　　　　　　2 800
　　贷：银行存款　　　　　　　　　　　　　　　　2 800

②预算会计账务处理如下：

借：事业支出　　　　　　　　　　　　　　　　　2 800
　　贷：资金结存——货币资金　　　　　　　　　　2 800

【例7-46】　某事业单位201×年当年预算项目已完工，年末该项目预算资金结余为30 000元，按规定需上缴财政；年末按规定注销财政拨款结转额度40 000元，平行记账账务处理如下：

（1）上缴项目预算资金结余时：

①财务会计账务处理如下：

借：累计盈余　　　　　　　　　　　　　　　　　30 000
　　贷：零余额账户用款额度　　　　　　　　　　　30 000

②预算会计账务处理如下：

借：财政拨款结余——归集上缴　　　　　　　　　30 000
　　贷：资金结存——零余额账户用款额度　　　　　30 000

（2）年末注销财政拨款结转资金额度：

①财务会计账务处理如下：

借：累计盈余　　　　　　　　　　　　　　　　　40 000
　　贷：财政应返还额度　　　　　　　　　　　　　40 000

②预算会计账务处理如下：

借：财政拨款结转——归集上缴　　　　　　　　　40 000
　　贷：资金结存——财政应还额度　　　　　　　　40 000

（3）下年初，实际缴纳时：

①财务会计账务处理如下：

借：财政应返还额度　　　　　　　　　　　　　　　　40 000
　　贷：零余额账户用款额度　　　　　　　　　　　　　　40 000
②预算会计账务处理如下：
借：资金结存——财政应还额度　　　　　　　　　　　40 000
　　贷：资金结存——零余额账户用款额度　　　　　　　40 000

【例 7-47】　某事业单位 201× 年收到上级主管部门拨入的科研项目经费 80 000 元，项目周期为两年。年度使用该项目资金 70 000 元。由于特殊原因，主管部门决定收回尚未使用的该项目资金 10 000 元。平行记账账务处理如下：

（1）收到拨入的科研项目经费：
①财务会计账务处理如下：
借：银行存款　　　　　　　　　　　　　　　　　　　80 000
　　贷：非同级财政拨款收入　　　　　　　　　　　　　80 000
②预算会计账务处理如下：
借：资金结存——货币资金　　　　　　　　　　　　　80 000
　　贷：非同级财政拨款预算收入　　　　　　　　　　　80 000
（2）使用项目资金：
①财务会计账务处理如下：
借：业务活动费用　　　　　　　　　　　　　　　　　70 000
　　贷：银行存款　　　　　　　　　　　　　　　　　　70 000
②预算会计账务处理如下：
借：事业支出　　　　　　　　　　　　　　　　　　　70 000
　　贷：资金结存——货币资金　　　　　　　　　　　　70 000
（3）收回项目剩余资金：
①财务会计账务处理如下：
借：累计盈余　　　　　　　　　　　　　　　　　　　10 000
　　贷：银行存款　　　　　　　　　　　　　　　　　　10 000
②预算会计账务处理如下：
借：非财政拨款结转——缴回资金　　　　　　　　　　10 000
　　贷：资金结存——货币资金　　　　　　　　　　　　10 000

【例 7-48】　201× 年财政部门调整项目支出计划，某事业单位收到别的单位调出的项目资金 40 000 元。平行记账账务处理如下：

（1）财务会计账务处理如下：
借：零余额账户用款额度　　　　　　　　　　　　　　40 000
　　贷：累计盈余　　　　　　　　　　　　　　　　　　40 000

(2) 预算会计账务处理如下：

借：资金结存——零余额账户用款额度　　　　　　　　40 000
　　贷：财政拨款结转——归集调入　　　　　　　　　　40 000

【例7-49】　某事业使用当年财政预算资金购买设备，由于质量问题，将此设备退回商家，商家退回设备款80 000元，假设设备已经折旧8 000元。经分析，此事项属于当年购货退回，平行记账账务处理如下：

(1) 财务会计账务处理如下：

借：零余额账户用款额度　　　　　　　　　　　　　　80 000
　　贷：业务活动费用　　　　　　　　　　　　　　　　80 000
借：资产处置费用　　　　　　　　　　　　　　　　　　72 000
　　固定资产累计折旧　　　　　　　　　　　　　　　　 8 000
　　贷：固定资产　　　　　　　　　　　　　　　　　　80 000

(2) 预算会计账务处理如下：

借：资金结存——零余额账户用款额度　　　　　　　　80 000
　　贷：事业支出　　　　　　　　　　　　　　　　　　80 000

如果是上年购入的设备，今年发现问题并退回，经分析，此事项属于以前年度支付的，平行记账账务处理如下：

(1) 财务会计账务处理如下：

借：财政应返还额度　　　　　　　　　　　　　　　　80 000
　　贷：以前年度盈余调整　　　　　　　　　　　　　　80 000
借：资产处置费用　　　　　　　　　　　　　　　　　　72 000
　　固定资产累计折旧　　　　　　　　　　　　　　　　 8 000
　　贷：固定资产　　　　　　　　　　　　　　　　　　80 000

(2) 预算会计账务处理如下：

借：资金结存——财政应返回额度　　　　　　　　　　80 000
　　贷：财政拨款结转　　　　　　　　　　　　　　　　80 000

【例7-50】　某事业单位201×年年末缴纳企业所得税48 000元，平行记账账务处理如下：

(1) 财务会计账务处理如下：

借：其他应交税费——单位应交所得税　　　　　　　　48 000
　　贷：银行存款　　　　　　　　　　　　　　　　　　48 000

(2) 预算会计账务处理如下：

借：非财政拨款结余——累计结余　　　　　　　　　　48 000
　　贷：资金结存——货币资金　　　　　　　　　　　　48 000

第 7 章　净资产/预算结余业务

【例 7-51】　201×年末，某事业单位本年度财政直接支付预算指标数为 10 500 000 元，当年财政直接支付实际支出数为 10 450 000 元，年末确认未下达的财政用款额度 50 000 元。平行记账账务处理如下：

（1）财务会计账务处理如下：

借：财政应返还额度——财政直接支付　　　　　　　　　50 000
　　贷：财政拨款收入　　　　　　　　　　　　　　　　　50 000

（2）预算会计账务处理如下：

借：资金结存——财政应返还额度　　　　　　　　　　　50 000
　　贷：财政拨款预算收入　　　　　　　　　　　　　　　50 000

【例 7-52】　201×年年末，某事业单位本年度批复预算指标 30 050 000 元，本年度收到零余额用款额度 30 000 000 元，有 50 000 元的额度没有下达。平行记账账务处理如下：

（1）财务会计账务处理如下：

借：财政应返还额度——财政授权支付　　　　　　　　　50 000
　　贷：财政拨款收入　　　　　　　　　　　　　　　　　50 000

（2）预算会计账务处理如下：

借：资金结存——财政应返还额度　　　　　　　　　　　50 000
　　贷：财政拨款预算收入　　　　　　　　　　　　　　　50 000

下年年初，收到代理银行提供的额度恢复到账通知书，恢复该额度时：

（1）财务会计账务处理如下：

借：零余额账户用款额度　　　　　　　　　　　　　　　50 000
　　贷：财政应返还额度——财政授权支付　　　　　　　　50 000

（2）预算会计账务处理如下：

借：资金结存——零余额账户用款额度　　　　　　　　　50 000
　　贷：资金结存——财政应返还额度　　　　　　　　　　50 000

二、财政拨款结转

（一）平行记账账务处理

1. 因会计差错更正、购货退回、预付款项收回等发生以前年度调整事项

具体账务处理如表 7-37 所示。

2. 从其他单位调入或调出财政拨款结转资金

具体账务处理如表 7-38 所示。

表 7-37 财政拨款结转平行记账账务处理之一

情形	财务会计		预算会计	
	行政单位	事业单位	行政单位	事业单位
①调整增加相关资产	借：零余额账户用款额度/银行存款等 　　贷：以前年度盈余调整		借：资金结存——零余额账户用款额度/货币资金等 　　贷：财政拨款结转——年初余额调整	
②因会计差错更正调整减少相关资产	借：以前年度盈余调整 　　贷：零余额账户用款额度/银行存款等		借：财政拨款结转——年初余额调整 　　贷：资金结存——零余额账户用款额度/货币资金等	

表 7-38 财政拨款结转平行记账账务处理之二

情形	财务会计		预算会计	
	行政单位	事业单位	行政单位	事业单位
①按照实际调增的额度数额或调入的资金数额	借：财政应返款额度/零余额账户用款额度/银行存款 　　贷：累计盈余		借：资金结存——财政应返还额度/零余额账户用款额度/货币资金 　　贷：财政拨款结转——归集调入	
②按照实际调减的额度数额或调减的资金数额	借：累计盈余 　　贷：财政应返还额度/零余额账户用款额度/银行存款		借：财政拨款结转——归集调出 　　贷：资金结存——财政应返还额度/零余额账户用款额度/货币资金	

3. 按照规定上缴财政拨款结转资金或注销财政拨款结转额度

具体账务处理如表 7-39 所示。

表 7-39 财政拨款结转平行记账账务处理之三

情形	财务会计		预算会计	
	行政单位	事业单位	行政单位	事业单位
	借：累计盈余 　　贷：财政应返还额度/零余额账户用款额度/银行存款		借：财政拨款结转——归集上缴 　　贷：资金结存——财政应返还额度/零余额账户用款额度/货币资金	

4. 单位内部调剂财政拨款结余资金

具体账务处理如表 7-40 所示。

第7章 净资产/预算结余业务

表 7-40　财政拨款结转平行记账账务处理之四

情形	财务会计		预算会计	
	行政单位	事业单位	行政单位	事业单位
	—		借：财政拨款结余——单位内部调剂 贷：财政拨款结转——单位内部调剂	

5. 年末结转

具体账务处理如表 7-41 所示。

表 7-41　财政拨款结转平行记账账务处理之五

情形	财务会计		预算会计	
	行政单位	事业单位	行政单位	事业单位
①结转财政拨款预算收入	—		借：财政拨款预算收入 　贷：财政拨款结转——本年收支结转	
②结转财政拨款预算支出	—		借：财政拨款结转——本年收支结转 　贷：行政支出[财政拨款支出部分]	借：财政拨款结转——本年收支结转 　贷：事业支出等[财政拨款支出部分]

6. 年末冲销本科目有关明细科目余额

具体账务处理如表 7-42 所示。

表 7-42　财政拨款结转平行记账账务处理之六

情形	财务会计		预算会计	
	行政单位	事业单位	行政单位	事业单位
	—		借：财政拨款结转——年初余额调整[该明细科目为贷方余额时]/归集调入/单位内部调剂/本年收支结转[该明细科目为贷方余额时] 　贷：财政拨款结转——累计结转 借：财政拨款结转——累计结转 　贷：财政拨款结转——归集上缴/年初余额调整[该明细科目为借方余额时]/归集调出/本年收支结转[该明细科目为借方余额时]	

7. 转入财政拨款结余

具体账务处理如表 7-43 所示。

表 7-43 财政拨款结转平行记账账务处理之七

情形	财务会计		预算会计	
	行政单位	事业单位	行政单位	事业单位
按照有关规定将符合财政拨款结余性质的项目余额转入财政拨款结余	—		借：财政拨款结转——累计结转 贷：财政拨款结余——结转转入	

（二）行政单位平行记账业务举例

【例 7-53】 某行政单位本年度财务检查发现以前年度支付给物业公司的保安服务费重复缴纳，物业公司退回财政资金 50 000 元。经分析，此事项属于会计差错收回以前年度资金，平行记账账务处理如下：

（1）财务会计账务处理如下：

借：零余额账户用款额度　　　　　　　　　　　　50 000
　　贷：以前年度盈余调整　　　　　　　　　　　　50 000

（2）预算会计账务处理如下：

借：资金结存——零余额账户用款额度　　　　　　50 000
　　贷：财政拨款结转——年初余额调整　　　　　　50 000

【例 7-54】 某行政单位以前年度购买实验材料一批，今年发现质量有问题，协商后将此设备退回商家，商家退回材料款 30 500 元。平行记账账务处理如下：

（1）财务会计账务处理如下：

借：零余额账户用款额度　　　　　　　　　　　　30 500
　　贷：以前年度盈余调整　　　　　　　　　　　　30 500

（2）预算会计账务处理如下：

借：资金结存——零余额账户用款额度　　　　　　30 500
　　贷：财政拨款结转——年初余额调整　　　　　　30 500

【例 7-55】 某行政单位某项目实施周期为 1 年，年度财政预算为 120 000 元，当年已使用预算资金 80 000 元，因实施计划调整，经财政部门批准将剩余资金拨付其他预算单位。平行记账账务处理如下：

（1）财务会计账务处理如下：

借：累计盈余　　　　　　　　　　　　　　　　　40 000
　　贷：零余额账户用款额度　　　　　　　　　　　40 000

（2）预算会计账务处理如下：

借：财政拨款结转——归集调出 40 000
　　贷：资金结存——零余额账户用款额度 40 000

【例 7-56】 201×年财政部门调整项目支出计划，某行政单位收到从别的单位调出的项目资金 40 000 元。平行记账账务处理如下：

（1）财务会计账务处理如下：

借：零余额账户用款额度 40 000
　　贷：累计盈余 40 000

（2）预算会计账务处理如下：

借：资金结存——零余额账户用款额度 40 000
　　贷：财政拨款结转——归集调入 40 000

【例 7-57】 某行政单位人工影响天气项目业务经费预算为 800 000 元，实施周期为 2 年，当年已使用预算资金 680 000 元，项目未完工，经批准将此结转资金上缴财政。平行记账账务处理如下：

（1）财务会计账务处理如下：

借：累计盈余 120 000
　　贷：零余额账户用款额度 120 000

（2）预算会计账务处理如下：

借：财政拨款结转——归集上缴 120 000
　　贷：资金结存——零余额账户用款额度 120 000

【例 7-58】 某行政单位 201×年年末预算会计收支如下：财政拨款预算收入为 200 000 元，行政支出（财政拨款支出部分）为 140 000 元，年底进行收支结转，平行记账账务处理如下：

（1）财务会计不涉及账务处理。

（2）预算会计账务处理如下：

借：财政拨款预算收入 200 000
　　贷：财政拨款结转——本年收支结转 200 000
借：财政拨款结转——本年收支结转 140 000
　　贷：行政支出 140 000

【例 7-59】 某行政单位 201×年年末冲销财政拨款结转有关明细科目的余额。

借方余额如下：

财政拨款结转——年初余额调整 31 000 元
　　　　　　　——单位内部调剂 200 000 元

贷方余额如下：

  财政拨款结转——归集调入   620 000 元

      ——本年收支结转   405 000 元

年末进行明细科目结转，平行记账账务处理如下：

（1）财务会计不涉及账务处理。

（2）预算会计账务处理如下：

借：财政拨款结转——归集调入   620 000

     ——本年收支结转   405 000

 贷：财政拨款结转——累计结转   1 025 000

借：财政拨款结转——累计结转   231 000

 贷：财政拨款结转——年初余额调整   31 000

     ——单位内部调剂   200 000

【例7-60】　某行政单位201×年年底"财政拨款结转——累计结转"中有以下情况：

（1）A项目实施周期内，连续两年未用完的预算资金为450 000元；

（2）当年批复的部门机动经费中有203 000元未使用完毕。

平行记账账务处理如下：

（1）财务会计不涉及账务处理。

（2）预算会计账务处理如下：

借：财政拨款结转——累计结转   450 000

     ——累计结转   203 000

 贷：财政拨款结余——结转转入   653 000

（三）事业单位平行记账业务举例

【例7-61】　某实验单位本年度财务检查发现以前年度支付给物业公司的保洁服务费重复缴纳，物业公司退回财政资金48 000元。经分析，此事项属于会计差错收回以前年度资金，平行记账账务处理如下：

（1）财务会计账务处理如下：

借：零余额账户用款额度   48 000

 贷：以前年度盈余调整   48 000

（2）预算会计账务处理如下：

借：资金结存——零余额账户用款额度   48 000

 贷：财政拨款结转——年初余额调整   48 000

【例7-62】　某事业单位以前年度购买实验试剂一批，今年发现质量有

第7章 净资产/预算结余业务

问题，协商后将此批实验试剂退回商家，商家退回款项 83 500 元。平行记账账务处理如下：

（1）财务会计账务处理如下：

借：零余额账户用款额度　　　　　　　　　　　　83 500
　　贷：以前年度盈余调整　　　　　　　　　　　　83 500

（2）预算会计账务处理如下：

借：资金结存——零余额账户用款额度　　　　　　83 500
　　贷：财政拨款结转——年初余额调整　　　　　　83 500

【例 7-63】　某事业单位某项目实施周期为 1 年，年度财政预算为 420 000 元，当年已使用预算资金 400 000 元，因实施计划调整，经财政部门批准将剩余资金拨付其他预算单位。平行记账账务处理如下：

（1）财务会计账务处理如下：

借：累计盈余　　　　　　　　　　　　　　　　　20 000
　　贷：零余额账户用款额度　　　　　　　　　　　20 000

（2）预算会计账务处理如下：

借：财政拨款结转——归集调出　　　　　　　　　20 000
　　贷：资金结存——零余额账户用款额度　　　　　20 000

【例 7-64】　201× 年财政部门调整项目支出计划，某事业单位收到从别的单位调出的项目资金 400 000 元。平行记账账务处理如下：

（1）财务会计账务处理如下：

借：零余额账户用款额度　　　　　　　　　　　　400 000
　　贷：累计盈余　　　　　　　　　　　　　　　　400 000

（2）预算会计账务处理如下：

借：资金结存——零余额账户用款额度　　　　　　400 000
　　贷：财政拨款结转——归集调入　　　　　　　　400 000

【例 7-65】　某事业单位 A 项目预算 120 000 元，实施周期为 2 年，当年已使用预算资金 90 000 元，项目未完工，经批准将此结转资金上缴财政。平行记账账务处理如下：

（1）财务会计账务处理如下：

借：累计盈余　　　　　　　　　　　　　　　　　30 000
　　贷：零余额账户用款额度　　　　　　　　　　　30 000

（2）预算会计账务处理如下：

借：财政拨款结转——归集上缴　　　　　　　　　30 000
　　贷：资金结存——零余额账户用款额度　　　　　30 000

【例7-66】 某事业单位201×年年末预算会计收支如下：财政拨款预算收入为200 000元，事业支出（财政拨款支出部分）为140 000元，年底进行收支结转，平行记账账务处理如下：

（1）财务会计不涉及账务处理。

（2）预算会计账务处理如下：

借：财政拨款预算收入　　　　　　　　　　　　　　200 000
　　贷：财政拨款结转——本年收支结转　　　　　　　　200 000
借：财政拨款结转——本年收支结转　　　　　　　　140 000
　　贷：事业支出　　　　　　　　　　　　　　　　　140 000

【例7-67】 某事业单位201×年年末冲销财政拨款结转有关明细科目的余额。

借方余额如下：

财政拨款结转——年初余额调整　　　　　　　　　　31 000元
　　　　　　——单位内部调剂　　　　　　　　　　200 000元

贷方余额如下：

财政拨款结转——归集调入　　　　　　　　　　　　620 000元
　　　　　　——本年收支结转　　　　　　　　　　405 000元

年末进行明细科目结转，平行记账账务处理如下：

（1）财务会计不涉及账务处理。

（2）预算会计账务处理如下：

借：财政拨款结转——归集调入　　　　　　　　　　620 000
　　　　　　　——本年收支结转　　　　　　　　　405 000
　　贷：财政拨款结转——累计结转　　　　　　　　1 025 000
借：财政拨款结转——累计结转　　　　　　　　　　231 000
　　贷：财政拨款结转——年初余额调整　　　　　　　31 000
　　　　　　　　——单位内部调剂　　　　　　　　200 000

【例7-68】 某事业单位201×年年底"财政拨款结转——累计结转"中有以下情况：

（1）A项目实施周期内，连续2年未用完的预算资金为450 000元；

（2）当年批复的部门机动经费中有203 000元未使用完毕。

平行记账账务处理如下：

（1）财务会计不涉及账务处理。

（2）预算会计账务处理如下：

第7章 净资产/预算结余业务

借：财政拨款结转——累计结转　　　　　　　　　　450 000
　　　　　　　　——累计结转　　　　　　　　　　203 000
　　贷：财政拨款结余——结转转入　　　　　　　　653 000

三、财政拨款结余

（一）平行记账账务处理

1. 因购货退回、会计差错更正等发生以前年度调整事项

具体账务处理如表 7-44 所示。

表 7-44　财政拨款结余平行记账账务处理之一

情形	财务会计		预算会计	
	行政单位	事业单位	行政单位	事业单位
①调整增加相关资产	借：零余额账户用款额度/银行存款等 　贷：以前年度盈余调整		借：资金结存——零余额账户用款额度/货币资金等 　贷：财政拨款结余——年初余额调整	
②因会计差错更正调整减少相关资产	借：以前年度盈余调整 　贷：零余额账户用款额度/银行存款等		借：财政拨款结余——年初余额调整 　贷：资金结存——零余额账户用款额度/货币资金等	

2. 按照规定上缴财政拨款结余资金或注销财政拨款结余额度

具体账务处理如表 7-45 所示。

表 7-45　财政拨款结余平行记账账务处理之二

情形	财务会计		预算会计	
	行政单位	事业单位	行政单位	事业单位
①按照实际上缴资金数额或注销的资金额度	借：累计盈余 　贷：财政应返还额度/零余额账户用款额度/银行存款		借：财政拨款结余——归集上缴 　贷：资金结存——财政应返还额度/零余额账户用款额度/货币资金	

3. 单位内部调剂财政拨款结余资金

具体账务处理如表 7-46 所示。

表 7-46 财政拨款结余平行记账账务处理之三

情形	财务会计		预算会计	
	行政单位	事业单位	行政单位	事业单位
	—		借：财政拨款结余——单位内部调剂 贷：财政拨款结转——单位内部调剂	

4. 年末，转入财政拨款结余

具体账务处理如表 7-47 所示。

表 7-47 财政拨款结余平行记账账务处理之四

情形	财务会计		预算会计	
	行政单位	事业单位	行政单位	事业单位
①按照有关规定将符合财政拨款结余性质的项目余额转入财政拨款结余	—		借：财政拨款结转——累计结转 贷：财政拨款结余——结转转入	

5. 年末冲销本科目有关明细科目余额

具体账务处理如表 7-48 所示。

表 7-48 财政拨款结余平行记账账务处理之五

情形	财务会计		预算会计	
	行政单位	事业单位	行政单位	事业单位
	—		借：财政拨款结余——年初余额调整［该明细科目为贷方余额时］ 　　贷：财政拨款结余——累计结转 借：财政拨款结余——累计结转 　　贷：财政拨款结余——年初余额调整［该明细科目为借方余额时］ 　　　　——归集上缴 　　　　——单位内部调剂 借：财政拨款结余——结转转入 　　贷：财政拨款结余——累计结转	

（二）行政单位平行记账业务举例

【例 7-69】 某行政单位 201× 年年底审计发现，以前年度发生的春游费用 20 900 元列支行政支出，违反中央文件要求，故要求相关人员退回资金，并退至零余额账户，平行记账账务处理如下：

（1）财务会计账务处理如下：

借：零余额账户用款额度　　　　　　　　　　　　　　20 900
　　贷：以前年度盈余调整　　　　　　　　　　　　　　20 900

（2）预算会计账务处理如下：

借：资金结存——零余额账户用款额度　　　　　　　　20 900
　　贷：财政拨款结余——年初余额调整　　　　　　　　20 900

【例 7-70】　某行政单位 2 年前对办公楼实行整修，当年申请项目资金 100 000 元，该项目周期为 2 年，已于 201×年年底完工，剩余项目资金为 4 000 元，经批准上缴财政，平行记账账务处理如下：

（1）财务会计账务处理如下：

借：累计盈余　　　　　　　　　　　　　　　　　　　　4 000
　　贷：财政应返还额度　　　　　　　　　　　　　　　　4 000

（2）预算会计账务处理如下：

借：财政拨款结余——归集上缴　　　　　　　　　　　　4 000
　　贷：资金结存——财政应返还额度　　　　　　　　　　4 000

【例 7-71】　某行政单位 201×年完成卫星项目的建设，剩余资金为 45 000 元，经批准调剂至山洪项目继续使用，平行记账账务处理如下：

（1）财务会计不涉及账务处理。

（2）预算会计账务处理如下：

借：财政拨款结余——单位内部调剂　　　　　　　　　　45 000
　　贷：财政拨款结转——单位内部调剂　　　　　　　　　45 000

【例 7-72】　某行政单位 201×年年末财政拨款结转资金中有以下情况：

（1）资金检查项目提前完成，剩余项目资金 80 000 元；

（2）监测预警项目因为可研报告不充足，计划进行调整，闲置资金 100 000 元。

平行记账账务处理如下：

（1）财务会计不涉及账务处理。

（2）预算会计账务处理如下：

借：财政拨款结转——累计结转　　　　　　　　　　　　80 000
　　　　　　　　　——累计结转　　　　　　　　　　　100 000
　　贷：财政拨款结余——结转转入　　　　　　　　　　180 000

【例 7-73】　某行政单位 201×年年底财政拨款结余明细科目余额为：

借：财政拨款结余——年初余额调整 　　　　　　　31 000
　　　　　　　——单位内部调剂 　　　　　　　　　24 000
　　　　　　　——归集上缴 　　　　　　　　　　106 000
　　贷：财政拨款结余——结转转入 　　　　　　　　320 000

平行记账账务处理如下：

（1）财务会计不涉及账务处理。

（2）预算会计账务处理如下：

借：财政拨款结余——结转转入 　　　　　　　　　320 000
　　贷：财政拨款结余——累计结余 　　　　　　　　320 000
借：财政拨款结余——累计结余 　　　　　　　　　161 000
　　贷：财政拨款结余——年初余额调整 　　　　　　31 000
　　　　　　　　　　——单位内部调剂 　　　　　　24 000
　　　　　　　　　　——归集上缴 　　　　　　　106 000

（三）事业单位平行记账业务举例

【例7-74】 某事业单位201×年年底审计发现，以前年度发生的春游费用40 900元列支事业费，违反中央文件要求，故要求相关人员退回资金，并退至零余额账户，平行记账账务处理如下：

（1）财务会计账务处理如下：

借：零余额账户用款额度 　　　　　　　　　　　　40 900
　　贷：以前年度盈余调整 　　　　　　　　　　　　40 900

（2）预算会计账务处理如下：

借：资金结存——零余额账户用款额度 　　　　　　40 900
　　贷：财政拨款结余——年初余额调整 　　　　　　40 900

【例7-75】 某事业单位两年前对实验室进行维修改造，当年申请项目资金500 000元，该项目周期为2年，已于201×年年底完工，剩余项目资金为40 000元，经批准上缴财政，平行记账账务处理如下：

（1）财务会计账务处理如下：

借：累计盈余 　　　　　　　　　　　　　　　　　　40 000
　　贷：财政应返还额度 　　　　　　　　　　　　　40 000

（2）预算会计账务处理如下

借：财政拨款结余——归集上缴 　　　　　　　　　40 000
　　贷：资金结存——财政应返还额度 　　　　　　　40 000

【例7-76】 某事业单位201×年完成雷达项目的建设，剩余资金为95 000元，经批准调剂至海洋项目继续使用，平行记账账务处理如下：

（1）财务会计不涉及账务处理。

（2）预算会计账务处理如下：

借：财政拨款结余——单位内部调剂　　　　　　　　　　95 000
　　贷：财政拨款结转——单位内部调剂　　　　　　　　　　95 000

【例7-77】　某事业单位201X年年末财政拨款结转资金中有以下情况：

（1）长江黄金水道及近海航运交通气象服务系统建设项目提前完成，剩余资金160 000元；

（2）温室气体项目因为可研报告不充足，计划进行调整，闲置资金82 000元。

平行记账账务处理如下：

（1）财务会计不涉及账务处理。

（2）预算会计账务处理如下：

借：财政拨款结转——累计结转　　　　　　　　　　　　160 000
　　　　　　　　——累计结转　　　　　　　　　　　　　82 000
　　贷：财政拨款结余——结转转入　　　　　　　　　　　242 000

【例7-78】　某事业单位201X年年底财政拨款结余明细科目余额为：

借：财政拨款结余——年初余额调整　　　　　　　　　　31 000
　　　　　　　　——单位内部调剂　　　　　　　　　　　24 000
　　　　　　　　——归集上缴　　　　　　　　　　　　106 000
　　贷：财政拨款结余——结转转入　　　　　　　　　　　320 000

平行记账账务处理如下：

（1）财务会计不涉及账务处理。

（2）预算会计账务处理如下：

借：财政拨款结余——结转转入　　　　　　　　　　　　320 000
　　贷：财政拨款结余——累计结余　　　　　　　　　　　320 000
借：财政拨款结余——累计结余　　　　　　　　　　　　161 000
　　贷：财政拨款结余——年初余额调整　　　　　　　　　31 000
　　　　　　　　　——单位内部调剂　　　　　　　　　　24 000
　　　　　　　　　——归集上缴　　　　　　　　　　　106 000

四、非财政拨款结转

（一）平行记账账务处理

1. 按照规定从科研项目预算收入中提取项目管理费或间接费

"单位管理费用"科目仅事业单位使用，行政单位无此类业务。

具体账务处理如表 7-49 所示。

表 7-49　非财政拨款结转平行记账账务处理之一

情形	财务会计	预算会计
	事业单位	事业单位
①按照规定从科研项目预算收入中提取项目管理费或间接费	借：单位管理费用 　贷：预提费用——项目间接费用或管理费	借：非财政拨款结转——项目间接费用或管理费 　贷：非财政拨款结余——项目间接费用或管理费

2. 因购货退回、会计差错更正等发生以前年度调整事项

具体账务处理如表 7-50 所示。

表 7-50　非财政拨款结转平行记账账务处理之二

情形	财务会计		预算会计	
	行政单位	事业单位	行政单位	事业单位
①调整增加相关资产	借：银行存款等 　贷：以前年度盈余调整		借：资金结存——货币资金 　贷：非财政拨款结转——年初余额调整	
②调整减少相关资产	借：以前年度盈余调整 　贷：银行存款等		借：非财政拨款结转——年初余额调整 　贷：资金结存——货币资金	

3. 按照规定缴回非财政拨款结转资金

具体账务处理如表 7-51 所示。

表 7-51　非财政拨款结转平行记账账务处理之三

情形	财务会计		预算会计	
	行政单位	事业单位	行政单位	事业单位
①按照规定缴回非财政拨款结转资金	借：累计盈余 　贷：银行存款等		借：非财政拨款结转——缴回资金 　贷：资金结存——货币资金	

4. 年末结转

具体账务处理如表 7-52 所示。

第7章 净资产/预算结余业务

表 7-52 非财政拨款结转平行记账账务处理之四

情形	财务会计		预算会计	
	行政单位	事业单位	行政单位	事业单位
①结转非财政拨款专项收入	—		借：非同级财政拨款预算收入/其他预算收入 　　贷：非财政拨款结转——本年收支结转	借：事业预算收入/上级补助预算收入/附属单位上缴预算收入/非同级财政拨款预算收入/债务预算收入/其他预算收入 　　贷：非财政拨款结转——本年收支结转
②结转非财政拨款专项支出				

5. 年末冲销本科目相关明细科目金额

具体账务处理如表 7-53 所示。

表 7-53 非财政拨款结转平行记账账务处理之五

情形	财务会计		预算会计	
	行政单位	事业单位	行政单位	事业单位
	—	借：非财政拨款结转——年初余额调整［该明细科目为贷方余额时］ 　　　　　　——本年收支结转［该明细科目为贷方余额时］ 　　贷：非财政拨款结转——累计结转 借：非财政拨款结转——累计结转 　　贷：非财政拨款结转——年初余额调整［该明细科目为借方余额时］ 　　　　　　——缴回资金 　　　　　　——本年收支结转［该明细科目为借方余额时］	借：非财政拨款结转——年初余额调整［该明细科目为贷方余额时］ 　　　　　　——本年收支结转［该明细科目为贷方余额时］ 　　贷：非财政拨款结转——累计结转 借：非财政拨款结转——累计结转 　　贷：非财政拨款结转——年初余额调整［该明细科目为借方余额时］ 　　　　　　——缴回资金 　　　　　　——项目间接费用或管理费 　　　　　　——本年收支结转［该明细科目为借方余额时］

（二）行政单位平行记账业务举例

【例 7-79】 某行政单位 201× 年财务检查发现，上年使用科研项目资金支付劳务 2 200 元，该事项劳务费单据上列明的金额为 2 400 元，该项目尚未完工，对上述会计差错进行分析后，需支付资金 200 元。平行记账账务处理如下：

（1）财务会计账务处理如下：

借：以前年度盈余调整　　　　　　　　　　　　200
　　贷：库存现金　　　　　　　　　　　　　　　　200

（2）预算会计账务处理如下：

借：非财政拨款结转——年初余额调整　　　　　200
　　贷：资金结存——货币资金　　　　　　　　　　200

【例 7-80】 某行政单位 201× 年内部审计发现上年度单位利用虚假发票套取项目资金 40 000 元，该项目尚未完工，内部审计机构要求追回相关资金。对上述会计差错进行分析后，确认该会计差错属于有意为之，已经向相关责任人追回相关资金，平行记账账务处理如下：

（1）财务会计账务处理如下：

借：累计盈余　　　　　　　　　　　　　　40 000
　　贷：银行存款　　　　　　　　　　　　　　40 000

（2）预算会计账务处理如下：

借：资金结存——货币资金　　　　　　　　40 000
　　贷：非财政拨款结转——年初余额调整　　　40 000

【例 7-81】 某行政单位 201× 年年底收入类贷方余额如下：

非同级财政拨款预算收入　　　　　802 000 元
其他预算收入　　　　　　　　　　　34 000 元

支出类（非财政拨款资金）借方余额如下：

行政支出　　　　　　　　　　　　204 000 元
其他支出　　　　　　　　　　　　　76 000 元

年底进行结转，平行记账账务处理如下：

（1）财务会计不涉及账务处理。

（2）预算会计账务处理如下：

借：非财政拨款结转——本年收支结转　　　836 000
　　贷：非同级财政拨款预算收入　　　　　　802 000
　　　　其他预算收入　　　　　　　　　　　34 000

借：行政支出 204 000
  其他支出 76 000
  贷：非财政拨款结转——本年收支结转 280 000

【例 7-82】 某行政单位非财政拨款专项预算收入为 150 000 元，当年支出 132 000 元，该项目已完工，年末收支结转后，该项目非财政补助结转科目贷方余额为 18 000 元，经批准留归本单位使用。平行记账账务处理如下：

（1）财务会计不涉及账务处理。

（2）预算会计账务处理如下：

借：非财政拨款结转——累计结转 18 000
  贷：非财政拨款结余——结转转入 18 000

（三）事业单位平行记账业务举例

【例 7-83】 某事业单位科研项目预算收入为 100 000 元，单位根据《关于进一步完善中央财政科研项目资金管理等政策的若干意见》中办发〔2016〕50 号文件精神，从科研项目预算收入中提取项目管理费、间接费共计 20 000 元，平行记账账务处理如下：

（1）财务会计账务处理如下：

借：单位管理费用 20 000
  贷：预提费用——项目间接费用或管理费 20 000

（2）预算会计账务处理如下：

借：非财政拨款结转——项目间接费用或管理费 20 000
  贷：非财政拨款结余——项目间接费用或管理费 20 000

【例 7-84】 某事业单位 201X 年财务检查发现，上年使用科研项目资金支付劳务 2 200 元，该事项劳务费单据上列明的金额为 2 400 元，该项目尚未完工，对上述会计差错进行分析后，需支付资金 200 元。平行记账账务处理如下：

（1）财务会计账务处理如下：

借：以前年度盈余调整 200
  贷：库存现金 200

（2）预算会计账务处理如下：

借：非财政拨款结转——年初余额调整 200
  贷：资金结存——货币资金 200

【例 7-85】 某事业单位 201× 年内部审计发现上年度单位利用虚假发票套取科研项目资金 50 000 元，该项目尚未完工，内部审计机构要求追回相关资金。对上述会计差错进行分析后，确认该会计差错属于有意为之，已经向相关责任人追回相关资金，平行记账账务处理如下：

（1）财务会计账务处理如下：

借：累计盈余　　　　　　　　　　　　　　　　　50 000
　　贷：银行存款　　　　　　　　　　　　　　　　　50 000

（2）预算会计账务处理如下：

借：资金结存——货币资金　　　　　　　　　　　50 000
　　贷：非财政拨款结转——年初余额调整　　　　　50 000

【例 7-86】 某事业单位 201× 年年底收入类贷方余额如下：

事业预算收入　　　　　　　　　　　　　　802 000 元
上级补助收入　　　　　　　　　　　　　　120 000 元
附属单位上缴预算收入　　　　　　　　　　50 000 元
其他预算收入　　　　　　　　　　　　　　34 000 元

支出类（非财政拨款资金）借方余额如下：

事业支出　　　　　　　　　　　　　　　　204 000 元
其他支出　　　　　　　　　　　　　　　　76 000 元

年底进行结转，平行记账账务处理如下：

（1）财务会计不涉及账务处理。

（2）预算会计账务处理如下：

借：非财政拨款结转——本年收支结转　　　　　1 006 000
　　贷：事业预算收入　　　　　　　　　　　　　　802 000
　　　　上级补助收入　　　　　　　　　　　　　　120 000
　　　　附属单位上缴预算收入　　　　　　　　　　50 000
　　　　其他预算收入　　　　　　　　　　　　　　34 000

借：事业支出　　　　　　　　　　　　　　　　　204 000
　　其他支出　　　　　　　　　　　　　　　　　76 000
　　贷：非财政拨款结转——本年收支结转　　　　　280 000

【例 7-87】 某事业单位非财政拨款专项预算收入为 150 000 元，当年支出 132 000 元，该项目已完工，年末收支结转后，该项目非财政补助结转科目贷方余额为 18 000 元，经批准留归本单位使用。平行记账账务处理如下：

（1）财务会计不涉及账务处理。

（2）预算会计账务处理如下：

借：非财政拨款结转——累计结转　　　　　　　　　　　　18 000
　　贷：非财政拨款结余——结转转入　　　　　　　　　　　18 000

五、非财政拨款结余

（一）平行记账账务处理

1. 按照规定从科研项目预算收入中提取项目管理费或间接费

"单位管理费用"科目仅事业单位使用，行政单位无此类业务。

具体账务处理如表 7-54 所示。

表 7-54　非财政拨款结余平行记账账务处理之一

情形	财务会计	预算会计
	事业单位	事业单位
①按照规定从科研项目预算收入中提取项目管理费或间接费	借：单位管理费用 　　贷：预提费用——项目间接费用或管理费	借：非财政拨款结转——项目间接费用或管理费 　　贷：非财政拨款结余——项目间接费用或管理费

2. 实际缴纳企业所得税

"其他应交税费——单位应交所得税"科目仅事业单位使用，行政单位无此类业务。

具体账务处理如表 7-55 所示。

表 7-55　非财政拨款结余平行记账账务处理之二

情形	财务会计	预算会计
	事业单位	事业单位
①实际缴纳企业所得税	借：其他应交税费——单位应交所得税 　　贷：银行存款等	借：非财政拨款结余——累计结余 　　贷：资金结存——货币资金

3. 因购货退回、会计差错更正等发生以前年度调整事项

具体账务处理如表 7-56 所示。

表 7-56　非财政拨款结余平行记账账务处理之三

情形	财务会计		预算会计	
	行政单位	事业单位	行政单位	事业单位
①调整增加相关资产	借：银行存款等 贷：以前年度盈余调整		借：资金结存——货币资金 　贷：非财政拨款结余——年初余额调整	
②调整减少相关资产	借：以前年度盈余调整 贷：银行存款等		借：非财政拨款结余——年初余额调整 　贷：资金结存——货币资金	

4. 将留归本单位使用的非财政拨款专项剩余资金转入非财政拨款结余

具体账务处理如表 7-57 所示。

表 7-57　非财政拨款结余平行记账账务处理之四

情形	财务会计		预算会计	
	行政单位	事业单位	行政单位	事业单位
将留归本单位使用的非财政拨款专项剩余资金转入非财政拨款结余	—		借：非财政拨款结转——累计结转 　贷：非财政拨款结余——结转转入	

5. 年末冲销本科目相关明细科目余额

具体账务处理如表 7-58 所示。

表 7-58　非财政拨款结余平行记账账务处理之五

情形	财务会计		预算会计	
	行政单位	事业单位	行政单位	事业单位
—			借：非财政拨款结余——年初余额调整〔该明细科目为贷方余额时〕 　　　　　　——本年收支结转〔该明细科目为贷方余额时〕 　贷：非财政拨款结余——累计结转 借：非财政拨款结余——累计结转 　贷：非财政拨款结余——年初余额调整〔该明细科目为借方余额时〕 　　　　　　——缴回资金 　　　　　　——本年收支结转〔该明细科目为借方余额时〕	借：非财政拨款结余——年初余额调整〔该明细科目为贷方余额时〕 　　　　　　——本年收支结转 　贷：非财政拨款结余——累计结转 借：非财政拨款结余——累计结转 　贷：非财政拨款结余——年初余额调整〔该明细科目为借方余额时〕 　　　　　　——缴回资金 　　　　　　——项目间接费用或管理费 　　　　　　——本年收支结转〔该明细科目为借方余额时〕

第 7 章 净资产/预算结余业务

6. 年末结转

"非财政拨款结余分配"科目仅事业单位使用,行政单位无此类业务。具体账务处理如表 7-59 所示。

表 7-59 非财政拨款结余平行记账账务处理之六

情形	财务会计	预算会计
	事业单位	事业单位
A.非财政拨款结余分配为贷方余额	—	借:非财政拨款结余分配 　　贷:非财政拨款结余——累计结余
B.非财政拨款结余分配为借方余额	—	借:非财政拨款结余——累计结余 　　贷:非财政拨款结余分配

(二)行政单位平行记账业务举例

【例 7-88】 某行政单位发现上年度已完工项目少计算缴纳个人所得税 4 000 元,该事项属于会计差错更正事项。平行记账账务处理如下:

(1)财务会计账务处理如下:

借:累计盈余　　　　　　　　　　　　　　　　　　4 000
　　贷:银行存款　　　　　　　　　　　　　　　　　　4 000

(2)预算会计账务处理如下:

借:非财政拨款结余——年初余额调整　　　　　　　4 000
　　贷:资金结存——货币资金　　　　　　　　　　　　4 000

【例 7-89】 某行政单位在财务检查中发现,上年已完工项目用项目资金支付劳务 9 600 元,该事项劳务费单据上列明的金额为 6 900 元,对上述会计差错进行分析后,需收回资金 2 700 元。平行记账账务处理如下:

(1)财务会计账务处理如下:

借:累计盈余　　　　　　　　　　　　　　　　　　2 700
　　贷:库存现金　　　　　　　　　　　　　　　　　　2 700

(2)预算会计账务处理如下:

借:资金结存——货币资金　　　　　　　　　　　　2 700
　　贷:非财政拨款结余——年初余额调整　　　　　　　2 700

【例 7-90】 某行政单位非财政拨款项目预算收入为 950 000 元,预算支出为 802 000 元,该项目已完工,年末收支结转后,该项目非财政补助结转科目贷方余额为 18 000 元,按规定留归本单位使用。平行记账账务处理如下:

(1) 财务会计不涉及账务处理。
(2) 预算会计账务处理如下：
借：非财政拨款结转——累计结转　　　　　　　　　　　148 000
　　贷：非财政拨款结余——结转转入　　　　　　　　　148 000

（三）事业单位平行记账业务举例

【例7-91】 某科研事业单位201×年项目预算收入为4 000 000元，根据规定计提项目管理费200 000元，平行记账账务处理如下：
(1) 财务会计账务处理如下：
借：单位管理费用　　　　　　　　　　　　　　　　　200 000
　　贷：预提费用——项目间接费用或管理费　　　　　200 000
(2) 预算会计账务处理如下：
借：非财政拨款结转——项目间接费用或管理费　　　　200 000
　　贷：非财政拨款结余——项目间接费用或管理费　　200 000

【例7-92】 某事业单位201×年按税法计算缴纳当年企业所得税52 000元，平行记账账务处理如下：
(1) 财务会计账务处理如下：
借：其他应交税费——单位应交所得税　　　　　　　　52 000
　　贷：银行存款　　　　　　　　　　　　　　　　　52 000
(2) 预算会计账务处理如下：
借：非财政拨款结余——累计结余　　　　　　　　　　52 000
　　贷：资金结存——货币资金　　　　　　　　　　　52 000

【例7-93】 某事业单位发现上年度已完工项目少计算缴纳个人所得税9 000元，该事项属于会计差错更正事项。平行记账账务处理如下：
(1) 财务会计账务处理如下：
借：累计盈余　　　　　　　　　　　　　　　　　　　9 000
　　贷：银行存款　　　　　　　　　　　　　　　　　9 000
(2) 预算会计账务处理如下：
借：非财政拨款结余——年初余额调整　　　　　　　　9 000
　　贷：资金结存——货币资金　　　　　　　　　　　9 000

【例7-94】 某事业单位在财务检查中发现，上年已完工项目用项目资金支付劳务30 600元，该事项劳务费单据上列明的金额为20 400元，对上述会计差错进行分析后，需收回资金10 200元。平行记账账务处理如下：
(1) 财务会计账务处理如下：
借：累计盈余　　　　　　　　　　　　　　　　　　　10 200
　　贷：库存现金　　　　　　　　　　　　　　　　　10 200

（2）预算会计账务处理如下：
借：资金结存——货币资金　　　　　　　　　　　　10 200
　　贷：非财政拨款结余——年初余额调整　　　　　　　10 200

【例7-95】 某事业单位非财政拨款项目预算收入为450 000元，预算支出为432 000元，该项目已完工，年末收支结转后，该项目非财政补助结转科目贷方余额为18 000元，按规定留归本单位使用。平行记账账务处理如下：

（1）财务会计不涉及账务处理。
（2）预算会计账务处理如下：
借：非财政拨款结转——累计结转　　　　　　　　　18 000
　　贷：非财政拨款结余——结转转入　　　　　　　　　18 000

【例7-96】 某事业单位201×年年底非财政拨款结余分配贷方余额为670 002元，其他结余贷方余额为90 400元，年底进行结转，平行记账账务处理如下：

（1）财务会计不涉及账务处理。
（2）预算会计账务处理如下：
借：非财政拨款结余分配　　　　　　　　　　　　　670 002
　　其他结余　　　　　　　　　　　　　　　　　　　90 400
　　贷：非财政拨款结余　　　　　　　　　　　　　　760 402

六、专用结余

"专用结余"科目仅事业单位使用，行政单位无此类业务。

（一）平行记账账务处理

1. 计提专用基金

具体账务处理如表7-60所示。

表7-60　专用结余平行记账账务处理之一

情形	财务会计	预算会计
	事业单位	事业单位
①从预算收入中按照一定比例提取基金并计入费用	借：业务活动费用等 　　贷：专用基金	—
②从本年度非财政拨款结余或经营结余中提取基金	借：本年盈余分配 　　贷：专用基金	借：非财政拨款结余分配 　　贷：专用结余
③根据有关规定设置的其他专用基金	借：银行存款等 　　贷：专用基金	—

2. 按照规定使用提取的专用基金

具体账务处理如表 7-61 所示。

表 7-61 专用结余平行记账账务处理之二

情形	财务会计	预算会计
	事业单位	事业单位
	借：专用基金 　　贷：银行存款等 使用专用基金购置固定资产、无形资产的 借：固定资产/无形资产 　　贷：银行存款等 借：专用基金 　　贷：累计盈余	使用从非财政拨款结余或经营结余中提取的基金 借：专用结余 　　贷：资金结存——货币资金 使用从预算收入中提取并计入费用的基金 借：事业支出等 　　贷：资金结存——货币资金

（二）事业单位平行记账业务举例

【例 7-97】 某事业单位当年非财政拨款结余为 80 000 元，经营结余为 150 000 元，按规定年末计算提取职工福利基金 92 000 元（该单位职工福利基金提取比例为 40%），平行记账账务处理如下：

（1）财务会计账务处理如下：

借：本年盈余分配　　　　　　　　　　　　92 000
　　贷：专用基金　　　　　　　　　　　　　　92 000

（2）预算会计账务处理如下：

借：非财政拨款结余分配　　　　　　　　　92 000
　　贷：专用结余　　　　　　　　　　　　　　92 000

【例 7-98】 某事业单位使用从非财政拨款结余中提取的专用基金支付职工福利费 30 000 元，平行记账账务处理如下：

（1）财务会计账务处理如下：

借：专用基金　　　　　　　　　　　　　　30 000
　　贷：银行存款　　　　　　　　　　　　　　30 000

（2）预算会计账务处理如下：

借：专用结余　　　　　　　　　　　　　　30 000
　　贷：资金结存——货币资金　　　　　　　　30 000

若该事业单位从预算收入中计提专用基金 30 000 元，并于次月使用该基金购买职工福利用品 30 000 元，则平行账务处理如下：

（1）计提专用基金时：

①财务会计账务处理如下：
借：业务活动费用 30 000
　　贷：专用基金 30 000
②预算会计不涉及账务处理。
（2）使用专用基金：
①财务会计账务处理如下：
借：专用基金 30 000
　　贷：银行存款 30 000
②预算会计账务处理如下：
借：事业支出 30 000
　　贷：资金结存——货币资金 30 000

七、经营结余

"经营结余"科目仅事业单位使用，行政单位无此类业务。

（一）平行记账账务处理

1. 年末经营收支结转

具体账务处理如表 7-62 所示。

表 7-62　经营结余平行记账账务处理之一

情形	财务会计	预算会计
	事业单位	事业单位
①年末经营收支结转	—	借：经营预算收入 　　贷：经营结余 借：经营结余 　　贷：经营支出

2. 年末转入结余分配

具体账务处理如表 7-63 所示。

表 7-63　经营结余平行记账账务处理之二

情形	财务会计	预算会计
	事业单位	事业单位
①年末转入结余分配	—	借：经营结余 　　贷：非财政拨款结余分配 年末结余在借方，则不予结转

（二）事业单位平行记账业务举例

【例7-99】 某事业单位201×年年底经营预算收入为35 000元，经营支出为64 000元，年底进行收支结转，平行记账账务处理如下：

（1）财务会计不涉及账务处理。

（2）预算会计账务处理如下：

借：经营预算收入　　　　　　　　　　　　　　　　　35 000
　　贷：经营结余　　　　　　　　　　　　　　　　　　35 000
借：经营结余　　　　　　　　　　　　　　　　　　　64 000
　　贷：经营支出　　　　　　　　　　　　　　　　　　64 000

经营结余期末余额＝35 000－64 000＝－29 000（元），期末借方存在余额，不予结转。

若经营预算收入为70 000元，经营结余期末余额＝70 000－64 000＝6 000（元），则年底结转如下：

借：经营结余　　　　　　　　　　　　　　　　　　　6 000
　　贷：非财政拨款结余分配　　　　　　　　　　　　　6 000

八、其他结余

（一）平行记账账务处理

1. 年末结转

具体账务处理如表7-64所示。

表7-64　其他结余平行记账账务处理之一

情形	财务会计		预算会计	
	行政单位	事业单位	行政单位	事业单位
①结转预算收入（除财政拨款收入、非同级财政专项收入、经营收入以外）	—		借：非同级财政拨款预算收入/其他预算收入［非专项资金收入部分］ 　　贷：其他结余	借：事业预算收入/上级补助预算收入/附属单位上缴预算收入/非同级财政拨款预算收入/债务预算收入/其他预算收入［非专项资金收入部分］投资预算收益［为贷方余额时］ 　　贷：其他结余 借：其他结余 　　贷：投资预算收益［为借方余额时］

第7章 净资产/预算结余业务

（续表）

情形	财务会计		预算会计	
	行政单位	事业单位	行政单位	事业单位
②结转预算支出（除同级财政拨款支出、非同级财政专项支出、经营支出以外）	—		借：其他结余 　贷：行政支出/其他支出［非财政、非专项资金支出部分］	借：其他结余 　贷：事业支出/其他支出［非财政、非专项资金支出部分］/上缴上级支出/对附属单位补助支出/投资支出/债务还本支出

2. 行政单位转入非财政拨款结余

具体账务处理如表 7-65 所示。

表 7-65　其他结余平行记账账务处理之二

情形	财务会计	预算会计
	行政单位	行政单位
①其他结余为贷方余额	—	借：其他结余 　贷：非财政拨款结余——累计结余
②其他结余为借方余额	—	借：非财政拨款结余——累计结余 　贷：其他结余

3. 事业单位年末转入结余分配

具体账务处理如表 7-66 所示。

表 7-66　其他结余平行记账账务处理之三

情形	财务会计	预算会计
	事业单位	事业单位
①其他结余为贷方余额	—	借：其他结余 　贷：非财政拨款结余分配
②其他结余为借方余额	—	借：非财政拨款结余分配 　贷：其他结余

（二）行政单位平行记账业务举例

【例 7-100】　某行政单位 201× 年年底其他预算收入为 50 600 元，其他支出为 10 500 元，年底进行收支结转，平行记账账务处理如下：

（1）财务会计不涉及账务处理。

（2）预算会计账务处理如下：

借：其他预算收入		50 600
贷：其他结余		50 600
借：其他结余		10 500
贷：其他支出		10 500

其他结余年度余额 = 50 600 - 10 500 = 40 100（元）

借：其他结余		40 100
贷：非财政拨款结余——累计结余		40 100

（三）事业单位平行记账业务举例

【例 7-101】　某事业单位 201× 年年底上级补助预算收入为 400 000 元，附属单位上缴预算收入为 640 000 元，非同级财政拨款预算收入为 120 000 元，债务预算收入为 200 000 元，其他预算收入（非专项资金部分）为 43 000 元，其他支出（非财政、非专项资金支出部分）为 20 500 元，上缴上级支出为 300 000 元，对附属单位补助支出为 200 000 元，投资支出为 100 000 元，年底进行收支结转，平行记账账务处理如下：

（1）财务会计不涉及账务处理。

（2）预算会计账务处理如下：

借：上级补助预算收入	400 000
附属单位上缴预算收入	640 000
非统计财政拨款预算收入	120 000
债务预算收入	200 000
其他预算收入	43 000
贷：其他结余	1 403 000
借：其他结余	620 500
贷：其他支出	20 500
上缴上级支出	300 000
对附属单位补助支出	200 000
投资支出	100 000

其他结余年底余额 = 1 403 000 - 620 500 = 782 500（元）

借：其他结余	782 500
贷：非财政拨款结余分配	782 500

九、非财政拨款结余分配

"非财政拨款结余分配"科目仅事业单位使用，行政单位无此类业务。

（一）平行记账账务处理

1. 年末结余转入

具体账务处理如表 7-67 所示。

表 7-67　非财政拨款结余分配平行记账账务处理之一

情形	财务会计	预算会计
	事业单位	事业单位
①其他结余为借方余额时	—	借：非财政拨款结余分配 　贷：其他结余
②其他结余为贷方余额时	—	借：其他结余 　贷：非财政拨款结余分配
③经营结余为贷方余额时	—	借：经营结余 　贷：非财政拨款结余分配

2. 计提专用基金

具体账务处理如表 7-68 所示。

表 7-68　非财政拨款结余分配平行记账账务处理之二

情形	财务会计	预算会计
	事业单位	事业单位
从非财政拨款结余中提取	借：本年盈余分配 　贷：专用基金	借：非财政拨款结余分配 　贷：专用结余

3. 事业单位转入非财政拨款结余

具体账务处理如表 7-69 所示。

表 7-69　非财政拨款结余分配平行记账账务处理之三

情形	财务会计	预算会计
	事业单位	事业单位
①非财政拨款结余分配为贷方余额	—	借：非财政拨款结余分配 　贷：非财政拨款结余——累计结余

（续表）

情形	财务会计 事业单位	预算会计 事业单位
②非财政拨款结余分配为借方余额	—	借：非财政拨款结余——累计结余 　贷：非财政拨款结余分配

（二）事业单位平行记账业务举例

【例 7-102】 接［例 7-101］，某事业单位 201× 年年底还有经营结余 303 000 元，并按照经营结余和非财政拨款结余的 40% 计提职工福利基金，平行记账账务处理如下：

（1）财务会计不涉及账务处理。

（2）预算会计账务处理如下：

借：经营结余　　　　　　　　　　　　　　　　303 000
　　贷：非财政拨款结余分配　　　　　　　　　　303 000

非财政拨款结余分配余额 = 303 000 + 782 500 = 1 085 500（元）

计提职工福利基金 = 1 085 500 × 40% = 434 200（元）

借：非财政拨款结余分配　　　　　　　　　　　434 200
　　贷：专用结余　　　　　　　　　　　　　　434 200

转入非财政拨款结余－累计结余金额 = 1 085 500 － 434 200 = 651 300（元）

借：非财政拨款结余分配　　　　　　　　　　　651 300
　　贷：非财政拨款结余——累计结余　　　　　651 300

第8章 政府财务报告和决算报告

第一节 政府决算报告和财务报告简介

一、政府财务报告的内容

（1）政府财务报告是反映政府某一特定日期的财务状况和某一会计期间的运行情况和现金流量等信息的文件，应当包括财务报表和其他应当在财务报告中披露的相关信息和资料。财务报表是政府财务报告的主要形式，各类财务信息是政府财务报告的主要内容。

（2）政府财务报告反映了政府偿债能力和受托责任履行情况，有助于财务报告使用者作出决策或进行监督和管理。

（3）政府财务报告使用者包括债权人、政府自身和其他利益相关者。

二、政府决算报告的内容

（1）政府决算报告是综合反映政府预算收支年度执行结果的文件，应当包括决算报表和其他应当在决算报告中反映的相关信息和资料。决算报表是政府决算报告的主要形式，各类决算报告信息是政府决算报告的主要内容。

（2）政府决算报告的提供有助于决算报告使用者进行监督和管理，并为编制后续年度预算提供参考和依据。

（3）政府决算报告使用者包括政府自身和其他利益相关者。

三、政府财务报告与决算报告之间的关系

政府财务报告和政府预算报告两套报告体系并行构成政府会计报告，两者互为补充，有机衔接，形成科学、完整的决算部门财务信息报告体系。

四、报告编制的基础

政府财务报告的编制以权责发生制为基础，以财务会计核算生成的数据为准；政府决算报告的编制以收付实现制为基础，以预算会计核算生成的数据为准。因此，政府财务报告和政府预算报告两套并行报告体系的编制基础是不相同的。

五、报表构成

（1）政府财务报表包括资产负债表、收入费用表、净资产变动表、现金流量表及附注，其中，资产负债表、收入费用表均为月度、年度报表；净资产变动表、现金流量表及附注均为年度报表。如表 8-1 所示。

表 8-1 政府财务报表构成表

编号	报表名称	编制期
会政财 01 表	资产负债表	月度、年度
会政财 02 表	收入费用表	月度、年度
会政财 03 表	净资产变动表	年度
会政财 04 表	现金流量表	年度
	附注	年度

（2）政府预算会计报表包括预算收入支出表、预算结转结余变动表、财政拨款预算收入支出表，均为年度报表。如表 8-2 所示。

表 8-2 政府预算会计报表构成表

编号	报表名称	编制期
会政预 01 表	预算收入支出表	年度
会政预 02 表	预算结转结余变动表	年度
会政预 03 表	财政拨款预算收入支出表	年度

六、相关要求

（1）政府单位至少应按年度编制政府财务报表和政府预算会计报表。

第8章 政府财务报告和决算报告

（2）政府财务报表和政府预算会计报表应当根据登记完整并核对无误的账簿记录和其他有关资料进行编制。

（3）政府单位如果本年度单位发生了因前期差错更正、会计政变更等调整以前年度溢余的事项，应当对"年初余额"或"上年数"中的有关项目金额进行相应的调整。

第二节 报表格式

一、资产负债表格式

表8-3 资产负债表

编制单位：　　　　　　　　　　　年　月　日　　　　　　　　会政财01表
　　　　　　　　　　　　　　　　　　　　　　　　　　　　　　单位：元

资产	期末余额	年初余额	负债和净资产	期末余额	年初余额
流动资产：			流动负债：		
货币资金			短期借款		
短期投资			应交增值税		
财政应返还额度			其他应交税费		
应收票据			应缴财政款		
应收账款净额			应付职工薪酬		
预付账款			应付票据		
应收股利			应付账款		
应收利息			应付政府补贴款		
其他应收款净额			应付利息		
存货			预收账款		
待摊费用			其他应付款		
一年内到期的非流动资产			预提费用		
其他流动资产			一年内到期的非流动负债		
流动资产合计			其他流动负债		

（续表）

资　产	期末余额	年初余额	负债和净资产	期末余额	年初余额
非流动资产：			流动负债合计		
长期股权投资			非流动负债：		
长期债券投资			长期借款		
固定资产原值			长期应付款		
减：固定资产累计折旧			预计负债		
固定资产净值			其他非流动负债		
工程物资			非流动负债合计		
在建工程			受托代理负债		
无形资产原值			负债合计		
减：无形资产累计摊销					
无形资产净值					
研发支出					
公共基础设施原值					
减：公共基础设施累计折旧（摊销）					
公共基础设施净值					
政府储备物资					
文物文化资产					
保障性住房原值					
减：保障性住房累计折旧			净资产：		
保障性住房净值			累计盈余		
长期待摊费用			专用基金		
待处理财产损溢			权益法调整		
其他非流动资产			无偿调拨净资产*		—
非流动资产合计			本期盈余*		—
受托代理资产			净资产合计		
资产总计			负债和净资产总计		

注："*"标识项目为月报项目，年报中不需列示。

第 8 章 政府财务报告和决算报告

二、收入费用表格式

表 8-4 收入费用表

编制单位： 　　　　　　　　　　　　　　　　　　　　　　单位：元

项　目	本月数	本年累计数
一、本期收入		
（一）财政拨款收入		
其中：政府性基金收入		
（二）事业收入		
（三）上级补助收入		
（四）附属单位上缴收入		
（五）经营收入		
（六）非同级财政拨款收入		
（七）投资收益		
（八）捐赠收入		
（九）利息收入		
（十）租金收入		
（十一）其他收入		
二、本期费用		
（一）业务活动费用		
（二）单位管理费用		
（三）经营费用		
（四）资产处置费用		
（五）上缴上级费用		
（六）对附属单位补助费用		
（七）所得税费用		
（八）其他费用		
三、本期盈余		

三、净资产变动表格式

表 8-5 净资产变动表

编制单位：＿＿＿＿＿＿　　　＿＿＿＿年　　　　　　　　　　　　　　　　　　　单位：元

项　目	本年数				上年数			
	累计盈余	专用基金	权益法调整	净资产合计	累计盈余	专用基金	权益法调整	净资产合计
一、上年末余额								
二、以前年度盈余调整（减少以"—"号填列）		—	—			—	—	
三、本年初余额								
四、本年变动金额（减少以"—"号填列）								
（一）本年盈余		—	—			—	—	
（二）无偿调拨净资产		—	—			—	—	
（三）归集调整预算结转结余	—	—	—			—	—	
（四）提取或设置专用基金			—				—	
其中：从预算收入中提取	—		—				—	
从预算结余中提取	—		—				—	
设置的专用基金	—		—				—	
（五）使用专用基金			—				—	
（六）权益法调整	—	—						
五、本年末余额								

注："—"标识单元格不需填列。

四、现金流量表格式

表8-6 现金流量表

编制单位：　　　　　　　　　　　　　　　　年　　　　　　　　单位：元

项　　　　目	本年金额	上年金额
一、日常活动产生的现金流量：		
财政基本支出拨款收到的现金		
财政非资本性项目拨款收到的现金		
事业活动收到的除财政拨款以外的现金		
收到的其他与日常活动有关的现金		
日常活动的现金流入小计		
购买商品、接受劳务支付的现金		
支付给职工以及为职工支付的现金		
支付的各项税费		
支付的其他与日常活动有关的现金		
日常活动的现金流出小计		
日常活动产生的现金流量净额		
二、投资活动产生的现金流量：		
收回投资收到的现金		
取得投资收益收到的现金		
处置固定资产、无形资产、公共基础设施等收回的现金净额		
收到的其他与投资活动有关的现金		
投资活动的现金流入小计		
购建固定资产、无形资产、公共基础设施等支付的现金		
对外投资支付的现金		
上缴处置固定资产、无形资产、公共基础设施等净收入支付的现金		
支付的其他与投资活动有关的现金		
投资活动的现金流出小计		
投资活动产生的现金流量净额		

（续表）

项　　　目	本年金额	上年金额
三、筹资活动产生的现金流量：		
财政资本性项目拨款收到的现金		
取得借款收到的现金		
收到的其他与筹资活动有关的现金		
筹资活动的现金流入小计		
偿还借款支付的现金		
偿还利息支付的现金		
支付的其他与筹资活动有关的现金		
筹资活动的现金流出小计		
筹资活动产生的现金流量净额		
四、汇率变动对现金的影响额		
五、现金净增加额		

五、预算收入支出表格式

表 8-7　预算收入支出表

编制单位：　　　　　　　　　　　　　　　　　年

会政预 01 表
单位：元

项　　　目	本年数	上年数
一、本年预算收入		
（一）财政拨款预算收入		
其中：政府性基金收入		
（二）事业预算收入		
（三）上级补助预算收入		
（四）附属单位上缴预算收入		
（五）经营预算收入		
（六）债务预算收入		
（七）非同级财政拨款预算收入		
（八）投资预算收益		

（续表）

项　　目	本年数	上年数
（九）其他预算收入		
其中：利息预算收入		
捐赠预算收入		
租金预算收入		
二、本年预算支出		
（一）行政支出		
（二）事业支出		
（三）经营支出		
（四）上缴上级支出		
（五）对附属单位补助支出		
（六）投资支出		
（七）债务还本支出		
（八）其他支出		
其中：利息支出		
捐赠支出		
三、本年预算收支差额		

六、预算结转结余变动表格式

表8-8　预算结转结余变动表

编制单位：　　　　　　　　　　＿＿＿＿年　　　　　　　　　单位：元

项　　目	本年数	上年数
一、年初预算结转结余		
（一）财政拨款结转结余		

（续表）

项　　目	本年数	上年数
（二）其他资金结转结余		
二、年初余额调整（减少以"－"号填列）		
（一）财政拨款结转结余		
（二）其他资金结转结余		
三、本年变动金额（减少以"－"号填列）		
（一）财政拨款结转结余		
1．本年收支差额		
2．归集调入		
3．归集上缴或调出		
（二）其他资金结转结余		
1．本年收支差额		
2．缴回资金		
3．使用专用结余		
4．支付所得税		
四、年末预算结转结余		
（一）财政拨款结转结余		
1．财政拨款结转		
2．财政拨款结余		
（二）其他资金结转结余		
1．非财政拨款结转		
2．非财政拨款结余		
3．专用结余		
4．经营结余（如有余额，以"－"号填列）		

七、财政拨款预算收入支出表格式

表8-9 财政拨款预算收入支出表

_____年

编制单位:　　会政预03表
　　单位:元

项目	年初财政拨款结转结余		调整年初财政拨款结转结余		本年归集调入	本年归集上缴或调出	单位内部调剂		本年财政拨款收入	本年财政拨款支出	年末财政拨款结转结余	
	结转	结余	结转	结余			结转	结余			结转	结余
一、一般公共预算财政拨款												
（一）基本支出												
1. 人员经费												
2. 日常公用经费												
（二）项目支出												
1. ××项目												
2. ××项目												
……												
二、政府性基金预算财政拨款												
（一）基本支出												
1. 人员经费												
2. 日常公用经费												
（二）项目支出												
1. ××项目												
2. ××项目												
……												
总　计												

第三节　报表编制方法与调整

一、资产负债表编制方法及调整说明

1. 资产负债表反映单位在某一特定日期全部资产、负债和净资产的情况。

2. 资产负债表"年初余额"栏内各项数字，应当根据上年年末资产负债表"期末余额"栏内数字填列。

3. 如果本年度资产负债表规定的项目的名称和内容同上年度不一致，应当对上年年末资产负债表项目的名称和数字按照本年度的规定进行调整，将调整后数字填入本表"年初余额"栏内。

4. 如果本年度单位发生了因前期差错更正、会计政策变更等调整以前年度盈余的事项，还应当对"年初余额"栏中的有关项目金额进行相应调整。

5. 资产负债表中"资产总计"项目期末（年初）余额应当与"负债和净资产总计"项目期末（年初）余额相等。

6. 资产负债表"期末余额"栏各项目的内容和填列方法

1）资产类项目。

（1）"货币资金"项目，反映单位期末库存现金、银行存款、零余额账户用款额度、其他货币资金的合计数。本项目应当根据"库存现金""银行存款""零余额账户用款额度""其他货币资金"科目的期末余额的合计数填列；若单位存在通过"库存现金""银行存款"科目核算的受托代理资产还应当按照前述合计数扣减"库存现金""银行存款"科目下"受托代理资产"明细科目的期末余额后的金额填列。

（2）"短期投资"项目，反映事业单位期末持有的短期投资账面余额。本项目应当根据"短期投资"科目的期末余额填列。

（3）"财政应返还额度"项目，反映单位期末财政应返还额度的金额。本项目应当根据"财政应返还额度"科目的期末余额填列。

（4）"应收票据"项目，反映事业单位期末持有的应收票据的票面金额。本项目应当根据"应收票据"科目的期末余额填列。

（5）"应收账款净额"项目，反映单位期末尚未收回的应收账款减去已计提的坏账准备后的净额。本项目应当根据"应收账款"科目的期末余额，减去"坏账准备"科目中对应收账款计提的坏账准备的期末余额后的金额填列。

（6）"预付账款"项目，反映单位期末预付给商品或者劳务供应单位的

款项。本项目应当根据"预付账款"科目的期末余额填列。

（7）"应收股利"项目，反映事业单位期末因股权投资而应收取的现金股利或应当分得的利润。本项目应当根据"应收股利"科目的期末余额填列。

（8）"应收利息"项目，反映事业单位期末因债券投资等而应收取的利息。事业单位购入的到期一次还本付息的长期债券投资持有期间应收的利息，不包括在本项目内。本项目应当根据"应收利息"科目的期末余额填列。

（9）"其他应收款净额"项目，反映单位期末尚未收回的其他应收款减去已计提的坏账准备后的净额。本项目应当根据"其他应收款"科目的期末余额减去"坏账准备"科目中对其他应收款计提的坏账准备的期末余额后的金额填列。

（10）"存货"项目，反映单位期末存储的存货的实际成本。本项目应当根据"在途物品""库存物品""加工物品"科目的期末余额的合计数填列。

（11）"待摊费用"项目，反映单位期末已经支出，但应当由本期和以后各期负担的分摊期在1年以内（含1年）的各项费用。本项目应当根据"待摊费用"科目的期末余额填列。

（12）"一年内到期的非流动资产"项目，反映单位期末非流动资产项目中将在1年内（含1年）到期的金额，如事业单位将在1年内（含1年）到期的长期债券投资金额。本项目应当根据"长期债券投资"等科目的明细科目的期末余额分析填列。

（13）"其他流动资产"项目，反映单位期末除本表中上述各项之外的其他流动资产的合计金额。本项目应当根据有关科目期末余额的合计数填列。

（14）"流动资产合计"项目，反映单位期末流动资产的合计数。本项目应当根据本表中"货币资金""短期投资""财政应返还额度""应收票据""应收账款净额""预付账款""应收股利""应收利息""其他应收款净额""存货""待摊费用""一年内到期的非流动资产""其他流动资产"项目金额的合计数填列。

（15）"长期股权投资"项目，反映事业单位期末持有的长期股权投资的账面余额。本项目应当根据"长期股权投资"科目的期末余额填列。

（16）"长期债券投资"项目，反映事业单位期末持有的长期债券投资的账面余额。本项目应当根据"长期债券投资"科目的期末余额减去其中将于1年内（含1年）到期的长期债券投资余额后的金额填列。

（17）"固定资产原值"项目，反映单位期末固定资产的原值。本项目应当根据"固定资产"科目的期末余额填列。

其中："固定资产累计折旧"项目，反映单位期末固定资产已计提的累计折旧金额。本项目应当根据"固定资产累计折旧"科目的期末余额填列。

其中："固定资产净值"项目，反映单位期末固定资产的账面价值。本项目应当根据"固定资产"科目期末余额减去"固定资产累计折旧"科目期末余额后的金额填列。

（18）"工程物资"项目，反映单位期末为在建工程准备的各种物资的实际成本。本项目应当根据"工程物资"科目的期末余额填列。

（19）"在建工程"项目，反映单位期末所有的建设项目工程的实际成本。本项目应当根据"在建工程"科目的期末余额填列。

（20）"无形资产原值"项目，反映单位期末无形资产的原值。本项目应当根据"无形资产"科目的期末余额填列。

其中："无形资产累计摊销"项目，反映单位期末无形资产已计提的累计摊销金额。本项目应当根据"无形资产累计摊销"科目的期末余额填列。

其中："无形资产净值"项目，反映单位期末无形资产的账面价值。本项目应当根据"无形资产"科目期末余额减去"无形资产累计摊销"科目期末余额后的金额填列。

（21）"研发支出"项目，反映单位期末正在进行的无形资产开发项目开发阶段发生的累计支出数。本项目应当根据"研发支出"科目的期末余额填列。

（22）"公共基础设施原值"项目，反映单位期末控制的公共基础设施的原值。本项目应当根据"公共基础设施"科目的期末余额填列。

其中："公共基础设施累计折旧（摊销）"项目，反映单位期末控制的公共基础设施已计提的累计折旧和累计摊销金额。本项目应当根据"公共基础设施累计折旧（摊销）"科目的期末余额填列。

其中："公共基础设施净值"项目，反映单位期末控制的公共基础设施的账面价值。本项目应当根据"公共基础设施"科目期末余额减去"公共基础设施累计折旧（摊销）"科目期末余额后的金额填列。

（23）"政府储备物资"项目，反映单位期末控制的政府储备物资的实际成本。本项目应当根据"政府储备物资"科目的期末余额填列。

（24）"文物文化资产"项目，反映单位期末控制的文物文化资产的成本。本项目应当根据"文物文化资产"科目的期末余额填列。

（25）"保障性住房原值"项目，反映单位期末控制的保障性住房的原值。本项目应当根据"保障性住房"科目的期末余额填列。

其中："保障性住房累计折旧"项目，反映单位期末控制的保障性住房已计提的累计折旧金额。本项目应当根据"保障性住房累计折旧"科目的期末余额填列。

其中："保障性住房净值"项目，反映单位期末控制的保障性住房的账面价值。本项目应当根据"保障性住房"科目期末余额减去"保障性住房累计折旧"科目期末余额后的金额填列。

（26）"长期待摊费用"项目，反映单位期末已经支出，但应由本期和以后各期负担的分摊期限在1年以上（不含1年）的各项费用。本项目应当根据"长期待摊费用"科目的期末余额填列。

（27）"待处理财产损溢"项目，反映单位期末尚未处理完毕的各种资产的净损失或净溢余。本项目应当根据"待处理财产损溢"科目的期末借方余额填列；如"待处理财产损溢"科目期末为贷方余额，以"－"号填列。

（28）"其他非流动资产"项目，反映单位期末除本表中上述各项之外的其他非流动资产的合计数。本项目应当根据有关科目的期末余额合计数填列。

（29）"非流动资产合计"项目，反映单位期末非流动资产的合计数。本项目应当根据本表中"长期股权投资""长期债券投资""固定资产净值""工程物资""在建工程""无形资产净值""研发支出""公共基础设施净值""政府储备物资""文物文化资产""保障性住房净值""长期待摊费用""待处理财产损溢""其他非流动资产"项目金额的合计数填列。

（30）"受托代理资产"项目，反映单位期末受托代理资产的价值。本项目应当根据"受托代理资产"科目的期末余额与"库存现金""银行存款"科目下"受托代理资产"明细科目的期末余额的合计数填列。

（31）"资产总计"项目，反映单位期末资产的合计数。本项目应当根据本表中"流动资产合计""非流动资产合计""受托代理资产"项目金额的合计数填列。

2）负债类项目。

（1）"短期借款"项目，反映事业单位期末短期借款的余额。本项目应当根据"短期借款"科目的期末余额填列。

（2）"应交增值税"项目，反映单位期末应缴未缴的增值税税额。本项目应当根据"应交增值税"科目的期末余额填列；如"应交增值税"科目期末为借方余额，以"－"号填列。

（3）"其他应交税费"项目，反映单位期末应缴未缴的除增值税以外的税费金额。本项目应当根据"其他应交税费"科目的期末余额填列；如"其他应交税费"科目期末为借方余额，以"－"号填列。

（4）"应缴财政款"项目，反映单位期末应当上缴财政但尚未缴纳的款项。本项目应当根据"应缴财政款"科目的期末余额填列。

（5）"应付职工薪酬"项目，反映单位期末按有关规定应付给职工及为职工支付的各种薪酬。本项目应当根据"应付职工薪酬"科目的期末余额填列。

（6）"应付票据"项目，反映事业单位期末应付票据的金额。本项目应当根据"应付票据"科目的期末余额填列。

（7）"应付账款"项目，反映单位期末应当支付但尚未支付的偿还期限在1年以内（含1年）的应付账款的金额。本项目应当根据"应付账款"科目的期末余额填列。

（8）"应付政府补贴款"项目，反映负责发放政府补贴的行政单位期末按照规定应当支付给政府补贴接受者的各种政府补贴款余额。本项目应当根据"应付政府补贴款"科目的期末余额填列。

（9）"应付利息"项目，反映事业单位期末按照合同约定应支付的借款利息。事业单位到期一次还本付息的长期借款利息不包括在本项目内。本项目应当根据"应付利息"科目的期末余额填列。

（10）"预收账款"项目，反映事业单位期末预先收取但尚未确认收入和实际结算的款项余额。本项目应当根据"预收账款"科目的期末余额填列。

（11）"其他应付款"项目，反映单位期末其他各项偿还期限在1年内（含1年）的应付及暂收款项余额。本项目应当根据"其他应付款"科目的期末余额填列。

（12）"预提费用"项目，反映单位期末已预先提取的已经发生但尚未支付的各项费用。本项目应当根据"预提费用"科目的期末余额填列。

（13）"一年内到期的非流动负债"项目，反映单位期末将于1年内（含1年）偿还的非流动负债的余额。本项目应当根据"长期应付款""长期借款"等科目的明细科目的期末余额分析填列。

（14）"其他流动负债"项目，反映单位期末除本表中上述各项之外的其他流动负债的合计数。本项目应当根据有关科目的期末余额的合计数填列。

（15）"流动负债合计"项目，反映单位期末流动负债合计数。本项目应当根据本表"短期借款""应交增值税""其他应交税费""应缴财政款""应付职工薪酬""应付票据""应付账款""应付政府补贴款""应付利息""预收账款""其他应付款""预提费用""一年内到期的非流动负债""其他流动负债"项目金额的合计数填列。

（16）"长期借款"项目，反映事业单位期末长期借款的余额。本项目应当根据"长期借款"科目的期末余额减去其中将于1年内（含1年）到期的长期借款余额后的金额填列。

（17）"长期应付款"项目，反映单位期末长期应付款的余额。本项目应当根据"长期应付款"科目的期末余额减去其中将于1年内（含1年）到期的长期应付款余额后的金额填列。

（18）"预计负债"项目，反映单位期末已确认但尚未偿付的预计负债的余额。本项目应当根据"预计负债"科目的期末余额填列。

第 8 章 政府财务报告和决算报告

（19）"其他非流动负债"项目，反映单位期末除本表中上述各项之外的其他非流动负债的合计数。本项目应当根据有关科目的期末余额合计数填列。

（20）"非流动负债合计"项目，反映单位期末非流动负债合计数。本项目应当根据本表中"长期借款""长期应付款""预计负债""其他非流动负债"项目金额的合计数填列。

（21）"受托代理负债"项目，反映单位期末受托代理负债的金额。本项目应当根据
"受托代理负债"科目的期末余额填列。

（22）"负债合计"项目，反映单位期末负债的合计数。本项目应当根据本表中"流动负债合计""非流动负债合计""受托代理负债"项目金额的合计数填列。

3）净资产类项目。

（1）"累计盈余"项目，反映单位期末未分配盈余（或未弥补亏损）以及无偿调拨净资产变动的累计数。本项目应当根据"累计盈余"科目的期末余额填列。

（2）"专用基金"项目，反映事业单位期末累计提取或设置但尚未使用的专用基金余额。本项目应当根据"专用基金"科目的期末余额填列。

（3）"权益法调整"项目，反映事业单位期末在被投资单位除净损益和利润分配以外的所有者权益变动中累积享有的份额。本项目应当根据"权益法调整"科目的期末余额填列。如"权益法调整"科目期末为借方余额，以"－"号填列。

（4）"无偿调拨净资产"项目，反映单位本年度截至报告期期末无偿调入的非现金资产价值扣减无偿调出的非现金资产价值后的净值。本项目仅在月度报表中列示，年度报表中不列示。月度报表中本项目应当根据"无偿调拨净资产"科目的期末余额填列；"无偿调拨净资产"科目期末为借方余额时，以"－"号填列。

（5）"本期盈余"项目，反映单位本年度截至报告期期末实现的累计盈余或亏损。本项目仅在月度报表中列示，年度报表中不列示。月度报表中本项目应当根据"本期盈余"科目的期末余额填列；"本期盈余"科目期末为借方余额时，以"－"号填列。

（6）"净资产合计"项目，反映单位期末净资产合计数。本项目应当根据本表中"累计盈余""专用基金""权益法调整""无偿调拨净资产"［月度报表］、"本期盈余"［月度报表］项目金额的合计数填列。

（7）"负债和净资产总计"项目，应当按照本表中"负债合计""净资产合计"项目金额的合计数填列。

二、收入费用表编制方法及调整说明

1. 收入费用表反映单位在某一会计期间内发生的收入、费用及当期盈余情况。

2. 收入费用表"本月数"栏反映各项目的本月实际发生数。编制年度收入费用表时,应当将本栏改为"本年数",反映本年度各项目的实际发生数。"本年累计数"栏反映各项目自年初至报告期期末的累计实际发生数。编制年度收入费用表时,应当将本栏改为"上年数",反映上年度各项目的实际发生数,"上年数"栏应当根据上年年度收入费用表中"本年数"栏内所列数字填列。

3. 如果本年度收入费用表规定的项目的名称和内容同上年度不一致,应当对上年度收入费用表项目的名称和数字按照本年度的规定进行调整,将调整后的金额填入本年度收入费用表的"上年数"栏内。

4. 如果本年度单位发生了因前期差错更正、会计政策变更等调整以前年度盈余的事项,还应当对年度收入费用表中"上年数"栏中的有关项目金额进行相应调整。

5. 收入费用表"本月数"栏各项目的内容和填列方法

1)本期收入。

(1)"本期收入"项目,反映单位本期收入总额。本项目应当根据本表中"财政拨款收入""事业收入""上级补助收入""附属单位上缴收入""经营收入""非同级财政拨款收入""投资收益""捐赠收入""利息收入""租金收入""其他收入"项目金额的合计数填列。

(2)"财政拨款收入"项目,反映单位本期从同级政府财政部门取得的各类财政拨款。本项目应当根据"财政拨款收入"科目的本期发生额填列。

其中:"政府性基金收入"项目,反映单位本期取得的财政拨款收入中属于政府性基金预算拨款的金额。本项目应当根据"财政拨款收入"相关明细科目的本期发生额填列。

(3)"事业收入"项目,反映事业单位本期开展专业业务活动及其辅助活动实现的收入。本项目应当根据"事业收入"科目的本期发生额填列。

(4)"上级补助收入"项目,反映事业单位本期从主管部门和上级单位收到或应收的非财政拨款收入。本项目应当根据"上级补助收入"科目的本期发生额填列。

(5)"附属单位上缴收入"项目,反映事业单位本期收到或应收的独立核算的附属单位按照有关规定上缴的收入。本项目应当根据"附属单位上缴收入"科目的本期发生额填列。

(6)"经营收入"项目,反映事业单位本期在专业业务活动及其辅助活动之外开展非独立核算经营活动实现的收入。本项目应当根据"经营收入"科目的本期发生额填列。

（7）"非同级财政拨款收入"项目，反映单位本期从非同级政府财政部门取得的财政拨款，不包括事业单位因开展科研及其辅助活动从非同级财政部门取得的经费拨款。本项目应当根据"非同级财政拨款收入"科目的本期发生额填列。

（8）"投资收益"项目，反映事业单位本期股权投资和债券投资所实现的收益或发生的损失。本项目应当根据"投资收益"科目的本期发生额填列；如为投资净损失，以"－"号填列。

（9）"捐赠收入"项目，反映单位本期接受捐赠取得的收入。本项目应当根据"捐赠收入"科目的本期发生额填列。

（10）"利息收入"项目，反映单位本期取得的银行存款利息收入。本项目应当根据

"利息收入"科目的本期发生额填列。

（11）"租金收入"项目，反映单位本期经批准利用国有资产出租取得并按规定纳入本单位预算管理的租金收入。本项目应当根据"租金收入"科目的本期发生额填列。

（12）"其他收入"项目，反映单位本期取得的除以上收入项目外的其他收入的总额。本项目应当根据"其他收入"科目的本期发生额填列。

2）本期费用。

（1）"本期费用"项目，反映单位本期费用总额。本项目应当根据本表中"业务活动费用""单位管理费用""经营费用""资产处置费用""上缴上级费用""对附属单位补助费用""所得税费用"和"其他费用"项目金额的合计数填列。

（2）"业务活动费用"项目，反映单位本期为实现其职能目标，依法履职或开展专业业务活动及其辅助活动所发生的各项费用。本项目应当根据"业务活动费用"科目本期发生额填列。

（3）"单位管理费用"项目，反映事业单位本期本级行政及后勤管理部门开展管理活动发生的各项费用，以及由单位统一负担的离退休人员经费、工会经费、诉讼费、中介费等。本项目应当根据"单位管理费用"科目的本期发生额填列。

（4）"经营费用"项目，反映事业单位本期在专业业务活动及其辅助活动之外开展非独立核算经营活动发生的各项费用。本项目应当根据"经营费用"科目的本期发生额填列。

（5）"资产处置费用"项目，反映单位本期经批准处置资产时转销的资产价值以及在处置过程中发生的相关费用或者处置收入小于处置费用形成的

净支出。本项目应当根据"资产处置费用"科目的本期发生额填列。

（6）"上缴上级费用"项目，反映事业单位按照规定上缴上级单位款项发生的费用。本项目应当根据"上缴上级费用"科目的本期发生额填列。

（7）"对附属单位补助费用"项目，反映事业单位用财政拨款收入之外的收入对附属单位补助发生的费用。本项目应当根据"对附属单位补助费用"科目的本期发生额填列。

（8）"所得税费用"项目，反映有企业所得税缴纳义务的事业单位本期计算应缴纳的企业所得税。本项目应当根据"所得税费用"科目的本期发生额填列。

（9）"其他费用"项目，反映单位本期发生的除以上费用项目外的其他费用的总额。本项目应当根据"其他费用"科目的本期发生额填列。

3）本期盈余。

"本期盈余"项目，反映单位本期收入扣除本期费用后的净额。本项目应当根据本表中"本期收入"项目金额减去"本期费用"项目金额后的金额填列；如为负数，以"—"号填列。

三、净资产变动表编制方法及调整说明

1. 净资产变动表反映单位在某一会计年度内净资产项目的变动情况。
2. 净资产变动表"本年数"栏反映本年度各项目的实际变动数。净资产变动表。

"上年数"栏反映上年度各项目的实际变动数，应当根据上年度净资产变动表中"本年数"栏内所列数字填列。

3. 如果上年度净资产变动表规定的项目的名称和内容与本年度不一致，应对上年度净资产变动表项目的名称和数字按照本年度的规定进行调整，将调整后金额填入本年度净资产变动表"上年数"栏内。

4. 本表"本年数"栏各项目的内容和填列方法：

（1）"上年年末余额"行，反映单位净资产各项目上年年末的余额。本行各项目应当根据"累计盈余""专用基金""权益法调整"科目上年年末余额填列。

（2）"以前年度盈余调整"行，反映单位本年度调整以前年度盈余的事项对累计盈余进行调整的金额。本行"累计盈余"项目应当根据本年度"以前年度盈余调整"科目转入"累计盈余"科目的金额填列；如调整减少累计盈余，以"—"号填列。

（3）"本年年初余额"行，反映经过以前年度盈余调整后，单位净资产各项目的本年年初余额。本行"累计盈余""专用基金""权益法调整"项

目应当根据其各自在"上年年末余额"和"以前年度盈余调整"行对应项目金额的合计数填列。

（4）"本年变动金额"行，反映单位净资产各项目本年变动总金额。本行"累计盈余""专用基金""权益法调整"项目应当根据其各自在"本年盈余""无偿调拨净资产""归集调整预算结转结余""提取或设置专用基金""使用专用基金""权益法调整"行对应项目金额的合计数填列。

（5）"本年盈余"行，反映单位本年发生的收入、费用对净资产的影响。本行"累计盈余"项目应当年末由"本期盈余"科目转入"本年盈余分配"科目的金额填列；如转入时借记"本年盈余分配"科目，则以"－"号填列。

（6）"无偿调拨净资产"行，反映单位本年无偿调入、调出非现金资产事项对净资产的影响。本行"累计盈余"项目应当根据年末由"无偿调拨净资产"科目转入"累计盈余"科目的金额填列；如转入时借记"累计盈余"科目，则以"－"号填列。

（7）"归集调整预算结转结余"行，反映单位本年财政拨款结转结余资金归集调入、归集上缴或调出，以及非财政拨款结转资金缴回对净资产的影响。本行"累计盈余"项目应当根据"累计盈余"科目明细账记录分析填列；如归集调整减少预算结转结余，则以"－"号填列。

（8）"提取或设置专用基金"行，反映单位本年提取或设置专用基金对净资产的影响。本行"累计盈余"项目应当根据"从预算结余中提取"行"累计盈余"项目的金额填列。本行"专用基金"项目应当根据"从预算收入中提取""从预算结余中提取""设置的专用基金"行"专用基金"项目金额的合计数填列。

其中："从预算收入中提取"行，反映单位本年从预算收入中提取专用基金对净资产的影响。本行"专用基金"项目应当通过对"专用基金"科目明细账记录的分析，根据本年按有关规定从预算收入中提取基金的金额填列。

其中："从预算结余中提取"行，反映单位本年根据有关规定从本年度非财政拨款结余或经营结余中提取专用基金对净资产的影响。本行"累计盈余""专用基金"项目应当通过对"专用基金"科目明细账记录的分析，根据本年按有关规定从本年度非财政拨款结余或经营结余中提取专用基金的金额填列；本行"累计盈余"项目以"－"号填列。

其中："设置的专用基金"行，反映单位本年根据有关规定设置的其他专用基金对净资产的影响。本行"专用基金"项目应当通过对"专用基金"科目明细账记录的分析，根据本年按有关规定设置的其他专用基金的金额填列。

（9）"使用专用基金"行，反映单位本年按规定使用专用基金对净资产的影响。本行"累计盈余""专用基金"项目应当通过对"专用基金"科目明细账记录的分析,根据本年按规定使用专用基金的金额填列;本行"专用基金"项目以"—"号填列。

(10)"权益法调整"行,反映单位本年按照被投资单位除净损益和利润分配以外的所有者权益变动份额而调整长期股权投资账面余额对净资产的影响。本行"权益法调整"项目应当根据"权益法调整"科目本年发生额填列;若本年净发生额为借方时,以"—"号填列。

(11)"本年年末余额"行,反映单位本年各净资产项目的年末余额。

本行"累计盈余""专用基金""权益法调整"项目应当根据其各自在"本年年初余额""本年变动金额"行对应项目金额的合计数填列。

(12)本表各行"净资产合计"项目,应当根据所在行"累计盈余""专用基金""权益法调整"项目金额的合计数填列。

四、现金流量表编制方法及调整说明

1. 现金流量表反映单位在某一会计年度内现金流入和流出的信息。

2. 现金流量表所指的现金,是指单位的库存现金以及其他可以随时用于支付的款项,包括库存现金、可以随时用于支付的银行存款、其他货币资金、零余额账户用款额度、财政应返还额度,以及通过财政直接支付方式支付的款项。

3. 现金流量表应当按照日常活动、投资活动、筹资活动的现金流量分别反映。本表所指的现金流量,是指现金的流入和流出。

4. 现金流量表"本年金额"栏反映各项目的本年实际发生数。"上年金额"栏反映各项目的上年实际发生数,应当根据上年现金流量表中"本年金额"栏内所列数字填列。

5. 单位应当采用直接法编制现金流量表。

6. 现金流量表"本年金额"栏各项目的填列方法:

1)日常活动产生的现金流量。

(1)"财政基本支出拨款收到的现金"项目,反映单位本年接受财政基本支出拨款取得的现金。本项目应当根据"零余额账户用款额度""财政拨款收入""银行存款"等科目及其所属明细科目的记录分析填列。

(2)"财政非资本性项目拨款收到的现金"项目,反映单位本年接受除用于购建固定资产、无形资产、公共基础设施等资本性项目以外的财政项目拨款取得的现金。本项目应当根据"银行存款""零余额账户用款额度""财政拨款收入"等科目及其所属明细科目的记录分析填列。

(3)"事业活动收到的除财政拨款以外的现金"项目,反映事业单位本年开展专业业务活动及其辅助活动取得的除财政拨款以外的现金。本项目应当根据"库存现金""银行存款""其他货币资金""应收账款""应收票据""预

第8章 政府财务报告和决算报告

收账款""事业收入"等科目及其所属明细科目的记录分析填列。

（4）"收到的其他与日常活动有关的现金"项目，反映单位本年收到的除以上项目之外的与日常活动有关的现金。本项目应当根据"库存现金""银行存款""其他货币资金""上级补助收入""附属单位上缴收入""经营收入""非同级财政拨款收入""捐赠收入""利息收入""租金收入""其他收入"等科目及其所属明细科目的记录分析填列。

（5）"日常活动的现金流入小计"项目，反映单位本年日常活动产生的现金流入的合计数。本项目应当根据本表中"财政基本支出拨款收到的现金""财政非资本性项目拨款收到的现金""事业活动收到的除财政拨款以外的现金""收到的其他与日常活动有关的现金"项目金额的合计数填列。

（6）"购买商品、接受劳务支付的现金"项目，反映单位本年在日常活动中用于购买商品、接受劳务支付的现金。本项目应当根据"库存现金""银行存款""财政拨款收入""零余额账户用款额度""预付账款""在途物品""库存物品""应付账款""应付票据""业务活动费用""单位管理费用""经营费用"等科目及其所属明细科目的记录分析填列。

（7）"支付给职工以及为职工支付的现金"项目，反映单位本年支付给职工以及为职工支付的现金。本项目应当根据"库存现金""银行存款""零余额账户用款额度""财政拨款收入""应付职工薪酬""业务活动费用""单位管理费用""经营费用"等科目及其所属明细科目的记录分析填列。

（8）"支付的各项税费"项目，反映单位本年用于缴纳日常活动相关税费而支付的现金。本项目应当根据"库存现金""银行存款""零余额账户用款额度""应交增值税""其他应交税费""业务活动费用""单位管理费用""经营费用""所得税费用"等科目及其所属明细科目的记录分析填列。

（9）"支付的其他与日常活动有关的现金"项目，反映单位本年支付的除上述项目之外与日常活动有关的现金。本项目应当根据"库存现金""银行存款""零余额账户用款额度""财政拨款收入""其他应付款""业务活动费用""单位管理费用""经营费用""其他费用"等科目及其所属明细科目的记录分析填列。

（10）"日常活动的现金流出小计"项目，反映单位本年日常活动产生的现金流出的合计数。本项目应当根据本表中"购买商品、接受劳务支付的现金""支付给职工以及为职工支付的现金""支付的各项税费""支付的其他与日常活动有关的现金"项目金额的合计数填列。

（11）"日常活动产生的现金流量净额"项目，应当按照本表中"日常活动的现金流入小计"项目金额减去"日常活动的现金流出小计"项目金额后的金额填列；如为负数，以"－"号填列。

2）投资活动产生的现金流量。

（1）"收回投资收到的现金"项目，反映单位本年出售、转让或者收回投资收到的现金。本项目应该根据"库存现金""银行存款""短期投资""长期股权投资""长期债券投资"等科目的记录分析填列。

（2）"取得投资收益收到的现金"项目，反映单位本年因对外投资而收到被投资单位分配的股利或利润，以及收到投资利息而取得的现金。本项目应当根据"库存现金""银行存款""应收股利""应收利息""投资收益"等科目的记录分析填列。

（3）"处置固定资产、无形资产、公共基础设施等收回的现金净额"项目，反映单位本年处置固定资产、无形资产、公共基础设施等非流动资产所取得的现金，减去为处置这些资产而支付的有关费用之后的净额。由于自然灾害所造成的固定资产等长期资产损失而收到的保险赔款收入，也在本项目反映。本项目应当根据"库存现金""银行存款""待处理财产损溢"等科目的记录分析填列。

（4）"收到的其他与投资活动有关的现金"项目，反映单位本年收到的除上述项目之外与投资活动有关的现金。对于金额较大的现金流入，应当单列项目反映。本项目应当根据"库存现金""银行存款"等有关科目的记录分析填列。

（5）"投资活动的现金流入小计"项目，反映单位本年投资活动产生的现金流入的合计数。本项目应当根据本表中"收回投资收到的现金""取得投资收益收到的现金""处置固定资产、无形资产、公共基础设施等收回的现金净额""收到的其他与投资活动有关的现金"项目金额的合计数填列。

（6）"购建固定资产、无形资产、公共基础设施等支付的现金"项目，反映单位本年购买和建造固定资产、无形资产、公共基础设施等非流动资产所支付的现金；融资租入固定资产支付的租赁费不在本项目反映，在筹资活动的现金流量中反映。本项目应当根据"库存现金""银行存款""固定资产""工程物资""在建工程""无形资产""研发支出""公共基础设施""保障性住房"等科目的记录分析填列。

（7）"对外投资支付的现金"项目，反映单位本年为取得短期投资、长期股权投资、长期债券投资而支付的现金。本项目应当根据"库存现金""银行存款""短期投资""长期股权投资""长期债券投资"等科目的记录分析填列。

（8）"上缴处置固定资产、无形资产、公共基础设施等净收入支付的现金"项目，反映本年单位将处置固定资产、无形资产、公共基础设施等非流动资产所收回的现金净额予以上缴财政所支付的现金。本项目应当根据"库存现金""银行存款""应缴财政款"等科目的记录分析填列。

（9）"支付的其他与投资活动有关的现金"项目，反映单位本年支付的除上述项目之外与投资活动有关的现金。对于金额较大的现金流出，应当单列项目反映。本项目应当根据"库存现金""银行存款"等有关科目的记录分析填列。

（10）"投资活动的现金流出小计"项目，反映单位本年投资活动产生的现金流出的合计数。本项目应当根据本表中"购建固定资产、无形资产、公共基础设施等支付的现金""对外投资支付的现金""上缴处置固定资产、无形资产、公共基础设施等净收入支付的现金""支付的其他与投资活动有关的现金"项目金额的合计数填列。

（11）"投资活动产生的现金流量净额"项目，应当按照本表中"投资活动的现金流入小计"项目金额减去"投资活动的现金流出小计"项目金额后的金额填列；如为负数，以"—"号填列。

3）筹资活动产生的现金流量。

（1）"财政资本性项目拨款收到的现金"项目，反映单位本年接受用于购建固定资产、无形资产、公共基础设施等资本性项目的财政项目拨款取得的现金。本项目应当根据"银行存款""零余额账户用款额度""财政拨款收入"等科目及其所属明细科目的记录分析填列。

（2）"取得借款收到的现金"项目，反映事业单位本年举借短期、长期借款所收到的现金。本项目应当根据"库存现金""银行存款""短期借款""长期借款"等科目记录分析填列。

（3）"收到的其他与筹资活动有关的现金"项目，反映单位本年收到的除上述项目之外与筹资活动有关的现金。对于金额较大的现金流入，应当单列项目反映。本项目应当根据"库存现金""银行存款"等有关科目的记录分析填列。

（4）"筹资活动的现金流入小计"项目，反映单位本年筹资活动产生的现金流入的合计数。本项目应当根据本表中"财政资本性项目拨款收到的现金""取得借款收到的现金""收到的其他与筹资活动有关的现金"项目金额的合计数填列。

（5）"偿还借款支付的现金"项目，反映事业单位本年偿还借款本金所支付的现金。本项目应当根据"库存现金""银行存款""短期借款""长期借款"等科目的记录分析填列。

（6）"偿付利息支付的现金"项目，反映事业单位本年支付的借款利息等。本项目应当根据"库存现金""银行存款""应付利息""长期借款"等科目的记录分析填列。

（7）"支付的其他与筹资活动有关的现金"项目，反映单位本年支付的除上述项目之外与筹资活动有关的现金，如融资租入固定资产所支付的租赁费。本项目应当根据"库存现金""银行存款""长期应付款"等科目的记录分析填列。

（8）"筹资活动的现金流出小计"项目，反映单位本年筹资活动产生的现金流出的合计数。本项目应当根据本表中"偿还借款支付的现金""偿付利息支付的现金""支付的其他与筹资活动有关的现金"项目金额的合计数填列。

其中："筹资活动产生的现金流量净额"项目，应当按照本表中"筹资活动的现金流入小计"项目金额减去"筹资活动的现金流出小计"金额后的金额填列；如为负数，以"一"号填列。

4）"汇率变动对现金的影响额"项目，反映单位本年外币现金流量折算为人民币时，所采用的现金流量发生日的汇率折算的人民币金额与外币现金流量净额按期末汇率折算的人民币金额之间的差额。

5）"现金净增加额"项目，反映单位本年现金变动的净额。本项目应当根据本表中"日常活动产生的现金流量净额""投资活动产生的现金流量净额""筹资活动产生的现金流量净额"和"汇率变动对现金的影响额"项目金额的合计数填列；如为负数，以"一"号填列。

五、预算收入支出编制方法及调整说明

1. 预算收入支出表反映单位在某一会计年度内各项预算收入、预算支出和预算收支差额的情况。

2. 预算收入支出表"本年数"栏反映各项目的本年实际发生数。本表"上年数"栏反映各项目上年度的实际发生数，应当根据上年度预算收入支出表中"本年数"栏内所列数字填列。

3. 如果本年度预算收入支出表规定的项目的名称和内容同上年度不一致，应当对上年度预算收入支出表项目的名称和数字按照本年度的规定进行调整，将调整后金额填入本年度预算收入支出表的"上年数"栏。

4. 预算收入支出表"本年数"栏各项目的内容和填列方法：

1）本年预算收入。

（1）"本年预算收入"项目，反映单位本年预算收入总额。本项目应当根据本表中"财政拨款预算收入""事业预算收入""上级补助预算收入""附属单位上缴预算收入""经营预算收入""债务预算收入""非同级财政拨款预算收入""投资预算收益""其他预算收入"项目金额的合计数填列。

第 8 章 政府财务报告和决算报告

（2）"财政拨款预算收入"项目，反映单位本年从同级政府财政部门取得的各类财政拨款。本项目应当根据"财政拨款预算收入"科目的本年发生额填列。

其中："政府性基金收入"项目，反映单位本年取得的财政拨款收入中属于政府性基金预算拨款的金额。本项目应当根据"财政拨款预算收入"相关明细科目的本年发生额填列。

（3）"事业预算收入"项目，反映事业单位本年开展专业业务活动及其辅助活动取得的预算收入。本项目应当根据"事业预算收入"科目的本年发生额填列。

（4）"上级补助预算收入"项目，反映事业单位本年从主管部门和上级单位取得的非财政补助预算收入。本项目应当根据"上级补助预算收入"科目的本年发生额填列。

（5）"附属单位上缴预算收入"项目，反映事业单位本年收到的独立核算的附属单位按照有关规定上缴的预算收入。本项目应当根据"附属单位上缴预算收入"科目的本年发生额填列。

（6）"经营预算收入"项目，反映事业单位本年在专业业务活动及其辅助活动之外开展非独立核算经营活动取得的预算收入。本项目应当根据"经营预算收入"科目的本年发生额填列。

（7）"债务预算收入"项目，反映事业单位本年按照规定从金融机构等借入的、纳入部门预算管理的债务预算收入。本项目应当根据"债务预算收入"的本年发生额填列。

（8）"非同级财政拨款预算收入"项目，反映单位本年从非同级政府财政部门取得的财政拨款。本项目应当根据"非同级财政拨款预算收入"科目的本年发生额填列。

（9）"投资预算收益"项目，反映事业单位本年取得的按规定纳入单位预算管理的投资收益。本项目应当根据"投资预算收益"科目的本年发生额填列。

（10）"其他预算收入"项目，反映单位本年取得的除上述收入以外的纳入单位预算管理的各项预算收入。本项目应当根据"其他预算收入"科目的本年发生额填列。

其中："利息预算收入"项目，反映单位本年取得的利息预算收入。本项目应当根据"其他预算收入"科目的明细记录分析填列。单位单设"利息预算收入"科目的，应当根据"利息预算收入"科目的本年发生额填列。

其中："捐赠预算收入"项目，反映单位本年取得的捐赠预算收入。本项目应当根据"其他预算收入"科目明细账记录分析填列。单位单设"捐赠预算收入"科目的,应当根据"捐赠预算收入"科目的本年发生额填列。

其中:"租金预算收入"项目,反映单位本年取得的租金预算收入。本项目应当根据"其他预算收入"科目明细账记录分析填列。单位单设"租金预算收入"科目的,应当根据"租金预算收入"科目的本年发生额填列。

2)本年预算支出。

(1)"本年预算支出"项目,反映单位本年预算支出总额。本项目应当根据本表中"行政支出""事业支出""经营支出""上缴上级支出""对附属单位补助支出""投资支出""债务还本支出"和"其他支出"项目金额的合计数填列。

(2)"行政支出"项目,反映行政单位本年履行职责实际发生的支出。本项目应当根据"行政支出"科目的本年发生额填列。

(3)"事业支出"项目,反映事业单位本年开展专业业务活动及其辅助活动发生的支出。本项目应当根据"事业支出"科目的本年发生额填列。

(4)"经营支出"项目,反映事业单位本年在专业业务活动及其辅助活动之外开展非独立核算经营活动发生的支出。本项目应当根据"经营支出"科目的本年发生额填列。

(5)"上缴上级支出"项目,反映事业单位本年按照财政部门和主管部门的规定上缴上级单位的支出。本项目应当根据"上缴上级支出"科目的本年发生额填列。

(6)"对附属单位补助支出"项目,反映事业单位本年用财政拨款收入之外的收入对附属单位补助发生的支出。本项目应当根据"对附属单位补助支出"科目的本年发生额填列。

(7)"投资支出"项目,反映事业单位本年以货币资金对外投资发生的支出。本项目应当根据"投资支出"科目的本年发生额填列。

(8)"债务还本支出"项目,反映事业单位本年偿还自身承担的纳入预算管理的从金融机构举借的债务本金的支出。本项目应当根据"债务还本支出"科目的本年发生额填列。

(9)"其他支出"项目,反映单位本年除以上支出以外的各项支出。本项目应当根据"其他支出"科目的本年发生额填列。

其中:"利息支出"项目,反映单位本年发生的利息支出。本项目应当根据"其他支出"科目明细账记录分析填列。单位单设"利息支出"科目的,应当根据"利息支出"科目的本年发生额填列。

其中:"捐赠支出"项目,反映单位本年发生的捐赠支出。本项目应当根据"其他支出"科目明细账记录分析填列。单位单设"捐赠支出"科目的,应当根据"捐赠支出"科目的本年发生额填列。

3）本年预算收支差额。

"本年预算收支差额"项目，反映单位本年各项预算收支相抵后的差额。本项目应当根据本表中"本期预算收入"项目金额减去"本期预算支出"项目金额后的金额填列；如相减后金额为负数，以"－"号填列。

六、预算结转结余变动表编制方法及调整说明

1．预算结转结余变动表反映单位在某一会计年度内预算结转结余的变动情况。

2．预算结转结余变动表"本年数"栏反映各项目的本年实际发生数。本表"上年数"栏反映各项目的上年实际发生数，应当根据上年度预算结转结余变动表中"本年数"栏内所列数字填列。

3．如果本年度预算结转结余变动表规定的项目的名称和内容同上年度不一致，应当对上年度预算结转结余变动表项目的名称和数字按照本年度的规定进行调整，将调整后金额填入本年度预算结转结余变动表的"上年数"栏。

4．预算结转结余变动表中"年末预算结转结余"项目金额等于"年初预算结转结余""年初余额调整""本年变动金额"三个项目的合计数。

5．预算结转结余变动表"本年数"栏各项目的内容和填列方法：

1）"年初预算结转结余"项目，反映单位本年预算结转结余的年初余额。本项目应当根据本项目下"财政拨款结转结余""其他资金结转结余"项目金额的合计数填列。

（1）"财政拨款结转结余"项目，反映单位本年财政拨款结转结余资金的年初余额。本项目应当根据"财政拨款结转""财政拨款结余"科目本年年初余额合计数填列。

（2）"其他资金结转结余"项目，反映单位本年其他资金结转结余的年初余额。本项目应当根据"非财政拨款结转""非财政拨款结余""专用结余""经营结余"科目本年年初余额的合计数填列。

2）"年初余额调整"项目，反映单位本年预算结转结余年初余额调整的金额。本项目应当根据本项目下"财政拨款结转结余""其他资金结转结余"项目金额的合计数填列。

（1）"财政拨款结转结余"项目，反映单位本年财政拨款结转结余资金的年初余额调整金额。本项目应当根据"财政拨款结转""财政拨款结余"科目下"年初余额调整"明细科目的本年发生额的合计数填列；如调整减少年初财政拨款结转结余，以"－"号填列。

（2）"其他资金结转结余"项目，反映单位本年其他资金结转结余的年初余额调整金额。本项目应当根据"非财政拨款结转""非财政拨款结余"科

目下"年初余额调整"明细科目的本年发生额的合计数填列;如调整减少年初其他资金结转结余,以"—"号填列。

3)"本年变动金额"项目,反映单位本年预算结转结余变动的金额。本项目应当根据本项目下"财政拨款结转结余""其他资金结转结余"项目金额的合计数填列。

(1)"财政拨款结转结余"项目,反映单位本年财政拨款结转结余资金的变动。本项目应当根据本项目下"本年收支差额""归集调入""归集上缴或调出"项目金额的合计数填列。

①"本年收支差额"项目,反映单位本年财政拨款资金收支相抵后的差额。本项目应当根据"财政拨款结转"科目下"本年收支结转"明细科目本年转入的预算收入与预算支出的差额填列;差额为负数的,以"—"号填列。

②"归集调入"项目,反映单位本年按照规定从其他单位归集调入的财政拨款结转资金。本项目应当根据"财政拨款结转"科目下"归集调入"明细科目的本年发生额填列。

③"归集上缴或调出"项目,反映单位本年按照规定上缴的财政拨款结转结余资金及按照规定向其他单位调出的财政拨款结转资金。本项目应当根据"财政拨款结转""财政拨款结余"科目下"归集上缴"明细科目,以及"财政拨款结转"科目下"归集调出"明细科目本年发生额的合计数填列,以"—"号填列。

(2)"其他资金结转结余"项目,反映单位本年其他资金结转结余的变动。本项目应当根据本项目下"本年收支差额""缴回资金""使用专用结余""支付所得税"项目金额的合计数填列。

①"本年收支差额"项目,反映单位本年除财政拨款外的其他资金收支相抵后的差额。本项目应当根据"非财政拨款结转"科目下"本年收支结转"明细科目、"其他结余"科目、"经营结余"科目本年转入的预算收入与预算支出的差额的合计数填列;如为负数,以"—"号填列。

②"缴回资金"项目,反映单位本年按照规定缴回的非财政拨款结转资金。本项目应当根据"非财政拨款结转"科目下"缴回资金"明细科目本年发生额的合计数填列,以"—"号填列。

③"使用专用结余"项目,反映本年事业单位根据规定使用从非财政拨款结余或经营结余中提取的专用基金的金额。本项目应当根据"专用结余"科目明细账中本年使用专用结余业务的发生额填列,以"—"号填列。

④"支付所得税"项目,反映有企业所得税缴纳义务的事业单位本年实际缴纳的企业所得税金额。本项目应当根据"非财政拨款结余"明细账中本年实际缴纳企业所得税业务的发生额填列,以"—"号填列。

4)"年末预算结转结余"项目,反映单位本年预算结转结余的年末余额。本项目应当根据本项目下"财政拨款结转结余""其他资金结转结余"项目金额的合计数填列。

(1)"财政拨款结转结余"项目,反映单位本年财政拨款结转结余的年末余额。本项目应当根据本项目下"财政拨款结转""财政拨款结余"项目金额的合计数填列。本项目下"财政拨款结转""财政拨款结余"项目,应当分别根据"财政拨款结转""财政拨款结余"科目的本年年末余额填列。

(2)"其他资金结转结余"项目,反映单位本年其他资金结转结余的年末余额。本项目应当根据本项目下"非财政拨款结转""非财政拨款结余""专用结余""经营结余"项目金额的合计数填列。本项目下"非财政拨款结转""非财政拨款结余""专用结余""经营结余"项目,应当分别根据"非财政拨款结转""非财政拨款结余""专用结余""经营结余"科目的本年年末余额填列。

七、财政拨款预算收入支出表编制方法及调整说明

1. 财政拨款预算收入支出表反映单位本年财政拨款预算资金收入、支出及相关变动的具体情况。

2. 财政拨款预算收入支出表"项目"栏内各项目,应当根据单位取得的财政拨款种类分项设置。其中"项目支出"项目下,根据每个项目设置;单位取得除一般公共财政预算拨款和政府性基金预算拨款以外的其他财政拨款的,应当按照财政拨款种类增加相应的资金项目及其明细项目。

3. 本表各栏及其对应项目的内容和填列方法。

(1)"年初财政拨款结转结余"栏中各项目,反映单位年初各项财政拨款结转结余的金额。各项目应当根据"财政拨款结转""财政拨款结余"及其明细科目的年初余额填列。本栏中各项目的数额应当与上年度财政拨款预算收入支出表中"年末财政拨款结转结余"栏中各项目的数额相等。

(2)"调整年初财政拨款结转结余"栏中各项目,反映单位对年初财政拨款结转结余的调整金额。各项目应当根据"财政拨款结转""财政拨款结余"科目下"年初余额调整"明细科目及其所属明细科目的本年发生额填列;如调整减少年初财政拨款结转结余,以"一"号填列。

(3)"本年归集调入"栏中各项目,反映单位本年按规定从其他单位调入的财政拨款结转资金金额。各项目应当根据"财政拨款结转"科目下"归集调入"明细科目及其所属明细科目的本年发生额填列。

(4)"本年归集上缴或调出"栏中各项目,反映单位本年按规定实际上缴的财政拨款结转结余资金,及按照规定向其他单位调出的财政拨款结转资金金额。各项目应当根据"财政拨款结转""财政拨款结余"科目下"归集

上缴"科目和"财政拨款结转"科目下"归集调出"明细科目,及其所属明细科目的本年发生额填列,以"一"号填列。

（5）"单位内部调剂"栏中各项目,反映单位本年财政拨款结转结余资金在单位内部不同项目等之间的调剂金额。各项目应当根据"财政拨款结转"和"财政拨款结余"科目下的"单位内部调剂"明细科目及其所属明细科目的本年发生额填列；对单位内部调剂减少的财政拨款结转金额,以"一"号填列。

（6）"本年财政拨款收入"栏中各项目,反映单位本年从同级财政部门取得的各类财政预算拨款金额。各项目应当根据"财政拨款预算收入"科目及其所属明细科目的本年发生额填列。

（7）"本年财政拨款支出"栏中各项目,反映单位本年发生的财政拨款支出金额。各项目应当根据"行政支出""事业支出"等科目及其所属明细科目本年发生额中的财政拨款支出数的合计数填列。

（8）"年末财政拨款结转结余"栏中各项目,反映单位年末财政拨款结转结余的金额。各项目应当根据"财政拨款结转""财政拨款结余"科目及其所属明细科目的年末余额填列。

八、附注

附注是对在会计报表中列示的项目所作的进一步说明,以及对未能在会计报表中列示项目的说明。附注是财务报表的重要组成部分。凡对报表使用者的决策有重要影响的会计信息,不论本制度是否有明确规定,单位均应当充分披露。

附注主要包括下列内容：

（一）单位的基本情况

单位应当简要披露其基本情况,包括单位主要职能、主要业务活动、所在地、预算管理关系等。

（二）会计报表编制基础

（三）遵循政府会计准则、制度的声明

（四）重要会计政策和会计估计

单位应当采用与其业务特点相适应的具体会计政策,并充分披露报告期内采用的重要会计政策和会计估计。主要包括以下内容：

（1）会计期间。

（2）记账本位币,外币折算汇率。

（3）坏账准备的计提方法。

（4）存货类别、发出存货的计价方法、存货的盘存制度,以及低值易耗品和包装物的摊销方法。

（5）长期股权投资的核算方法。

（6）固定资产分类、折旧方法、折旧年限和年折旧率；融资租入固定资产的计价和折旧方法。

（7）无形资产的计价方法；使用寿命有限的无形资产，其使用寿命估计情况；使用寿命不确定的无形资产，其使用寿命不确定的判断依据；单位内部研究开发项目划分研究阶段和开发阶段的具体标准。

（8）公共基础设施的分类、折旧（摊销）方法、折旧（摊销）年限，以及其确定依据。

（9）政府储备物资分类，以及确定其发出成本所采用的方法。

（10）保障性住房的分类、折旧方法、折旧年限。

（11）其他重要的会计政策和会计估计。

（12）本期发生重要会计政策和会计估计变更的，变更的内容和原因、受其重要影响的报表项目名称和金额、相关审批程序，以及会计估计变更开始适用的时点。

（五）会计报表重要项目说明

单位应当按照资产负债表和收入费用表项目列示顺序，采用文字和数据描述相结合的方式披露重要项目的明细信息。报表重要项目的明细金额合计，应当与报表项目金额相衔接。报表重要项目说明应包括但不限于下列内容：

1. 货币资金的披露格式。

表 8-10　货币资金的披露格式

项　目	期末余额	年初余额
库存现金		
银行存款		
其他货币资金		
合　计		

2. 应收账款按照债务人类别的披露格式。

表 8-11　应收账款按照债务人类别的披露格式

债务人类别	期末余额	年初余额
政府会计主体：		
部门内部单位		
单位 1		
……		

（续表）

债务人类别	期末余额	年初余额
部门外部单位		
单位1		
……		
其他：		
单位1		
……		
合　计		

注1："部门内部单位"是指纳入单位所属部门财务报告合并范围的单位（下同）。
注2：有应收票据、预付账款、其他应收款的，可比照应收账款进行披露。

3. 存货的披露格式。

表8-12　存货的披露格式

存货种类	期末余额	年初余额
1.		
……		
合　计		

4. 其他流动资产的披露格式。

表8-13　其他流动资产的披露格式

项　目	期末余额	年初余额
1.		
……		
合　计		

注：有长期待摊费用、其他非流动资产的，可比照其他流动资产进行披露。

5. 长期投资。

（1）长期债券投资的披露格式。

表8-14　长期债券投资的披露格式

债券发行主体	年初余额	本期增加额	本期减少额	期末余额
1.				

(续表)

债券发行主体	年初余额	本期增加额	本期减少额	期末余额
……				
合　计				

注：有短期投资的，可比照长期债券投资进行披露。

（2）长期股权投资的披露格式。

表 8-15　长期股权投资的披露格式

被投资单位	核算方法	年初余额	本期增加额	本期减少额	期末余额
1.					
……					

（3）当期发生的重大投资净损益项目、金额及原因。

6．固定资产。

（1）固定资产的披露格式。

表 8-16　固定资产的披露格式

项　　目	年初余额	本期增加额	本期减少额	期末余额
一、原值合计				
其中：房屋及构筑物				
通用设备				
专用设备				
文物和陈列品				
图书、档案				
家具、用具、装具及动植物				
二、累计折旧合计				
其中：房屋及构筑物				
通用设备				
专用设备				
家具、用具、装具				
三、账面价值合计				
其中：房屋及构筑物				

（续表）

项　目	年初余额	本期增加额	本期减少额	期末余额
通用设备				
专用设备				
文物和陈列品				
图书、档案				
家具、用具、装具及动植物				

（2）已提足折旧的固定资产名称、数量等情况。

（3）出租、出借固定资产以及固定资产对外投资等情况。

7．在建工程的披露格式。

表 8-17　在建工程的披露格式

项目	年初余额	本期增加额	本期减少额	期末余额
1.				
……				
合　计				

8．无形资产。

（1）各类无形资产的披露格式。

表 8-18　各类无形资产的披露格式

项　目	年初余额	本期增加额	本期减少额	期末余额
一、原值合计				
1.				
……				
二、累计摊销合计				
1.				
……				
三、账面价值合计				
1.				
……				

（2）计入当期损益的研发支出金额、确认为无形资产的研发支出金额。

（3）无形资产出售、对外投资等处置情况。

9．公共基础设施。

（1）公共基础设施的披露格式。

表 8-19　公共基础设施的披露格式

项　目	年初余额	本期增加额	本期减少额	期末余额
原值合计				
市政基础设施				
1.				
……				
交通基础设施				
1.				
……				
水利基础设施				
1.				
……				
其他				
……				
累计折旧合计				
市政基础设施				
1.				
……				
交通基础设施				
1.				
……				
水利基础设施				
1.				
……				
其他				
……				
账面价值合计				
市政基础设施				

（续表）

项　目	年初余额	本期增加额	本期减少额	期末余额
1.				
……				
交通基础设施				
1.				
……				
水利基础设施				
1.				
……				
其他				
……				

（2）确认为公共基础设施的单独计价入账的土地使用权的账面余额、累计摊销额及变动情况。

（3）已提取折旧继续使用的公共基础设施的名称、数量等。

10．政府储备物资的披露格式。

表8-20　政府储备物资的披露格式

物资类别	年初余额	本期增加额	本期减少额	期末余额
1.				
……				
合　计				

注：如单位有因动用而发出需要收回或者预期可能收回、但期末尚未收回的政府储备物资，应当单独披露其期末账面余额。

11．受托代理资产的披露格式。

表8-21　受托代理资产的披露格式

资产类别	年初余额	本期增加额	本期减少额	期末余额
货币资金				
受托转赠物资				
受托存储保管物资				
罚没物资				

（续表）

资产类别	年初余额	本期增加额	本期减少额	期末余额
其他				
合　　计				

12．应付账款按照债权人类别的披露格式。

表 8-22　应付账款按照债权人类别的披露格式

债权人类别	期末余额	年初余额
政府会计主体：		
部门内部单位		
单位1		
……		
部门外部单位		
单位1		
……		
其他：		
单位1		
……		
合　　计		

注：有应付票据、预收账款、其他应付款、长期应付款的，可比照应付账款进行披露。

13．其他流动负债的披露格式。

表 8-23　其他流动负债的披露格式

项　　目	期末余额	年初余额
1.		
……		
合　　计		

注：有预计负债、其他非流动负债的，可比照其他流动负债进行披露。

14．长期借款。

（1）长期借款按照债权人的披露格式。

表 8-24　长期借款按照债权人的披露格式

债权人	期末余额	年初余额
1.		
……		
合　计		

注：有短期借款的，可比照长期借款进行披露。

（2）单位有基建借款的，应当分基建项目披露长期借款年初数、本年变动数、年末数及到期期限。

15．事业收入按照收入来源的披露格式。

表 8-25　事业收入按照收入来源的披露格式

收入来源	本期发生额	上期发生额
来自财政专户管理资金		
本部门内部单位		
单位1		
……		
本部门以外同级政府单位		
单位1		
……		
其他		
单位1		
……		
合　计		

16．非同级财政拨款收入按收入来源的披露格式。

表 8-26　非同级财政拨款收入按收入来源的披露格式

收入来源	本期发生额	上期发生额
本部门以外同级政府单位		
单位1		
……		

（续表）

收入来源	本期发生额	上期发生额
本部门以外非同级政府单位		
单位1		
……		
合　计		

17. 其他收入按照收入来源的披露格式。

表 8-27　其他收入按照收入来源的披露格式

收入来源	本期发生额	上期发生额
本部门内部单位		
单位1		
……		
本部门以外同级政府单位		
单位1		
……		
本部门以外非同级政府单位		
单位1		
……		
其他		
单位1		
……		
合　计		

18. 业务活动费用。

（1）按经济分类的披露格式。

表 8-28　按经济分类的披露格式

项　目	本期发生额	上期发生额
工资福利费用		
商品和服务费用		

(续表)

项 目	本期发生额	上期发生额
对个人和家庭的补助费用		
对企业补助费用		
固定资产折旧费		
无形资产摊销费		
公共基础设施折旧（摊销）费		
保障性住房折旧费		
计提专用基金		
……		

注：有单位管理费用、经营费用的，可比照（业务活动费用）此表进行披露。

（2）按支付对象的披露格式。

表8-29　按支付对象的披露格式

支付对象	本期发生额	上期发生额
本部门内部单位		
单位1		
……		
本部门以外同级政府单位		
单位1		
……		
其他		
单位1		
……		
合　计		

注：有单位管理费用、经营费用的，可比照（业务活动费用）此表进行披露。

19. 其他费用按照类别的披露格式。

表8-30　其他费用按照类别的披露格式

费用类别	本期发生额	上期发生额
利息费用		

第 8 章 政府财务报告和决算报告

（续表）

费用类别	本期发生额	上期发生额
坏账损失		
罚没支出		
……		
合　计		

20．本期费用按照经济分类的披露格式。

表 8-31　本期费用按照经济分类的披露格式

项　目	本年数	上年数
工资福利费用		
商品和服务费用		
对个人和家庭的补助费用		
对企业补助费用		
固定资产折旧费		
无形资产摊销费		
公共基础设施折旧（摊销）费		
保障性住房折旧费		
计提专用基金		
所得税费用		
资产处置费用		
上缴上级费用		
对附属单位补助费用		
其他费用		
本期费用合计		

注：单位在按照本制度规定编制收入费用表的基础上，可以根据需要按照此表披露的内容编制收入费用表。

（六）本年盈余与预算结余的差异情况说明

为了反映单位财务会计和预算会计因核算基础和核算范围不同所产生的本年盈余数与本年预算结余数之间的差异，单位应当按照重要性原则，对本年度发生的各类影响收入（预算收入）和费用（预算支出）的业务进行适度归并和分析,披露将年度预算收入支出表中"本年预算收支差额"调节为年度收入费用表中"本期盈余"的信息。有关披露格式(表8-32)。

(七)其他重要事项说明

(1)资产负债表日存在的重要或有事项说明。没有重要或有事项的,也应说明。

(2)以名义金额计量的资产名称、数量等情况,以及以名义金额计量理由的说明。

表8-32 本年盈余与预算结余差异的披露格式

项　　目	金　额
一、本年预算结余(本年预算收支差额)	
二、差异调节	—
（一）重要事项的差异	
加：1. 当期确认为收入但没有确认为预算收入	
（1）应收款项、预收账款确认的收入	
（2）接受非货币性资产捐赠确认的收入	
2. 当期确认为预算支出但没有确认为费用	
（1）支付应付款项、预付账款的支出	
（2）为取得存货、政府储备物资等计入物资成本的支出	
（3）为购建固定资产等的资本性支出	
（4）偿还借款本息支出	
减：1. 当期确认为预算收入但没有确认为收入	
（1）收到应收款项、预收账款确认的预算收入	
（2）取得借款确认的预算收入	
2. 当期确认为费用但没有确认为预算支出	
（1）发出存货、政府储备物资等确认的费用	
（2）计提的折旧费用和摊销费用	
（3）确认的资产处置费用（处置资产价值）	
（4）应付款项、预付账款确认的费用	
（二）其他事项差异	
三、本年盈余（本年收入与费用的差额）	

第8章 政府财务报告和决算报告

（3）通过债务资金形成的固定资产、公共基础设施、保障性住房等资产的账面价值、使用情况、收益情况及与此相关的债务偿还情况等的说明。

（4）重要资产置换、无偿调入（出）、捐入（出）、报废、重大毁损等情况的说明。

（5）事业单位将单位内部独立核算单位的会计信息纳入本单位财务报表情况的说明。

（6）政府会计具体准则中要求附注披露的其他内容。

（7）有助于理解和分析单位财务报表需要说明的其他事项。

第四节 报表编制举例

一、资产负债表编制举例

（一）行政单位资产负债表

【例8-1】 某行政单位2×19年12月31日结账后，科目余额表如表8-33所示。据此编制该行政单位的资产负债表。

表8-33 科目余额表

2×19年　　　　　　　　　　　　　　　　　　　　单位：元

资产	借方余额	负债和净资产	贷方余额
库存现金	10 000	短期借款	×××
银行存款	190 000	应交增值税	20 000
零余额账户用款额度	0	其他应交税费	0
短期投资	×××	应缴财政款	0
财政应返还额度	0	应付职工薪酬	0
应收票据	×××	应付票据	×××
应收账款	×××	应付账款	10 000
预付账款	20 000	预收账款	×××
其他应收款	5 000	其他应付款	20 000
存货	230 000	长期借款	×××
长期股权投资	×××	长期应付款	0
固定资产	3 500 000	累计盈余	4 655 000

（续表）

资　产	借方余额	负债和净资产	贷方余额
固定资产累计折旧	－500 000	专用基金	×××
在建工程	1 000 000	权益法调整	×××
无形资产	300 000		
无形资产累计摊销	－100 000		
待处理财产损溢	50 000		
合　计	4 705 000	合计	4 705 000

12月31日编制的资产负债表为年末资产负债表时，"年初余额"栏内各项数字，应当根据上年年末资产负债表"期末余额"栏内数字填列。"期末余额"栏内各项数字根据各账户的期末余额直接填列、合并填列或分析填列。主要项目的填列说明如下：

（1）货币资金＝库存现金＋银行存款＋零余额账户用款额度＝10 000＋190 000＋0＝200 000（元）

（2）固定资产＝固定资产－固定资产累计折旧＝3 500 000－500 000＝3 000 000（元）

（3）无形资产＝无形资产－无形资产累计折旧＝300 000－100 000＝200 000

（4）其他项目可根据科目余额表直接填列。资产总计、负债合计、净资产合计等项目的数额按其内容汇总后填列。编制完成的年度资产负债表如表8-34所示：

表8-34　资产负债表

编制单位：×××　　　　2×19年12月31日　　　　会政财01表　单位：元

资　产	期末余额	年初余额	负债和净资产	期末余额	年初余额
流动资产：			流动负债：		
货币资金	200 000		短期借款		
短期投资	×××		应交增值税	20 000	
财政应返还额度	0		其他应交税费		
应收票据	×××		应缴财政款		
应收账款净额	×××		应付职工薪酬		

（续表）

资　产	期末余额	年初余额	负债和净资产	期末余额	年初余额
预付账款	20 000		应付票据		
应收股利			应付账款	10 000	
应收利息			应付政府补贴款		
其他应收款净额	5 000		应付利息		
存货	230 000		预收账款		
待摊费用			其他应付款	20 000	
一年内到期的非流动资产			预提费用		
其他流动资产			一年内到期的非流动负债		
流动资产合计	455 000		其他流动负债		
非流动资产：			流动负债合计	50 000	
长期股权投资	×××		非流动负债：		
长期债券投资	×××		长期借款		
固定资产原值	3 500 000		长期应付款		
减：固定资产累计折旧	500 000		预计负债		
固定资产净值	3 000 000		其他非流动负债		
工程物资			非流动负债合计	0	
在建工程	1 000 000		受托代理负债		
无形资产原值	300 000		负债合计	50 000	
减：无形资产累计摊销	100 000				
无形资产净值	200 000				
研发支出					
公共基础设施原值					
减：公共基础设施累计折旧（摊销）					
公共基础设施净值					
政府储备物资					
文物文化资产					
保障性住房原值					

（续表）

资　产	期末余额	年初余额	负债和净资产	期末余额	年初余额
减：保障性住房累计折旧			净资产：		
保障性住房净值			累计盈余	4 655 000	
长期待摊费用			专用基金		
待处理财产损溢	50 000		权益法调整	×××	
其他非流动资产			无偿调拨净资产*		—
非流动资产合计	4 250 000		本期盈余*		—
受托代理资产			净资产合计	4 655 000	
资产总计	4 705 000		负债和净资产总计		

注："*"标识项目为月报项目，年报中不需列示。

（二）事业单位资产负债表

【例 8-2】 某事业单位 2×19 年 12 月 31 日结账后，科目余额表如表 8-35 所示。据此编制该事业单位的资产负债表。

表 8-35　科目余额表

2×19 年　　　　　　　　　　　　　　　　　　单位：元

资　产	借方余额	负债和净资产	贷方余额
库存现金	10 000	短期借款	500 000
银行存款	190 000	应交增值税	20 000
零余额账户用款额度	0	其他应交税费	0
短期投资	50 000	应缴财政款	0
财政应返还额度	0	应付职工薪酬	0
应收票据	15 000	应付票据	0
应收账款	60 000	应付账款	10 000
预付账款	20 000	预收账款	100 000
其他应收款	5 000	其他应付款	20 000
存货	230 000	长期借款	1 000 000
长期股权投资	200 000	长期应付款	0

（续表）

资　　产	借方余额	负债和净资产	贷方余额
固定资产	3 500 000	累计盈余	2 300 000
固定资产累计折旧	－500 000	专用基金	780 000
在建工程	1 000 000	权益法调整	300 000
无形资产	300 000		
无形资产累计摊销	－100 000		
待处理财产损溢	50 000		
合　　计	5 030 000	合　　计	5 030 000

12月31日编制的资产负债表为年末资产负债表时，"年初余额"栏内各项数字，应当根据上年年末资产负债表"期末余额"栏内数字填列。"期末余额"栏内各项数字根据各账户的期末余额直接填列、合并填列或分析填列。主要项目的填列说明如下：

（1）货币资金＝库存现金＋银行存款＋零余额账户用款额度＝10 000＋190 000＋0＝200 000（元）

（2）固定资产＝固定资产－固定资产累计折旧＝3 500 000－500 000＝3 000 000（元）

（3）无形资产＝无形资产－无形资产累计折旧＝300 000－100 000＝200 000（元）

（4）长期借款项目，将于1年内（含1年）偿还的借款为200 000，应列入其他流动负债项目。

长期借款＝1 000 000－200 000＝8 000 000（元）

其他流动负债＝200 000（元）

（5）其他项目可根据科目余额表直接填列。资产总计、负债合计、净资产合计等项目的数额按其内容汇总后填列。编制完成的年度资产负债表如表8-36所示：

表8-36　资　产　负　债　表

会政财01表

编制单位：×××　　　　2×19年12月31日　　　　单位：元

资　产	期末余额	年初余额	负债和净资产	期末余额	年初余额
流动资产：			流动负债：		

（续表）

资　产	期末余额	年初余额	负债和净资产	期末余额	年初余额
货币资金	200 000		短期借款	500 000	
短期投资	50 000		应交增值税	20 000	
财政应返还额度	0		其他应交税费		
应收票据	15 000		应缴财政款		
应收账款净额	60 000		应付职工薪酬		
预付账款	20 000		应付票据		
应收股利			应付账款	10 000	
应收利息			应付政府补贴款		
其他应收款净额	5 000		应付利息		
存货	230 000		预收账款	100 000	
待摊费用			其他应付款	20 000	
一年内到期的非流动资产			预提费用		
其他流动资产			一年内到期的非流动负债		
流动资产合计	580 000		其他流动负债		
非流动资产：			流动负债合计	650 000	
长期股权投资	200 000		非流动负债：		
长期债券投资			长期借款	800 000	
固定资产原值	3 500 000		长期应付款		
减：固定资产累计折旧	500 000		预计负债		
固定资产净值	3 000 000		其他非流动负债	200 000	
工程物资			非流动负债合计	1 000 000	
在建工程	1 000 000		受托代理负债		
无形资产原值	300 000		负债合计		
减：无形资产累计摊销	100 000				
无形资产净值	200 000				
研发支出					

（续表）

资产	期末余额	年初余额	负债和净资产	期末余额	年初余额
公共基础设施原值					
减：公共基础设施累计折旧（摊销）					
公共基础设施净值					
政府储备物资					
文物文化资产					
保障性住房原值					
减：保障性住房累计折旧			净资产：		
保障性住房净值			累计盈余	2 300 000	
长期待摊费用			专用基金	780 000	
待处理财产损溢	50 000		权益法调整	300 000	
其他非流动资产			无偿调拨净资产*		—
非流动资产合计	4 450 000		本期盈余*		—
受托代理资产			净资产合计	3 380 000	
资产总计	5 030 000		负债和净资产总计	5 030 000	

注："*"标识项目为月报项目，年报中不需列示。

二、收入费用表编制举例

（一）行政单位收入费用表

【例 8-3】 某行政单位 2×19 年收入、费用类科目发生额如表 8-37 所示。其他相关资料如下：

该事业单位无所得税缴纳义务。

表 8-37 收入、费用类科目发生额表

2×19 年　　　　　　　　　　　　　　　　　　单位：元

费用类	本年累计数	收入类	本年累计数
业务活动费用	12 000 000	财政拨款收入	15 000 000
单位管理费用	×××	其中：公共预算性收入	12 000 000

（续表）

费用类	本年累计数	收入类	本年累计数
经营费用	×××	政府性基金收入	3 000 000
资产处置费用	200 000	事业收入	×××
上缴上级费用	×××	上级补助收入	×××
对附属单位补助费用	×××	附属单位上缴收入	×××
所得税费用	×××	经营收入	×××
其他费用	60 000	非同级财政拨款收入	200 000
		投资收益	×××
		捐赠收入	100 000
		利息收入	20 000
		租金收入	20 000
		其他收入	150 000
费用合计	12 260 000	收入合计	15 490 000

编制该事业单位的2017年收入费用时，省略了"上年数"一列数字。"本年数"一列数字主要项目的填列说明如下：

（1）本年收入＝15 490 000（元）

（2）本年费用＝12 260 000（元）

（3）本年盈余＝15 490 000－12 260 000＝3 230 000（元）

编制事业完成事业单位2×19年度收入费用表如表8-38所示。

表8-38　收入费用表

编制单位：×××　　　　　　　　2×19年12月　　　　　　　　单位：元

项　目	本月数（略）	本年累计数
一、本期收入		15 490 000
（一）财政拨款收入		15 000 000
其中：政府性基金收入		3 000 000
（二）事业收入		×××
（三）上级补助收入		×××
（四）附属单位上缴收入		×××
（五）经营收入		×××

第 8 章 政府财务报告和决算报告

（续表）

项　目	本月数（略）	本年累计数
（六）非同级财政拨款收入		200 000
（七）投资收益		×××
（八）捐赠收入		100 000
（九）利息收入		20 000
（十）租金收入		20 000
（十一）其他收入		150 000
二、本期费用		12 260 000
（一）业务活动费用		12 000 000
（二）单位管理费用		×××
（三）经营费用		×××
（四）资产处置费用		200 000
（五）上缴上级费用		×××
（六）对附属单位补助费用		×××
（七）所得税费用		×××
（八）其他费用		60 000
三、本期盈余		3 230 000

（二）事业单位收入费用表

【例 8-4】 某事业单位 2×19 年收入、费用类科目发生额如表 8-39 所示。其他相关资料如下：

该事业单位无所得税缴纳义务。

表 8-39　收入、费用类科目发生额表

2×19年　　　　　　　　　　　　　　　　单位：元

费用类	本年累计数	收入类	本年累计数
业务活动费用	12 000 000	财政拨款收入	15 000 000
单位管理费用	200 000	其中：公共预算性收入	12 000 000
经营费用	100 000	政府性基金收入	3 000 000
资产处置费用	200 000	事业收入	6 000 000
上缴上级费用	5 000 000	上级补助收入	1 800 000

（续表）

费用类	本年累计数	收入类	本年累计数
对附属单位补助费用	1 500 000	附属单位上缴收入	300 000
所得税费用	0	经营收入	250 000
其他费用	60 000	非同级财政拨款收入	200 000
		投资收益	100 000
		捐赠收入	100 000
		利息收入	20 000
		租金收入	20 000
		其他收入	150 000
费用合计	19 060 000	收入合计	23 940 000

编制该事业单位的2017年收入费用时，省略了"上年数"一列数字。"本年数"一列数字主要项目的填列说明如下：

（1）本年收入＝23 940 000（元）

（2）本年费用＝19 060 000（元）

（3）本年盈余＝23 940 000－19 060 000＝4 880 000（元）

编制事业完成事业单位2×19年度收入费用表如表8-40所示。

表8-40　收入费用表

编制单位：×××　　　　　　　　2×19年12月　　　　　单位：元

项　目	本月数（略）	本年累计数
一、本期收入		23 940 000
（一）财政拨款收入		15 000 000
其中：政府性基金收入		3 000 000
（二）事业收入		6 000 000
（三）上级补助收入		1 800 000
（四）附属单位上缴收入		300 000
（五）经营收入		250 000
（六）非同级财政拨款收入		200 000
（七）投资收益		100 000
（八）捐赠收入		100 000
（九）利息收入		20 000

第8章 政府财务报告和决算报告

（续表）

项 目	本月数（略）	本年累计数
（十）租金收入		20 000
（十一）其他收入		150 000
二、本期费用		19 060 000
（一）业务活动费用		12 000 000
（二）单位管理费用		200 000
（三）经营费用		100 000
（四）资产处置费用		200 000
（五）上缴上级费用		5 000 000
（六）对附属单位补助费用		1 500 000
（七）所得税费用		0
（八）其他费用		60 000
三、本期盈余		4 880 000

三、净资产变动表编制举例

（一）行政单位净资产变动表

【例8-5】 某行政单位2×19年12月31日本年运营增加的累计盈余200 000元，政府下拨的专用基金350 000元。据此编制该行政单位的净资产变动表，如表8-41所示。

（二）事业单位净资产变动表

【例8-6】 某事业单位2×19年12月31日本年运营增加的累计盈余200 000元，政府下拨的专用基金350 000元，购买的长期股权投资除净损益和利润分配以外的所有者权益变动份额而调整长期股权投资账面余额为20 000元。据此编制该事业单位的净资产变动表，如表8-42所示。

表 8-41 净资产变动表

编制单位：×××　　　　　　　　　　　2×19年　　　　　　　　　　　单位：元

项目	本年数				上年数			
	累计盈余	专用基金	权益法调整	净资产合计	累计盈余	专用基金	权益法调整	净资产合计
一、上年年末余额	1 000 000	800 000	×××	1 800 000				
二、以前年度盈余调整（减少以"-"号填列）	0	—	—	0				
三、本年年初余额	1 000 000	800 000	×××	1 800 000				
四、本年变动金额（减少以"-"号填列）	200 000	—	—	200 000				
（一）本年盈余	—	—	—	—				
（二）无偿调拨净资产	—	—	—	—				
（三）归集调整预算结转结余	—	350 000	—	350 000				
（四）提取或设置专用基金	—	350 000	—	350 000				
其中：从预算收入中提取	—	—	—	—				
从预算结余中提取	—	—	—	—				
设置的专用基金	—	—	—	—				
（五）使用专用基金	—	—	—	—				
（六）权益法调整	—	—	×××	×××				
五、本年年末余额	1 200 000	1 150 000	×××	2 350 000				

注："—"标识单元格不需填列。

表 8-42 净资产变动表

编制单位：××× 2×19 年 单位：元

项目	本年数				上年数			
	累计盈余	专用基金	权益法调整	净资产合计	累计盈余	专用基金	权益法调整	净资产合计
一、上年年末余额	1 000 000	800 000	60 000	1 860 000				
二、以前年度盈余调整（减少以“—”号填列）	0	—	—	0		—	—	
三、本年年初余额	1 000 000	800 000	60 000	1 860 000				
四、本年变动金额（减少以“—”号填列）								
（一）本年盈余	200 000	—	—	200 000		—	—	
（二）无偿调拨净资产		—	—			—	—	
（三）归集调整预算结转结余		—	—			—	—	
（四）提取或设置专用基金		350 000	—	350 000			—	
其中：从预算收入中提取	—		—		—		—	
从预算结余中提取			—				—	
设置的专用基金	—	350 000	—	350 000	—		—	
（五）使用专用基金			—				—	
（六）权益法调整	—	—	20 000	20 000	—	—		
五、本年年末余额	120 000	1 150 000	80 000	2 430 000				

注：“—”标识单元格不需填列。

四、现金流量表编制举例

(一) 行政单位现金流量表

【例8-7】 某行政单位2×19年现金流量日常活动、投资活动、筹资活动事项。从中抽出一些事项,主要发生事项以及相关资料主要如表8-43所示。

该行政单位无所得税缴纳义务,无汇率变动影响。

表8-43 某行政单位2×19年现金流量日常活动等主要发生事项以及相关资料表

日期	摘要	借	贷	序号	现金流入	现金流出
2月1日	支付工资		200 000	1.6		支付职工工资
2月6日	提现		10 000			
3月15日	财政基本拨款	500 000		1.1	财政基本支出拨款	
3月19日	购买固定资产		8 000	2.5		购建固定资产等支付现金
3月23日	财政非资本性项目拨款	200 000		1.2	财政非资本性项目收到现金	
4月22日	事业活动收到现金	4 000		1.3	事业活动收到的除财政拨款以外的现金	
4月25日	收到3月应收账款	1 000		1.4	收到的其他与日常活动有关的现金	
4月29日	支付税金		800	1.7		支付的各种税费
5月3日	购买办公用品		5 400	1.5		购买商品、接受劳务支付的现金
5月15日	收到财政资本性项目拨款	500 000		3.1	财政资本性项目拨款收到的现金	
6月18日	处置专利权	50 000		2.3	处置固定资产、无形资产、公共基础设置等收回的现金净额	

（续表）

日期	摘要	借	贷	序号	现金流入	现金流出
7月15日	上交处置专利权净收入		5 000	2.7		上缴处置固定资产、无形资产、公共基础设施等净收入支付的现金

编制该行政单位的2×19年现金流量表时，省略了"上年数"一列数字。

表8-44 现金流量表

编制单位：×××　　　　　　　2×19年12月　　　　　　　单位：元

项　　目	本年金额	上年金额
一、日常活动产生的现金流量：		
1.1 财政基本支出拨款收到的现金	50 000	
1.2 财政非资本性项目拨款收到的现金	200 000	
1.3 事业活动收到的除财政拨款以外的现金	4 000	
1.4 收到的其他与日常活动有关的现金	1 000	
日常活动的现金流入小计	705 000	
1.5 购买商品、接受劳务支付的现金	5 400	
1.6 支付给职工以及为职工支付的现金	200 000	
1.7 支付的各项税费	800	
1.8 支付的其他与日常活动有关的现金	0	
日常活动的现金流出小计	206 200	
日常活动产生的现金流量净额	498 800	
二、投资活动产生的现金流量：		
2.1 收回投资收到的现金	×××	
2.2 取得投资收益收到的现金	×××	
2.3 处置固定资产、无形资产、公共基础设施等收回的现金净额	50 000	
2.4 收到的其他与投资活动有关的现金	0	
投资活动的现金流入小计	50 000	

（续表）

项　　目	本年金额	上年金额
2.5 购建固定资产、无形资产、公共基础设施等支付的现金	8 000	
2.6 对外投资支付的现金	×××	
2.7 上缴处置固定资产、无形资产、公共基础设施等净收入支付的现金	5 000	
2.8 支付的其他与投资活动有关的现金	0	
投资活动的现金流出小计	13 000	
投资活动产生的现金流量净额	37 000	
三、筹资活动产生的现金流量：		
3.1 财政资本性项目拨款收到的现金	500 000	
3.2 取得借款收到的现金	×××	
3.3 收到的其他与筹资活动有关的现金	0	
筹资活动的现金流入小计	500 000	
3.4 偿还借款支付的现金	×××	
3.5 偿还利息支付的现金	×××	
3.6 支付的其他与筹资活动有关的现金	0	
筹资活动的现金流出小计	0	
筹资活动产生的现金流量净额	500 000	
四、汇率变动对现金的影响额	0	
五、现金净增加额	1 035 800	

（二）事业单位现金流量表

【例 8-8】 某事业单位 2×19 现金流量日常活动、投资活动、筹资活动事项。从中抽出一些事项，主要发生事项以及相关资料主要如表 8-45 所示。该事业单位无所得税缴纳义务，无汇率变动影响。

表8-45　某事业单位2×19现金流量日常活动等主要发生事项以及相关资料

日期	摘要	借	贷	序号	现金流入	现金流出
2月1日	支付工资		200 000	1.6		支付职工工资
2月6日	提现		10 000			
3月15日	财政基本拨款	500 000		1.1	财政基本支出拨款	
3月19日	购买固定资产		8 000	2.5		购建固定资产等支付现金
3月23日	财政非资本性项目拨款	2 000 00		1.2	财政非资本性项目收到现金	
4月22日	事业活动收到现金	4 000		1.3	事业活动收到的除财政拨款以外的现金	
4月25日	收到3月应收账款	1 000		1.4	收到的其他与日常活动有关的现金	
4月29日	支付税金		800	1.7		支付的各种税费
5月3日	购买办公用品		5 400	1.5		购买商品、接受劳务支付的现金
5月15日	收到财政资本性项目拨款	500 000		3.1	财政资本性项目拨款收到的现金	
5月31日	投资股票		100 000	2.6		对外投资支付的现金
6月10日	取得投资收益	2 000		2.2	取得投资收益收到的现金	
6月18日	处置专利权	50 000		2.3	处置固定资产、无形资产、公共基础设置等收回的现金净额	
6月30日	偿还利息		1 000	3.5		偿还利息支付的现金
7月1日	收回投资	100 000		2.1	收回投资收到的现金	
7月15日	上交处置专利权净收入		5 000	2.7		上缴处置固定资产、无形资产、公共基础设施等净收入支付的现金

（续表）

日期	摘要	借	贷	序号	现金流入	现金流出
7月30日	偿还借款		80 000	3.4		偿还借款支付的现金
8月1日	取得借款	100 000		3.2	取得借款收到的现金	

编制该事业单位的现金流量表时，省略了"上年数"一列数字。

表8-46 现金流量表

编制单位：×××　　　　　　　2×19年12月　　　　　　　单位：元

项　　目	本年金额	上年金额
一、日常活动产生的现金流量：		
1.1 财政基本支出拨款收到的现金	500 000	
1.2 财政非资本性项目拨款收到的现金	200 000	
1.3 事业活动收到的除财政拨款以外的现金	4 000	
1.4 收到的其他与日常活动有关的现金	1 000	
日常活动的现金流入小计	705 000	
1.5 购买商品、接受劳务支付的现金	5 400	
1.6 支付给职工以及为职工支付的现金	200 000	
1.7 支付的各项税费	800	
1.8 支付的其他与日常活动有关的现金	0	
日常活动的现金流出小计	206 200	
日常活动产生的现金流量净额	498 800	
二、投资活动产生的现金流量：		
2.1 收回投资收到的现金	100 000	
2.2 取得投资收益收到的现金	2 000	
2.3 处置固定资产、无形资产、公共基础设施等收回的现金净额	50 000	
2.4 收到的其他与投资活动有关的现金	0	
投资活动的现金流入小计	152 000	
2.5 购建固定资产、无形资产、公共基础设施等支付的现金	8 000	

（续表）

项 目	本年金额	上年金额
2.6 对外投资支付的现金	100 000	
2.7 上缴处置固定资产、无形资产、公共基础设施等净收入支付的现金	5 000	
2.8 支付的其他与投资活动有关的现金	0	
投资活动的现金流出小计	113 000	
投资活动产生的现金流量净额	39 000	
三、筹资活动产生的现金流量：		
3.1 财政资本性项目拨款收到的现金	500 000	
3.2 取得借款收到的现金	100 000	
3.3 收到的其他与筹资活动有关的现金	0	
筹资活动的现金流入小计	600 000	
3.4 偿还借款支付的现金	80 000	
3.5 偿还利息支付的现金	1 000	
3.6 支付的其他与筹资活动有关的现金	0	
筹资活动的现金流出小计	81 000	
筹资活动产生的现金流量净额	519 000	
四、汇率变动对现金的影响额	0	
五、现金净增加额	10 568 00	

五、预算收入支出表编制举例

（一）行政单位预算收入支出表

【例8-9】 某行政单位2×19年预算收支出类科目发生额如表8-47所示。其他相关资料如下：

该行政单位无所得税缴纳义务。

表8-47 收入、支出类科目预算发生额表

2×19年　　　　　　　　　　　　　　　　　　单位：元

支出类	本年数	收入类	本年数
行政支出	500 000	财政拨款预算收入	1 000 000
事业支出	×××	其中：政府性基金收入	600 000

（续表）

支出类	本年数	收入类	本年数
经营支出	×××	事业预算收入	×××
上缴上级支出	×××	上级补助预算收入	×××
对附属单位补助支出	×××	附属单位上缴预算收入	×××
投资支出	×××	经营预算收入	×××
债务还本支出	×××	债务预算收入	×××
其他支出	20 000	非同级财政拨款预算收入	80 000
其中：利息支出	8 000	投资预算收益	×××
捐赠支出	12 000	其他预算收入	75 000
		其中：利息预算收入	150 000
		捐赠预算收入	20 000
		租金预算收入	40 000
支出合计	220 000	收入合计	11 550 00

编制该事业单位的2×19预算收入支出表时，省略了"上年数"一列数字。"本年数"一列数字主要项目的填列说明如下：

（1）本年预算收入＝1 155 000（元）

（2）本年预算支出＝520 000（元）

（3）本年预算收入差额＝1 155 000－520 000＝635 000（元）

编制事业单位2×19年度预算收入支出表如表8-48所示。

表8-48 预算收入支出表

编制单位：×××　　　　　　　　2×19年　　　　　　　　会政预01表
单位：元

项　　　目	本年数	上年数
一、本年预算收入	1 155 000	
（一）财政拨款预算收入	1 000 000	
其中：政府性基金收入	600 000	
（二）事业预算收入	×××	
（三）上级补助预算收入	×××	
（四）附属单位上缴预算收入	×××	
（五）经营预算收入	×××	

(续表)

项　　目	本年数	上年数
（六）债务预算收入	×××	
（七）非同级财政拨款预算收入	80 000	
（八）投资预算收益	×××	
（九）其他预算收入	75 000	
其中：利息预算收入	150 000	
捐赠预算收入	20 000	
租金预算收入	40 000	
二、本年预算支出	3 720 000	
（一）行政支出	500 000	
（二）事业支出	×××	
（三）经营支出	×××	
（四）上缴上级支出	×××	
（五）对附属单位补助支出	×××	
（六）投资支出	×××	
（七）债务还本支出	×××	
（八）其他支出	20 000	
其中：利息支出	8 000	
捐赠支出	12 000	
三、本年预算收支差额	635 000	

（二）事业单位预算收入支出表

【例8-10】 某事业单位2×19年预算收支出类科目发生额如表8-49所示。其他相关资料如下：

该事业单位无所得税缴纳义务。

表8-49　收入、支出类科目预算发生额表

2×19年　　　　　　　　　　　　　　　单位：元

支出类	本年数	收入类	本年数
行政支出	500 000	财政拨款预算收入	1 000 000
事业支出	1 800 000	其中：政府性基金收入	600 000
经营支出	300 000	事业预算收入	3 000 000

（续表）

支出类	本年数	收入类	本年数
上缴上级支出	800 000	上级补助预算收入	800 000
对附属单位补助支出	200 000	附属单位上缴预算收入	200 000
投资支出	60 000	经营预算收入	400 000
债务还本支出	40 000	债务预算收入	60 000
其他支出	20 000	非同级财政拨款预算收入	80 000
其中：利息支出	8 000	投资预算收益	100 000
捐赠支出	12 000	其他预算收入	75 000
		其中：利息预算收入	150 000
		捐赠预算收入	20 000
		租金预算收入	40 000
支出合计	3 720 000	收入合计	6 315 000

编制该事业单位的 2×19 预算收入支出表时，省略了"上年数"一列数字。"本年数"一列数字主要项目的填列说明如下：

（1）本年预算收入 = 6 315 000（元）

（2）本年预算支出 = 3 720 000（元）

（3）本年预算收入差额 = 6 315 000 − 3 720 000 = 2 595 000（元）

编制事业单位 2×19 年度预算收入支出表如表 8-50 所示。

表 8-50　预算收入支出表

会政预 01 表

编制单位：×××　　　　　2×19 年　　　　　单位：元

项　　　目	本年数	上年数
一、本年预算收入	6 315 000	
（一）财政拨款预算收入	1 000 000	
其中：政府性基金收入	600 000	
（二）事业预算收入	3 000 000	
（三）上级补助预算收入	800 000	
（四）附属单位上缴预算收入	200 000	
（五）经营预算收入	400 000	
（六）债务预算收入	60 000	
（七）非同级财政拨款预算收入	80 000	

（续表）

项　目	本年数	上年数
（八）投资预算收益	100 000	
（九）其他预算收入	75 000	
其中：利息预算收入	150 000	
捐赠预算收入	20 000	
租金预算收入	40 000	
二、本年预算支出	3 720 000	
（一）行政支出	500 000	
（二）事业支出	1 800 000	
（三）经营支出	300 000	
（四）上缴上级支出	800 000	
（五）对附属单位补助支出	200 000	
（六）投资支出	60 000	
（七）债务还本支出	40 000	
（八）其他支出	20 000	
其中：利息支出	8 000	
捐赠支出	12 000	
三、本年预算收支差额	2 595 000	

六、预算结转结余变动表编制举例

（一）行政单位预算结转结余变动表

【例 8-11】 某行政单位 2×19 年 12 月 31 日结账后各资产、负债和净资产类会计科目如表 8-51 所示。据此编制该行政单位的预算结转结余变动表

表 8-51　会计科目余额表

2×19 年　　　　　　　　　　　　　　　　　　　　　单位：元

会计科目	年初数	年末数	本年变动数（依据本年明细科目发生数）
财政拨款结转	8 000 000	15 000 000	7 000 000
——年初余额调整	0	0	0
——归集调入	0	0	7 800 000

（续表）

会计科目	年初数	年末数	本年变动数（依据本年明细科目发生数）
——归集调出	0	0	300 000
——归集上缴	0	0	500 000
——单位内部调剂	0	0	0
——本年收支结转	0	0	0
——累计结转	8 000 000	15 000 000	7 000 000
财政拨款结余	1 200 000	2 300 000	1 100 000
——年初余额调整	0	0	1 100 000
——归集上缴	0	0	0
——单位内部调剂	0	0	0
——结转转入	0	0	0
——累计结转	1 200 000	2 300 000	1 100 000
非财政拨款结转	1 500 000	28 000 000	1 300 000
——年初余额调整			300 000
——缴回资金			100 000
——项目间接费用或管理费			
——本年收支结转			900 000
——累计结转	1 500 000	2 800 000	1 300 000
非财政补助结余	500 000	1 300 000	800 000
——年初余额调整			800 000
——项目间接费用或管理费			
——结转转入			
——累计结转	500 000	1 300 000	800 000
专用结余	×××	×××	×××
经营结余	×××	×××	×××
其他结余	10 000	30 000	20 000

上述科目余额表中其他结余科目的本年变动额未涉及转入预算收入与预算支出的差额，各项目均可根据各账户的期末余额、发生分析填列。编制完成的年度预算结转结余变动表如表8-52所示。

第8章 政府财务报告和决算报告

表 8-52 预算结转结余变动表

编制单位：×××　　　　　　　　2×19年　　　　　　　　单位：元

项　　　　目	本年数	上年数
一、年初预算结转结余	11 200 000	
（一）财政拨款结转结余	9 200 000	
（二）其他资金结转结余	2 000 000	
二、年初余额调整（减少以"－"号填列）	2 200 000	
（一）财政拨款结转结余	1 100 000	
（二）其他资金结转结余	1 100 000	
三、本年变动金额（减少以"－"号填列）	7 800 000	
（一）财政拨款结转结余	7 000 000	
1．本年收支差额	0	
2．归集调入	7 800 000	
3．归集上缴或调出	－800 000	
（二）其他资金结转结余	800 000	
1．本年收支差额	900 000	
2．缴回资金	－100 000	
3．使用专用结余	0	
4．支付所得税	0	
四、年末预算结转结余	21 400 000	
（一）财政拨款结转结余	17 300 000	
1．财政拨款结转	15 000 000	
2．财政拨款结转	2 300 000	
（二）其他资金结转结余	4 100 000	
1．非财政拨款结转	2 800 000	
2．非财政拨款结余	1 300 000	
3．专用结余	×××	
4．经营结余（如有余额，以"－"号填列）	×××	

（二）事业单位预算结转结余变动表

【例8-12】　某单位2×19年12月31日结账后各资产、负债和净资产类会计科目如表 8-53 所示。据此编制该事业单位的预算结转结余变动表。

表 8-53 会计科目余额表

编制单位：×××　　　　　　　　2×19 年　　　　　　　　单位：元

会计科目	年初数	年末数	本年变动数（依据本年明细科目发生数）
财政拨款结转	8 000 000	15 000 000	7 000 000
——年初余额调整	0	0	0
——归集调入	0	0	7 800 000
——归集调出	0	0	300 000
——归集上缴	0	0	500 000
——单位内部调剂	0	0	0
——本年收支结转	0	0	0
——累计结转	8 000 000	15 000 000	7 000 000
财政拨款结余	1 200 000	2 300 000	1 100 000
——年初余额调整	0	0	1 100 000
——归集上缴	0	0	0
——单位内部调剂	0	0	0
——结转转入	0	0	0
——累计结转	1 200 000	2 300 000	1 100 000
非财政拨款结转	1 500 000	2 800 000	1 300 000
——年初余额调整			300 000
——缴回资金			100 000
——项目间接费用或管理费			
——本年收支结转			900 000
——累计结转	15 00 000	2 800 000	1 300 000
非财政补助结余	500 000	1 300 000	800 000
——年初余额调整			800 000
——项目间接费用或管理费			
——结转转入			
——累计结转	500 000	1 300 000	800 000
专用结余	120 000	150 000	30 000
经营结余	40 000	100 000	60 000
其他结余	10 000	30 000	20 000

第8章 政府财务报告和决算报告

上述科目余额表中专用结余、经营结余、其他结余科目的本年变动额均未涉及转入预算收入与预算支出的差额，各项目均可根据各账户的期末余额、发生分析填列。编制完成的年度预算结转结余变动表如表 8-54 所示。

表 8-54 预算结转结余变动表

编制单位：×××　　　　　　2×19年　　　　　　单位：元

项　　　目	本年数	上年数
一、年初预算结转结余	11 200 000	
（一）财政拨款结转结余	9 200 000	
（二）其他资金结转结余	2 000 000	
二、年初余额调整（减少以"－"号填列）	2 200 000	
（一）财政拨款结转结余	1 100 000	
（二）其他资金结转结余	1 100 000	
三、本年变动金额（减少以"－"号填列）	7 800 000	
（一）财政拨款结转结余	7 000 000	
1．本年收支差额	0	
2．归集调入	7 800 000	
3．归集上缴或调出	－800 000	
（二）其他资金结转结余	800 000	
1．本年收支差额	900 000	
2．缴回资金	－100 000	
3．使用专用结余	0	
4．支付所得税	0	
四、年末预算结转结余	21 400 000	
（一）财政拨款结转结余	17 300 000	
1．财政拨款结转	15 000 000	
2．财政拨款结余	2 300 000	
（二）其他资金结转结余	4 100 000	
1．非财政拨款结转	2 800 000	
2．非财政拨款结余	1 300 000	
3．专用结余	0	
4．经营结余（如有余额，以"－"号填列）	0	

七、财政拨款预算收入支出表编制举例

财政拨款预算收入支出表时根据"财政拨款结转""财政拨款结余"及其明细科目进行填列,因此,行政单位与事业单位编报的口径一致。

【例8-13】 某单位2×19年12月31日结账后各资产、负债和净资产类会计科目如表8-55所示。据此编制该单位的财政拨款预算收入支出表如表8-56所示。

表8-55 会计科目余额表

2×19年　　　　　　　　　　　　　单位:元

会计科目	年初数	年末数	本年变动数(依据本年明细科目发生数)
财政拨款结转	6 000 000	11 000 000	5 000 000
——年初余额调整	0	0	0
——归集调入	0	0	5 500 000
——归集调出	0	0	200 000
——归集上缴	0	0	300 000
——单位内部调剂	0	0	0
——本年收支结转	0	0	0
——累计结转	6 000 000	11 000 000	500 000
财政拨款结余	8 000 000	10 000 000	2 000 000
——年初余额调整	0	0	2 000 000
——归集上缴	0	0	0

（续表）

会计科目	年初数	年末数	本年变动数（依据本年明细科目发生数）
——单位内部调剂	0	0	0
——结转转入	0	0	0
——累计结转	8 000 000	10 000 000	2 000 000
非财政拨款结转	100 000	150 000	50 000
——年初余额调整	0	0	10 000
——缴回资金	0	0	－10 000
——项目间接费用或管理费	0	0	0
——结转转入	0	0	50 000
——累计结转	100 000	150 000	50 000
非财政补助结余	250 000	380 000	130 000
——年初余额调整	0	0	130 000
——项目间接费用或管理费	0	0	0
——结转转入	0	0	0
——累计结转	250 000	380 000	130 000
专用结余	110 000	120 000	10 000
经营结余	400 000	200 000	200 000
其他结余	100 000	110 000	10 000

注：该表中"专用结余"和"其他结余"科目均有金额，为事业单位的科目余额表。如果为行政单位的科目余额表，"专用结余"和"其他结余"应该无金额。在编制财政拨款预算收入支出表，仅涉及"财政拨款结转"和"财政拨款结余"及其明细科目。

表 8-56 财政拨款预算收入支出表

编制单位：×××　　　　2×19年　　　　会政预03表　　单位：元

项目	年初财政拨款结转结余		调整年初财政拨款结转结余	本年归集调入	本年归集上缴或调出	单位内部调剂		本年财政拨款收入	本年财政拨款支出	年末财政拨款结转结余	
	结转	结余				结转	结余			结转	结余
一、一般公共预算财政拨款	200 000	3 000 000	2 000 000	2 500 000	200 000	0	0	100 000	100 000	4 300 000	5 000 000
（一）基本支出	100 000	2 000 000	2 000 000	0	200 000	0	0	20 000	20 000	800 000	4 000 000
1. 人员经费	100 000	1 500 000	0	0	100 000	0	0	10 000	10 000	0	1 500 000
2. 日常公用经费	900 000	500 000	0	2 500 000	100 000	0	0	10 000	10 000	800 000	2 500 000
（二）××项目支出	1 000 000	1 000 000	0	1 500 000	0	0	0	80 000	80 000	3 500 000	1 000 000
1. ××项目	200 000	1 000 000	0	1 000 000	0	0	0	80 000	80 000	1 700 000	1 000 000
2. ××项目	800 000	0	0	0	0	0	0	0	0	1 800 000	0
二、政府性基金预算财政拨款	4 000 000	5 000 000	0	3 000 000	300 000	0	0	700 000	700 000	6 700 000	5 000 000
（一）基本支出	2 500 000	1 000 000	0	1 000 000	0	0	0	300 000	300 000	3 500 000	1 000 000
1. 人员经费	1 500 000	1 000 000	0	1 000 000	0	0	0	100 000	100 000	1 500 000	1 000 000
2. 日常公用经费	1 000 000	0	0	2 000 000	300 000	0	0	200 000	200 000	2 000 000	0
（二）××项目支出	1 500 000	4 000 000	0	2 000 000	300 000	0	0	400 000	400 000	3 200 000	4 000 000
××项目	1 500 000	4 000 000	0	2 000 000	300 000	0	0	400 000	400 000	3 200 000	4 000 000
总计	60 000 00	8 000 000	2 000 000	5 500 000	5000 00	0	0	800 000	800 000	11 000 000	10 000 000

第9章 新旧会计制度的衔接

第一节 新旧制度衔接的总体要求

一、新旧制度衔接的总体要求

(一) 新旧制度衔接的时间要求

政府会计制度自 2019 年 1 月 1 日起施行。自 2019 年 1 月 1 日起，单位应当严格按照新制度的规定进行会计核算，编制财务报表和预算会计报表。此前，单位仍应按照原制度以及财政部印发的有关会计制度规定，进行会计核算和编制财务报告。

(二) 新旧制度衔接的主要内容

为了保证新旧制度顺利衔接过渡，财政部印发了《〈政府会计制度——行政事业单位会计科目和报表〉与〈行政单位会计制度〉〈事业单位会计制度〉有关衔接问题处理规定的通知》（财会〔2018〕3 号）（以下称"规定"），对新旧制度衔接工作作了具体规定。单位新旧衔接工作的主要内容包括：

（1）根据原账编制 2018 年 12 月 31 日的科目余额表，并按照规定要求，编制原账的部分科目余额明细表。

（2）按照新制度设立 2019 年 1 月 1 日的新账。

（3）按照规定要求，登记新账的财务会计科目余额和预算结余科目余额，包括将原账科目余额转入新账财务会计科目、按照原账科目余额登记新账预算结余会计科目，将未入账事项登记新账科目，并对相关新账科目余额进行调整。原账科目是指按照原制度规定设置的会计科目。

（4）按照登记及调整后新账的各会计科目余额，编制2019年1月1日的科目余额表，作为新账各会计科目的期初余额。

（5）根据新账各会计科目期初余额，按照新制度编制2019年1月1日资产负债表。

（三）会计信息系统的要求

单位应当按照新制度要求对原有会计信息系统进行及时更新和调试，实现数据正确转换，确保新旧账套的有序衔接。会计信息系统更新主要包括以下内容：

（1）备份会计信息系统中2018年12月31日结账后的数据。

（2）按新制度的规定更新会计信息系统中的会计科目。

（3）按照新制度规定的会计科目设置2019年度新账。

（4）将2018年12月31日以前按照原制度核算的各会计科目余额，按新旧会计科目对应关系，进行衔接和对应。

（5）按新制度的规定更新会计信息系统中的财务报表。

二、执行新制度前的准备工作

（一）对实物资产和无形资产进行全面清理、核实

（1）对本单位的资产进行全面清查、盘点，查实盘盈、盘亏、毁损资产，并按照原制度规定进行相应的账务处理。

（2）对本单位固定资产原值、已使用年限、尚可使用年限进行核查，并根据清理结果进行分类统计，为固定资产转入新账做好准备。

（3）对本单位无形资产原值、已使用年限、尚可使用年限进行核查，为追溯确认无形资产和计提无形资产累计摊销做好准备。

（4）对按照原制度未予以确认，按新制度应予以确认的在途物品、政府储备物资、公共基础设施、文物文化资产、保障性住房等资产的数量、历史成本进行全面核查，为按新制度的规定进行追溯确认做好准备。

（二）对债权、债务进行全面清理、核实

（1）该收回、核销的债权、债务应当及时清理、并按原制度规定进行相

应账务处理，结出 2018 年 12 月 31 日有关会计科目的期末余额。

（2）对 2018 年 12 月 31 日期末债权、债务余额，按新制度规定进行分类核查，为转入新账中对应会计科目做好准备。

（3）对截至 2018 年 12 月 31 日按原制度未予以确认，但是按新制度规定应当确认的债权、债务进行核查统计，为按新制度规定进行追溯确认做好准备。

（三）对新账的相关财务会计科目余额按照新制度规定的会计核算基础进行调整。

（四）截至 2018 年 12 月 31 日尚未进行基建"并账"的单位，应当首先参照《新旧事业单位会计制度有关衔接问题的处理规定》（财会〔2013〕2 号），将基建账套相关数据并入 2018 年 12 月 31 日原账中的相关科目余额，再按照本规定将 2018 年 12 月 31 日原账相关会计科目余额转入新账相应科目。

三、新旧制度衔接的范围、方法、分录

（一）新旧制度衔接的范围

新旧制度的衔接范围包括财务会计科目、预算会计科目和报表。

（1）单位根据 2018 年 12 月 31 日的科目余额表，登记新账的财务会计科目余额，包括：资产类、负债类和净资产类科目。

（2）单位根据 2018 年 12 月 31 日的科目余额表，登记新账的预算会计科目余额，预算结余类科目。

（3）单位应当根据 2019 年 1 月 1 日新账财务会计科目余额，填列 2019 年净资产变动表各项目的"上年年末余额"；根据 2019 年 1 月 1 日新账预算会计科目余额，填列 2019 年预算结转结余变动表的"年初预算结转结余"项目和财政拨款预算收入支出表的"年初财政拨款结转结余"项目。

（二）新旧制度衔接的方法

1. 直接转入法（转入分录）

单位应当将原账的科目余额直接转入新账的相应科目。

2. 分析转入法（转入分录）

单位应当将原账的科目余额分析转入新账的相应科目。

3. 未入账补登法（补登分录）

单位将原未入账事项登记新账财务会计科目。

4. 余额调整法（调整分录）

对新账的相关财务会计科目余额按照事项登记新账财务会计科目。

（三）新旧制度衔接的分录

1. 转入分录（直接转入法、分析转入法）

单位在进行新旧衔接的转账时，应当编制转账的工作分录（"工作分录"是指在工作底稿中编制新旧制度转账的财务会计分录，不用于登记会计账簿，下同），作为转账的工作底稿，并将转入新账的对应原账户余额及分拆原账户余额的依据作为原始凭证。

根据原账科目余额直接转入或分析转入新账相应科目时编制。

（1）资产类：

借：×× 科目（新账）

　　贷：×× 科目（原账）

（2）负债与净资产类：

借：×× 科目（原账）

　　贷：×× 科目（新账）

2. 补登分录（未入账补登法）

单位对新账的财务会计科目补记未入账事项时，应当编制记账凭证，并将补充登记事项的确认依据作为原始凭证。

根据原未入账事项登记新财务会计科目。

借：×× 科目（新账）

　　贷：×× 科目（新账）

3. 调整分录（余额调整法）

对新账的相关财务会计科目余额按照新制度规定的核算基础进行调整。单位对新账的财务会计科目期初余额进行调整时，应当编制记账凭证，并将调整的确认依据作为原始凭证。

对新账有关科目余额按事项登记新账财务会计科目。

借：×× 科目（新账）

　　贷：×× 科目（新账）

四、新旧衔接步骤

（1）根据原账编制 2018 年 12 月 31 日的科目余额表。

（2）按照新制度设立 2019 年 1 月 1 日的新账。

（3）对 2018 年 12 月 31 日原账中各会计科目余额进行分析，编制新旧制度会计科目余额对照表，将原制度各会计科目期末余额，按新制度规定及新旧会计科目对应关系，转入 2019 年新账对应财务会计、预算会计科目期初余额。

（4）对 2018 年 12 月 31 日前未予以确认的经济事项，按照新制度规定进行各项资产负债的追溯确认，相应调整新账中有关财务会计、预算会计科目的期初余额。

（5）按照新制度衔接的相关规定，按照权责发生制基础追溯调整财务会计期初余额和按照收付实现制基础追溯调整预算会计科目期初余额。

（6）根据上述转账和调整后的新账各会计科目余额，编制 2019 年 1 月 1 日期初科目余额表，作为 2019 年 1 月 1 日新账期初余额。

（7）单位应当根据 2019 年 1 月 1 日新账的财务会计科目余额，按照新制度编制 2019 年 1 月 1 日资产负债表。单位应当按照新制度规定编制 2019 年财务报表和预算会计报表。

第二节　与行政单位会计制度的衔接规定

一、财务会计科目的新旧衔接

（一）新旧科目衔接原则

1. 将 2018 年 12 月 31 日原账会计科目余额转入新账财务会计科目

下述科目名称、核算内容与原账的相应科目的核算内容基本相同。转账时，单位应当将原账的下述科目余额直接转入新账的相应科目。

（1）资产类科目："库存现金""零余额账户用款额度""财政应返还额度""应收账款""预付账款""无形资产""公共基础设施""政府储备物资""受托代理资产""待处理财产损溢"科目。

（2）负债类科目："应缴财政款""应付职工薪酬""应付政府补贴款""其他应付款""长期应付款""受托代理负债"科目。

（3）净资产类科目："财政拨款结转""财政拨款结余""其他资金结转结余""资产基金""待偿债净资产"科目。

2. 将 2018 年 12 月 31 日原账会计科目余额分析转入新账财务会计科目

下述科目名称、核算内容与原账的相应科目的名称、核算内容不同。转账时，单位应当将原账的下述科目余额分解为两个以上转入新账的相应科目。具体如表 9-1 所示。

表 9-1 行政单位新旧会计制度分析新账科目对照表

原制度科目		新制度科目	
编号	名称	编号	名称
一、资产类			
1002	银行存款	1002	银行存款
		1021	其他货币资金
1215	其他应收款	1218	其他应收款
		1301	在途物品
1301	存货	1302	库存物品
		1303	加工物品
		1811	政府储备物资
1501	固定资产	1601	固定资产
		1801	公共基础设施
		1811	政府储备物资
		1821	文物文化资产
		1831	保障性住房
1502	累计折旧	1602	固定资产累计折旧
		1802	公共基础设施累计折旧（摊销）
		1832	保障性住房累计折旧
1511	在建工程	1213	预付账款
		1611	工程物资
		1613	在建工程
1602	累计摊销	1702	无形资产累计摊销
二、负债类			
2101	应缴税费	2101	应交增值税
		2102	其他应交税费
2301	应付账款	2302	应付账款
		2307	其他应付款
三、净资产类			

(续表)

原制度科目		新制度科目	
编号	名称	编号	名称
3001	财政拨款结转	3001	累计盈余
3002	财政拨款结余		
3101	其他资金结转结余		
3501	资产基金		
3502	待偿债净资产		

单位存在其他未列举的原账科目余额的，应当比照规定转入新账的相应科目。新账科目设有明细科目的，应当对原账中对应科目的余额加以分析，分别转入新账中相应科目的相关明细科目。

单位在进行新旧衔接的转账时，应当编制转账的工作分录，作为转账的工作底稿，并将转入新账的对应原账户余额及分拆原账户余额的依据作为原始凭证。

3．将原未入账事项登记新账财务会计科目

（1）在途物品、政府储备物资、公共基础设施、文物文化资产、保障性住房。

2018年12月31日前未入账的在途物品、政府储备物资、公共基础设施、文物文化资产、保障性住房按照新制度规定记入新账。登记新账时，按照确定的在途物品、政府储备物资、公共基础设施、文物文化资产、保障性住房初始入账成本。

借：在途物品／政府储备物资／公共基础设施／文物文化资产／保障性住房

  贷：累计盈余

（2）盘盈资产。

2018年12月31日前未入账的盘盈资产按照新制度规定记入新账。登记新账时，按照确定的盘盈资产及其成本。

借：有关资产科目

  贷：累计盈余

（3）受托代理资产。

2018年12月31日前未入账的受托代理物资按照新制度规定记入新账。

借：受托代理资产

  贷：受托代理负债

（4）预计负债。

2018年12月31日按照新制度规定确认的预计负债记入新账。登记新账时，按照确定的预计负债金额。

借：累计盈余

  贷：预计负债

4. 对新账的相关财务会计科目余额按照新制度规定的核算基础（权责发生制）进行追溯调整

（1）补提折旧。

单位在原账中尚未计提固定资产折旧、公共基础设施折旧（摊销）的，应当全面核查截至2018年12月31日固定资产、公共基础设施的预计使用年限、已使用年限、尚可使用年限等，并按照新制度规定于2019年1月1日对尚未计提折旧的固定资产、公共基础设施补提折旧，按照应计提的折旧金额进行会计处理如下：

借：累计盈余

  贷：固定资产累计折旧/公共基础设施累计折旧

单位在原账的"固定资产"科目中核算了按照新制度规定应当记入"公共基础设施""保障性住房"科目内容的，应当比照前款规定补提公共基础设施折旧（摊销）、保障性住房折旧，按照应计提的折旧（摊销）金额进行会计处理如下：

借：累计盈余

  贷：公共基础设施累计折旧（摊销）/保障性住房累计折旧

（2）补提摊销。

单位在原账中尚未计提无形资产摊销的，应当全面核查截至2018年12月31日无形资产的预计使用年限、已使用年限、尚可使用年限等，并按照新制度规定于2019年1月1日对尚未摊销的无形资产补提摊销，按照应计提的摊销金额进行会计处理如下：

借：累计盈余

  贷：无形资产累计摊销

单位对新账的财务会计科目期初余额进行调整时，应当编制记账凭证，并将调整事项的确认依据作为原始凭证。

（二）衔接主要举例

【例9-1】　××行政单位于2019年1月1日起执行新制度。假设该单位2018年12月31日科目余额表如表9-2所示，余额明细表如表9-3所示。

第9章 新旧会计制度的衔接

表9-2　××行政单位2018年12月31日科目余额表

编制单位：××行政单位　　　　　　　　　　　　　　　　　　金额单位：元

编号	名称	余额方向	金额
一、资产类			
1001	库存现金	借	5 500.00
1002	银行存款	借	21 190 075.18
1011	零余额账户用款额度	借	
1021	财政应返还额度	借	4 000 000.00
1212	应收账款	借	
1213	预付账款	借	1 000 000.00
1215	其他应收款	借	1 115 643.34
1301	存货	借	1 805 845.27
1501	固定资产	借	32 580 061.37
1502	累计折旧	贷	
1511	在建工程	借	54 000 000.00
1601	无形资产	借	10 000 000.00
1602	累计摊销	贷	
1701	待处理财产损溢	借	
1801	政府储备物资	借	
1802	公共基础设施	借	
1901	受托代理资产	借	
二、负债类			
2001	应缴财政款	贷	200 000.00
2101	应缴税费	贷	20 000.00
2201	应付职工薪酬	贷	90 600.00
2301	应付账款	贷	3 000 000.00
2302	应付政府补贴款	贷	10 000 000.00
2305	其他应付款	贷	2 014 862.62
2401	长期应付款	贷	3 000 000.00
2901	受托代理负债	贷	2 000 000.00
三、净资产类			
3001	财政拨款结转	贷	3 730 095.90

（续表）

编号	名称	余额方向	金额
3002	财政拨款结余	贷	2 149 060.00
3101	其他资金结转结余	贷	3 106 600.00
3501	资产基金	贷	99 385 906.64
3502	待偿债净资产	借	3 000 000.00

表9-3 ××行政单位原会计科目余额明细表一

编制单位：××行政单位　　　　　　　　　　　金额单位：元

总账科目	明细分类	金额	备注
库存现金	库存现金	5 500.00	
	其中：受托代理现金	5 000.00	
银行存款	银行存款	20 190 075.18	
	其中：受托代理银行存款	1 500 000.00	
	其他货币资金	1 000 000.00	
其他应收款	在途物资	1 000 000.00	已经付款，尚未收到物资
	其他	115 643.34	
存货	在加工存货	500 000.00	
	非在加工存货	300 000.00	
	政府储备物资	1 005 845.27	
固定资产	固定资产	19 580 061.37	
	公共基础设施	1 000 000.00	
	政府储备物资	2 000 000.00	
	文物文化资产	5 000 000.00	
	保障性住房	5 000 000.00	
累计折旧	固定资产累计折旧		
	公共基础设施累计折旧		
	保障性住房累计折旧		
在建工程	在建工程	50 000 000.00	
	工程物资	3 000 000.00	
	预付工程款、预付备料款	1 000 000.00	

(续表)

总账科目	明细分类	金额	备注
应缴税费	应交增值税	5 000.00	
	其他应交税费	15 000.00	
应付账款	应付质量保证金	1 000 000.00	购置固定资产、完成在建工程等扣留的质量保证金
	其他	2 000 000.00	

1. 2018年12月31日原账会计科目余额转入或分析转入新账财务会计科目

1）资产类。

（1）"库存现金"科目。

新制度设置了"库存现金"，其核算内容与原账的核算内容基本相同。转账时，单位应当将原账的上述科目余额直接转入新账的相应科目。其中，还应当将原账的"库存现金"科目余额中属于新制度规定受托代理资产的金额，转入新账"库存现金"科目下的"受托代理资产"明细科目。××行政单位将原账"库存现金"科目余额转入新账的工作分录如下：

借：库存现金——库存现金　　　　　　　　　　　　500
　　　　　　——受托代理资产　　　　　　　　　　5 000
　　贷：库存现金　　　　　　　　　　　　　　　　5 500

（2）"银行存款"科目。

新制度设置了"银行存款"和"其他货币资金"科目，原制度设置了"银行存款"科目。转账时，单位应当将原账"银行存款"科目中核算的属于新制度规定的其他货币资金的金额，转入新账的"其他货币资金"科目；将原账"银行存款"科目余额减去其中属于其他货币资金金额后的差额，转入新账的"银行存款"科目。其中，还应当将原账"银行存款"科目余额中属于新制度规定受托代理资产的金额，转入新账"银行存款"科目下的"受托代理资产"明细科目。××单位将原账"银行存款"科目余额转入新账的工作分录如下：

借：银行存款——银行存款　　　　　　　　　　18 690 075.18
　　　　　　——受托代理资产　　　　　　　　1 500 000.00
　　其他货币资金　　　　　　　　　　　　　　1 000 000.00
　　贷：银行存款　　　　　　　　　　　　　　21 190 075.18

（3）"财政应返还额度"科目。

新制度设置了"财政应返还额度"，其核算内容与原账的核算内容基本相同。转账时，单位应当将原账的上述科目余额直接转入新账的相应科目。××单位将原账"财政应返还额度"科目余额转入新账的工作分录如下：

借：财政应返还额度（新）　　　　　　　　　　4 000 000
　　贷：财政应返还额度（旧）　　　　　　　　　　4 000 000

（4）"应收账款"科目。

新制度设置了"应收账款"，其核算内容与原账的核算内容基本相同。转账时，单位应当将原账的上述科目余额直接转入新账的相应科目。××单位将原账"应收账款"科目余额转入新账的工作分录如下：

借：应收账款（新）　　　　　　　　　　　　　　　　0
　　贷：应收账款（旧）　　　　　　　　　　　　　　　0

（5）"预付账款"科目。

新制度设置了"预付账款"，其核算内容与原账的核算内容基本相同。转账时，单位应当将原账的上述科目余额直接转入新账的相应科目。××单位将原账"预付账款"科目余额转入新账的工作分录如下：

借：预付账款（新）　　　　　　　　　　　　　1 000 000
　　贷：预付账款（旧）　　　　　　　　　　　　　1 000 000

（6）"其他应收款"科目。

新制度设置了"其他应收款"科目，该科目的核算内容与原账"其他应收款"科目的核算内容基本相同。转账时，单位应当将原账的"其他应收款"科目余额转入新账的"其他应收款"科目。

新制度设置了"在途物品"科目，单位在原账的"其他应收款"科目中核算了已经付款、尚未收到物资的内容，应当将原账的"其他应收款"科目余额中已经付款、尚未收到物资的金额，转入新账的"在途物品"科目。××单位将原账"其他应收款"科目余额转入新账的工作分录如下：

借：在途物品　　　　　　　　　　　　　　1 000 000.00
　　其他应收款（新）　　　　　　　　　　　　115 643.34
　　贷：其他应收款（旧）　　　　　　　　　　1 115 643.34

（7）"存货"科目。

新制度设置了"库存物品"和"加工物品"科目，原制度设置了"存货"科目。转账时，单位应当将原账的"存货——委托加工存货成本"科目余额转入新账的"加工物品"科目；将原账的"存货"科目余额减去属于委托加工存货成本余额后的差额，转入新账的"库存物品"科目。

单位在原账的"存货"科目中核算了按照新制度规定的政府储备物资的，应当将原账的"存货"科目余额中属于政府储备物资的金额，转入新账的"政

府储备物资"科目。××单位将原账"存货"科目余额转入新账的工作分录如下:

  借：加工存货   500 000.00
    库存物品   300 000.00
    政府储备物资   1 005 845.27
   贷：存货   1 805 845.27

  （8）"固定资产"科目。

  新制度设置了"固定资产""公共基础设施""政府储备物资""文物文化资产""保障性住房"科目。单位在原账"固定资产"科目中只核算了按照新制度规定的固定资产内容的，转账时，应当将原账的"固定资产"科目余额全部转入新账的"固定资产"科目。单位在原账的"固定资产"科目中核算了按照新制度规定应当记入"公共基础设施""政府储备物资""文物文化资产""保障性住房"科目内容的，转账时，应当将原账的"固定资产"科目余额中相应资产的账面余额，分别转入新账的"公共基础设施""政府储备物资""文物文化资产""保障性住房"科目，并将原账的"固定资产"科目余额减去上述金额后的差额，转入新账的"固定资产"科目。××单位将原账"固定资产"科目余额转入新账的工作分录如下：

  借：固定资产（新）   19 580 061.37
    公共基础设施   1 000 000.00
    政府储备物资   2 000 000.00
    文物文化资产   5 000 000.00
    保障性住房   5 000 000.00
   贷：固定资产（旧）   32 580 061.37

  （9）"在建工程"科目。

  新制度设置了"在建工程""工程物资"和"预付账款——预付备料款、预付工程款"科目，原制度设置了"在建工程"科目。转账时，单位应当将原账的"在建工程"科目余额（基建"并账"后的金额，下同）中属于工程物资的金额，转入新账的"工程物资"科目；将原账"在建工程"科目余额中属于预付备料款、预付工程款的金额，转入新账"预付账款"相关明细科目；将原账的"在建工程"科目余额减去工程物资和预付备料款、预付工程款金额后的差额，转入新账的"在建工程"科目。××单位将原账"在建工程"科目余额转入新账的工作分录如下：

  借：在建工程（新）   50 000 000
    工程物资   3 000 000
    预付账款   1 000 000
   贷：在建工程（旧）   54 000 000

（10）"无形资产"科目。

新制度设置了"无形资产"科目，其核算内容与原账的核算内容基本相同。转账时，单位应当将原账的上述科目余额直接转入新账的相应科目。××单位将原账"无形资产"科目余额转入新账的工作分录如下：

借：无形资产（新） 　　　　　　　　　　　10 000 000
　　贷：无形资产（旧） 　　　　　　　　　　　　　10 000 000

2）负债类。

（1）"应缴财政款"科目。

新制度设置了"应缴财政款"科目，其核算内容与原账的核算内容基本相同。转账时，单位应当将原账的上述科目余额直接转入新账的相应科目。××单位将原账"应缴财政款"科目余额转入新账的工作分录如下：

借：应缴财政款（新） 　　　　　　　　　　20 000 000
　　贷：应缴财政款（旧） 　　　　　　　　　　　20 000 000

（2）"应缴税费"科目。

新制度设置了"应交增值税""其他应交税费"科目，原制度设置了"应缴税费"科目。转账时，单位应当将原账的"应缴税费——应缴增值税"科目余额转入新账"应交增值税"科目中的相关明细科目；将原账的"应缴税费"科目余额减去属于应交增值税余额后的差额，转入新账的"其他应交税费"科目。××单位将原账"应缴税费"科目余额转入新账的工作分录如下：

借：应缴税费 　　　　　　　　　　　　　　　　20 000
　　贷：应交增值税 　　　　　　　　　　　　　　　　5 000
　　　　其他应交税费 　　　　　　　　　　　　　　15 000

（3）"应付账款"科目。

新制度设置了"应付账款"科目，该科目的核算内容与原账"应付账款"科目的核算内容基本相同，但是不再核算应付质量保证金，应付质量保证金改在新账的"其他应付款"科目核算。转账时，单位应当将原账的"应付账款"科目余额中属于尚未支付质量保证金的余额，转入新账的"其他应付款"科目；将原账的"应付账款"科目余额减去其中属于尚未支付质量保证金的余额后的差额，转入新账的"应付账款"科目。××单位将原账"应付账款"科目余额转入新账的工作分录如下：

借：应付账款（旧） 　　　　　　　　　　　　3 000 000
　　贷：应付账款（新） 　　　　　　　　　　　　　2 000 000
　　　　其他应付款 　　　　　　　　　　　　　　　1 000 000

3）净资产类。

（1）"财政拨款结转""财政拨款结余""其他资金结转结余"科目。

第9章 新旧会计制度的衔接

新制度设置了"累计盈余"科目,该科目的余额包含了原账的"财政拨款结转""财政拨款结余""其他资金结转结余"科目的余额内容。转账时,单位应当将原账的"财政拨款结转""财政拨款结余""其他资金结转结余"科目余额,转入新账的"累计盈余"科目。××单位将原账"财政拨款结转""财政拨款结余""其他资金结转结余"科目余额转入新账的工作分录如下:

借:财政拨款结转　　　　　　　　　　　　3 730 095.90
　　财政拨款结余　　　　　　　　　　　　2 149 060.00
　　其他资金结转结余　　　　　　　　　　3 106 600.00
　　贷:累计盈余　　　　　　　　　　　　　　8 985 755.90

（2）"资产基金""待偿债净资产"科目。

依据新制度,单位无需对原制度中"资产基金""待偿债净资产"科目对应的内容进行核算。转账时,单位应当将原账"资产基金"科目贷方余额转入新账的"累计盈余"科目贷方,将原账的"待偿债净资产"科目借方余额转入新账的"累计盈余"科目借方。××单位将原账"资产基金""待偿债净资产"科目余额转入新账的工作分录如下:

借:资产基金　　　　　　　　　　　　　　99 385 906.64
　　贷:待偿债净资产　　　　　　　　　　　　3 000 000.00
　　　　累计盈余　　　　　　　　　　　　　96 385 906.64

2. 将原未入账事项登记新账财务会计科目

【例9-2】 接上例,××行政单位2018年12月31日的资产进行了全面清理,清理发现2018年8月购进的一批抗震救灾物资,购进成本为850 000元,购进后只在政府储备物资备查簿中进行登记,未在单位"存货"中核算,当年没有出库。

单位在新旧制度转换时,应当将2018年12月31日前未入账的政府储备物资按照新制度规定记入新账。登记新账时,按照确定政府储备物资初始入账成本,借记"政府储备物资"科目,贷记"累计盈余"科目。

××单位追溯确认原未入账的政府储备物资财务会计分录如下:

借:政府储备物资　　　　　　　　　　　　850 000
　　贷:累计盈余　　　　　　　　　　　　　　850 000

【例9-3】 接上例,××行政单位在新制度实施前对2018年12月31日直接负责维护管理、供社会公众使用的城市轨道交通实施进行了清楚登记,原值1 235 000 000元,预计使用50年,已使用年限20年。

单位在新旧制度转换时,应当将2018年12月31日前未入账的公共基础设施按照新制度规定记入新账。登记新账时,按照确定的公共基础设施初始入账成本,借记"公共基础设施"科目,贷记"累计盈余"科目。

××单位追溯确认原未入账的公共基础设施财务会计分录如下：

借：公共基础设施　　　　　　　　　　　　1 235 000 000
　　贷：累计盈余　　　　　　　　　　　　1 235 000 000
借：累计盈余　　　　　　　　　　　　　　494 000 000
　　贷：公共基础设施累计折旧　　　　　　494 000 000

【例9-4】 接上例，××行政单位在新制度实施前，按新旧制度衔接的规定，对2018年12月31日受托代理资产进行了清查登记，发现一批受托储存的应急物资未入账，价值3 500 000元。

单位在新旧制度转换时，应当将2018年12月31日前未入账的受托代理物资按照新制度规定记入新账。登记新账时，按照确定的受托代理物资成本，借记"受托代理资产"科目，贷记"受托代理负债"科目。

借：受托代理资产　　　　　　　　　　　　3 500 000
　　贷：受托代理负债　　　　　　　　　　3 500 000

【例9-5】 接上例，2018年12月31日，××行政单位在资产全面清查中，发现盘盈一体机一台，该一体机市场上同类产品的价格15 000元。报经批准后，相关财务会计处理如下：

单位在新旧制度转换时，应当将2018年12月31日前未入账的盘盈资产按照新制度规定记入新账。登记新账时，按照确定的盘盈资产及其成本，分别借记有关资产科目，按照盘盈资产成本的合计金额，贷记"累计盈余"科目。

××单位追溯确认盘盈固定资产财务会计分录如下：

借：固定资产　　　　　　　　　　　　　　15 000
　　贷：累计盈余　　　　　　　　　　　　15 000

3. 对新账的相关财务会计科目余额按照新制度规定的会计核算基础进行调整

【例9-6】 接上例，2018年12月31日，××行政单位在资产全面清查中，补提固定资产折旧如表9-4所示。

表9-4　××行政单位2018年12月31日固定资产折旧补提计算表

编号	名称	使用部门	入账日期	设备原值	预计使用年限	已用月份	截至2018年补提折旧额	备注
1	房屋及构筑物			9 000 000.00	60	200	2 500 000.00	
2	专用设备			4 000 000.00	20	100	1 666 666.67	
3	通用设备			5 000 000.00	18	98	2 268 518.52	
4	家具、用具、器具			1 580 061.37	18	118	863 181.67	

第9章 新旧会计制度的衔接

（续表）

编号	名称	使用部门	入账日期	设备原值	预计使用年限	已用月份	截至2018年补提折旧额	备注
5	公共基础设施			1 000 000.00	50	260	433 333.33	
6	保障性住房			5 000 000.00	50	300	2 500 000.00	

单位在原账中尚未计提固定资产折旧、公共基础设施折旧（摊销）的，应当全面核查截至2018年12月31日固定资产、公共基础设施的预计使用年限、已使用年限、尚可使用年限等，并按照新制度规定于2019年1月1日对尚未计提折旧的固定资产、公共基础设施补提折旧，按照应计提的折旧金额，借记"累计盈余"科目，贷记"固定资产累计折旧""公共基础设施累计折旧（摊销）"科目。

单位在原账的"固定资产"科目中核算了按照新制度规定应当记入"公共基础设施""保障性住房"科目内容的，应当比照前款规定补提公共基础设施折旧（摊销）、保障性住房折旧，按照应计提的折旧（摊销）金额，借记"累计盈余"科目，贷记"公共基础设施累计折旧（摊销）""保障性住房累计折旧"科目。

借：累计盈余　　　　　　　　　　　　　　10 231 700.19
　　贷：固定资产累计折旧　　　　　　　　 7 298 366.86
　　　　公共基础设施累计折旧　　　　　　 433 333.33
　　　　保障性住房累计折旧　　　　　　　 2 500 000.00

【例9-7】　接上例，2018年12月31日，××行政单位在资产全面清查中，补提无形资产折旧如表9-5所示。

表9-5　××行政单位2018年12月31日固定资产折旧补提计算表

编号	名称	使用部门	入账日期	设备原值	预计使用年限	已用月份	截至2018年补提摊销额	备注
1	财务软件			10 000 000.00	20	98	4 083 333.33	

单位在原账中尚未计提无形资产摊销的，应当全面核查截至2018年12月31日无形资产的预计使用年限、已使用年限、尚可使用年限等，并按照新制度规定于2019年1月1日对尚未摊销的无形资产补提摊销，按照应计提的摊销金额，借记"累计盈余"科目，贷记"无形资产累计摊销"科目。

借：累计盈余　　　　　　　　　　　　　　　　4 083 333.33
　　贷：无形资产累计摊销　　　　　　　　　　　　4 083 333.33

4. 编制新账期初科目余额表

行政单位应当根据原账科目余额转入新账的金额，再按新制度规定进行追溯调整，作为新账各会计科目的期初余额，并据此编制新账各会计科目期初余额表。

行政单位可以通过编制 T 字账户的方法，说明新账科目期初余额的计算过程，以及新账科目与原账科目的对应关系，并作为编制新账科目余额的依据。

【例 9-8】 根据［例 9-1］至［例 9-7］的资料，编制 ×× 行政单位各会计科目期初余额 T 字账户如表 9-6 至表 9-36 所示。

表 9-6　库 存 现 金

借　方		贷　方
原账会计科目余额转入：	500.00	
明细调整新制度规定受托代理资产：	5 000.00	
新账会计科目期初余额：	5 500.00	

表 9-7　银 行 存 款

借　方		贷　方	
原账会计科目余额转入：	21 190 075.18	转出新制度规定的其他货币资金：	1 000 000.00
明细调整属于新制度规定受托代理资产：	1 500 000.00		
新账会计科目期初余额：	20 190 075.18		

表 9-8　其他货币资金

借　方		贷　方
原账会计科目余额转入：	1 000 000.00	
新账会计科目期初余额：	1 000 000.00	

表 9-9　财政应返还额度

借　方		贷　方
原账会计科目余额转入：	4 000 000.00	
新账会计科目期初余额：	4 000 000.00	

第9章 新旧会计制度的衔接

表9-10 预付账款

借 方	贷 方
原账会计科目余额转入： 1 000 000.00 转入原账"在建工程"科目余额中属于预付备料款、预付工程款金额： 1 000 000.00	
新账会计科目期初余额： 2 000 000.00	

表9-11 其他应收款

借 方	贷 方
原账会计科目余额转入： 1 115 643.34 转入原账的"应付账款"科目余额中属于尚未支付质量保证金的余额： 1 000 000.00	转出原账的"其他应收款"科目余额中已经付款、尚未收到物资的金额： 1 000 000.00
新账会计科目期初余额： 1 115 643.34	

表9-12 在途物品

借 方	贷 方
原账会计科目余额转入： 0.00 转入原账的"其他应收款"科目余额中已经付款、尚未收到物资的金额： 1 000 000.00	
新账会计科目期初余额： 1 000 000.00	

表9-13 库存物品

借 方	贷 方
原账会计科目余额转入： 1 805 845.27	转出原账的"存货——委托加工存货成本"科目余额： 500 000.00 转出原账的"存货"科目余额中属于政府储备物资的金额： 1 005 845.27
新账会计科目期初余额： 300 000.00	

表9-14 加工物品

借 方	贷 方
原账会计科目余额转入： 0.00 转入原账的"存货——委托加工存货成本"科目余额： 500 000.00	
新账会计科目期初余额： 500 000.00	

表9-15 固定资产

借方	贷方
原账会计科目余额转入： 32 580 061.37 将2018年12月31日前未入账的盘盈资产按照新制度规定记入新账： 15 000.00	转出原账的"固定资产"科目中核算了按照新制度规定应当记入： "公共基础设施"： 1 000 000.00 "政府储备物资"： 2 000 000.00 "文物文化资产"： 5 000 000.00 "保障性住房"： 5 000 000.00
新账会计科目期初余额： 19 595 061.37	

表9-16 固定资产累计折旧

借方	贷方
	原账会计科目余额转入： 0.00 对尚未计提折旧的固定资产补提折旧： 7 298 366.86
	新账会计科目期初余额： 7 298 366.86

表9-17 工程物资

借方	贷方
原账会计科目余额转入： 0.00 转入原账的"在建工程"科目余额（基建"并账"后的金额）中属于工程物资的金额： 3 000 000.00	
新账会计科目期初余额： 3 000 000.00	

表9-18 在建工程

借方	贷方
原账会计科目余额转入： 54 000 000.00	转出原账的"在建工程"科目余额（基建"并账"后的金额）中属于工程物资的金额： 3 000 000.00 转出原账"在建工程"科目余额中属于预付备料款、预付工程款金额： 1 000 000.00
新账会计科目期初余额： 3 000 000.00	

表9-19 无形资产

借方	贷方
原账会计科目余额转入： 1 000 000.00	
新账会计科目期初余额： 1 000 000.00	

表 9-20　无形资产累计摊销

借　方	贷　方
	原账会计科目余额转入：　　　　　　　　　　　　0.00 对尚未摊销的无形资产补提摊销：　　　4 083 333.33
	新账会计科目期初余额：　　　　　　　　　　　4 083 333.33

表 9-21　公共基础设施

借　方	贷　方
原账会计科目余额转入：　　　　　　　　　　　　0.00 转入原账的"固定资产"科目中核算了按照新制度规定应当记入"公共基础设施"：　　1 000 000.00 将 2018 年 12 月 31 日前未入账的公共基础设施按照新制度规定记入新账：　　1 235 000 000.00	
新账会计科目期初余额：　　　1 236 000 000.00	

表 9-22　公共基础设施累计折旧

借　方	贷　方
	原账会计科目余额转入：　　　　　　　　　　　　0.00 对尚未计提折旧公共基础设施补提折旧：　　　494 433 333.33
	新账会计科目期初余额：　　　　　　　　　494 433 333.33

表 9-23　政府储备物资

借　方	贷　方
原账会计科目余额转入：　　　　　　　　　　　　0.00 转入原账的"存货"科目余额中属于政府储备物资的金额：　　　　　　　　　　　　1 005 845.27 转入原账的"固定资产"科目中核算了按照新制度规定应当记入"政府储备物资"的金额：　　2 000 000.00 将 2018 年 12 月 31 日前未入账的政府储备物资按照新制度规定记入新账：　　　　　　　　85 000.00	
新账会计科目期初余额：　　　　　3 855 845.27	

表 9-24 文物文化资产

借方	贷方
原账会计科目余额转入： 0.00 转入原账的"固定资产"科目中核算了按照新制度规定应当记入"文物文化资产"： 5 000 000.00	
新账会计科目期初余额： 5 000 000.00	

表 9-25 保障性住房

借方	贷方
原账会计科目余额转入： 0.00 转入原账的"固定资产"科目中核算了按照新制度规定应当记入"保障性住房"： 5 000 000.00	
新账会计科目期初余额： 5 000 000.00	

表 9-26 保障性住房累计折旧

借方	贷方
	原账会计科目余额转入： 0.00 对尚未计提折旧保障性住房补提折旧： 2 500 000.00
	新账会计科目期初余额： 2 500 000.00

表 9-27 受托代理资产

借方	贷方
原账会计科目余额转入： 0.00 将 2018 年 12 月 31 日前未入账的受托代理物资按照新制度规定记入新账： 3 500 000.00	
新账会计科目期初余额： 3 500 000.00	

表 9-28 应缴财政款

借方	贷方
	原账会计科目余额转入： 200 000.00
	新账会计科目期初余额： 200 000.00

表 9-29 应交增值税

借方	贷方
	原账会计科目余额转入： 5 000.00
	新账会计科目期初余额： 5 000.00

第9章 新旧会计制度的衔接

表 9-30　其他应交税费

借　方	贷　方
	原账会计科目余额转入：　　　　　　　　　　15 000.00
	新账会计科目期初余额：　　　　　　　　　　15 000.00

表 9-31　应付职工薪酬

借　方	贷　方
	原账会计科目余额转入：　　　　　　　　　　90 600.00
	新账会计科目期初余额：　　　　　　　　　　90 600.00

表 9-32　应付账款

借　方	贷　方
	原账会计科目余额转入：　　　　　　　　　3 000 000.00 转出原账的"应付账款"科目余额中属于尚 未支付质量保证金的余额：　　　　　　　　1 000 000.00
	新账会计科目期初余额：　　　　　　　　　2 000 000.00

表 9-33　应付政府补贴款

借　方	贷　方
	原账会计科目余额转入：　　　　　　　　　10 000 000.00
	新账会计科目期初余额：　　　　　　　　　10 000 000.00

表 9-34　长期应付款

借　方	贷　方
	原账会计科目余额转入：　　　　　　　　　3 000 000.00
	新账会计科目期初余额：　　　　　　　　　3 000 000.00

表 9-35　受托代理负债

借　方	贷　方
	原账会计科目余额转入：　　　　　　　　　2 000 000.00 将 2018 年 12 月 31 日前未入账的受托代理物 资按照新制度规定记入新账同时登记新账受 托代理负债：　　　　　　　　　　　　　　3 500 000.00
	新账会计科目期初余额：　　　　　　　　　5 500 000.00

表9-36 累计盈余

借 方	贷 方
对尚未计提折旧的固定资产补提折旧： 7 298 366.86	原账会计科目余额转入： 8 985 755.90
对尚未摊销的无形资产补提摊销： 4 083 333.33	原账会计科目余额转入： 96 385 906.64
对尚未计提折旧公共基础设施补提折旧： 494 433 333.33	将2018年12月31日前未入账的政府储备物资按照新制度规定记入新账： 85 000.00
对尚未计提折旧保障性住房补提折旧： 2 500 000.00	将2018年12月31日前未入账的盘盈资产按照新制度规定记入新账： 15 000.00
	将2018年12月31日前未入账的公共基础设施按照新制度规定记入新账： 1 235 000 000.00
	新账会计科目期初余额： 832 921 629.02

××行政单位原账科目余额按照新制度转账后科目余额表如表9-37所示。

表9-37 ××行政单位2019年01月01日科目余额表

编制单位：××行政单位　　　　　　　　　　　　　　　金额单位：元

编号	名称	余额方向	金额
一、资产类			
1001	库存现金	借	5 500.00
1002	银行存款	借	20 190 075.18
1021	其他货币资金	借	1 000 000.00
1011	零余额账户用款额度	借	
1201	财政应返还额度	借	4 000 000.00
1212	应收账款	借	
1214	预付账款	借	2 000 000.00
1218	其他应收款	借	115 643.34
1301	在途物品	借	1 000 000.00
1302	库存物品	借	300 000.00
1303	加工物品	借	500 000.00
1811	政府储备物资	借	1 855 845.27
1601	固定资产	借	19 595 061.37
1801	公共基础设施	借	1 236 000 000.00
1811	政府储备物资	借	2 000 000.00

（续表）

编号	名称	余额方向	金额
1821	文物文化资产	借	5 000 000.00
1831	保障性住房	借	5 000 000.00
1602	固定资产累计折旧	贷	7 298 366.86
1802	公共基础设施累计折旧（摊销）	贷	494 433 333.33
1832	保障性住房累计折旧	贷	2 500 000.00
1611	工程物资	借	3 000 000.00
1613	在建工程	借	50 000 000.00
1701	无形资产	借	10 000 000.00
1702	无形资产累计摊销	贷	4 083 333.33
1891	受托代理资产	借	3 500 000.00
1902	待处理财产损溢	借	
二、负债类			
2103	应缴财政款	贷	200 000.00
2101	应交增值税	贷	5 000
2102	其他应交税费	贷	15 000.00
2201	应付职工薪酬	贷	90 600.00
2302	应付账款	贷	2 000 000.00
2307	其他应付款	贷	3 014 862.62
2303	应付政府补贴款	贷	10 000 000.00
2307	其他应付款	贷	
2502	长期应付款	贷	3 000 000.00
2901	受托代理负债	贷	5 500 000.00
三、净资产类			
3001	累计盈余	贷	832 921 629.02

二、预算会计科目的新旧衔接

（一）新旧科目衔接原则

对新账的相关预算会计科目余额按照新制度规定的核算基础（收付实现制）进行追溯调整如下。

（1）"财政拨款结转"和"财政拨款结余"科目及对应的"资金结存"科目余额。

①新账"财政拨款结转"科目期初余额＝原账的"财政拨款结转"科目余额－已经支付财政资金尚未计入预算支出（如其他应收款中的预付款项等）。

②新账"财政拨款结余"科目期初余额＝原账的"财政拨款结余"科目余额。

③新账"资金结存"科目期初余额：

"资金结存——财政应返还额度"科目期初余额＝原账的"财政应返还额度"科目余额

"资金结存——货币资金"科目期初余额＝新账的"财政拨款结转"科目期初余额＋新账的"财政拨款结余"科目期初余额－新账的"资金结存－财政应返还额度"科目余额

表 9-38 财政拨款结转与财政拨款结余新旧衔接

原制度		新制度
会计科目	逐项分析调整	预算会计科目
财政拨款结转	减：已经支付财政资金尚未计入预算支出（如其他应收款中的预付款项等）	财政拨款结转
财政拨款结余	直接转入	财政拨款结余
财政应返还额度（借方）	直接转入	资金结存——财政应返还额度（借方）
按照新账的"财政拨款结转"和"财政拨款结余"科目贷方余额合计数，减去新账的"资金结存——财政应返还额度"科目借方余额后的差额，登记新账的"资金结存——货币资金"科目的借方。		资金结存——货币资金（借方）

（2）"非财政拨款结转"和"非财政拨款结余"科目及对应的"资金结存"科目余额：

①新账"非财政拨款结转"科目期初余额＝原账"其他资金结转结余——项目结转"——已经支付非财政拨款专项资金尚未计入预算支出（如其他应收款中的预付款项等）。

②新账"非财政拨款结余"科目期初余额＝原账的"其他资金结转结余－非项目结余"科目余额。

③新账"资金结存"科目期初余额＝新账"非财政拨款结转"科目期初余额＋新账"非财政拨款结余"科目期初余额－对新账"非财政拨款结余"科目及"资金结存"科目余额进行调整金额。

第9章 新旧会计制度的衔接

表 9-39 非财政拨款结转与非财政拨款结余新旧衔接

原制度		新制度
会计科目	逐项分析调整	会计分录
其他资金结转结余——项目结转	已经支付非财政拨款专项资金尚未计入预算支出（如其他应收款中的预付款项等）	借：资金结存——货币资金 　　贷：非财政拨款结余
其他资金结转结余——非项目结余	直接转入	借：资金结存——货币资金 　　贷：非财政拨款结余
对新账"非财政拨款结余"科目及"资金结存"科目余额进行调整：单位按照新制度规定将原账其他应收款中的预付款项计入预算支出的，应当对原账的"其他应收款"科目余额进行分析，区分其中预付款项的金额（将来很可能列支）和非预付款项的金额，并对预付款项的金额划分为财政拨款资金预付的金额、非财政拨款专项资金预付的金额和非财政拨款非专项资金预付的金额，按照非财政拨款非专项资金预付的金额调整		借：非财政拨款结余 　　贷：资金结存——货币资金

（二）衔接主要举例

【例 9-9】 接［例 9-8］，2018 年 12 月 31 日，××行政单位其他应收款余额明细表 9-40 所示。

表 9-40 ××行政单位原其他应收款余额明细表

总账科目	明细分类	金额	备注
其他应收款	预付款项	1 000 000.00	如职工预借的差旅费等
	其中：财政拨款资金预付	500 000.00	
	非财政拨款专项资金预付	250 000.00	
	非财政拨款非专项资金预付	250 000.00	
	需要收回及其他	805 845.27	如支付的押金、应为职工垫付的款项等

"财政拨款结转"和"财政拨款结余"科目及对应的"资金结存"科目余额

单位按照新制度规定将原账其他应收款中的预付款项计入预算支出的，应当对原账的"财政拨款结转"科目余额进行逐项分析，按照减去已经支付财政资金尚未计入预算支出(如其他应收款中的预付款项等)的金额后的差额,登记新账的"财政拨款结转"科目及其明细科目贷方;按照原账的"财政拨款结余"科目余额,登记新账的"财政拨款结余"科目及其明细科目贷方。

单位应当按照原账的"财政应返还额度"科目余额登记新账的"资金结存——财政应返还额度"科目借方;按照新账的"财政拨款结转"和"财政拨款结余"科目贷方余额合计数,减去新账的"资金结存——财政应返还额度"科目借方余额后的差额,登记新账的"资金结存——货币资金"科目的借方。

(1)登记新账"财政拨款结转"= 3 730 095.90 − 500 000.00 = 3 230 095.90(元)。

(2)登记新账"财政拨款结余"= 2149060.00(元)。

(3)登记新账"资金结存":

① "资金结存——财政应返还额度"= 4 000 000.00(元)。

② "资金结存——货币资金"= 3 230 095.90 + 2149060.00 − 4 000 000.00 = 1 379 155.90(元)。

借:资金结存——财政应返还额度　　　　4 000 000.00
　　资金结存——货币资金　　　　　　　1 379 155.90
　贷:财政拨款结转　　　　　　　　　　　3 230 095.90
　　　财政拨款结余　　　　　　　　　　　2 149 060.00

【例 9-10】 接[例 9-9],2018 年 12 月 31 日,××行政单位原其他资金结转结余余额明细表 9-41 所示。

表 9-41　其他资金结转结余余额明细表

其他资金结转结余	3 106 600.00
项目结转	2 000 000.00
非项目结余	1 106 600.00

1. "非财政拨款结转"科目及对应的"资金结存"科目余额

单位按照新制度规定将原账其他应收款中的预付款项计入预算支出的,应当对原账的"其他资金结转结余——项目结转"科目余额进行逐项分析,按照减去已经支付非财政拨款专项资金尚未计入预算支出(如其他应收款中的预付款项等)的金额后的差额,登记新账的"非财政拨款结转"科目及其明细科目贷方;同时,按照相同的金额登记新账的"资金结存——货币资金"科目借方。

登记新账"非财政拨款结转"= 2 000 000.00 − 250 000.00 = 1 750 000.00(元)。

平行登记新账：
借：资金结存——货币资金　　　　　　　　　　　　　　　1 750 000
　　贷：非财政拨款结转　　　　　　　　　　　　　　　　　　1 750 000

2．"非财政拨款结余"科目及对应的"资金结存"科目余额

（1）登记"非财政拨款结余"科目余额。

单位应当按照原账的"其他资金结转结余－非项目结余"科目余额，借记新账的"资金结存——货币资金"科目，贷记新账的"非财政拨款结余"科目。

平行登记新账：
借：资金结存——货币资金　　　　　　　　　　　　　　　1 106 600
　　贷：非财政拨款结余　　　　　　　　　　　　　　　　　　1 106 600

（2）对新账"非财政拨款结余"科目及"资金结存"科目余额进行调整。

单位按照新制度规定将原账其他应收款中的预付款项计入预算支出的，应当对原账的"其他应收款"科目余额进行分析，区分其中预付款项的金额（将来很可能列支）和非预付款项的金额，并对预付款项的金额划分为财政拨款资金预付的金额、非财政拨款专项资金预付的金额和非财政拨款非专项资金预付的金额，按照非财政拨款非专项资金预付的金额，借记新账的"非财政拨款结余"科目，贷记新账的"资金结存——货币资金"科目。

平行登记新账：
借：非财政拨款结余　　　　　　　　　　　　　　　　　　　250 000
　　贷：资金结存——货币资金　　　　　　　　　　　　　　　　250 000

三、财务报表和预算会计报表的新旧衔接

（一）编制2019年1月1日资产负债表

单位应当根据2019年1月1日新账的财务会计科目余额，按照新制度编制2019年1月1日资产负债表（仅要求填列各项目"年初余额"），见表9-42。

表9-42　资产负债表

会政财01表

编制单位：××行政单位　　　　2019年01月01日　　　　单位：元

资　产	期末余额	年初余额	负债和净资产	期末余额	年初余额
流动资产：			流动负债：		
货币资金		19 690 575.18	短期借款		50 000.00

(续表)

资　产	期末余额	年初余额	负债和净资产	期末余额	年初余额
短期投资		500 000.00 50 000.00	应交增值税		5 000.00
财政应返还额度		4 000 000.00 4 000 000.00	其他应交税费		15 000.00
应收票据			应缴财政款		200 000.00
应收账款净额		1 565 000.00	应付职工薪酬		90 600.00
预付账款		2 000 000.00	应付票据		
应收股利			应付账款		3 000 000.00
应收利息		15 000.00	应付政府补贴款		
其他应收款净额		115 643.34	应付利息		
存货		1 800 000.00	预收账款		10 000 000.0
待摊费用			其他应付款		1 014 862.62
一年内到期的非流动资产			预提费用		
其他流动资产			一年内到期的非流动负债		1 000 000.00
流动资产合计		29 371 218.52	其他流动负债		
非流动资产：			流动负债合计		15 375 462.62
长期股权投资		3 600 000.00	非流动负债：		
长期债券投资		3 000 000.00	长期借款		3 270 000.00
固定资产原值		19 595 061.37	长期应付款		1 050 000.00
减：固定资产累计折旧		7 298 366.86	预计负债		100 000.00
固定资产净值		12 296 694.51	其他非流动负债		
工程物资		3 205 845.27	非流动负债合计		4 420 000.00
在建工程		50 180 000.00	受托代理负债		4 500 000.00
无形资产原值		10 000 000.00	负债合计		24 295 462.6
减：无形资产累计摊销		4 083 333.33			
无形资产净值		5 916 666.67			
研发支出					
公共基础设施原值		1 236 000 000.00			
减：公共基础设施累计折旧（摊销）		494 433 333.33			

（续表）

资　产	期末余额	年初余额	负债和净资产	期末余额	年初余额
公共基础设施净值		741 566 666.67	净资产：		
政府储备物资		2 585 000.00	累计盈余		839 845 722.38
文物文化资产		5 000 000.00	专用基金		385 906.64
保障性住房原值		5 000 000.00	权益法调整		
减：保障性住房累计折旧		2 500 000.00	无偿调拨净资产*		—
保障性住房净值		2 500 000.00	本期盈余*		
长期待摊费用			净资产合计		832 921 629.02
待处理财产损溢					
其他非流动资产					
非流动资产合计		824 135 873.12			
受托代理资产		5 005 000.00			
资产总计		856 747 091.64	负债和净资产总计		856 747 091.64

注："*"标识项目为月报项目，年报中不需列示。

（二）2019年度财务报表和预算会计报表的编制

单位应当按照新制度规定编制2019年财务报表和预算会计报表。在编制2019年度收入费用表、净资产变动表、现金流量表和预算收入支出表、预算结转结余变动表时，不要求填列上年比较数。

单位应当根据2019年1月1日新账财务会计科目余额，填列2019年净资产变动表各项目的"上年年末余额"；根据2019年1月1日新账预算会计科目余额，填列2019年预算结转结余变动表的"年初预算结转结余"项目和财政拨款预算收入支出表的"年初财政拨款结转结余"项目。

表 9-43　净资产变动表

会政预 03 表

2×19 年

编制单位：××××　　　　　　　　　　　　　　　　　　　　　　　　　　　单位：元

项　目	本年数				上年数			
	累计盈余	专用基金	权益法调整	净资产合计	累计盈余	专用基金	权益法调整	净资产合计
一、上年末余额	839 845 722.38	—		832 921 629.02				
二、以前年度盈余调整（减少以"—"号填列）		—	—			—	—	
三、本年年初余额	839 845 722.38	385 906.64		832 921 629.02				
四、本年变动金额（减少以"—"号填列）		—	—			—	—	
（一）本年盈余		—	—		—			
（二）无偿调拨净资产	—	—	—			—	—	
（三）归集调整预算结转结余	—	—				—	—	
（四）提取或设置专用基金		—	—		—			
其中：从预算收入中提取	—		—		—		—	
从预算结余中提取	—		—		—		—	
设置的专用基金	—		—		—		—	
（五）使用专用基金		—	—		—		—	
（六）权益法调整	—	—			—	—		
五、本年年末余额	832 921 629.02			832 921 629.02				

注："—"标识单元格不需填列。

第9章 新旧会计制度的衔接

表 9-44 预算结转结余变动表

编制单位：××行政单位　　　2019年　　　会政预02表　单位：元

项　目	本年数	上年数
一、年初预算结转结余	7 985 755.90	
（一）财政拨款结转结余	5 379 155.90 5 379 155.90	
（二）其他资金结转结余	260 600.00	
二、年初余额调整（减少以"－"号填列）		
（一）财政拨款结转结余		
（二）其他资金结转结余		
三、本年变动金额（减少以"－"号填列）		
（一）财政拨款结转结余		
1. 本年收支差额		
2. 归集调入		
3. 归集上缴或调出		
（二）其他资金结转结余		
1. 本年收支差额		
2. 缴回资金		
3. 使用专用结余		
4. 支付所得税		
四、年末预算结转结余		
（一）财政拨款结转结余	5 379 155.90	
1. 财政拨款结转	3 230 095.90	
2. 财政拨款结余	2 149 060.00	
（二）其他资金结转结余	260 600.0	
1. 非财政拨款结转	1 750 000.00	
2. 非财政拨款结余	856 600.00	
3. 专用结余		
4. 经营结余（如有余额 以"－"号填列）		

表9-45 财政拨款预算收入支出表

2×19年

编制单位：×××
会政预03表
单位：元

项目	年初财政拨款结转结余		调整年初财政拨款结转结余	本年归集调入	本年归集上缴或调出	单位内部调剂		本年财政拨款收入	本年财政拨款支出	年末财政拨款结转结余	
	结转	结余				结转	结余			结转	结余
一、一般公共预算财政拨款											
（一）基本支出											
1. 人员经费											
2. 日常公用经费											
（二）项目支出											
1.××项目											
2.××项目											
……											
二、政府性基金预算财政拨款											
（一）基本支出											
1. 人员经费											
2. 日常公用经费											
（二）项目支出											
1.××项目											
2.××项目											
……											
总计											

第9章 新旧会计制度的衔接

第三节 与事业单位会计制度的衔接规定

一、财务会计科目的新旧衔接

(一) 新旧科目衔接原则

(1) 将 2018 年 12 月 31 日原账会计科目余额转入新账财务会计科目。

下述科目名称、核算内容与原账的相应科目的核算内容基本相同。转账时,单位应当将原账的下述科目余额直接转入新账的相应科目。

① 资产类科目:"库存现金""零余额账户用款额度""财政应返还额度""短期投资""应收票据""应收账款""预付账款""无形资产"等科目。

② 负债类科目:"短期借款""应付职工薪酬""应付票据""应付账款""预收账款""长期借款""长期应付款"科目

③ 净资产类科目:"专用基金"科目

(2) 将 2018 年 12 月 31 日原账会计科目余额分析转入新账财务会计科目。

下述科目名称、核算内容与原账的相应科目的名称、核算内容不尽相同。转账时,单位应当将原账的下述科目余额分解为两个以上转入新账的相应科目。具体如表 9-46。

表 9-46 事业单位新旧会计制度分析新账科目对照表

原制度科目		新制度科目	
编号	名称	编号	名称
一、资产类			
1002	银行存款	1002	银行存款
		1021	其他货币资金
1215	其他应收款	1218	其他应收款
		1301	在途物品
1301	存货	1302	库存物品
		1303	加工物品
		1611	工程物资
		1811	政府储备物资
		1891	受托代理资产

(续表)

原制度科目		新制度科目	
编号	名称	编号	名称
1401	长期投资	1501	长期股权投资
		1502	长期债券投资
1501	固定资产	1601	固定资产
		1801	公共基础设施
		1811	政府储备物资
		1821	文物文化资产
		1831	保障性住房
1502	累计折旧	1602	固定资产累计折旧
		1802	公共基础设施累计折旧（摊销）
		1832	保障性住房累计折旧
1511	在建工程	1611	工程物资
		1613	在建工程
1602	累计摊销	1702	无形资产累计摊销
1701	待处置资产损溢	1902	待处理财产损溢
二、负债类			
2101	应缴税费	2101	应交增值税
		2102	其他应交税费
2102	应缴国库款	2103	应缴财政款
2103	应缴财政专户款		
2305	其他应付款	2307	其他应付款
		2901	受托代理负债
三、净资产类			
3001	事业基金	3001	累计盈余
3101	非流动资产基金		
3301	财政补助结转		
3302	财政补助结余		
3401	非财政补助结转		
3403	经营结余		

第9章 新旧会计制度的衔接

（3）将原未入账事项登记新账财务会计科目。

① 应收账款、应收股利、在途物品。

将 2018 年 12 月 31 日前未入账的应收账款、应收股利、在途物品按照新制度规定记入新账。登记新账时，按照确定的入账金额。

借：应收账款 / 应收股利 / 在途物品
　　贷：累计盈余

② 公共基础设施、政府储备物资、文物文化资产、保障性住房。

将 2018 年 12 月 31 日前未入账的公共基础设施、政府储备物资、文物文化资产、保障性住房按照新制度规定记入新账。登记新账时，按照确定的初始入账成本。

借：公共基础设施 / 政府储备物资 / 文物文化资产 / 保障性住房
　　贷：累计盈余

③ 受托代理资产。

将 2018 年 12 月 31 日前未入账的受托代理资产按照新制度规定记入新账。登记新账时，按照确定的受托代理物资成本入账。

借：受托代理资产
　　贷：受托代理负债

④ 盘盈资产。

将 2018 年 12 月 31 日前未入账的盘盈资产按照新制度规定记入新账。登记新账时，按照确定的盘盈资产及其成本入账。

借：有关资产科目
　　贷：累计盈余

⑤ 预计负债。

将 2018 年 12 月 31 日按照新制度规定确认的预计负债记入新账。登记新账时，按照确定的预计负债金额入账。

借：累计盈余
　　贷：预计负债

⑥ 应付质量保证金。

将 2018 年 12 月 31 日前未入账的应付质量保证金按照新制度规定记入新账。登记新账时，按照确定未入账的应付质量保证金金额入账。

借：累计盈余
　　贷：其他应付款 ［扣留期在 1 年以内（含 1 年）］
　　　　长期应付款 ［扣留期超过 1 年］

（4）对新账的相关财务会计科目余额按照新制度规定的核算基础（权责发生制）进行追溯调整。

（二）衔接主要举例

【例 9-11】 ××事业单位于 2019 年 1 月 1 日起执行新制度。假设该单位 2018 年 12 月 31 日科目余额表如表 9-47 和余额明细表如表 9-48 所示。

表 9-47　2018 年 12 月 31 日科目余额表

编制单位：××事业单位　　　　　　　　　　　　　　　　　　金额单位：元

编号	名　　　称	余额方向	金　　额
一、资产类			
1001	库存现金	借	5 500.00
1002	银行存款	借	21 190 075.18
1011	零余额账户用款额度	借	
1021	财政应返还额度	借	4 000 000.00
1101	短期投资		50 000.00
1212	应收账款	借	2 000 000.00
1213	预付账款	借	1 000 000.00
1215	其他应收款	借	1 115 643.34
1301	存货	借	1 805 845.27
1401	长期投资		6 000 000.00
1501	固定资产	借	32 580 061.37
1502	累计折旧	贷	
1511	在建工程	借	54 000 000.00
1601	无形资产	借	10 000 000.00
1602	累计摊销	贷	
1701	待处理资产损溢	借	
二、负债类			
2001	短期借款	借	50 000.00
2101	应缴税费	贷	20 000.00
2102	应缴国库款	贷	200 000.00
2103	应缴财政专户款	贷	
2201	应付职工薪酬	贷	90 600.00
2301	应付账款	贷	3 000 000.00
2303	预收账款	贷	10 000 000.00

（续表）

编号	名称	余额方向	金额
2305	其他应付款	贷	2 014 862.62
2401	长期借款	贷	3 000 000.00
2402	长期应付款	贷	2 000 000.00
三、净资产类			
3001	事业基金	贷	34 500 000.00
3101	非流动资产基金	贷	70 000 000.00
3301	财政补助结转	贷	3 730 095.90
3302	财政补助结余	贷	2 149 060.00
3401	非财政补助结转	贷	3 106 600.00
3403	经营结余	借	500 000.00
3502	专用基金	贷	385 906.64

表 9-48　原会计科目余额明细表一

编制单位：××事业单位　　　　　　　　　　　　　　　金额单位：元

总账科目	明细分类	金额	备注
库存现金	库存现金	21 190 075.18	
	其中：受托代理现金	5 000.00	
银行存款	银行存款	20 190 075.18	
	其中：受托代理银行存款	1 500 000.00	
	其他货币资金	1 000 000.00	
其他应收款	在途物资	1 000 000.00	已经付款，尚未收到物资
	其他	115 643.34	
存货	在加工存货	500 000.00	
	非在加工存货	300 000.00	
	工程物资	205 845.27	
	政府储备物资	500 000.00	
	受托代理资产	300 000.00	
长期投资	长期股权投资	3 000 000.00	
	长期债券投资	3 000 000.00	

（续表）

总账科目	明细分类	金额	备注
固定资产	固定资产	19 580 061.37	
	公共基础设施	1 000 000.00	
	政府储备物资	2 000 000.00	
	文物文化资产	5 000 000.00	
	保障性住房	5 000 000.00	
累计折旧	固定资产累计折旧		
	公共基础设施累计折旧		
	保障性住房累计折旧		
在建工程	在建工程	50 000 000.00	
	工程物资	3 000 000.00	
	预付工程款、预付备料款	1 000 000.00	
应缴税费	应交增值税	5 000.00	
	其他应交税费	15 000.00	
应付账款	受托代理负责	1 000 000.00	购置固定资产、完成在建工程等扣留的质量保证金
	其他	9 000 000.00	

1. 2018年12月31日原账会计科目余额转入或分析转入新账财务会计科目

1）资产类。

（1）"库存现金"科目。

新制度设置了"库存现金"，其核算内容与原账的核算内容基本相同。转账时，单位应当将原账的上述科目余额直接转入新账的相应科目。其中，还应当将原账的"库存现金"科目余额中属于新制度规定受托代理资产的金额，转入新账"库存现金"科目下的"受托代理资产"明细科目。

××事业单位将原账"库存现金"科目余额转入新账的工作分录（"工作分录"）指在工作底稿中编制新旧制度转账的财务会计分录，不用于登记会计账簿，下同）如下：

借：库存现金——库存现金　　　　　　　　　　　　500
　　　　　　——受托代理资产　　　　　　　　　5 000
　　贷：库存现金　　　　　　　　　　　　　　　　5 500

（2）"银行存款"科目。

新制度设置了"银行存款"和"其他货币资金"科目，原制度设置了"银行存款"科目。转账时，单位应当将原账"银行存款"科目中核算的属于新制度规定的其他货币资金的金额，转入新账的"其他货币资金"科目；将原账"银行存款"科目余额减去其中属于其他货币资金金额后的差额，转入新账的"银行存款"科目。其中，还应当将原账"银行存款"科目余额中属于新制度规定受托代理资产的金额，转入新账"银行存款"科目下的"受托代理资产"明细科目。

××事业单位将原账"银行存款"科目余额转入新账的工作分录如下：

借：银行存款——银行存款　　　　　　　　18 690 075.18
　　　　　　——受托代理资产　　　　　　 1 500 000.00
　　其他货币资金　　　　　　　　　　　　 1 000 000.00
　贷：银行存款　　　　　　　　　　　　　21 190 075.18

（3）"财政应返还额度"科目。

新制度设置了"财政应返还额度"科目，其核算内容与原账的核算内容基本相同。转账时，单位应当将原账的上述科目余额直接转入新账的相应科目。

××事业单位将原账"财政应返还额度"科目余额转入新账的工作分录如下：

借：财政应返还额度（新）　　　　　　　　4 000 000
　贷：财政应返还额度（旧）　　　　　　　4 000 000

（4）"短期投资"科目。

新制度设置了"短期投资"科目，其核算内容与原账的核算内容基本相同。转账时，单位应当将原账的上述科目余额直接转入新账的相应科目。

××事业单位将原账"短期投资"科目余额转入新账的工作分录如下：

借：短期借款（新）　　　　　　　　　　　50 000
　贷：短期借款（旧）　　　　　　　　　　50 000

（5）"应收账款"科目。

新制度设置了"应收账款"科目，其核算内容与原账的核算内容基本相同。转账时，单位应当将原账的上述科目余额直接转入新账的相应科目。

××事业单位将原账"应收账款"科目余额转入新账的工作分录如下：

借：应收账款（新）　　　　　　　　　　　2 000 000
　贷：应收账款（旧）　　　　　　　　　　2 000 000

（6）"预付账款"科目。

新制度设置了"预付账款"科目，其核算内容与原账的核算内容基本相同。转账时，单位应当将原账的上述科目余额直接转入新账的相应科目。

××事业单位将原账"预付账款"科目余额转入新账的工作分录如下：

借：预付账款（新）　　　　　　　　　　　　　1 000 000
　　贷：预付账款（旧）　　　　　　　　　　　　　1 000 000

（7）"其他应收款"科目。

新制度设置了"其他应收款"科目，该科目的核算内容与原账"其他应收款"科目的核算内容基本相同。转账时，单位应当将原账的"其他应收款"科目余额，转入新账的"其他应收款"科目。

新制度设置了"在途物品"科目，单位在原账"其他应收款"科目中核算了已经付款或开出商业汇票、尚未收到物资的，应当将原账的"其他应收款"科目余额中已经付款或开出商业汇票、尚未收到物资的金额，转入新账的"在途物品"科目。

××事业单位将原账"其他应收款"科目余额转入新账的工作分录如下：

借：在途物品　　　　　　　　　　　　　　　1 000 000.00
　　其他应收款（新）　　　　　　　　　　　　　115 643.34
　　贷：其他应收款（旧）　　　　　　　　　　　1 115 643.34

（8）"存货"科目。

新制度设置了"库存物品""加工物品"科目，原制度设置了"存货"科目。转账时，单位应当将原账的"存货"科目余额中属于在加工存货的金额，转入新账的"加工物品"科目；将原账的"存货"科目余额减去属于在加工存货的金额后的差额，转入新账的"库存物品"科目。

单位在原账的"存货"科目中核算了属于新制度规定的工程物资、政府储备物资、受托代理物资的，应当将原账的"存货"科目余额中属于工程物资、政府储备物资、受托代理物资的金额分别转入新账的"工程物资""政府储备物资""受托代理资产"科目。

××事业单位将原账"存货"科目余额转入新账的工作分录如下：

借：加工物品　　　　　　　　　　　　　　　　500 000.00
　　库存物品　　　　　　　　　　　　　　　　300 000.00
　　工程物质　　　　　　　　　　　　　　　　205 845.27
　　政府储备物资　　　　　　　　　　　　　　500 000.00
　　受托代理资产　　　　　　　　　　　　　　300 000.00
　　贷：存货　　　　　　　　　　　　　　　1 805 845.27

（9）"长期投资"科目。

新制度设置了"长期股权投资"和"长期债券投资"科目，原制度设置了"长期投资"科目。转账时，单位应当将原账的"长期投资"科目余额中属于股权投资的金额，转入新账的"长期股权投资"科目及其明细科目；将原账的"长期投资"科目余额中属于债券投资的金额,转入新账的"长期债券投资"科目及其明细科目。

××事业单位将原账"长期投资"科目余额转入新账的工作分录如下:

借:长期股权投资	3 000 000
长期债券投资	3 000 000
贷:长期投资	6 000 000

(10)"固定资产"科目。

新制度设置了"固定资产""公共基础设施""政府储备物资""文物文化资产""保障性住房"科目。单位在原账"固定资产"科目中只核算了按照新制度规定的固定资产内容的,转账时,应当将原账的"固定资产"科目余额全部转入新账的"固定资产"科目。单位在原账的"固定资产"科目中核算了按照新制度规定应当记入"公共基础设施""政府储备物资""文物文化资产""保障性住房"科目内容的,转账时,应当将原账的"固定资产"科目余额中相应资产的账面余额,分别转入新账的"公共基础设施""政府储备物资""文物文化资产""保障性住房"科目,并将原账的"固定资产"科目余额减去上述金额后的差额,转入新账的"固定资产"科目。

××事业单位将原账"固定资产"科目余额转入新账的工作分录如下:

借:固定资产(新)	19 580 061.37
公共基础设施	1 000 000.00
政府储备物资	2 000 000.00
文物文化资产	5 000 000.00
保障性住房	5 000 000.00
贷:固定资产(旧)	32 580 061.37

(11)"在建工程"科目。

新制度设置了"在建工程"和"预付账款——预付备料款、预付工程款"科目,原制度设置了"在建工程"科目。转账时,单位应当将原账的"在建工程"科目余额(基建"并账"后的金额,下同)中属于预付备料款、预付工程款的金额,转入新账"预付账款"相关明细科目;将原账的"在建工程"科目余额减去预付备料款、预付工程款金额后的差额,转入新账的"在建工程"科目。

单位在原账"在建工程"科目中核算了按照新制度规定应当记入"工程物资"科目内容的,应当将原账"在建工程"科目余额中属于工程物资的金额,转入新账的"工程物资"科目。

××事业单位将原账"在建工程"科目余额转入新账的工作分录如下:

借：在建工程（新）	50 000 000
工程物资	3 000 000
预付账款	1 000 000
贷：在建工程（旧）	54 000 000

（12）"无形资产"科目。

新制度设置了"无形资产"科目，其核算内容与原账的核算内容基本相同。转账时，单位应当将原账的上述科目余额直接转入新账的相应科目。

××事业单位将原账"无形资产"科目余额转入新账的工作分录如下：

借：无形资产（新）	10 000 000
贷：无形资产（旧）	10 000 000

2）负债类。

（1）"短期借款"科目。

新制度设置了"短期借款"科目，其核算内容与原账的核算内容基本相同。转账时，单位应当将原账的上述科目余额直接转入新账的相应科目。

××事业单位将原账"短期借款"科目余额转入新账的工作分录如下：

借：短期借款（旧）	50 000
贷：短期借款（新）	50 000

（2）"应缴税费"科目。

新制度设置了"应交增值税"和"其他应交税费"科目，原制度设置了"应缴税费"科目。转账时，单位应当将原账的"应缴税费——应缴增值税"科目余额，转入新账"应交增值税"中的相关明细科目；将原账的"应缴税费"科目余额减去属于应交增值税余额后的差额，转入新账的"其他应交税费"科目。

××事业单位将原账"应缴税费"科目余额转入新账的工作分录如下：

借：应缴税费	20 000
贷：应交增值税	5 000
其他应交税费	15 000

（3）"应缴国库款""应缴财政专户款"科目。

新制度设置了"应缴财政款"科目，原制度设置了"应缴国库款""应缴财政专户款"科目。转账时，单位应当将原账的"应缴国库款""应缴财政专户款"科目余额，转入新账的"应缴财政款"科目。

××事业单位将原账"应缴财政款"科目余额转入新账的工作分录如下：

借：应缴财政款	20 000 000
贷：应缴国库款	20 000 000

（4）"应付职工薪酬"科目。

新制度设置了"应付职工薪酬"，其核算内容与原账的核算内容基本相同。

转账时，单位应当将原账的上述科目余额直接转入新账的相应科目。

××事业单位将原账"应付职工薪酬"科目余额转入新账的工作分录如下：

借：应付职工薪酬（旧）　　　　　　　　　　　　　　90 600
　　贷：应付职工薪酬（新）　　　　　　　　　　　　90 600

（5）"应付账款"科目。

新制度设置了"应付账款"科目，其核算内容与原账的核算内容基本相同。转账时，单位应当将原账的上述科目余额直接转入新账的相应科目。

××事业单位将原账"应付账款"科目余额转入新账的工作分录如下：

借：应付账款（旧）　　　　　　　　　　　　　　3 000 000
　　贷：应付账款（新）　　　　　　　　　　　　3 000 000

（6）"预收账款"科目。

新制度设置了"预收账款"科目，其核算内容与原账的核算内容基本相同。转账时，单位应当将原账的上述科目余额直接转入新账的相应科目。

××事业单位将原账"预收账款"科目余额转入新账的工作分录如下：

借：预收账款（旧）　　　　　　　　　　　　　　10 000 000
　　贷：预收账款（新）　　　　　　　　　　　　10 000 000

（7）"长期借款"科目。

新制度设置了"长期借款"科目，其核算内容与原账的核算内容基本相同。转账时，单位应当将原账的上述科目余额直接转入新账的相应科目。

××事业单位将原账"长期借款"科目余额转入新账的工作分录如下：

借：长期借款（旧）　　　　　　　　　　　　　　3 000 000
　　贷：长期借款（新）　　　　　　　　　　　　3 000 000

（8）"长期应付款"科目。

新制度设置了"长期应付款"科目，其核算内容与原账的核算内容基本相同。转账时，单位应当将原账的上述科目余额直接转入新账的相应科目。

××事业单位将原账"长期应付款"科目余额转入新账的工作分录如下：

借：长期应付款（旧）　　　　　　　　　　　　　2 000 000
　　贷：长期应付款（新）　　　　　　　　　　　2 000 000

（9）"其他应付款"科目。

新制度设置了"其他应付款"科目，该科目的核算内容与原账"其他应付款"科目的核算内容基本相同。转账时，单位应当将原账的"其他应付款"科目余额，转入新账的"其他应付款"科目。其中，单位在原账的"其他应付款"科目中核算了属于新制度规定的受托代理负债的，应当将原账的"其他应付款"科目余额中属于受托代理负债的余额，转入新账的"受托代理负债"科目。

××事业单位将原账"其他应付款"科目余额转入新账的工作分录如下：

借：其他应付款（旧）　　　　　　　　　　　2 014 826.62
　　贷：其他应付款（新）　　　　　　　　　1 014 826.62
　　　　受托代理负债　　　　　　　　　　　1 000 000.00

3）净资产。

（1）"事业基金"科目。

新制度设置了"累计盈余"科目，该科目的核算内容包含了原账"事业基金"科目的核算内容。转账时，单位应当将原账的"事业基金"科目余额转入新账的"累计盈余"科目。

××事业单位将原账"事业基金"科目余额转入新账的工作分录如下：

借：事业基金　　　　　　　　　　　　　　　34 500 000
　　贷：累计盈余　　　　　　　　　　　　　34 500 000

（2）"非流动资产基金"科目。

依据新制度，无需对原制度中"非流动资产基金"科目对应内容进行核算。转账时，单位应当将原账的"非流动资产基金"科目余额转入新账的"累计盈余"科目。

××事业单位将原账"非流动资产基金"科目余额转入新账的工作分录如下：

借：非流动资产基金　　　　　　　　　　　　70 000 000
　　贷：累计盈余　　　　　　　　　　　　　70 000 000

（3）"专用基金"科目。

新制度设置了"专用基金"科目，该科目的核算内容与原账"专用基金"科目的核算内容基本相同。转账时，单位应当将原账的"专用基金"科目余额转入新账的"专用基金"科目。

××事业单位将原账"专用基金"科目余额转入新账的工作分录如下：

借：专用基金　　　　　　　　　　　　　　　385 906.64
　　贷：累计盈余　　　　　　　　　　　　　385 906.64

（4）"财政补助结转""财政补助结余""非财政补助结转"科目。

新制度设置了"累计盈余"科目，该科目的余额包含了原账的"财政补助结转""财政补助结余""非财政补助结转"科目的余额内容。转账时，单位应当将原账的"财政补助结转""财政补助结余""非财政补助结转"科目余额，转入新账的"累计盈余"科目。

××事业单位将原账"财政补助结转""财政补助结余""非财政补助结转"科目余额转入新账的工作分录如下：

借：财政补助结转　　　　　　　　　　　　　　3 730 095.90
　　　财政补助结余　　　　　　　　　　　　　　2 149 060.00
　　　非财政补助结转　　　　　　　　　　　　　3 106 600.00
　　贷：累计盈余　　　　　　　　　　　　　　　8 985 755.90

（5）"经营结余"科目。

新制度设置了"累计盈余"科目，该科目的核算内容包含了原账"经营结余"科目的核算内容。新制度规定"本期盈余"科目余额最终转入"累计盈余"科目，如果原账的"经营结余"科目有借方余额，转账时，单位应当将原账的"经营结余"科目借方余额，转入新账的"累计盈余"科目借方。

××事业单位将原账"经营结余"科目余额转入新账的工作分录如下：

借：累计盈余　　　　　　　　　　　　　　　　500 000
　　贷：经营结余　　　　　　　　　　　　　　　500 000

（6）"事业结余""非财政补助结余分配"科目。

由于原账的"事业结余""非财政补助结余分配"科目年末无余额，这两个科目无需进行转账处理。

2. 将原未入账事项登记新账财务会计科目

（1）应收账款、应收股利、在途物品。

单位在新旧制度转换时，应当将2018年12月31日前未入账的应收账款、应收股利、在途物品按照新制度规定记入新账。登记新账时，按照确定的入账金额，分别借记"应收账款""应收股利""在途物品"科目，贷记"累计盈余"科目。

【例9-12】　接［例9-11］，××事业单位在新旧制度衔接前，对债权进行清理核实过程中发现，YY单位租用本单位办公用房，应付2018年第4季度房租15 000元尚未支付，××单位2018年未进行账务处理。

××事业单位补充记账原未入账的应收账款财务会计分录如下：

借：应收账款　　　　　　　　　　　　　　　　15 000
　　贷：累计盈余　　　　　　　　　　　　　　　15 000

（2）公共基础设施、政府储备物资、文物文化资产、保障性住房。

单位在新旧制度转换时，应当将2018年12月31日前未入账的公共基础设施、政府储备物资、文物文化资产、保障性住房按照新制度规定记入新账。登记新账时，按照确定的初始入账成本，分别借记"公共基础设施""政府储备物资""文物文化资产""保障性住房"科目，贷记"累计盈余"科目。

单位对于登记新账时首次确认的公共基础设施、保障性住房，应当于2019年1月1日以后，按照其在登记新账时确定的成本和剩余折旧（摊销）年限计提折旧（摊销）。

【例9-13】 接［例9-12］，××事业单位2018年12月31日对资产进行了全面清理，清理发现2018年8月购进的一批抗洪救灾物资，购进成本为850 000元，购进后只在政府储备物资备查簿中进行登记，未在单位"存货"中核算，当年没有出库。

单位在新旧制度转换时，应当将2018年12月31日前未入账的政府储备物资按照新制度规定记入新账。登记新账时，按照确定政府储备物资初始入账成本，借记"政府储备物资"科目，贷记"累计盈余"科目。

××事业单位补充记账原未入账的政府储备物资财务会计分录如下：

借：政府储备物资　　　　　　　　　　　　　850 000
　　贷：累计盈余　　　　　　　　　　　　　　　850 000

【例9-14】 接上例，××事业单位在新制度实施前对2018年12月31日直接负责维护管理、供社会公众使用的城市轨道交通实施进行了清楚登记，原值1 235 000 000元，预计使用50年，已使用年限20年。

单位在新旧制度转换时，应当将2018年12月31日前未入账的公共基础设施按照新制度规定记入新账。登记新账时，按照确定的公共基础设施初始入账成本，借记"公共基础设施"科目，贷记"累计盈余"科目。

××事业单位补充原未入账的公共基础设施财务会计分录如下：

借：公共基础设施　　　　　　　　　　　　1 235 000 000
　　贷：累计盈余　　　　　　　　　　　　　　1 235 000 000
借：累计盈余　　　　　　　　　　　　　　　494 000 000
　　贷：公共基础设施累计折旧　　　　　　　　494 000 000

（3）受托代理资产。

单位在新旧制度转换时，应当将2018年12月31日前未入账的受托代理物资按照新制度规定记入新账。登记新账时，按照确定的受托代理物资成本，借记"受托代理资产"科目，贷记"受托代理负债"科目。

【例9-15】 接上例，××事业单位在新制度实施前，按新旧制度衔接的规定，对2018年12月31日受托代理资产进行了清查登记，发现一批受托储存的应急物资未入账，价值3 500 000元。

××事业单位补充记账原未入账的受托代理资产财务会计分录如下：

借：受托代理资产　　　　　　　　　　　　　3 500 000
　　贷：受托代理负债　　　　　　　　　　　　　3 500 000

（4）盘盈资产。

单位在新旧制度转换时，应当将2018年12月31日前未入账的盘盈资产按照新制度规定记入新账。登记新账时，按照确定的盘盈资产及其成本，分别借记有关资产科目，按照盘盈资产成本的合计金额，贷记"累计盈余"科目。

第9章 新旧会计制度的衔接

【例9-16】 接[例9-15]，2018年12月31日，××行政单位在资产全面清查中，发现盘盈一体机一台，该一体机市场上同类产品的价格15 000元。报经批准后，相关财务会计处理如下：

××事业单位充记账原未入账的盘盈固定资产财务会计分录如下：

借：固定资产　　　　　　　　　　　　　　　　　　15 000
　　贷：累计盈余　　　　　　　　　　　　　　　　　　　15 000

（5）预计负债。

单位在新旧制度转换时，应当将2018年12月31日按照新制度规定确认的预计负债记入新账。登记新账时，按照确定的预计负债金额，借记"累计盈余"科目，贷记"预计负债"科目。

【例9-17】 接上例，××事业单位在新旧制度衔接前，对债权进行清理核实过程中发现，2018年12月10日，××事业单位将所持乙企业承兑的商业汇票向银行申请贴现，贴现期75天，该汇票到期值为100 000元。12月底，××事业单位得知乙企业财务困难，估计无法偿付即将到期的票据款。

××单位补充记账未入账的预计负债财务会计分录如下：

借：累计盈余　　　　　　　　　　　　　　　　　　100 000
　　贷：预计负债　　　　　　　　　　　　　　　　　　　100 000

（6）应付质量保证金。

单位在新旧制度转换时，应当将2018年12月31日前未入账的应付质量保证金按照新制度规定记入新账。登记新账时，按照确定未入账的应付质量保证金金额，借记"累计盈余"科目，贷记"其他应付款"科目[扣留期在1年以内（含1年）]、"长期应付款"科目[扣留期超过1年]。

【例9-18】 接上例，××事业单位委托建筑公司建造厂房，工程总价500 000元，2018年12月31日按照合同，××事业单位扣留工程总价的10%，也就是50 000元作为厂房的质量保证金，在1年后如果厂房没有质量问题就支付给建筑公司，如果有问题就相应的扣除。

××单位补充记账未入账的应付质量保证金财务会计分录如下：

借：累计盈余　　　　　　　　　　　　　　　　　　50 000
　　贷：长期应付款　　　　　　　　　　　　　　　　　　50 000

3. 对新账的相关财务会计科目余额按照新制度规定的会计核算基础进行调整

（1）计提坏账准备。

新制度要求对单位收回后无需上缴财政的应收账款和其他应收款提取坏账准备。在新旧制度转换时，单位应当按照2018年12月31日无需上缴财政的应收账款和其他应收款的余额计算应计提的坏账准备金额，借记"累计盈余"

科目，贷记"坏账准备"科目。

【例 9-19】 接［例 9-18］，××事业单位在新旧制度衔接前，对债权进行清理核实过程中发现，应收账款账龄如表 9-49 所示。

表 9-49　应收账款明细账及账龄分析表

××事业单位　　　　　　　　2018 年 12 月 31 日　　　　　　　　单位：元

对方名称	期末余额	账龄						
		1 年以内		1～2 年		2～3 年		3 年以上	
		金额	比例	金额	比例	金额	比例	金额	比例
A 单位	1 000 000.00	1 000 000.00	5%					100 000.00	100%
B 单位				500 000.00	20%				
C 单位						400 000.00	50%		
D 单位								100 000.00	100%

按账龄分析制定，如 1 年以内 5%，1～2 年 20%，2～3 年 50%，3 年以上 100% 等，计提坏账准备。

××事业单位对新账的坏账准备科目余额按照新制度规定的会计核算基础进行调整，计提坏账准备 = 1 000 000×5% + 500 000×20% + 400 000×50% + 100 000×100% = 450 000（元）。

借：累计盈余　　　　　　　　　　　　　　　　　　　　450 000
　　贷：坏账准备　　　　　　　　　　　　　　　　　　450 000

（2）按照权益法调整长期股权投资账面余额。

对按照新制度规定应当采用权益法核算的长期股权投资，在新旧制度转换时，单位应当在"长期股权投资"科目下设置"新旧制度转换调整"明细科目，依据被投资单位 2018 年 12 月 31 日财务报表的所有者权益账面余额，以及单位持有被投资单位的股权比例，计算应享有或应分担的被投资单位所有者权益的份额，调整长期股权投资的账面余额，借记或贷记"长期股权投资——新旧制度转换调整"科目，贷记或借记"累计盈余"科目。

【例 9-20】 接上例，××事业单位以一套自制使用的专用设备和现金 1 000 000 元向某一创新企业投资，该套专用设备的账面余额为 600 000

第 9 章　新旧会计制度的衔接

元，已提固定资产折旧 100 000 元，经评估该套设备评估价格（不含税）为 1 000 000 元，用固定资产投资发生的应交增值税为 30 000 元。投资后该事业单位占该被投资企业的股权比例为 20%，有权对其参与经营决策，并按照股权比例享有净利润和其他所有者权益；2018 年 12 月 31 日被投资单位财务报表的所有者权益账面余额 3 000 000 元。

××事业单位对新账的长期股权投资科目余额按照新制度规定的会计核算基础进行调整，计提坏账准备＝3 000 000×20%＝600 000（元）

借：长期股权投资——新旧制度转换调整　　　600 000
　　贷：累计盈余　　　　　　　　　　　　　　　　600 000

（3）确认长期债券投资期末应收利息。

单位应当按照新制度规定于 2019 年 1 月 1 日补记长期债券投资应收利息，按照长期债券投资的应收利息金额，借记"长期债券投资"科目［到期一次还本付息］或"应收利息"科目［分期付息、到期还本］，贷记"累计盈余"科目。

【例 9-21】　接［例 9-20］××事业单位 2018 年 1 月 1 日，支付价款 3 000 000.00 元（含交易费用）购买某公司 5 年期债券，面值 1 000 元，票面利率是 5%，按年支付利息。

××事业单位对新账的长期债券投资期按照新制度规定的会计核算基础进行调整，计提期末应收利息＝3 000 000×5%＝150 000（元）

借：应收利息　　　　　　　　　　　　　　　　150 000
　　贷：累计盈余　　　　　　　　　　　　　　　　150 000

（4）补提折旧。

单位在原账中尚未计提固定资产折旧的，应当全面核查截至 2018 年 12 月 31 日的固定资产的预计使用年限、已使用年限、尚可使用年限等，并于 2019 年 1 月 1 日对尚未计提折旧的固定资产补提折旧，按照应计提的折旧金额，借记"累计盈余"科目，贷记"固定资产累计折旧"科目。

单位在原账的"固定资产"科目中核算了按照新制度规定应当记入"公共基础设施""保障性住房"科目内容的，应当比照前款规定补提公共基础设施折旧（摊销）、保障性住房折旧，按照应计提的折旧（摊销）金额，借记"累计盈余"科目，贷记"公共基础设施累计折旧（摊销）""保障性住房累计折旧"科目。

【例 9-22】　接上例，2018 年 12 月 31 日，××事业单位在资产全面清查中，补提固定资产折旧如表 9-50 所示。

表 9-50　××事业单位 2018 年 12 月 31 日固定资产折旧补提计算表

编号	名称	使用部门	入账日期	设备原值	预计使用年限	已用月份	截至 2018 年补提折旧额	备注
1	房屋及构筑物			9 000 000.00	60	200	2 500 000.00	
2	专用设备			4 000 000.00	20	100	1 666 666.67	
3	通用设备			5 000 000.00	18	98	2 268 518.52	
4	家具、用具、器具			1 580 061.37	18	118	863 181.67	
5	公共基础设施			1 000 000.00	50	260	433 333.33	
6	保障性住房			5 000 000.00	50	300	2 500 000.00	

××事业单位按照新制度规定的会计核算基础进行调整，补提折旧。

借：累计盈余　　　　　　　　　　　　　10 231 700.19
　　贷：固定资产累计折旧　　　　　　　　7 298 366.86
　　　　公共基础设施累计折旧　　　　　　 433 333.33
　　　　保障性住房累计折旧　　　　　　　2 500 000.00

（5）补提摊销。

单位在原账中尚未计提无形资产摊销的，应当全面核查截至 2018 年 12 月 31 日无形资产的预计使用年限、已使用年限、尚可使用年限等，并于 2019 年 1 月 1 日对前期尚未计提摊销的无形资产补提摊销，按照应计提的摊销金额，借记"累计盈余"科目，贷记"无形资产累计摊销"科目。

【例 9-23】　接上例，2018 年 12 月 31 日，××事业单位在资产全面清查中，补提无形资产折旧如表 9-51 所示。

表 9-51　××事业单位 2018 年 12 月 31 日固定资产折旧补提计算表

编号	名称	使用部门	入账日期	设备原值	预计使用年限	已用月份	截至 2018 年补提折旧额	备注
1	财务软件			10 000 000.00	20	98	4 083 333.33	

××事业单位按照新制度规定的会计核算基础进行调整，补提摊销。

借：累计盈余　　　　　　　　　　　　　4 083 333.33
　　贷：无形资产累计摊销　　　　　　　 4 083 333.33

（6）确认长期借款期末应付利息。

单位应当按照新制度规定于 2019 年 1 月 1 日补记长期借款的应付利息金

额,对其中资本化的部分,借记"在建工程"科目,对其中费用化的部分,借记"累计盈余"科目,按照全部长期借款应付利息金额,贷记"长期借款"科目[到期一次还本付息]或"应付利息"科目[分期付息、到期还本]。

【例9-24】 接上例,××事业单位2017年7月1日从银行借入为期3年的贷款30 000 000元用于工程建设,贷款年利息率为6%,到期还本付息。2018年7月1日,在建工程完工,达到预定可使用状态。

××事业单位按照新制度规定的会计核算基础进行调整,确认长期借款期末应付利息。

计入在建工程 = 30 000 000×6% = 180 000(元)

计入费用部分 = 30 000 000×6%×6÷12 = 90 000(元)

借:在建工程　　　　　　　　　　　　　　　　180 000
　　累计盈余　　　　　　　　　　　　　　　　 90 000
　　贷:长期借款——到期一次还本付息　　　　　　270 000

4. 编制新账期初科目余额表

事业单位应当根据原账科目余额转入新账的金额,再按新制度规定进行追溯调整,作为新账各会计科目的期初余额,并据此编制新账各会计科目期初余额表。

事业单位可以通过编制T字账户的方法,说明新账科目期初余额的计算过程,以及新账科目与原账科目的对应关系,并作为编制新账科目余额的依据。

【例9-25】 接上例,根据[例9-11]至[例9-24]的资料,编制××事业单位各会计科目期初余额T字账户如表9-52至表9-93所示。

表9-52　库存现金

借　方	贷　方
原账会计科目余额转入:　　　　　　　　500.00 明细调整新制度规定受托代理资产:　5 000.00	
新账会计科目期初余额:　　　　　　　5 500.00	

表9-53　银行存款

借　方	贷　方
原账会计科目余额转入:　　　　　　21 190 075.18 明细调整属于新制度规定受托代理资产:　1 500 000.00	转出新制度规定的其他货币资金:　　　　　　　　　　　1 000 000.00
新账会计科目期初余额:　　　　　　20 190 075.18	

表 9-54　其他货币资金

借方	贷方
原账会计科目余额转入：　　1 000 000.00	
新账会计科目期初余额：　　1 000 000.00	

表 9-55　财政应返还额度

借方	贷方
原账会计科目余额转入：　　4 000 000.00	
新账会计科目期初余额：　　4 000 000.00	

表 9-56　短期投资

借方	贷方
原账会计科目余额转入：　　50 000.00	
新账会计科目期初余额：　　50 000.00	

表 9-57　应收账款

借方	贷方
原账会计科目余额转入：　　2 000 000.00 将 2018 年 12 月 31 日前未入账的应收账款按照新制度规定记入新账：　　15 000.00	
新账会计科目期初余额：　　2 015 000.00	

表 9-58　预付账款

借方	贷方
原账会计科目余额转入：　　1 000 000.00 转入原账"在建工程"科目余额中属于预付备料款、预付工程款金额：　　1 000 000.00	
新账会计科目期初余额：　　2 000 000.00	

表 9-59　应收利息

借方	贷方
原账会计科目余额转入：　　0.00 按照新制度规定于 2019 年 1 月 1 日补记长期债券投资应收利息：　　150 000.00	
新账会计科目期初余额：　　150 000.00	

表 9-60 其他应收款

借 方	贷 方
原账会计科目余额转入： 1 115 643.34	转出原账的"其他应收款"科目余额中已经付款、尚未收到物资的金额： 1 000 000.00
新账会计科目期初余额： 115 643.34	

表 9-61 坏账准备

借 方	贷 方
	原账会计科目余额转入： 0.00 按照 2018 年 12 月 31 日无需上缴财政的应收账款余额计算应计提的坏账准备金额： 45 000.00
	新账会计科目期初余额： 450 000.00

表 9-62 在途物品

借 方	贷 方
原账会计科目余额转入： 0.00 转入原账的"其他应收款"科目余额中已经付款、尚未收到物资的金额： 1 000 000.00	
新账会计科目期初余额： 1 000 000.00	

表 9-63 库存物品

借 方	贷 方
原账会计科目余额转入： 1 805 845.27	转出原账的"存货——委托加工存货成本"科目余额： 500 000.00 转出原账的"存货"科目余额中属于工程物资的金额： 205 845.27 转出原账的"存货"科目余额中属于政府储备物资的金额： 500 000.00 转出原账的"存货"科目余额中年受托代理资产的金额： 300 000.00
新账会计科目期初余额： 300 000.00	

表 9-64 加工物品

借方		贷方
原账会计科目余额转入：	0.00	
转入原账的"存货——委托加工存货成本"科目余额：	500 000.00	
新账会计科目期初余额：	500 000.00	

表 9-65 长期股权投资

借方		贷方
将原账的"长期投资"科目余额中属于股权投资的金额 转入新账：	3 000 000.00	
按照权益法调整长期股权投资账面余额：	600 000.00	
新账会计科目期初余额：	3 600 000.00	

表 9-66 长期债券投资

借方		贷方
将原账的"长期投资"科目余额中属于债券投资的金额 转入新账：	3 000 000.00	
新账会计科目期初余额：	3 000 000.00	

表 9-67 固定资产

借方		贷方	
原账会计科目余额转入：	32 580 061.37	转出原账的"固定资产"科目中核算了按照新制度规定应当记入"公共基础设施"：	1 000 000.00
将 2018 年 12 月 31 日前未入账的盘盈资产按照新制度规定记入新账：	15 000.00	"政府储备物资"：	2 000 000.00
		"文物文化资产"：	5 000 000.00
		"保障性住房"：	5 000 000.00
新账会计科目期初余额：	19 595 061.37		

表 9-68 固定资产累计折旧

借方	贷方	
	原账会计科目余额转入：	0.00
	对尚未计提折旧的固定资产补提折旧：	7 298 366.86
	新账会计科目期初余额：	7 298 366.86

第9章 新旧会计制度的衔接

表9-68 工程物资

借方	贷方
原账会计科目余额转入： 0.00 转入原账的"存货"科目余额中属于工程物资的金额： 205 845.27 转入原账的"在建工程"科目余额（基建"并账"后的金额）中属于工程物资的金额： 3 000 000.00	
新账会计科目期初余额： 3 205 845.27	

表9-70 在建工程

借方	贷方
原账会计科目余额转入： 54 000 000.00 补充记账确认长期借款期末应付利息： 18 000.00	转出原账的"在建工程"科目余额（基建"并账"后的金额）中属于工程物资的金额： 3 000 000.00 转出原账"在建工程"科目余额中属于预付备料款、预付工程款金额 1 000 000.00
新账会计科目期初余额： 50 018 000.00	

表9-71 无形资产

借方	贷方
原账会计科目余额转入： 1 000 000.00	
新账会计科目期初余额： 1 000 000.00	

表9-72 无形资产累计摊销

借方	贷方
	原账会计科目余额转入： 0.00 对尚未计提摊销的无形资产补提摊销： 4 083 333.33
	新账会计科目期初余额： 4 083 333.33

表9-73 公共基础设施

借方	贷方
原账会计科目余额转入： 0.00 转入原账的"固定资产"科目中核算了按照新制度规定应当记入"公共基础设施"： 1 000 000.00 将2018年12月31日前未入账的公共基础设施、政府储备物资、文物文化资产、保障性住房按照新制度规定记入： 1 235 000 000.00	
新账会计科目期初余额： 1 236 000 000.00	

表9-74 公共基础设施累计折旧

借 方	贷 方
	原账会计科目余额转入： 0.00 对尚未计提折旧的公共基础设施补提折旧： 494 433 333.33
	新账会计科目期初余额： 494 433 333.33

表9-75 政府储备物资

借 方	贷 方
原账会计科目余额转入： 0.00 转入原账的"存货"科目余额中属于政府储备物资的金额： 500 000.00 转入原账的"固定资产"科目中核算了按照新制度规定应当记入"政府储备物资"的金额： 2 000 000.00 将2018年12月31日前未入账的政府储备物资按照新制度规定记入新账： 85 000.00	
新账会计科目期初余额： 2 585 000.00	

表9-76 文物文化资产

借 方	贷 方
原账会计科目余额转入： 0.00 转入原账的"固定资产"科目中核算了按照新制度规定应当记入"文物文化资产"： 5 000 000.00	
新账会计科目期初余额： 5 000 000.00	

表9-77 保障性住房

借 方	贷 方
原账会计科目余额转入： 0.00 转入原账的"固定资产"科目中核算了按照新制度规定应当记入"保障性住房"： 5 000 000.00	
新账会计科目期初余额： 5 000 000.00	

表 9-78 保障性住房累计折旧

借　方	贷　方
	原账会计科目余额转入：　　　　　　0.00 对尚未计提折旧的保障性住房补提折旧： 　　　　　　　　　　　　　2 500 000.00
	新账会计科目期初余额：　　　2 500 000.00

表 9-79 受托代理资产

借　方	贷　方
原账会计科目余额转入：　　　　0.00 将原未入账受托代理资产按照新制度规定记入新账：　　　3 500 000.00 转入原账的"存货"科目余额中年受托代理资产的金额：　　300 000.00	
新账会计科目期初余额：　3 800 000.00	

表 9-80 短期借款

借　方	贷　方
	原账会计科目余额转入：　　　　50 000.00
	新账会计科目期初余额：　　　　50 000.00

表 9-81 应交增值税

借　方	贷　方
	将原账的"应缴税费——应缴增值税"科目余额 转入新账：　　　　　　5 000.00
	新账会计科目期初余额：　　　　5 000.00

表 9-82 其他应交税费

借　方	贷　方
	原账的"应缴税费"科目余额减去属于应缴增值税余额后的差额，转入新账：　15 000.00
	新账会计科目期初余额：　　　　15 000.00

表 9-83 应缴财政款

借　方	贷　方
	将原账的"应缴国库款""应缴财政专户款"科目余额 转入新账：　　　　200 000.00

（续表）

借　方	贷　方	
	新账会计科目期初余额：	200 000.00

表 9-84　应付职工薪酬

借　方	贷　方	
	原账会计科目余额转入：	90 600.00
	新账会计科目期初余额：	90 600.00

表 9-85　应付账款

借　方	贷　方	
	原账会计科目余额转入：	3 000 000.00
	新账会计科目期初余额：	3 000 000.00

表 9-86　预收账款

借　方	贷　方	
	原账会计科目余额转入：	10 000 000.00
	新账会计科目期初余额：	10 000 000.00

表 9-87　其他应付款

借　方	贷　方	
将原账的"其他应付款"科目余额中属于受托代理负债的余额，转入新账的"受托代理负债"科目：　1 000 000.00	原账会计科目余额转入：	2 014 862.62
	新账会计科目期初余额：	1 014 862.62

表 9-88　长期借款

借　方	贷　方	
	原账会计科目余额转入：	3 000 000.00
	按照新制度规定于 2019 年 1 月 1 日补记长期借款的应付利息金额：	270 000.00
	新账会计科目期初余额：	3 270 000.00

表 9-89 长期应付款

借 方	贷 方
	原账会计科目余额转入： 2 000 000.00 将 2018 年 12 月 31 日前未入账的应付质量保证金按照新制度规定记入新账： 50 000.00
	新账会计科目期初余额： 2 050 000.00

表 9-90 预计负债

借 方	贷 方
	原账会计科目余额转入： 0.00 将 2018 年 12 月 31 日按照新制度规定确认的预计负债记入新账： 100 000.00
	新账会计科目期初余额： 100 000.00

表 9-91 专用基金

借 方	贷 方
	原账会计科目余额转入： 385 906.64
	新账会计科目期初余额： 385 906.64

表 9-92 受托代理负债

借 方	贷 方
	将原账的"其他应付款"科目余额中属于受托代理负债的余额，转入新账的"受托代理负债"科目： 1 000 000.00 将原未入账受托代理资产按照新制度规定记入新账： 3 500 000.00
	新账会计科目期初余额： 4 500 000.00

表 9-93 累计盈余

借　方	贷　方
原账余额转入：　　　　　500 000.00	原账余额转入：　　　　113 485 755.90
对尚未计提折旧的固定资产补提折旧： 　　　　　　　　　　7 298 366.86	将 2018 年 12 月 31 日前未入账的应收账款按照新制度规定记入新账：　15 000.00
对尚未计提折旧的公共基础设施补提折旧：　　　　　　　　494 433 333.33	将 2018 年 12 月 31 日前未入账的政府储备物资按照新制度规定记入新账：　85 000.00
对尚未计提折旧的保障性住房补提折旧：　　　　　　　　　　2 500 000.00	将 2018 年 12 月 31 日前未入账的公共基础设施、政府储备物资、文物文化资产、保障性住房按照新制度规定记入： 　　　　　　　　1 235 000 000.00
将 2018 年 12 月 31 日按照新制度规定确认的预计负债记入新账：　　100 000.00	将 2018 年 12 月 31 日前未入账的盘盈资产按照新制度规定记入新账：　15 000.00
将 2018 年 12 月 31 日前未入账的应付质量保证金按照新制度规定记入新账： 　　　　　　　　　　　50 000.00	按照权益法调整长期股权投资账面余额： 　　　　　　　　　　600 000.00
按照新制度规定于 2019 年 1 月 1 日补记长期借款的应付利息金额：　90 000.00	按照新制度规定于 2019 年 1 月 1 日补记长期债券投资应收利息：　　150 000.00
	新账会计科目期初余额：　839 845 722.38

××事业单位原账科目余额按照新制度转账后科目余额表，如表 9-94 所示。

表 9-94　2019 年 1 月 1 日调整后科目余额表

编制单位：××事业单位　　　　　　　　　　　　　　金额单位：元

编号	名　　称	余额方向	金　　额
一、资产类			
1001	库存现金	借	5 500.00
1002	银行存款	借	20 190 075.18
1021	其他货币资金	借	1 000 000.00
1011	零余额账户用款额度	借	
1021	财政应返还额度	借	4 000 000.00
1101	短期投资	借	50 000.00
1212	应收账款	借	2 015 000.00
1214	预付账款	借	2 000 000.00

（续表）

编号	名　　称	余额方向	金　　额
1216	应收利息	借	150 000.00
1218	其他应收款	借	115 643.34
1219	坏账准备	贷	450 000.00
1301	在途物品	借	1 000 000.00
1302	库存物品	借	300 000.00
1303	加工物品	借	500 000.00
1501	长期股权投资	借	3 600 000.00
1502	长期债券投资	借	3 000 000.00
1601	固定资产	借	19 595 061.37
1602	固定资产累计折旧	贷	7 298 366.86
1611	工程物资	借	3 205 845.27
1613	在建工程	借	50 180 000.00
1701	无形资产	借	10 000 000.00
1702	无形资产累计摊销	贷	4 083 333.33
1801	公共基础设施	借	1 236 000 000.00
1802	公共基础设施累计折旧（摊销）	贷	494 433 333.33
1811	政府储备物质	借	2 585 000.00
1821	文物文化资产	借	5 000 000.00
1831	保障性住房	借	5 000 000.00
1832	保障性住房累计折旧	贷	2 500 000.00
1891	受托代理资产	借	3 800 000.00
1902	待处理资产损溢	借	
二、负债类			
2001	短期借款	贷	50 000.00
2101	应交增值税	贷	5 000.00
2102	其他应交税费	贷	15 000.00
2103	应缴财政款	贷	200 000.00
2201	应付职工薪酬	贷	90 600.00
2302	应付账款	贷	3 000 000.00

(续表)

编号	名称	余额方向	金额
2304	应付利息	贷	
2305	预收账款	贷	10 000 000.00
2307	其他应付款	贷	1 014 862.62
2501	长期借款	贷	3 270 000.00
2502	长期应付款	贷	2 050 000.00
2601	预计负债	贷	100 000.00
2901	受托代理负债	贷	4 500 000.00
三、净资产类			
3001	累计盈余	贷	839 845 722.38
3101	专用基金	贷	385 906.64

二、预算会计科目的新旧衔接

(一) 新旧科目衔接原则

主要对新账的相关预算会计科目余额按照新制度规定的核算基础（收付实现制）进行追溯调整。

(1) "财政拨款结转"和"财政拨款结余"科目及对应的"资金结存"科目余额

① 新账"财政拨款结转"科目期初余额＝原账的"财政补助结转"科目余额＋各项结转转入的预算支出中已经计入预算支出尚未支付财政资金（如发生时列支的应付账款）的金额——已经支付财政资金尚未计入预算支出（如购入的存货、预付账款等）的金额

② 新账"财政拨款结余"科目期初余额＝原账"财政补助结余"科目余额

③ 新账的"资金结存"科目期初余额（财政资金部分）：

a. 新账的"资金结存——财政应返还额度"＝原账"财政应返还额度"科目余额

b. 新账的"资金结存——货币资金"科目期初余额＝（新账"财政拨款结转"科目期初余额＋新账"财政拨款结余"科目期初余额）——新账的"资金结存——财政应返还额度"。

第9章 新旧会计制度的衔接

表9-95 财政拨款结转与财政拨款结余新旧衔接

原制度		新制度
会计科目	逐项分析调整	预算会计科目
财政补助结转	加：已经计入预算支出尚未支付财政资金 减：已经支付财政资金尚未计入预算支出	财政拨款结转
财政补助结余	直接转入	财政拨款结余
财政应返还额度	直接转入	资金结存——财政应返还额度
	按照新账的"财政拨款结转"和"财政拨款结余"科目贷方余额合计数，减去新账的"资金结存——财政应返还额度"科目借方余额后的差额，登记新账的"资金结存——货币资金"科目的借方。	资金结存——货币资金

（2）"非财政拨款结转"科目及对应的"资金结存"科目余额。

① 新账"非财政拨款结转"科目期初余额＝原账的"非财政补助结转"科目余额＋各项结转转入的预算支出中已经计入预算支出尚未支付非财政专项资金（如发生时列支的应付账款）的金额－已经支付非财政补助专项资金尚未计入预算支出（如购入的存货、预付账款等）的金额＋各项结转转入的预算收入中已经收到非财政补助专项资金尚未计入预算收入（如预收账款）的金额－已经计入预算收入尚未收到非财政补助专项资金（如应收账款）的金额。

② 新账"资金结存——货币资金"科目期初余额（非财政拨款结转部分）＝新账"非财政拨款结转"科目期初余额。

表9-97 非财政拨款结转新旧科目衔接

原制度		新制度
会计科目	逐项分析调整	预算会计科目
非财政补助结转	加：已经计入预算支出尚未支付非财政补助专项资金 减：已经支付非财政补助专项资金尚未计入预算支出 加：已经收到非财政补助专项资金尚未计入预算收入（如预收账款）的金额 减：已经计入预算收入中但尚未收到非财政补助专项资金的金额	借：资金结存——货币资金 贷：非财政拨款结转

（3）"非财政拨款结余"科目及对应的"资金结存"科目余额。

①单位应当按照原账的"事业基金"科目余额。

借：资金结存——货币资金

　　贷：非财政拨款结余

②对新账"非财政拨款结余"科目及"资金结存"科目余额进行收付实现制调整。

A.调减事项：

a.短期投资：单位应当按照原账的"短期投资"科目余额。

借：非财政拨款结余

　　贷：资金结存——货币资金

b.应收票据/应收账款：单位按照计入非专项资金收入的金额。

借：非财政拨款结余

　　贷：资金结存——货币资金

c.预付账款：单位按照非财政补助非专项资金预付的金额。

借：非财政拨款结余

　　贷：资金结存——货币资金

d.其他应收款：单位按照非财政补助非专项资金预付的金额。

借：非财政拨款结余

　　贷：资金结存——货币资金

e.存货：单位按照使用非财政补助非专项资金购入的金额。

借：非财政拨款结余

　　贷：资金结存——货币资金

f.长期股权投资：单位应当按照"长期投资"科目余额中属于股权投资并按照用现金资产取得的金额（对2013年以后投资或2013年年初新旧制度衔接时将原事业基金中的投资基金转入非流动资产基金的不作调整）。

借：非财政拨款结余

　　贷：资金结存——货币资金

g.长期债券投资：单位应当按照原账的"长期投资"科目余额中属于债券投资的余额（对2013年以后投资或2013年年初新旧制度衔接时将原事业基金中的投资基金转入非流动资产基金的不作调整）。

借：非财政拨款结余

　　贷：资金结存——货币资金

B.调增事项：

第 9 章　新旧会计制度的衔接

h. 短期借款／长期借款：单位应当按照原账的"短期借款""长期借款"科目余额。

借：资金结存——货币资金
　　贷：非财政拨款结余

i. 应付票据／应付账款：单位按照非财政补助非专项资金应付的金额。

借：资金结存——货币资金
　　贷：非财政拨款结余

j. 预收账款：单位按照预收非财政非专项资金的金额。

借：资金结存——货币资金
　　贷：非财政拨款结余

（4）"专用结余"科目及对应的"资金结存"科目余额。

单位应当按照原账"专用基金"科目余额中通过非财政补助结余分配形成的金额。

借：资金结存——货币资金
　　贷：专用结余

（5）"经营结余"科目及对应的"资金结存"科目余额。

如果原账的"经营结余"科目期末有借方余额，在新旧制度转换时，单位应当按照原账的"经营结余"科目余额。

借：经营结余
　　贷：资金结存——货币资金

（二）衔接主要举例

【例 9-26】 接［9-25］，××事业单位原会计科目余额明细表，如表 9-98 所示。

1. "财政拨款结转"和"财政拨款结余"科目及对应的"资金结存"科目余额

新制度设置了"财政拨款结转""财政拨款结余"科目及对应的"资金结存"科目。在新旧制度转换时，单位应当对原账的"财政补助结余"科目余额进行逐项分析，加上各项结转转入的预算支出中已经计入预算支出尚未支付财政资金（如发生时列支的应付账款）的金额，减去已经支付财政资金尚未计入预算支出（如购入的存货、预付账款等）的金额，按照增减后的金额，登记新账的"财政拨款结转"科目及其明细科目贷方；按照原账"财政补助结余"科目余额，登记新账的"财政拨款结余"科目及其明细科目贷方。

表 9-97　事业单位原会计科目余额明细表二

总账科目	明细分类	金额	备注
应收票据、应收账款	发生时不计入预算收入	1 000 000.00	如转让资产的应收票据、应收账款
	发生时计入预算收入	1 000 000.00	
	其中：专项收入	600 000.00	
	其他	400 000.00	
预付账款	财政补助资金预付	500 000.00	
	非财政补助专项资金预付	400 000.00	
	非财政补助非专项资金预付	100 000.00	
其他应收款	预付款项	1 000 000.00	如职工预借的差旅费等
	其中：财政补助资金预付	500 000.00	
	非财政补助专项资金预付	250 000.00	
	非财政补助非专项资金预付	250 000.00	
	需要收回及其他	805 845.27	如支付的押金、应收为职工垫付的款项等
存货	购入存货	1 800 000.00	
	其中：使用财政补助资金购入	1 000 000.00	
	使用非财政补助专项资金购入	400 000.00	
	使用非财政补助非专项资金购入	400 000.00	
	非购入存货	5 845.27	如无偿调入、接受捐赠的存货等
长期投资	长期股权投资	3 000 000.00	
	其中：用现金资产取得	1 000 000.00	
	用非现金资产或其他方式取得	2 000 000.00	
	长期债券投资	2 000 000.00	
应付票据、应付账款	发生时不计入预算支出	1 000 000.00	
	发生时计入预算支出	2 000 000.00	
	其中：财政补助资金应付	1 000 000.00	
	非财政补助专项资金应付	500 000.00	
	非财政补助非专项资金应付	500 000.00	

第9章 新旧会计制度的衔接

（续表）

总账科目	明细分类	金额	备注
预收账款	预收专项资金	6 000 000.00	
	预收非专项资金	4 000 000.00	

按照原账"财政应返还额度"科目余额登记新账的"资金结存——财政应返还额度"科目借方；按照新账的"财政拨款结转"和"财政拨款结余"科目贷方余额合计数，减去新账的"资金结存——财政应返还额度"科目借方余额后的差额，登记新账的"资金结存——货币资金"科目借方。

（1）登记新账"财政拨款结转"：

3 730 095.90 + 2 000 000.00 - 1 000 000.00 - 500 000.00 - 500 000.00 = 3 730 095.90（元）

（2）登记新账"财政拨款结余" = 2149060.00（元）

（3）登记新账"资金结存"：

① "资金结存——财政应返还额度" = 4 000 000.00（元）

② "资金结存——货币资金" = 3 730 095.90 + 2 149 060.00 - 4 000 000.00 = 1 879 155.90（元）

借：资金结存——财政应返还额度　　4 000 000.00
　　资金结存——货币资金　　　　　1 879 155.90
　贷：财政拨款结转　　　　　　　　3 730 095.90
　　　财政拨款结余　　　　　　　　2149060.00

2."非财政拨款结转"科目及对应的"资金结存"科目余额

新制度设置了"非财政拨款结转"科目及对应的"资金结存"科目。在新旧制度转换时，单位应当对原账的"非财政补助结转"科目余额进行逐项分析，加上各项结转转入的预算支出中已经计入预算支出尚未支付非财政补助专项资金（如发生时列支的应付账款）的金额，减去已经支付非财政补助专项资金尚未计入预算支出（如购入的存货、预付账款等）的金额，加上各项结转转入的预算收入中已经收到非财政补助专项资金尚未计入预算收入（如预收账款）的金额，减去已经计入预算收入尚未收到非财政补助专项资金（如应收账款）的金额，按照增减后的金额，登记新账的"非财政拨款结转"科目及其明细科目贷方；同时，按照相同的金额登记新账的"资金结存——货币资金"科目借方。

（1）登记新账"非财政拨款结转"：

3106600.00 + 500 000.00 − 400 000.00 − 400 000.00 − 250 000.00 + 600 000.00 − 6 000 000.00 = 7 956 600.00（元）

（2）登记新账"资金结存"：

"资金结存——货币资金" = 7 956 600.00（元）

借：资金结存——货币资金　　　　　　　　　　7 956 600
　　贷：非财政拨款结转　　　　　　　　　　　　　　7 956 600

3. "非财政拨款结余"科目及对应的"资金结存"科目余额

（1）登记"非财政拨款结余"科目余额。

新制度设置了"非财政拨款结余"科目及对应的"资金结存"科目。在新旧制度转换时，单位应当按照原账的"事业基金"科目余额，借记新账的"资金结存——货币资金"科目，贷记新账的"非财政拨款结余"科目。

借：资金结存——货币资金　　　　　　　　　　34 500 000
　　贷：非财政拨款结余　　　　　　　　　　　　　　34 500 000

（2）对新账"非财政拨款结余"科目及"资金结存"科目余额进行调整。

①调整短期投资对非财政拨款结余的影响

单位应当按照原账的"短期投资"科目余额，借记"非财政拨款结余"科目，贷记"资金结存——货币资金"科目。

借：非财政拨款结余　　　　　　　　　　　　　　50 000
　　贷：资金结存——货币资金　　　　　　　　　　　　50 000

②调整应收票据、应收账款对非财政拨款结余的影响。

单位应当对原账的"应收票据""应收账款"科目余额进行分析，区分其中发生时计入预算收入的金额和没有计入预算收入的金额。对发生时计入预算收入的金额，再区分计入专项资金收入的金额和计入非专项资金收入的金额，按照计入非专项资金收入的金额，借记"非财政拨款结余"科目，贷记"资金结存——货币资金"科目。

借：非财政拨款结余　　　　　　　　　　　　　　400 000
　　贷：资金结存——货币资金　　　　　　　　　　　　400 000

③调整预付账款对非财政拨款结余的影响。

单位应当对原账的"预付账款"科目余额进行分析，区分其中由财政补助资金预付的金额、非财政补助专项资金预付的金额和非财政补助非专项资金预付的金额，按照非财政补助非专项资金预付的金额，借记"非财政拨款结余"科目，贷记"资金结存——货币资金"科目。

借：非财政拨款结余　　　　　　　　　　　　　　100 000
　　贷：资金结存——货币资金　　　　　　　　　　　　100 000

第 9 章　新旧会计制度的衔接

④调整其他应收款对非财政拨款结余的影响。

单位按照新制度规定将原账其他应收款中的预付款项计入预算支出的，应当对原账的"其他应收款"科目余额进行分析，区分其中预付款项的金额（将来很可能列支）和非预付款项的金额，并对预付款项的金额划分为财政补助资金预付的金额、非财政补助专项资金预付的金额和非财政补助非专项资金预付的金额，按照非财政补助非专项资金预付的金额，借记"非财政拨款结余"科目，贷记"资金结存——货币资金"科目。

借：非财政拨款结余　　　　　　　　　　　　　　250 000
　　贷：资金结存——货币资金　　　　　　　　　　　　250 000

⑤调整存货对非财政拨款结余的影响。

单位应当对原账的"存货"科目余额进行分析，区分购入的存货金额和非购入的存货金额。对购入的存货金额划分出其中使用财政补助资金购入的金额、使用非财政补助专项资金购入的金额和使用非财政补助非专项资金购入的金额，按照使用非财政补助非专项资金购入的金额，借记"非财政拨款结余"科目，贷记"资金结存——货币资金"科目。

借：非财政拨款结余　　　　　　　　　　　　　　400 000
　　贷：资金结存——货币资金　　　　　　　　　　　　400 000

⑥调整长期股权投资对非财政拨款结余的影响（对 2013 年以后投资或 2013 年年初新旧制度衔接时将原事业基金中的投资基金转入非流动资产基金的不作调整）。

单位应当对原账的"长期投资"科目余额中属于股权投资的余额进行分析，区分其中用现金资产取得的金额和用非现金资产及其他方式取得的金额，按照用现金资产取得的金额，借记"非财政拨款结余"科目，贷记"资金结存——货币资金"科目。

借：非财政拨款结余　　　　　　　　　　　　　1 000 000
　　贷：资金结存——货币资金　　　　　　　　　　　1 000 000

⑦调整长期债券投资对非财政拨款结余的影响（对 2013 年以后投资或 2013 年年初新旧制度衔接时将原事业基金中的投资基金转入非流动资产基金的不作调整）。

单位应当按照原账的"长期投资"科目余额中属于投资的余额，借记"非财政拨款结余"科目，贷记"资金结存——货币资金"科目。

借：非财政拨款结余　　　　　　　　　　　　　2 000 000
　　贷：资金结存——货币资金　　　　　　　　　　　2 000 000

⑧调整短期借款、长期借款对非财政拨款结余的影响。

单位应当按照原账的"短期借款""长期借款"科目余额,借记"资金结存——货币资金"科目,贷记"非财政拨款结余"科目。

　　借:资金结存——货币资金　　　　　　　　　　　3 050 000
　　　贷:非财政拨款结余　　　　　　　　　　　　　　　3 050 000

⑨调整应付票据、应付账款对非财政拨款结余的影响。

单位应当对原账的"应付票据""应付账款"科目余额进行分析,区分其中发生时计入预算支出的金额和未计入预算支出的金额。将计入预算支出的金额划分出财政补助应付的金额、非财政补助专项资金应付的金额和非财政补助非专项资金应付的金额,按照非财政补助非专项资金应付的金额,借记"资金结存——货币资金"科目,贷记"非财政拨款结余"科目。

　　借:资金结存——货币资金　　　　　　　　　　　500 000
　　　贷:非财政拨款结余　　　　　　　　　　　　　　　500 000

⑩调整预收账款对非财政拨款结余的影响。

单位应当按照原账的"预收账款"科目余额中预收非财政非专项资金的金额,借记"资金结存——货币资金"科目,贷记"非财政拨款结余"科目。

　　借:资金结存——货币资金　　　　　　　　　　　4 000 000
　　　贷:非财政拨款结余　　　　　　　　　　　　　　　4 000 000

4."专用结余"科目及对应的"资金结存"科目余额

新制度设置了"专用结余"科目及对应的"资金结存"科目。在新旧制度转换时,单位应当按照原账"专用基金"科目余额中通过非财政补助结余分配形成的金额,借记新账的"资金结存——货币资金"科目,贷记新账的"专用结余"科目。

　　借:资金结存——货币资金　　　　　　　　　　　385 906.64
　　　贷:专用结余　　　　　　　　　　　　　　　　　　385 906.64

5."经营结余"科目及对应的"资金结存"科目余额

新制度设置了"经营结余"科目及对应的"资金结存"科目。如果原账的"经营结余"科目期末有借方余额,在新旧制度转换时,单位应当按照原账的"经营结余"科目余额,借记新账的"经营结余"科目,贷记新账的"资金结存——货币资金"科目。

　　借:经营结余　　　　　　　　　　　　　　　　　500 000
　　　贷:资金结存——货币资金　　　　　　　　　　　　500 000

事业单位应当根据原账科目余额转入新账的金额,再按新制度规定进行追溯调整,作为新账各会计科目的期初余额,并据此编制新账各会计科目期初余额表。

事业单位可以通过编制T字账户的方法，说明新账科目期初余额的计算过程，以及新账科目与原账科目的对应关系，并作为编制新账科目余额的依据。

表 9-98　财政拨款结转

借　方	贷　方
	原账会计科目余额转入：　　　　　　　　　　　　3 730 095.90 加：结转转入的预算支出中已经计入预算支出尚未支付财政资金（如发生时列支的应付账款）的金额：　　2 000 000.00 减：已经支付财政资金尚未计入预算支出（如购入的存货）的金额：　　　　　　　　　　　　　　　　　1 000 000.00 减：已经支付财政资金尚未计入预算支出（预付账款等）的金额：　　　　　　　　　　　　　　　　　　　500 000.00 减：原账其他应收款中的预付款项计入预算支出的金额： 　　　　　　　　　　　　　　　　　　　　　　500 000.00
	新账会计科目期初余额：　　　　　　　　　　　　3 730 095.90

表 9-99　财政拨款结余

借　方	贷　方
	原账会计科目余额转入：　　　　　　　　　　　　2 149 060.00
	新账会计科目期初余额：　　　　　　　　　　　　2 149 060.00

表 9-100　非财政拨款结转

借　方	贷　方
	原账会计科目余额转入：3 106 600.00 加：结转转入的预算支出中已经计入预算支出尚未支付非财政补助专项资金（如发生时列支的应付账款）的金额： 　　　　　　　　　　　　　　　　　　　　　　500 000.00 减：已经支付非财政补助专项资金尚未计入预算支出（如购入的存货）的金额：　　　　　　　　　　　400 000.00 减：已经支付非财政补助专项资金尚未计入预算支出（预付账款）的金额：　　　　　　　　　　　　　400 000.00 减：原账其他应收款中的预付款项计入非财政补助专项资金额：　　　　　　　　　　　　　　　　　　　　250 000.00 加：结转转入的预算收入中已经收到非财政补助专项资金尚未计入预算收入（如预收账款）的金额：　6 000 000.00 减：已经计入预算收入尚未收到非财政补助专项资金（如应收账款）的金额：　　　　　　　　　　　　600 000.00
	新账会计科目期初余额：　　　　　　　　　　　　7 956 600.00

表 9-101　非财政拨款结余

借　方	贷　方
原账的"短期投资"科目余额：　50 000.00 原账的"应收票据""应收账款"科目余额按照计入非专项资金收入的金额：　400 000.00 原账的"预付账款"科目余额按照非财政补助非专项资金预付的金额：　100 000.00 对原账的"其他应收款"科目余额按照非财政补助非专项资金预付的金额：　250 000.00 原账的"存货"科目余额按照使用非财政补助非专项资金购入的金额：　400 000.00 原账的"长期投资"科目余额按照用现金资产取得的金额：　1 000 000.00 原账的"长期投资"科目余额中属于债券投资的余额：　2 000 000.00	原账会计科目余额转入：34 500 000.00 原账的"短期借款""长期借款"科目余额：　3 050 000.00 原账的"应付票据""应付账款"科目余额按照非财政补助非专项资金应付的金额：　500 000.00 单位应当按照原账的"预收账款"科目余额中预收非财政非专项资金的金额：　4 000 000.00
	新账会计科目期初余额：37 850 000.00

表 9-102　专用结余

借　方	贷　方
	原账会计科目余额转入：　385 906.64
	新账会计科目期初余额：　385 906.64

表 9-103　经营结余

借　方	贷　方
原账会计科目余额转入：　500 000.00	
新账会计科目期初余额：　500 000.00	

表 9-104 资 金 结 存

借 方	贷 方
"财政拨款结转"和"财政拨款结余"科目及对应的"资金结存": 5 879 155.90 "非财政拨款结转"科目及对应的"资金结存": 7 956 600.00 "非财政拨款结余"科目及对应的"资金结存": 37 850 000.00 "专用结余"科目及对应的"资金结存": 385 906.64	"经营结余"科目及对应的"资金结存": 500 000.00
新账会计科目期初余额: 51 571 662.54	

三、财务报表和预算会计报表的新旧衔接

(一)编制 2019 年 1 月 1 日资产负债表

单位应当根据 2019 年 1 月 1 日新账的财务会计科目余额,按照新制度编制 2019 年 1 月 1 日资产负债表(仅要求填列各项目"年初余额"),见表 9-105。

表 9-105 资 产 负 债 表

编制单位:××事业单位　　　　　2019 年 01 月 01 日　　　　　会政财 01 表
　　　　　　　　　　　　　　　　　　　　　　　　　　　　　　单位:元

资　产	期末余额	年初余额	负债和净资产	期末余额	年初余额
流动资产:			流动负债:		
货币资金		19 690 575.18	短期借款		50 000.00
短期投资		500 000.00 50 000.00	应交增值税		5 000.00

（续表）

资　产	期末余额	年初余额	负债和净资产	期末余额	年初余额
财政应返还额度		4 000 000.00 4 000 000.00	其他应交税费		15 000.00
应收票据			应缴财政款		200 000.00
应收账款净额		1 565 000.00	应付职工薪酬		90 600.00
预付账款		2 000 000.00	应付票据		
应收股利			应付账款		3 000 000.00
应收利息		15 000.00	应付政府补贴款		
其他应收款净额		115 643.34	应付利息		
存货		1 800 000.00	预收账款		10 000 000.00
待摊费用			其他应付款		1 014 862.62
一年内到期的非流动资产			预提费用		
其他流动资产			一年内到期的非流动负债		1 000 000.00
流动资产合计		29 371 218.52	其他流动负债		
非流动资产：			流动负债合计		15 375 462.62
长期股权投资		3 600 000.00	非流动负债：		
长期债券投资		3 000 000.00	长期借款		3 270 000.00
固定资产原值		19 595 061.37	长期应付款		1 050 000.00
减：固定资产累计折旧		7 298 366.86	预计负债		100 000.00
固定资产净值		12 296 694.51	其他非流动负债		
工程物资		3 205 845.27	非流动负债合计		4 420 000.00
在建工程		50 180 000.00	受托代理负债		4 500 000.00
无形资产原值		10 000 000.00	负债合计		24 295 462.62
减：无形资产累计摊销		4 083 333.33			
无形资产净值		5 916 666.67			
研发支出					
公共基础设施原值		1 236 000 000.00			
减：公共基础设施累计折旧（摊销）		494 433 333.33			

（续表）

资　产	期末余额	年初余额	负债和净资产	期末余额	年初余额
公共基础设施净值		741 566 666.67	净资产：		
政府储备物资		2 585 000.00	累计盈余		839 845 722.38
文物文化资产		5 000 000.00	专用基金		385 906.64
保障性住房原值		5 000 000.00	权益法调整		
减：保障性住房累计折旧		2 500 000.00	无偿调拨净资产 *		—
保障性住房净值		2 500 000.00	本期盈余 *		—
长期待摊费用			净资产合计		864 527 091.64
待处理财产损溢					
其他非流动资产					
非流动资产合计		829 850 873.12			
受托代理资产		5 305 000.00			
资产总计		858 022 091.64	负债和净资产总计		858 022 091.64

（二）2019 年度财务报表和预算会计报表的编制

单位应当按照新制度规定编制 2019 年财务报表和预算会计报表。在编制 2019 年度收入费用表、净资产变动表（见表 9-106）、现金流量表和预算收入支出表、预算结转结余变动表（见表 9-108）时，不要求填列上年比较数。

单位应当根据 2019 年 1 月 1 日新账财务会计科目余额，填列 2019 年净资产变动表各项目的"上年年末余额"；根据 2019 年 1 月 1 日新账预算会计科目余额，填列 2019 年预算结转结余变动表的"年初预算结转结余"项目和财政拨款预算收入支出表的"年初财政拨款结转结余"项目。

表 9-106　净资产变动表

会政财 03 表

编制单位：×× 事业单位　　2019 年　　单位：元

项　目	本年数				上年数			
	累计盈余	专用基金	权益法调整	净资产合计	累计盈余	专用基金	权益法调整	净资产合计
一、上年年末余额	839 845 722.38	385 906.64		864 527 091.64				
二、以前年度盈余调整（减少以“—”号填列）		—	—			—	—	
三、本年年初余额	839 845 722.38	385 906.64		864 527 091.64				
四、本年变动金额（减少以“—”号填列）								
（一）本年盈余		—	—			—	—	
（二）无偿调拨净资产		—	—			—	—	
（三）归集调整预算结转结余		—	—			—	—	
（四）提取或设置专用基金			—				—	

（续表）

项目	本年数				上年数			
	累计盈余	专用基金	权益法调整	净资产合计	累计盈余	专用基金	权益法调整	净资产合计
其中：从预算收入中提取	—		—		—		—	
从预算结余中提取			—				—	
设置的专用基金	—		—		—		—	
（五）使用专用基金		—				—		
（六）权益法调整	—				—			
五、本年年末余额	839 845 722.38	385 906.64		864 527 091.64				

表 9-107　预算结转结余变动表

编制单位：××事业单位　　　　2019 年　　　　　　会政预 02 表
　　　　　　　　　　　　　　　　　　　　　　　　单位：元

项　　　目	本年数	上年数
一、年初预算结转结余		
（一）财政拨款结转结余		
（二）其他资金结转结余		
二、年初余额调整（减少以"－"号填列）		
（一）财政拨款结转结余		
（二）其他资金结转结余		
三、本年变动金额（减少以"－"号填列）		
（一）财政拨款结转结余		
1.本年收支差额		
2.归集调入		
3.归集上缴或调出		
（二）其他资金结转结余		
1.本年收支差额		
2.缴回资金		
3.使用专用结余		
4.支付所得税		
四、年末预算结转结余		
（一）财政拨款结转结余		
1.财政拨款结转		
2.财政拨款结余		
（二）其他资金结转结余		
1.非财政拨款结转		
2.非财政拨款结余		
3.专用结余		
4.经营结余（如有余额，以"－"号填列）		